高等职业教育
市场营销专业
新形态一体化教材

市场营销基础

王璐瑶　刘明鑫　主　编
刘妤慧　相聪姗　副主编
汪海红　田　硕

清华大学出版社
北京

内 容 简 介

本书是辽宁省职业教育精品在线开放课程配套教材,国家"双高计划"专业群建设配套教材。本书按照新商科人才培养目标,从工作过程实际出发,以"任务驱动、项目导向"为主线,注重学习知识与道德养成相结合,内容体系与工作任务相结合,理论阐述与实际操作相结合,适应岗位与可持续发展相结合。全书分为5个部分11个项目,项目1为第1部分——认知营销,帮助学生树立正确的、与时俱进的市场营销理念,遵循市场营销道德,正确履行社会责任;项目2~项目4为第2部分——分析营销环境,帮助学生掌握市场调研技巧、市场营销环境分析方法及消费者和组织市场行为特点;项目5、项目6为第3部分——制定营销战略,帮助学生把握市场营销机会,确立STP目标市场营销战略,了解竞争对手,确立市场竞争战略和策略;项目7~项目10为第4部分——设计营销组合策略,帮助学生掌握企业产品开发、价格制定、渠道设计和促销沟通四个方面的技巧和策略;项目11为第5部分——营销管理,帮助学生掌握营销组织与控制的方法。本书配有微课、动画、教学课件、参考答案等数字化教学资源。

本书既可作为高等职业院校财经商贸大类专业的基础课教材,也可作为工商企业营销人员和相关社会人士自学的职业培训或职业能力提升参考书。

本书封面贴有清华大学出版社防伪标签,无标签者不得销售。
版权所有,侵权必究。举报:010-62782989,beiqinquan@tup.tsinghua.edu.cn。

图书在版编目(CIP)数据

市场营销基础/王璐瑶,刘明鑫主编.—北京:清华大学出版社,2024.6
高等职业教育市场营销专业新形态一体化教材
ISBN 978-7-302-65257-1

Ⅰ.①市… Ⅱ.①王… ②刘… Ⅲ.①市场营销学-高等职业教育-教材 Ⅳ.①F713.50

中国国家版本馆 CIP 数据核字(2024)第 034637 号

责任编辑:左卫霞
封面设计:傅瑞学
责任校对:李 梅
责任印制:刘海龙

出版发行:清华大学出版社
    网 址:https://www.tup.com.cn,https://www.wqxuetang.com
    地 址:北京清华大学学研大厦A座 邮 编:100084
    社 总 机:010-83470000 邮 购:010-62786544
    投稿与读者服务:010-62776969,c-service@tup.tsinghua.edu.cn
    质量反馈:010-62772015,zhiliang@tup.tsinghua.edu.cn
    课件下载:https://www.tup.com.cn,010-83470410
印 装 者:定州启航印刷有限公司
经 销:全国新华书店
开 本:185mm×260mm 印 张:17 字 数:413千字
版 次:2024年6月第1版 印 次:2024年6月第1次印刷
定 价:56.00元

产品编号:097234-01

前言

党的二十大报告指出,"高质量发展是全面建设社会主义现代化国家的首要任务",要"加快构建以国内大循环为主体、国内国际双循环相互促进的新发展格局",还要"加快发展数字经济,促进数字经济和实体经济深度融合,打造具有国际竞争力的数字产业集群"。在这样的时代背景下,为落实立德树人根本任务,本教材将价值塑造、知识传授和能力培养融为一体,注重职业教育特色,进一步加强教材的应用性、适用性及实用性。

本教材具有以下鲜明特色。

1. 课程思政贯穿始终,落实立德树人根本任务

教材深入挖掘思政元素,并以素养目标、思政园地、德技并修等多种形式将其融入、贯穿到各项目内容中,始终以社会主义核心价值观为引领,紧紧围绕中华商业精神,传递中华优秀传统商业文化讲仁爱、重民本、守诚信、崇正义的思想精髓,培养勤、毅、诚、朴的商人精神,开拓创新、砥砺奋进的商企精神,不忘初心、方得始终的社会责任感及担当精神,培养爱岗敬业的职业素养、吃苦耐劳的劳模精神、精益求精的工匠精神。

2. "岗课赛证"融通,注重职业能力培养

在数字经济时代,营销者每天要面对不断变化的市场环境。按照新商科人才培养目标,教材总体设计理念从工作过程实际出发,以"任务驱动、项目导向"为主线,注重学习知识与道德养成相结合,内容体系与工作任务相结合,理论阐述与实际操作相结合,适应岗位与可持续发展相结合。教材内容构建以企业营销实际需要为出发点,以营销职业能力为主线,对接职业技能标准,融入市场营销技能大赛、1+X职业技能等级证书等内容和要求,吸收世界营销理论研究新成果,结合国内企业营销实践新举措。本书共包含5个部分11个项目,分别是第1部分认知营销,主要内容为项目1认知市场营销;第2部分分析营销环境,包括项目2市场营销调研、项目3市场营销环境和项目4市场行为分析;第3部分制定营销战略,包括项目5STP目标市场营销战略和项目6市场竞争战略;第4部分设计营销组合策略,包括项目 7 产品策略、项目 8 价格策略、项目 9 分销策略和项目 10 促销策略；第 5 部分营销管理，主要内容为项目 11 营销组织与控制。通过系统学习，帮忙学生树立正确的现代市场营销理念，增进对数字中国、科技强国和网络强国的认知，理解和掌握市场营销的基础理论和基本要素，能够运用市场营销理论进行简单的营销策划及分析，并遵循工作过程实际开展市场营销活动。

3. 数字化教学资源丰富，服务多种学习需求

作为新形态一体化教材，本书以方便学生学习为主旨，综合利用多种现代信息技术手段，开发了大量与教材相配套的数字化资源，包括电子课件、微课视频、案例动画、思政动画、习题库等，并在教材中关联添加了核心资源的二维码，可有效提升学生的学习兴趣，提高教学效果。以本教材为基础的市场营销基础课程已在智慧职教和学银在线双平台运行，便于学生在网络上进行自主学习。扫描本页下方二维码即可在线学习该课程。

4. 编写体例新颖，形式内容多样，强化以学生为中心理念

教材以学生为中心，除了融入我国大量的优秀企业或品牌案例作为引入案例及同步案例以外，还设置了包含丰富多样内容的营销资料栏目。另外，教材内容与时俱进，介绍了市场营销领域的新趋势和新变化，如新媒体营销、数字营销、用户画像、新媒体广告、全渠道零售等内容，旨在拓展学生的专业储备。同时，设置了多个学习活动栏目，引导学生结合工作和生活实际主动思考和实战训练，发挥学生的主体作用，注重创造性和开放性思维培养，提高创新意识。此外，考虑到市场营销学科的特点，以及培养国际化人才的需要，本教材适当增加了关键术语的英文注解，帮助学生理解与运用。

本教材由辽宁经济职业技术学院王璐瑶、刘明鑫担任主编，辽宁经济职业技术学院刘妤慧、相聪姗、辽宁职业学院汪海红、沈阳职业技术学院田硕担任副主编。具体编写分工如下：王璐瑶负责整体设计与样章编写，刘明鑫负责具体栏目的设计、优化及全书统稿，刘明鑫、王璐瑶编写项目 1，汪海红、田硕编写项目 2，刘妤慧编写项目 3 和项目 4，相聪姗编写项目 5 和项目 6，王璐瑶编写项目 7～项目 10，田硕编写项目 11，邮优选(辽宁)信息科技有限公司李扬负责案例的筛选与审校。本教材由辽宁经济职业技术学院赵阔教授主审，在此特别致谢。

本教材在编写过程中，参阅了大量的文献资料，汲取了众多专家、学者的最新研究成果，在此向被参考和引用文献的原作者表示衷心感谢！

由于编者水平有限，且市场营销发展日新月异，教材中难免存在不足之处，敬请读者批评、指正！

编　者

2024 年 1 月

市场营销基础辽
省职业教育精品
在线开放课程
（智慧职教）

市场营销基础辽
省职业教育精品
在线开放课程
（学银在线）

目录

项目1 认知市场营销 / 001
    引入案例 华为：以客户为中心的现代营销理念 / 002
    1.1 市场营销的含义及核心概念 / 002
    1.2 市场营销组合理论 / 005
    1.3 市场营销观念 / 009
    1.4 市场营销道德与责任 / 013
    1.5 市场营销的发展 / 017
    同步训练 / 021

项目2 市场营销调研 / 024
    引入案例 贴近客户，倾听心跳，聚焦痛点 / 025
    2.1 市场营销调研概述 / 025
    2.2 市场营销调研程序 / 029
    2.3 市场营销调研方法 / 033
    2.4 市场营销预测 / 040
    同步训练 / 042

项目3 市场营销环境 / 046
    引入案例 中国新能源汽车进军欧洲 / 047
    3.1 微观环境 / 048
    3.2 宏观环境 / 051
    同步训练 / 063

项目4 市场行为分析 / 067
    引入案例 数字赋能"新国货" / 068
    4.1 消费者市场分析 / 069
    4.2 组织市场分析 / 083
    同步训练 / 088

项目5 STP目标市场营销战略 / 092
    引入案例 三个高端汽车品牌的定位 / 093
    5.1 市场细分 / 093
    5.2 目标市场选择 / 102
    5.3 市场定位 / 107
    同步训练 / 114

项目6 市场竞争战略 / 118
    引入案例 下沉市场：淘宝、拼多多、京东的"肉搏战" / 119
    6.1 竞争对手分析 / 119

    6.2　竞争战略/ 123
    6.3　竞争地位及策略/ 127
    同步训练/ 133
项目 7　产品策略/ 137
    引入案例　丰田汽车的中国产品策略/ 138
    7.1　产品整体概念/ 138
    7.2　产品组合策略/ 141
    7.3　产品生命周期策略/ 146
    7.4　新产品开发策略/ 151
    7.5　品牌与包装策略/ 156
    同步训练/ 163
项目 8　价格策略/ 166
    引入案例　黄山风景区差别定价策略/ 167
    8.1　影响企业定价的因素/ 167
    8.2　定价的程序/ 172
    8.3　定价的方法/ 173
    8.4　定价的策略/ 177
    8.5　价格调整策略/ 183
    同步训练/ 186
项目 9　分销策略/ 189
    引入案例　手机的分销渠道/ 190
    9.1　分销渠道概述/ 191
    9.2　中间商的类型/ 195
    9.3　分销渠道选择/ 199
    9.4　分销渠道管理/ 204
    9.5　分销渠道发展/ 208
    同步训练/ 211
项目 10　促销策略/ 214
    引入案例　伊利的冬奥会促销策略/ 215
    10.1　促销和促销组合/ 215
    10.2　人员推销/ 223
    10.3　广告/ 228
    10.4　营业推广/ 235
    10.5　公共关系/ 239
    同步训练/ 244
项目 11　营销组织与控制/ 247
    引入案例　IBM 的组织结构/ 248
    11.1　市场营销计划/ 248
    11.2　市场营销组织/ 250
    11.3　市场营销执行与控制/ 256
    同步训练/ 263

参考文献/ 266

项目 1

认知市场营销

学习目标

知识目标

1. 理解市场营销的含义；
2. 掌握市场营销的核心概念；
3. 理解五种市场营销观念的演变过程；
4. 熟悉市场营销组合，了解市场营销组合理论的发展；
5. 明确市场营销道德观和社会责任；
6. 熟悉市场营销的创新与发展趋势。

能力目标

1. 能够阐述市场营销的含义；
2. 能够根据企业行为分析判断其使用的营销观念；
3. 能够根据企业行为分析判断其营销道德观和社会责任；
4. 能够根据营销发展的新趋向分析企业市场营销活动；
5. 提升团队协作、沟通表达、思考分析、善恶研判、信息处理的能力。

素养目标

1. 践行社会主义核心价值观，弘扬时代精神，厚植爱国情怀，讲好中国故事；
2. 坚定文化自信，明确并传承中华优秀传统商业文化讲仁爱、重民本、守诚信、崇正义的思想精髓，提高社会责任感；
3. 树立正确的现代市场营销理念，提高中国制造大局观，坚守法律及质量意识，增进对数字中国、科技强国和网络强国的认知；
4. 培养勤、毅、诚、朴的商人精神，开拓创新、砥砺奋进的商企精神。

思维导图

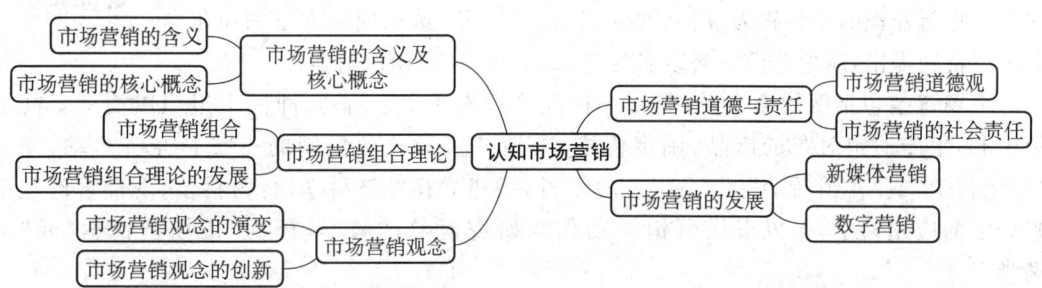

▲ 引入案例　华为：以客户为中心的现代营销理念 ▲

华为公司成立于1987年，是一家生产销售通信设备的民营通信科技公司，产品主要涉及通信网络中的交换网络、传输网络、无线及有线固定接入网络、数据通信网络及无线终端产品，为世界各地通信运营商及专业网络拥有者提供硬件设备、软件、服务和解决方案。华为公司堪称中国民族企业的骄傲，该公司的产品和解决方案已经应用于全球170多个国家和地区，服务全球运营商50强中的45家及全球30多亿人口。在2020年《财富》500强榜单中，华为排在第49位，比2019年上升了12位。

华为的核心价值观中有这样一段话："为客户服务是华为存在的唯一理由，客户需求是华为发展的原动力。我们坚持以客户为中心，快速响应客户需求，持续为客户创造长期价值，进而成就客户。为客户提供有效服务，是我们工作的方向和价值评价的标尺，成就客户就是成就我们自己。"华为公司创始人任正非说："华为的产品也许不是最好的，但那又怎样？什么是核心竞争力？选择我而没有选择你就是核心竞争力。"简单的几句话突显了华为成功的关键是始终以客户为中心开展营销工作，也表明华为的成功并不是偶然的，而是依据现代营销理念采取正确的营销组合策略开展经营的必然结果。

资料来源：陶晓波，吕一林．市场营销学[M]．7版．北京：中国人民大学出版社，2022：1．

市场营销理论经过一百多年的不断创新和发展，已经形成了较为成熟的理论体系，并对企业经营实践产生了巨大的促进作用。国内外著名企业都积累了丰富的营销实践经验。营销的成功与否，直接关系着企业的生死存亡。

学习活动：在给出"营销是什么"的理论阐释之前，问问自己对市场营销了解多少？列举身边与市场营销有关的事例。

1.1　市场营销的含义及核心概念

市场营销活动存在于日常生活的方方面面，人们所使用的各种各样的产品都是营销的对象，学校、医院、政府机关和其他组织也可能成为营销的主体。每天看到的广告、收到的传单、接触到的抽奖和打折活动都是营销活动的一部分，人们几乎每时每刻都受到营销的影响。

1.1.1　市场营销的含义

市场营销理论最早诞生于20世纪初的美国。1902年，密歇根大学开设了一门新的学科，名称是"美国的分配和管理行业"。1906年，俄亥俄州立大学将新开设的学科称为"产品的分配"。1910年，威斯康星大学的拉尔夫·巴特勒提出，应把这门学科改名为"Marketing"（市场营销学）。

市场营销包括两层含义：一是指一种经济行为或实践活动，即一个组织以消费者需求为中心，生产适销对路的产品，确定价格、渠道并实行有效促销的一整套经济活动，译为"市场营销"或"营销活动"；二是指一门学科，指建立在经济科学、行为科学、现代管理理论基础上的应用科学，是以市场营销活动作为研究对象的科学，译为"市场营销学"或"市场学"。

微课：市场营销及核心概念

市场营销既是一种组织职能,也是一种创造、传播、传递顾客价值的思维方式。世界著名市场营销学专家、被称为"现代营销之父"的美国西北大学教授菲利普·科特勒关于市场营销的定义为:"营销是通过创造和交换产品及价值,从而使个人或群体满足欲望和需要的社会和管理过程。"

随着经济和科学技术的不断发展,市场营销的定义也在不断地丰富与发展。在理解市场营销这一概念时有过许多误解,最常见的是把市场营销与推销混为一谈。尽管营销经常被描述为"推销产品的艺术",但是推销只不过是营销的冰山一角。营销的目的在于深刻地认识和了解顾客,从而使产品或服务完全适合顾客的需要而形成产品的自我销售。

1.1.2　市场营销的核心概念

为了更好地理解市场营销的含义,有必要弄清下列几个相互关联的核心概念:需要、欲望和需求,产品,顾客价值和满意,交换、交易和关系营销,市场。图1-1展示了这些核心概念之间的相互关系。

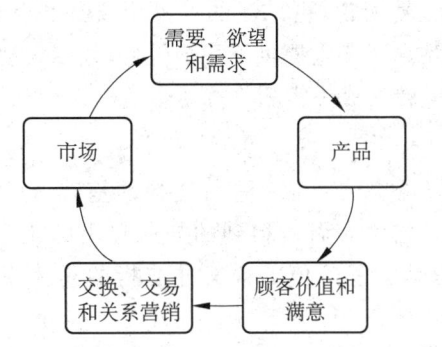

文本:[营销资料]
市场营销的
作用与职能

图1-1　市场营销核心概念之间的相互关系

1. 需要、欲望和需求

在市场营销学中,最基本的概念就是人类的需要。需要(need)是人们感到缺乏的一种状态,它描述了基本的人类要求,例如,人们对衣、食、住、行以及对知识、娱乐、安全和归属等的要求。这些需要是人类所固有的,而不是营销人员创造的。

当人们趋向某些特定的目标以获得满足时,需要就变成了欲望(want)。欲望是指想得到某种东西的要求或对具体的满足品的要求。在不同社会和同一社会的不同发展时期满足这一需要的形式不尽相同。人的欲望受家庭、教育、职业、团体等社会因素的影响,会随着社会条件的变化而变化。市场营销活动能够影响消费者的欲望,如打折促销吸引消费者购买某种产品。

需求(demand)是指人们有能力并愿意购买某种产品的欲望。人们的欲望几乎是无限的,但支付能力却是有限的。例如,许多人都想要一辆奔驰汽车,但只有少数人能够买得起。因此,企业不仅要了解有多少消费者需要其产品,还要了解他们是否有能力购买。

 **同步案例**

创造需求的"饿了么"

"饿了么"是中国专业的餐饮O2O平台,主营在线外卖、新零售、即时配送和餐饮供应链等业务。创业15年,饿了么以"Everything 30mins"为使命,致力于为用户提供便捷服务极致体验。饿了么在线外卖平台覆盖全国2000个城市,总计加盟餐厅340万家,用户量达2.6亿,员工超过1.5万人。

"饿了么"的成功在于善于把握市场的潜在需求,并积极研发,用新的产品满足人们对于吃的"潜在欲望",扩大了市场,在提高人们生活质量的同时,也使自己的产业"后来居上"。从量到质,成熟发展的外卖市场才是本质。企业市场营销活动不仅应当适应需求,而且可以创造需求;企业成功与否不在于今天占有市场份额的多少,而在于把握未来市场空间能力的大小。

资料来源:杨群祥.市场营销概论——理论、实务、案例、实训[M].3版.北京:高等教育出版社,2019:12.

2. 产品

广义上,产品(product)是指能够在市场上买到并能满足人类需要和欲望的任何事物。产品可以分为有形的产品和无形的产品两种。有形的产品包括所有的实物,如衣服、食物、住房、汽车等;无形的产品包括各种服务(service),如银行服务、教育、旅游、娱乐、家庭装修设计等。正如菲利普·科特勒所说,更广泛的产品定义还包括经验、创意、信息和思想等。如各类"威客"(Witkey)网站给很多人提供了一个平台,很多人利用这个平台将各自的知识、智慧、经验、技能通过互联网转换成了实际收益。

3. 顾客价值和满意

消费者从多种能满足其需要的产品中进行选择的基础,是比较哪一种产品能给他带来最大的价值。这里的价值是指消费者所得到的与所付出的比率,可以看作是质量、服务和价格的组合。所以,市场营销学里价值的含义并非指的是体现在商品中的无差别的人类劳动。

消费者在获得利益的同时也要支付成本。利益包括功能利益和情感利益;成本包括金钱成本、时间成本、精力成本和体力成本。在利益与成本的比较中,如果利益大于成本,消费者就是满意(satisfaction)的,否则就不满意。所以,顾客满意取决于产品的感知使用效果,这种感知使用效果与顾客的期望密切相关。如果顾客的感知使用效果与顾客的期望一致,他们就满意;如果顾客的感知使用效果低于顾客的期望,他们就不满意。所以,对公司来说,关键的问题是使顾客的期望与公司的产品相匹配。

由于质量对产品的使用效果有直接影响,因而,也就与顾客的满意密切相关。所以近年来,许多公司都在开展全面质量管理(total quality management,TQM)活动,以提高产品质量、服务质量和整个营销过程的质量。

4. 交换、交易和关系营销

交换(exchange)是以提供某种东西作为回报换取所需之物的过程。当人们通过交换来满足需要和欲望的时候,就出现了营销。交换的发生必须满足以下五个条件:

(1) 至少有两方当事人;
(2) 每一方都有被另一方认为有价值的东西;
(3) 每一方都能沟通信息和传送货物;
(4) 每一方都能自由接受或拒绝另一方的产品;
(5) 每一方都认为与另一方进行交易是适当的或称心如意的。

交换能否真正产生取决于是否具备以上条件。如果具备了条件,双方就可以进行洽商,这就意味着双方正在进行交换。一旦达成协议，交易（transaction）也就达成了。所以，交易是一次具体的独立的交换。交换可以看作是一个过程，而交易更侧重于结果。

比交易营销范围更宽的是关系营销（relationship marketing）。营销人员除要创造短期的交易、获得短期利益外，还要与供应商、营销中介、顾客、政府等建立长期的关系，以期从这种营销网络中获得更大的利益。

5. 市场

市场营销学是研究市场营销活动的，营销活动当然与市场（market）有密切的联系。但是，这里市场的含义并不是指买卖发生的场所，如超市、百货公司等；也不是指生产要素集中的市场，如房地产市场、资本市场、劳动力市场、技术市场等。市场营销学中的市场是指某种商品的现实购买者和潜在购买者需求的总和。所以，这里的市场专指买方，而不包括卖方；专指需求，而不包括供给。从营销的角度看，卖方构成产业，买方构成市场。产业和市场的关系如图1-2所示。

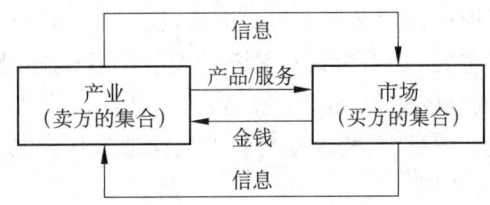

图1-2　产业和市场的关系

在市场营销学的范畴里，"市场"往往等同于"需求"。哪里有需求，哪里就有市场。可以用一个公式表示市场的构成，如图1-3所示。

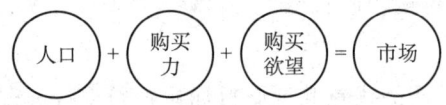

图1-3　市场的构成要素

人口与市场容量成正比，人口多说明市场容量大；反之，则市场容量小。购买力是人们持有货币购买商品的能力，与人们的经济收入水平直接相关。购买欲望是购买某种产品或劳务的要求。三者相互联系、相互制约，共同构成现实市场。三者如缺一，则构成的是潜在市场。

1.2　市场营销组合理论

1.2.1　市场营销组合

市场营销组合（marketing mix）是现代营销学理论中的一个重要概念，指企业为了满足目标市场的需要而加以组合的可控变量的集合。

1953年由尼尔·博登（Neil Borden）首先提出市场营销组合的概念，他认为市场需求或多或少会受到营销变量或营销要素的影响。

1960年杰罗姆·麦卡锡（Jerome McCarthy）提出了著名的4P组合：营销管理的任务是通过对四类主要营销因素——产品（product）、价格（price）、分销（place）及促销（promotion）的处理，开发解决竞争性营销问题的独特方案。4P营销组合作为经典的

文本：[营销资料]
营销理论在
中国的发展

营销理论，认为企业营销活动的实质是一个利用内部可控因素适应外部环境的过程，即通过产品、价格、渠道和促销的计划和实施，对外部不可控因素（如政治、法律、经济、人文等）做出积极动态的反应，从而促成交易的实现和满足企业的目标需求，其核心在于制定和实施有效的市场营销组合。正如菲利普·科特勒所说："如果公司生产出适当的产品，定出适当的价格，利用适当的分销渠道，并辅之以适当的促销活动，那么该公司就会获得成功。"

动画：市场营销组合理论

1. 产品

产品代表公司提供给目标市场的实物和服务组合，包括品质、品牌、规格、式样、特色、服务等。产品因素主要是指设计、创造与维持一个产品、服务或观念等，其核心问题是如何满足目标顾客的需要。这包括单一产品的属性、包装、品牌等决策，也包括多种产品的产品线和产品组合。产品是营销活动的基础，如果没有产品，市场营销就成了无源之水，无本之木。

2. 价格

价格代表消费者为获得产品所必须支付的金额，包括基本价格、折扣、津贴、分期付款和信贷条件等。价格之所以重要，是因为价格是营销组合中攻击性最强的手段。当组织面临竞争压力时，因为价格的调整较其他因素更容易，所以往往被当成主要的竞争工具，如我国持续多年的家电价格大战。但是，价格大战容易造成两败俱伤，往往与企业以降价带动销售的初衷相悖，因此竞争者应慎用。

3. 分销

分销代表公司为使产品送到目标顾客手中所进行的各种活动，包括渠道、地点、存货、运输等。因为分销渠道的调整相对于其他营销组合的因素较为困难，所以营销人员必须谨慎选择渠道的成员，并对其进行适当的管理。

4. 促销

促销代表公司为宣传其产品优点和说服目标顾客购买所进行的各种活动，包括广告、人员推销、营业推广和公共关系四种形式。

这四种营销因素的组合应该按照这样的顺序：生产能够满足目标市场需求的"产品"，随后寻找一条渠道（"分销"），使产品顺畅地到达目标顾客的手中；接着去"促销"，告诉目标顾客有关的信息，并劝说他们购买；根据顾客对整体产品的预期反应和费用补偿原则来制定"价格"。

市场营销组合是一个多层次的复合结构。四个大的因素又各自包含着若干个小的因素（表1-1），每一个因素的变动，都会引起整个营销组合的变化，形成一个新的组合。

表 1-1　市场营销组合及因素

产品策略	价格策略	分销策略	促销策略
品质、品牌名称、规格、式样、特色、服务、特性	样本价格、价格水平、折扣幅度、折让、支付期限、信用条件	分配渠道、区域分布、中间商类型、营业场所、物流运输、服务标准	广告、人员推销、公共关系、营业推广

市场营销组合是一种动态的、整体性的组合。每一个因素不断变化，同时又互相影响。所以，市场营销组合是企业可控制因素多层次的、动态的、整体性的组合，具有可控性、复合

性、动态性和整体性的特点。它必须随着不可控的环境因素的变化和自身各个因素的变化，灵活地组合与搭配。

同步案例

M 公司的市场营销组合

M 公司作为著名的快餐连锁企业，其成功的关键在于采用了结构良好的市场营销组合，如表 1-2 所示。

动画：[同步案例]
小米手机的
营销策略

表 1-2　M 公司的市场营销组合

产品策略	价格策略	分销策略	促销策略
提供标准的、稳定的、高质量的产品，服务时间长，服务速度快	以低价策略为主	营业场所选择在顾客密集区域，组织特许连锁经营，扩展新店	广告宣传强有力，内容针对年轻人的喜好进行设计

在现代企业的实践活动中，围绕 4P 建立企业的市场营销战略已成为一种成熟的、模式化的决策方法。随着市场竞争日趋激烈，媒介传播速度越来越快，营销组合理论也在不断发展，虽然以 4P 理论来指导企业营销实践越来越受到挑战，但依然是市场营销的基石。

1.2.2　市场营销组合理论的发展

1990 年，美国罗伯特·劳特朋（Robert F. Lauterborn）教授撰文《4P 退休 4C 登场》，在其中提出了一个以顾客为中心的新营销模式——4C 理论。1992 年，罗伯特·劳特朋和美国西北大学教授唐·舒尔茨（Don E. Schultz）、斯坦利·田纳本（Stanley I. Tannenbaum）合著了全球第一部整合营销专著——《整合营销传播》。整合营销的核心内涵是 4C 理论。

动画：[同步案例]
盒马鲜生的
4C 营销策略

1. 4C 理论

（1）顾客需求与欲望。了解、研究、分析顾客的需要与欲望（customer needs and wants），而不是先考虑企业能生产什么产品。

（2）顾客所愿意支付的成本。了解顾客满足需要与欲求愿意付出多少成本（cost），而不是先给产品定价，即向顾客要多少钱。

（3）顾客的便利性。考虑顾客购物等交易过程如何给顾客方便（convenience），而不是先考虑销售渠道的选择和策略。

（4）与顾客沟通。以顾客为中心实施营销沟通（communication）是十分重要的，通过互动、沟通等方式，将企业内外营销不断进行整合，把顾客和企业双方的利益无形地整合在一起。

总体来看，4C 营销理论注重以顾客需求为导向，与市场导向的 4P 相比，4C 有了很大的进步和发展。但从企业的营销实践和市场发展的趋势看，4C 依然存在以下不足。

① 4C 是顾客导向，而市场经济要求的是竞争导向，二者的本质区别包括：前者看到的是新的顾客需求；后者不仅看到了需求，而且更多地注意到了竞争对手，冷静分析自身在竞争中的优势、劣势并采取相应的策略，在竞争中求发展。

② 4C 理论融入营销策略和行为中会推动社会营销的发展和进步，但经过一个时期的运

作与发展,企业营销又会在新的层次上同一化,不同企业至多是在程度上有差异,并不能形成营销个性或营销特色,不能形成营销优势,从而保证企业顾客份额的稳定性、积累性和发展性。

③ 4C以顾客需求为导向,但顾客需求存在合理性问题。顾客总是希望产品质量好、价格低,特别是在价格的要求上是无界限的。只看到满足顾客需求的一面,企业必然会付出更大的成本,久而久之,会影响企业的发展。所以从长远看,企业经营要遵循双赢的原则,这是4C需要进一步解决的问题。

④ 4C没有体现既赢得顾客又长期地拥有顾客的关系营销思想,没有解决满足顾客需求的操作性问题,如提供集成解决方案、快速反应等。

⑤ 4C总体上虽是4P的转化和发展,但被动适应顾客需求的色彩较浓。市场的发展,需要从更高层次以更有效的方式在企业与顾客之间建立起有别于传统的新型的主动性关系,如互动关系、双赢关系、关联关系等。

2. 4R理论

针对4C理论存在的问题,唐·舒尔茨又提出了4R(关联、反应、关系、回报)营销新理论,阐述了一个全新的营销四要素。

(1) 与顾客建立关联。在竞争性市场中,顾客具有动态性。顾客忠诚度是变化的,可能会转移到其他企业。要提高顾客的忠诚度,赢得长期而稳定的市场,重要的营销策略是通过某些有效的方式在业务、需求等方面与顾客建立关联(relevance),形成一种互助、互求、互需的关系,把顾客与企业联系在一起,这样就大幅减少了顾客流失的可能性。特别是生产者市场营销,其更需要靠关联、关系来维系。

(2) 提高市场反应速度。在今天相互影响的市场中,对经营者来说,最现实的问题不在于如何控制、制订和实施计划,而在于如何站在顾客的角度及时地倾听顾客的希望、渴望和需求,并及时答复和迅速做出反应(reaction),满足顾客的需求。面对迅速变化的市场,企业必须建立快速反应机制,提高反应速度和回应力。这样可最大限度地减少抱怨,稳定顾客群,减少顾客转移的概率。

(3) 关系营销越来越重要。在企业与顾客的关系发生本质性变化的市场环境中,抢占市场的关键已转变为与顾客建立长期而稳固的关系(relationship),从交易变成责任,从顾客变成拥趸,从管理营销组合变成管理和顾客的互动关系。与此相适应,产生了五个转向。

① 现代市场营销的一个重要思想和发展趋势是从交易营销转向关系营销:不仅强调赢得顾客,而且强调长期地拥有顾客。

② 从着眼于短期利益转向重视长期利益。

③ 从单一销售转向建立友好合作关系。

④ 从以产品性能为核心转向以产品或服务给顾客带来的利益为核心。

⑤ 从不重视顾客服务转向高度承诺。

所有这一切的核心是处理好与顾客的关系,把服务、质量和营销有机地结合起来,通过与顾客建立长期稳定的关系实现长期拥有顾客的目标,优先与创造企业70%~80%利润的20%~30%的那部分重要顾客建立牢固关系。

(4) 回报是营销的源泉。对企业来说,市场营销的真正价值在于其为企业带来短期或长期的收入和利润的能力。一方面,追求回报是营销发展的动力;另一方面,回报是维持市场关系的必要条件。因此,营销目标必须注重产出,注重企业在营销活动中的回报(reward)。一切营销活动都必须以为顾客及股东创造价值为目的。

1.3 市场营销观念

微课:市场营销观念

市场营销观念是指企业进行经营决策,组织管理营销活动的基本指导思想,也就是企业所信奉的价值观念。以价值观为基础的管理是管理者建立、推行和实践组织共享价值观的一种管理方式。价值观构成了企业文化的基石,并影响着企业所有员工的思维方式及行为方式。市场营销观念的核心是如何正确处理企业、顾客和社会三者的利益关系。

1.3.1 市场营销观念的演变

市场营销观念的正确与否直接关系到企业的兴衰成败,它是随着社会经济的发展和市场形势的变化而变化的。市场营销观念自产生以来共经历了五个阶段,从生产观念、产品观念、推销观念等传统营销观念阶段,再转向市场营销观念、社会市场营销观念等现代营销观念阶段,并正在继续发展,进入新的阶段。

1. 生产观念

生产观念是指导销售者行为的最古老的观念之一,即企业的一切经营活动以生产为中心,以产定销。这种观念存在于20世纪前,企业经营哲学不是从消费者需求出发,而是从企业生产出发。生产观念认为,消费者喜欢那些可以随处买到且价格低廉的产品,企业应致力于提高生产和分销效率,扩大生产,降低成本以扩大市场。例如,20世纪20年代初,美国当时的汽车大王亨利·福特曾宣称:"不管顾客需要什么颜色的汽车,我只生产黑色。"这就是生产观念的典型表现。生产观念产生和适用的条件如下。

(1) 市场处在卖方市场条件下,产品供不应求。在资本主义工业化初期以及第二次世界大战末期和战后一段时期内,由于物资短缺,市场产品供不应求,生产观念在企业经营管理中颇为流行。我国在计划经济体制时期,由于市场产品短缺,企业不愁其产品没有销路,工商企业在其经营管理中也奉行生产观念。

(2) 由于产品成本太高,只有通过大规模生产才能降低价格以扩大市场。

随着科学技术和社会生产力的发展以及市场供求形势发生变化,生产观念的适用范围越来越小。如到20世纪20年代中期,福特的T型车销量大减,福特汽车公司的市场主导地位被通用公司所取代就是一个例证。

2. 产品观念

如果说生产观念强调以量取胜,产品观念则强调以质取胜。产品观念也是一种较早的企业经营观念。这种观念片面强调产品本身,而忽视市场需求,认为只要产品质量好,功能全,具有特色,消费者就会购买。它产生于市场产品供不应求的卖方市场形势下,在市场需求变化快、竞争激烈的市场经济高度发达的条件下是不适用的。产品观念容易使营销者患上"营销近视症",只注重产品本身,而忽视市场的真正需求。坚守"酒香不怕巷子深"等就是产品观念的很好例证。

3. 推销观念

推销观念(或称销售观念)存在于20世纪20年代末至50年代初。在这一阶段,资本主义国家的市场形势发生了重大变化,由卖方市场向买方市场过渡,尤其是在1929—1933年的资本主义经济危机期间,大量产品积压,销售困难,竞争加剧,迫使企业重视采用广告术与推销术去销售产品。推销观念是生产观念的发展和延伸,为许多企业所采用。

推销观念表现为"卖我们所生产出来的产品",而不是"生产我们所能卖的产品"。它认为消费者通常表现出一种购买惰性或抗衡心理,企业只有大力推广和强销,消费者才会购买其产品。推销观念在现代市场经济条件下被大量用于推销那些非渴求物品,即购买者一般不会想到要去购买的产品或服务,如保险业等。许多企业在产品过剩时,也常常奉行推销观念。

这种观念虽然比前两种观念前进了一步,开始重视广告术及推销术,但其实质仍然是以生产为中心的,只是想方设法地把产品销售出去,至于销售出去以后,顾客是否满意,则未能引起企业足够的重视。

4. 市场营销观念

市场营销观念是商品经济发展史上一种全新的企业经营哲学,是第二次世界大战后在美国形成的。这种观念是以满足消费者需求为出发点的,即"消费者需要什么,就生产什么",它把企业的生产看作一个不断满足消费者需要的过程。市场营销观念是"发现需要并设法满足它们",而不是"生产产品并设法销售出去"。因此,在这种指导思想的影响下,诸如"消费者永远是正确的""热爱消费者而非产品"等口号成为许多企业的经营哲学。

市场营销观念的出现,使企业经营观念发生了根本性变化,也使市场营销学发生了一次革命。许多优秀的企业都是奉行市场营销观念的。如本田汽车公司在美国推出雅阁轿车。在设计新车前,他们派出工程技术人员专程到美国洛杉矶地区考察高速公路的情况,实地丈量路长、路宽,采集高速公路的柏油,拍摄进出口道路的设计。在设计行李箱时,设计人员意见有分歧,他们就到停车场看人们是如何放取行李的。

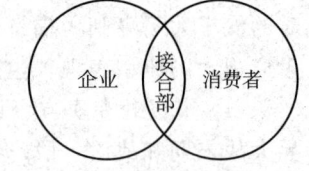

图1-4 市场营销观念

市场营销观念是在企业与消费者之间找一个接合部,使企业和消费者都能从中获得利益,如图1-4所示。

5. 社会市场营销观念

社会市场营销观念是对市场营销观念的修改和补充。它产生于20世纪70年代西方资本主义出现能源短缺、通货膨胀、失业增加、环境污染严重、消费者保护运动盛行的形势下。在这种背景下,人们纷纷对市场营销观念提出怀疑和指责。因为市场营销观念只考虑消费者的利益和企业的利益,而忽视社会整体的利益和长远的利益。许多企业单纯为了满足消费者需求而生产高污染、高能耗、危害人体健康的产品。例如,冰箱满足人们储存食物的需要,但氟利昂却破坏大气臭氧层;汽车满足人们对于更快速度的要求,但尾气排放污染空气;一次性筷子的使用给人们提供了便利,但制作筷子需要砍伐林木,造成水土流失等。

 **同步案例**

蚂蚁森林

2016年8月,支付宝推出"蚂蚁森林"公益项目,用户可以通过绿色出行、减纸减塑、在线办事等低碳行为积攒绿色能量,在手机里认养一棵虚拟的树。支付宝用户每养成一棵虚拟树,"蚂蚁森林"和公益伙伴就会在荒漠化地区种下一棵真树,以培养和激励用户的低碳环保行为。

"蚂蚁森林"项目带动5亿人参与低碳生活,并将积累的绿色能量转化为种植在荒漠化地区的1.22亿棵树,累计碳减排792万吨,2019年9月,联合国环境署宣布,该项目获得当年"地球卫士奖"的"激励与行动奖"奖项。

颁奖当天,《联合国气候变化框架公约》秘书处在官网宣布,因在应对全球气候变化方面的创新路径探索和积极示范作用,支付宝"蚂蚁森林"项目获得应对气候变化最高奖项"灯塔奖"。联合国将不同领域的两项大奖都颁给了"蚂蚁森林",标志着来自中国的数字技术绿色方案得到国际社会的高度认可,既是对中国数字科技推动绿色发展探索的肯定和激励,也是中国企业家社会市场营销观念的体现。

动画:[同步案例] 蚂蚁森林

资料来源:毕思勇.市场营销[M].5版.北京:高等教育出版社,2020:17.

社会市场营销观念要求企业的市场营销策略不仅满足消费者的需求并由此获得企业利润,而且符合整个社会的长远利益,以求得三方利益的平衡与协调,如图1-5所示。

以上五种市场营销观念的比较如表1-3所示。

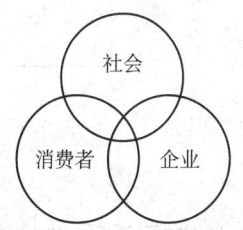

图1-5 社会市场营销观念

表1-3 五种营销观念的比较

营销观念	产生时间	出发点	主要假设	营销策略	优点	缺点
生产观念	19世纪70年代	企业	消费者喜欢那些随处能买到且价格低廉的产品	提高生产效率和分销效率,扩大生产,降低成本	提供追求生产效率的动力;低成本有助于扩大市场份额	策略行动欠缺弹性;未能满足需求
产品观念	20世纪初	产品	消费者喜欢质量好、功能全、有特色的产品	以质取胜,致力于提高产品质量	质量有保证;满足要求较高的顾客	市场短视症;忽视顾客的真正需求和环境变化
推销观念	20世纪20年代	产品	企业只有大力推销,消费者才会购买其产品	重视广告及推销,想方设法地把产品销售出去	尽快推销过剩的存货;推销冷门产品	隐瞒有关产品事实;忽视顾客真正需求
市场营销观念	20世纪50年代	消费者需求	"消费者是上帝""消费者永远是正确的"	企业要不断发现消费者需求并设法满足	满足目标市场的需要;部门相互配合	企业内部发展不均衡;忽视个别顾客需求
社会市场营销观念	20世纪70年代	企业利益、消费者利益和社会长远利益	企业在满足消费者需求的同时,不能忽视社会长远利益	兼顾消费者、企业和社会长远利益	避免企业市场营销活动遭受大众人士排斥;市场多方的参与者能受惠	商业赞助与慈善混为一谈;可能误导顾客

由此可以将以上五种营销观念分为两大类：传统营销观念与现代营销观念。传统营销观念包括生产观念、产品观念和推销观念；现代营销观念则包括市场营销观念和社会营销观念。新旧观念的根本区别归纳为四点（图1-6），即起点不同、中心不同、手段不同、终点不同。

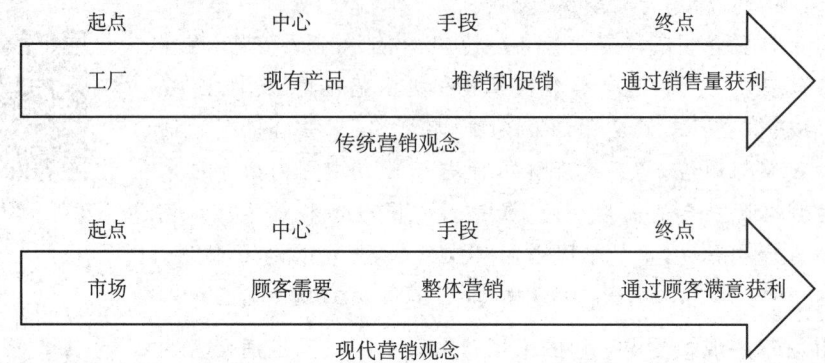

图1-6 传统营销观念与现代营销观念的比较

学习活动：从网络上查找一篇成功企业的报道，分析其市场营销观念。

1.3.2 市场营销观念的创新

面对21世纪更为纷繁复杂的环境变化，一些优秀的企业在自己的营销实践中越来越意识到需要全方位的、更加整体化且高度关联的新的观念，全方位营销（holistic marketing）观念应运而生。

全方位营销观念认为，企业的营销可能与一切事物相关，必须以更加广泛的方式整合营销实践中的营销企划、营销过程和营销活动。因此，全方位营销包括四个重要的组成部分：关系营销、整合营销、内部营销及绩效营销。

文本：[思政园地]
中国梦：人民对美好生活的向往，就是营销人的奋斗目标

1. 关系营销

关系营销（relationship marketing）是指企业除进行短期交易外，还必须与有价值的顾客、供应商、分销商等营销关键成员建立长期、有效的关系，使企业保持长期的业绩和业务，从而不断取得发展。通过建立长久关系，企业将最终拥有自己的营销网络（marketing network）——企业重要的无形资产。企业的营销网络包括企业及所有支持它的利益相关者：顾客、员工、供应商、分销商以及其他与之建立长期互利性商业关系的个人或组织。显然，企业与竞争对手的竞争已经演变为相应的营销网络之间的较量。谁与其利益相关者建立的营销网络更强大，谁才有可能不断地获得满意的利润。关系营销趋向于强调长期性，目标是为顾客提供长期价值，而同时以顾客长期的满意及有效的顾客生涯价值作为收获。

动画：市场营销创新：全方位营销

2. 整合营销

整合营销（integrated marketing）是指企业通过设计营销活动并整合营销项目来最大化地为顾客创造、传播和传递价值。整合营销有两个关键：一是采用大量不同的营销活动来宣

传和传递价值；二是协调所有的营销活动以实现其总体效果的最大化。换句话说，设计和实施任何一项营销活动时都要考虑其他所有活动。因此，企业需要将其需求管理、资源管理和网络管理进行全盘考虑，统一安排、部署。罗伯特·劳特朋所提出的 4C 理论是整合营销的支撑点和核心理念，是强化以消费者需求为中心的营销组合。而在"互联网＋"背景下，整合营销又有新的内涵，即线上线下融合、统一的整合营销模式。

3. 内部营销

内部营销(internal marketing)是指保证企业全体成员特别是高层管理者正确理解、认知营销观念，聘用、培训并激励有能力做好顾客服务的员工。内部营销首先要保证企业营销管理的各环节、各部门在正确的营销理念指导下做好服务顾客的工作；同时，营销职能部门要高举"顾客第一"的旗帜，协调好与企业其他部门之间的关系。内部营销使服务顾客的正确的营销理念成为企业每一个人的共同价值观。

4. 绩效营销

绩效营销(performance marketing)是指在注重企业营销实践的商业回报的同时，更广泛地重视营销对法律、伦理、社会和环境等方面产生的作用。事实上，绩效营销在度量企业营销的绩效时，除考虑营销财务绩效外，也认真考虑其社会责任。财务绩效方面的衡量，可以既考虑企业的品牌建立、顾客群增长，又顾及财务与利润；而营销社会责任的衡量，必须正确平衡与协调消费者利益、企业利润与社会福利三者之间的关系。绩效营销要求企业比竞争者更有效果地、更有效率地满足目标市场的需求、需要和利益，但是这一切也应该以保持或强化消费者和社会福利的方式进行。这实际上是对社会营销观念的包容。

与此同时，为实现企业总体经营目标所进行的网络营销，也是企业整体营销战略的一个部分，即以互联网为基本手段开展网上营销活动，包括 E-mail 营销、微信与微博营销、网络广告营销、短视频营销、新媒体营销、竞价推广营销、SEO 优化排名营销等。网络营销的创新和发展，也为企业全方位营销创造了更多条件。

1.4 市场营销道德与责任

营销道德是指调整企业与中间商、竞争者、消费者等相关人群的利益关系，以及企业与自然、社会的利害关系的行为规范的总和。它被用来判断企业的营销行为是否正确，企业营销活动是否符合消费者及社会的利益，能否为消费者带来最大利益。企业市场营销活动必须讲求道德、承担责任。这是现代社会对企业的要求，也是企业应有的认知与觉醒。

1.4.1 市场营销道德观

随着市场竞争的加剧，企业为社会及广大顾客提供了日益丰富的产品，极大地提高了人民的生活水平，但同时也产生了一些负面的影响。个别企业为了自己的私利，开展不正当竞争，存在着很多严重的道德问题。

微课：市场营销道德与责任

1. 常见的不道德的市场营销行为

在现实市场营销活动中，常见的不道德行为包括以下几个方面。

(1) 市场调研方面：不尊重被调查者；泄密；通过欺骗、贿赂、监视等不正当手段窃取竞争对手的商业秘密；误导公众，包括不完整的和误导性的报告、不客观的调研等。

(2) 产品生产方面：假冒伪劣产品；不安全的产品；对环境有害的产品；过度包装；被强制淘汰的产品等。

(3) 分销渠道方面：设置文字陷阱误导分销商；操纵渠道或硬性搭售；以次充好；灰色市场等。

(4) 价格确定方面：串谋定价；暴利价格；价格欺诈与误导性定价等。

(5) 促销传播方面：欺骗性或误导性广告；不健康广告；利用消费者和厂家之间的信息不对称性，操纵或强迫顾客购买产品；滥用或虚设有奖销售欺骗顾客；行贿等。

2. 现代企业的营销道德观

所谓道德，是指对事物负责，不伤害他人的一种准则。根据伦理学原理，"道"是指处世做人的根本原则，即人之为人所应当遵循的行为准则；"德"是指人们内心的情感和信念，即坚持行为准则所形成的品质或境界。市场营销道德就是指企业营销活动中所要遵循的道德规范的总和。在市场营销活动中，注重遵循道德规范是极其必要和重要的。有远见卓识的企业和营销人员都应该诚恳地对待顾客，获得顾客的信任，并重视与顾客建立长期的互利关系。

3. 企业营销道德的基本原则

企业营销道德的基本原则是指与市场营销活动相适应的特殊道德要求。从着眼于和有利于促进他人利益和社会利益的行为来实现企业利益这一要求出发，企业营销道德的基本原则应当包括以下几个方面。

(1) 守信。守信要求营销人员在市场营销活动中讲究信用。在当今竞争日益激烈的市场条件下，信誉已成为竞争的一种重要手段。信誉是指信用和声誉，是在长时间的商品交换过程中形成的一种信赖关系，它综合反映出一个企业、一个营销人员的素质和道德水平。只有守信，才能为企业和营销人员带来良好的信誉。在当今的竞争中，谁赢得了信誉，谁就会在竞争中立于不败之地；谁损害了自己的信誉，谁就终将被市场淘汰。守信就必须信守承诺，包括书面承诺和口头承诺。此外，承诺还有明确的承诺和隐含的承诺之分。明确的承诺是合同、协议等明确规定的应履行的义务。隐含的承诺则没有明确规定，如"合格产品"本身就隐去了承诺对该商品所应具有的质量负责的含义。

(2) 负责。负责即要求企业及营销人员在营销过程中对自己的一切经济行为及后果承担政治、法律、经济和道义上的责任。任何逃避责任的行为都是不道德的，并且是非常愚蠢的。在市场经济条件下，营销人员一般独立地做出营销的决策，因此他要对自己的营销活动及可能带来的一切短期和长期的后果承担责任。营销人员在营销过程中的一言一行都代表着企业，不仅要对企业和社会负责，而且要对顾客负责。因此，营销人员在营销过程中应向顾客讲实话，如实地为顾客介绍所营销产品的优点和不足，向顾客提供能真实有效地满足其需要的商品，千方百计地为顾客排忧解难，赢得顾客的信赖，提高企业的声誉和社会效益。坚持负责原则，要求营销人员具有高度的自觉性和承担责任的勇气，必要时甚至要牺牲自己的利益。

(3) 公平。在营销过程中，坚持公平的原则主要有两方面的含义：一是对待顾客必须公平。顾客不论男女老幼、贫富尊卑，都有充分的权利享受他们应得到的服务。各种以次充好、缺斤短两、弄虚作假的行为都是违反公平原则，也是不道德的。二是对待竞争对手应坚持公平。营销不可避免地存在竞争,竞争是提高服务质量、改善服务态度的动力,市场经济鼓励营销人员之间展开竞争,但竞争也不可避免地带来一些负面效应。许多营销人员为了战胜对手,不择手段,诋毁甚至无中生有地诽谤竞争对手的产品甚至人格。这种营销行为不仅不道德,而且有可能构成违法行为。营销人员应充分发挥自己的聪明才智,开展公平合理、光明正大的竞争,这才符合市场经济鼓励竞争的初衷。

守信、负责、公平是现代营销最主要的也是最基本的道德要求。企业及营销人员在营销过程中应随时考虑自己所肩负的社会责任,考虑自己的行为是否有利于社会公众的利益。从长远来看,遵守营销道德,坚持守信、负责和公平的道德原则,对营销人员个人、企业、顾客乃至社会都有百利而无一害。

思政园地

疫苗事件

2018年7月22日,国家药监局负责人通报长生生物科技有限责任公司违法违规生产冻干人用狂犬病疫苗案件的有关情况。现已查明,该企业编造生产记录和产品检验记录,随意变更工艺参数和设备。上述行为严重违反了《中华人民共和国药品管理法》《药品生产质量管理规范》等有关规定。对此,国家药监局已责令该企业停止生产,收回GMP证书。这是该企业在2017年年底被发现疫苗效价指标不符合规定后不到一年,再曝疫苗质量问题。2017年10月16日,国家药品监督管理局和吉林省食品药品监督管理局分别对该企业做出多项行政处罚,包括撤销狂犬病疫苗药品批准证明文件和涉案产品生物制品批准签发的合格证,吊销药品生产许可证,没收违法生产的疫苗、违法所得18.9亿元,处违法生产、销售货值金额3倍罚款72.1亿元,罚没款共计91亿元;对涉案的高俊芳等14名直接负责的主管人员和其他直接责任人员作出依法不得从事药品生产经营活动的行政处罚。涉嫌犯罪的,由司法机关依法追究刑事责任。由于生产经营活动受到严重影响,公司股票将实施其他风险警示,简称由"长生生物"变更为"ST长生"。

动画:[思政园地] 疫苗事件

那么,这起"疫苗事件"说明了什么?从业人员应如何吸取教训呢?

这是一起典型的严重违背职业伦理道德底线直至涉嫌违法犯罪的事件。从2008年"三聚氰胺事件"到2017年欧洲爆出"毒鸡蛋"丑闻,再到此次"疫苗事件",十年间世界各地不断发生食品安全事故,其根本原因是生产企业唯利是图、枉顾消费者的生命安全。企业在满足消费者需求的同时,要保障企业所提供的产品质量,尤其是食品的安全,保护消费者的合法权益。"疫苗事件"快速、"重拳"处理,表明我国对处理危及人民生活事件的鲜明态度。"疫苗事件"的结果必然是害人害己,危及企业生存,影响个人职业发展。因此,市场营销从业人员都必须恪守职业伦理道德底线,自觉履行社会责任。

资料来源:杨群祥. 市场营销概论——理论、实务、案例、实训[M]. 3版. 北京:高等教育出版社,2019:15.

学习活动:结合最近在媒体上报道的某成功企业的新闻,分析其市场营销道德观及社会责任。

1.4.2 市场营销的社会责任

营销道德的基本原则是讲责任,包括社会责任。所谓社会责任,是指某组织有责任扩大其对社会的积极影响和减少对社会的消极作用。

1. 社会责任的内容

(1) 保护消费者权益。保护消费者权利和利益是企业的主要社会责任。具体来说,要求企业为广大消费者提供花色品种多样的、优质的产品和服务,以满足其各种不同的需求。在保护消费者权益运动中,社会关心的焦点是要求企业承担以下的社会责任:①使消费者具有获得安全产品与服务的权利;②使消费者具有获得有关产品充分信息的权利;③使消费者具有自由选择产品的权利;④使消费者具有申诉的权利。

(2) 保护社会的利益和发展。保护社会利益及社会发展是企业义不容辞的社会责任。企业从事市场营销活动,一方面为社会创造日益丰富的物质财富,以保证国家、各级政府、各企事业单位正常运行所需的物质条件,为保护社会利益及发展提供使用价值形态的财富;另一方面为国家及各级政府提供一定的税收,即从价值形态上为国家做贡献。此外,企业还应当对社会公益事业进行支持和捐赠,帮助教育事业及社会贫困地区发展。这是近年来企业社会责任的延伸。

(3) 保护自然环境。保护自然环境免遭污染,实现自然生态平衡是企业直面的社会责任。随着市场经济的发展,企业在为社会创造巨大财富、给消费者提供物质福利的同时,却可能污染环境或破坏自然生态平衡,甚至威胁人类生存环境的良性循环。因此保护自然环境,治理环境污染,解决恶劣的环境状况,实施社会可持续发展战略势在必行。通过生态营销从微观方面实施可持续发展战略是企业的社会责任,通过绿色营销来保证消费者的绿色消费也成为企业的社会责任。

2. 提高社会责任感

提高营销道德水准,关键在于提高社会责任感。但企业履行社会责任受制于方方面面,既有外部环境,也有内部因素。就企业内部而言,组织文化、个人道德和报酬制度是重要因素。因此,提高企业营销道德水准和社会责任感有赖于以下几点。

(1) 优化市场营销环境。一是迅速发展社会生产力,为企业文明营销奠定物质基础;二是转换政府职能;三是不断完善立法及强化执法力度,打击非法营销行为,保护、鼓励合法营销行为。

(2) 塑造优秀企业文化。致力于培育企业与员工"讲求道德、承担责任"的共同价值观。

(3) 制定营销道德规范。企业自觉地建立营销道德标准,将道德标准实施融入制度建设。

(4) 奉行社会营销观念。企业要自觉地将企业利益、消费者利益、社会利益统一起来。

思政园地

众志成城:汶川地震彩电企业齐献爱心

2008年5月12日,在四川汶川发生了一场罕见的8级大地震,给灾区人民带来了巨大的创伤和痛苦。灾害突如其来,震撼着每个人的心灵,同时也引起了每个彩电企业的强烈关注。消息传来后,全国各彩电企业纷纷伸出援助之手,踊跃捐款捐物,以送温暖、献爱心的行动支援抗震救灾。广东康佳集团在得知灾情之后,立即决定向灾区人民首批捐赠200万元人民币,用于抗震救灾一线的紧急救援,并向全球近10万员工发出呼吁,号召大家发扬中华民族美德,伸出援手,捐款捐物,帮助受灾民众渡过难关;TCL集团在获悉灾情严重性后,紧急决定通过广东省慈善总会向灾区人民捐款100万元人民币,用于抗震救灾一线的紧急救援;创维集团在13日紧急向灾区捐助价值50万元的自带电新型手电筒后,于5月15日再次宣布,向灾区捐款150万元,总计捐助已达200万元。除此之外,海信、长虹、海尔等国内知名企业也纷纷慷慨解囊,用实际行动支持灾区人民的抗震救灾工作,为灾区人民重建家园尽一份力。

"一方有难、八方支援"是中华民族的传统美德,而保护社会的利益和发展,也是企业在市场营销活动中应当承担的社会责任之一。在汶川大地震救灾行动中,彩电企业纷纷及时伸出援助之手,帮助受灾民众渡过难关,体现了我国彩电企业高度的社会责任感。同时,尽管这种义举或许与产品销售没有直接的关系,但在社会和灾民最需要的时候,企业能够负起责任,如此必将赢得社会广泛的赞誉,这对于企业品牌的建立有着深远的意义。

资料来源:杨群祥.市场营销概论——理论、实务、案例、实训[M].3版.北京:高等教育出版社,2019:27.

1.5 市场营销的发展

随着社会与经济的快速发展,移动终端、新媒体、网购、直播等成为消费者生活的重要组成部分。经济全球化、"互联网+"、数字化技术运用等成为影响现代企业营销成功的重要力量。因此,现代企业为了顺应环境的发展变化,主动引入并实现各种新市场要素的商品化和市场化,借助科技进步不断创新产品、创新需求、创新顾客等,从而达到开辟新的市场和扩大市场份额的目的。移动互联网、大数据、人工智能、云计算等新技术的发展推动了媒体技术的更迭发展,越来越多的企业开始紧跟新媒体的发展动向,进行营销方式的革新。

1.5.1 新媒体营销

1. 新媒体营销的定义

新媒体营销是指利用各类新媒体进行营销的方式,以自媒体平台、微博、微信、App、短视频等新媒体为传播渠道,就企业相关产品的功能、价值等信息进行品牌宣传、公关、促销等一系列活动。作为企业营销战略的一部分,新媒体营销是"互联网+"时代企业全新的营销方式。

动画:市场营销发展的新趋向:新媒体营销

2. 新媒体营销的特征

(1)渠道多元化。新媒体营销的渠道,或称新媒体营销的平台,主要包括但不限于门户网站、搜索引擎、微博、微信、SNS、博客、播客、BBS、RSS、百科、App等。企业可以根据实际情况进行一种或多种渠道的整合营销,甚至可以与传统媒介营销相结合,形成全方位立体式营销,赢得更多的关注。

(2)形式直观、传播高效、交互性强。新媒体传播的是信息组合,包括文字、声音、图像等信息，内容更加生动形象，直观性强，便于理解和接受。在这个过程中，消费者可选择与自己需求相关的营销信息，这样可节省时间，提高效率。多平台的营销互动形成企业与消费者以及消费者之间的沉浸式、渗透式的影响，将市场真正带入用户为王、全民营销的新时代。抽奖、小测试奖励、线下沙龙、粉丝聚会等活动均可提高粉丝的用户黏性和数量。

（3）受众范围广，易产生裂变式井喷效应。新媒体营销基于互联网，而互联网的特性决定了新媒体营销的全球性。在这种开放的环境中，企业的产品和服务是面向全世界的，营销信息可以通过新媒体到达世界上任何一个地方的现实客户和潜在客户。各大搜索引擎、网站、小程序、论坛等通过软文、视频等形式分享或自带广告资源，引进流量并将流量变现。每个个体既是内容的接受者，又是内容的传播者，同时也是内容的生产者，即在新媒体环境下，每个人都能够成为媒体，成为信息传播的节点。信息把每个人紧紧地连接起来，形成一个全民媒体化的社会形态。

（4）用户群体精准化，提升用户转化率。新媒体营销系统根据每个用户不同的属性、标签进行不同的信息推送，与传统媒体相比更加准确，能够有效降低成本。精准用户投放有利于用户转化率的提高。如果潜在产品层次得到满足，消费者获得超过预期的心理体验，就会对该产品有更多的偏好和忠诚度。同时，企业通过新媒体平台后台检测，将广告投放的信息清晰地展现出来，对市场的把控十分有利。

3. 新媒体营销模式

随着新媒体营销动态更新，当前出现了以下十种较为常见的新媒体营销模式。

（1）饥饿营销。饥饿营销是指商品提供者有意调低产量，以期达到调控供求关系，制造供不应求的"假象"，维持商品较高的利润率和品牌附加值的目的。饥饿营销成功的基础是心理共鸣、量力而行、宣传造势、审时度势。小米是使用"饥饿营销"模式最有成效的品牌之一，小米手机1S首次进入市场时，就创造了20万台手机在几十分钟内被抢购一空的销售奇迹，成为轰动一时的"饥饿营销"成功案例。

（2）事件营销。事件营销是企业通过策划、组织和利用具有新闻价值、社会影响以及名人效应的人物或事件，吸引媒体、社会团体和消费者的兴趣与关注，以求提高企业或产品的知名度和美誉度，树立良好的品牌形象，并最终促成产品或服务销售目的的手段和方式。事件营销的成功基础是相关性、心理需求、大流量、趣味性。

（3）口碑营销。口碑营销是指企业努力使消费者通过亲朋好友之间的交流将自己的产品信息、品牌传播开来。口碑营销实现了从关注品牌、产生兴趣、主动搜索到产品购买并分享从而影响他人，形成了闭环。口碑营销的成功基础是鼓动核心人群、简单而有价值、品牌故事与文化、关注细节、关注消费者。

（4）情感营销。情感营销是指从消费者的情感需要出发，唤起和激发消费者的情感需求，诱导消费者产生心灵上的共鸣，寓情感于营销之中，以有情的营销赢得无情的竞争。在情感消费时代，消费者购买商品看重的已不是商品数量的多少、质量的好坏以及价格的高低，而是为了情感上的满足、心理上的认同。情感营销的成功基础是产品命名、形象设计、情感宣传、情感价格、情感氛围。

（5）互动营销。互动营销是指企业在营销过程中充分利用消费者的意见和建议，用于产品的规划和设计，为企业的市场运作服务。互动营销实质上是要充分考虑消费者的实际需求，切实现商品的实用性。互动营销能够促进相互学习、相互启发、彼此改进，尤其是通过"换位思考"带来全新的观察问题的视角。互动营销的成功基础是消费者属性、互动内容和渠道、反馈机制。

（6）病毒式营销。利用公众的积极性和人际网络，让营销信息像病毒一样传播和扩散，从而使营销信息被快速复制传向数以万计、百万计的受众。病毒营销的成功基础是独创性、利益点、传播关键点、跟踪管理。

（7）借势营销。借势营销是指将销售的目的隐藏于营销活动之中，将产品的推广融入一个消费者喜闻乐见的环境中，使消费者在这个环境中了解产品并接受产品的营销手段。具体表现为通过媒体吸引消费者的注意力，借助消费者自身的传播力，依靠轻松娱乐的方式等潜移默化地引导市场消费。借势营销的成功基础是合适的热点、反应速度、创意策划。

（8）IP营销。IP即知识产权。其本质是在品牌与消费者之间建立起沟通的桥梁，通过营销把IP注入品牌或产品中，赋予产品温度和人情味。IP营销的成功基础是人格化的内容、原创性、持续性。

（9）社群营销。社群营销是基于相同或相似的兴趣爱好，通过某种载体聚集人气，通过产品或服务满足群体需求而产生的商业形态。社群营销的成功基础是同好、结构、输出、运营、复制。

（10）跨界营销。根据不同行业、不同产品、不同偏好的消费者之间所拥有的共性和联系，把一些原本毫不相干的元素进行融合、互相渗透，使彼此品牌的影响互相覆盖，赢得消费者好感。跨界营销的成功基础是跨界伙伴、契合点、系统化推广。

随着科学技术的每一次变革，新媒体营销方式都会有新的形态出现，而营销的目的万变不离其宗，即让顾客知晓并认可企业的产品和服务，从而产生消费行为。企业要不断探索和学习更加有效的新媒体营销手段，运用全局视角，科学选择投放平台，打造新媒体矩阵。

 思政园地

新媒体营销须做好舆情监控

新媒体的兴起为企业营销提供了更多的空间和机遇，虽然极大地促进了信息的传播和互动，但也容易导致一些低俗信息和网络谣言的快速传播，或引发一些侵犯知识产权的行为，令企业直接面对各种无法预料和控制的潜在风险。例如，某公司发微博擅自使用17张版权受保护的图片被判赔5万元；某企业微信公众号因擅自将注明了不得转载的原创作品稍加修改后进行发布，侵犯了原作者的著作权而被告上法庭。目前微信、微博等平台提供商也屡次发布规范，加强了对原创内容的权益保护，规范内容复制转载行为等，国家相关部门、一些专业的第三方机构、行业协会联盟等也积极参与到监督保护知识产权的队伍中来。

动画：[思政园地]新媒体营销须做好舆情监控

除此之外，一些社交媒体也是虚假信息、隐私泄露、名誉侵权等侵权风险的重灾区。在依法治国的大背景下，每个人都应该强化自身的法律意识，严格遵守法律、法规。企业要依靠各大新媒体平台，对舆情进行实时监控。对于网络谣言和不实信息等各类负面舆情，企业的官方媒体要及时做出反应和澄清,同时联合各大新闻网站、公众号、营销号发布声明,做好应对处置。

资料来源:毕思勇.市场营销[M].5版.北京:高等教育出版社,2020:20.

1.5.2 数字营销

微课:数字营销

随着数字中国的不断建设,数字营销的重要性日益突显。数字营销是指借助互联网络、计算机通信技术和数字交互式媒体来实现营销目标的一种营销方式,从而以一种及时、相关、定制化和节省成本的方式与消费者进行沟通。数字营销利用先进的计算机网络技术,以最有效、最省钱的方式谋求新市场的开拓和新消费者的挖掘,包含很多网络营销中的技术与实践。但相较于网络营销,数字营销的范围要更加广泛,既包括电视、广播、短信等非网络渠道,也包括社区媒体、电子商务平台、搜索引擎等网络渠道。

数字营销不仅是技术手段的革命,而且包含了更深层的观念革命。它是目标营销、直接营销、分散营销、客户导向营销、双向互动营销、远程或全球营销、虚拟营销、无纸化交易、客户参与式营销的综合。数字营销赋予了营销组合以新的内涵,其功能主要有信息交换、网上购买、网上发布、电子货币、网上广告、企业公关等,是数字经济时代企业的主要营销方式和发展趋势。

1. 数字营销与传统营销的区别

(1)营销理念转变。传统营销以消费者需求和市场为导向,而数字营销以商品和用户关系构建为导向。

(2)传播方式和内容的转变。传统营销中,获取客户的手段是单向的信息传播方式,只能根据企业提供的固定信息来决定购买意向;数字营销中,因时代媒体正在向聚合化的超级平台进化,内容的创作分发和消费呈现出明显的碎片化特征。

(3)营销渠道转变。传统营销主要包括户外广告牌、公交车、出租车、海报、广播、印刷品、橱窗展示等;而数字营销主要包括社交媒体、搜索引擎营销、推荐引擎营销、内容营销、会员营销、电子邮件营销。

(4)营销技术转变。短视频、创意中插、营销云、信息流广告、大数据、云计算、VR&AR、人工智能、区块链等新技术不断涌现,使数字营销逐步实现了线下广告的重构。

基于品牌心理活动的过程,数字营销的路径主要从建立品牌认知开始,通过强化品牌认同,促成品牌认购。

 营销资料

营销的进化:从营销1.0到营销4.0

简单来说,营销1.0就是工业化时代以产品为中心的营销,解决企业如何实现更好的"交易"的问题,功能诉求、差异化卖点成为帮助企业从产品获取利润,实现马克思所言"惊险一跃"的核心;营销2.0是以消费者为导向的营销,不仅需要产品有功能差异,更需要企业向消费者诉求情感与形象,因此这个阶段出现了大量以品牌为核心的公司;营销3.0是以价值观驱动的营销,它把消费者从企业"捕捉的猎物"还原成"丰富的人",是以人为本的营销;营

销 4.0 以大数据、社群、价值观营销为基础,企业将营销的中心转移到如何与消费者积极互动、尊重消费者作为"主体"的价值观,让消费者更多地参与到营销价值的创造中来。在数字化连接的时代,洞察与满足这些连接点所代表的需求,帮助客户实现自我价值,就是营销 4.0 所需要面对和解决的问题,它是以价值观、连接、大数据、社区、新一代分析技术为基础所造就的。

资料来源:杨勇,陈建萍. 市场营销:理论、案例与实训[M].5 版. 北京:中国人民大学出版社,2023:17.

2. 数字时代的 4R 营销理论

随着市场营销环境的变化,市场营销组合理论的不断发展,现已形成了以关系营销为导向的数字时代的 4R 营销理论。

第一步是人群画像与分析(recognize)。前数字化时代主要是通过样本推测与定性研究对目标消费者进行整体分析,而数字化时代最大的变化在于可以通过大数据追踪消费者的网络行为。

第二步是数字化信息触达(reach)。这也是绝大多数参与数字营销企业所实施的一步,以前触达消费者的手段在数字时代发生了变化,基于消费者画像实施触达是企业采取营销数据化转型的前提,让技术、数据与客户融合。

第三步是客户关系连接(relationship)。它应该作为 reach 的后续步骤。仅做完前两个 R,只解决了瞄准、触达的问题,没有解决如何转化客户资产,不能确保数字营销的有效性。这其中最关键的在于数字营销"是否建立了持续交易的基础",而很多社群的建立与发展就是为了实现这一步。

第四步是营销关系交易与回报(return)。这也是最后一步,它解决了营销不仅是一种投资,也是可以得到直接回报的问题。很多企业建立了社群、吸收了很多品牌粉丝,但是如何变现成为此阶段的核心问题。

当前各行各业利用产业数字化带来的新发展机遇,实现数字科技与实体经济相融合,提高研产供销全产业链的数字化、网络化、智能化水平,引领中国乃至全球相关行业进入全新的增长阶段,未来的数字营销也将会进一步衍生发展。

同步训练

自我检测

一、选择题

1. 下列有关交换的说法正确的是(　　)。
    A. 人们要想获得所需要的产品,必须通过交换
    B. 交换是一个结果而不是一个过程
    C. 交换就是交易的另一种说法
    D. 交换是人们获得自己所需要的某种产品的一种方式

2. 社会营销观念中,所强调的利益应是(　　)。
    A. 企业利益　　　　　　　　　　B. 消费者利益
    C. 社会利益　　　　　　　　　　D. 企业、消费者与社会的整体利益

动画:[同步案例]
网红美食博主
李子柒的品牌
营销

3. "如果你能比你的邻居制造出更好的捕鼠器,人们就会踏破你的门槛。"这句话反映的营销观念是( )。
   A. 生产观念　　　B. 产品观念　　　C. 推销观念　　　D. 市场营销观念
4. 市场营销组合的4P是指( )四个基本策略。
   A. 价格、权力、分销、促销　　　　　B. 价格、广告、分销、产品
   C. 价格、公关、分销、产品　　　　　D. 价格、产品、分销、促销
5. 在现代市场营销学中,组成市场的最基本要素是( )。
   A. 供应者　　　B. 人口　　　C. 商品
   D. 购买力　　　E. 购买意愿
6. 需要转化为需求必须具备的条件有( )。
   A. 需要欲望　　　B. 支付能力　　　C. 价格合理
   D. 优质产品　　　E. 优质服务
7. 现代营销观念与传统营销观念的区别主要表现为( )。
   A. 起点不同　　　B. 中心不同　　　C. 手段不同
   D. 终点不同　　　E. 对象不同

二、简述题

1. 市场营销是什么?其核心概念有哪些?
2. 市场营销观念的发展和演变经历了哪几个阶段?
3. 全方位营销观念的内涵和构成是什么?
4. 市场营销组合理论是什么?
5. 现代企业营销的基本道德和社会责任都有哪些?
6. 新媒体营销的模式都有哪些?

案例分析

安踏:品牌向上的逻辑

2021年,三十而立的安踏总市值再创新高,达到5128亿港元,成为全球第二大运动品牌。

(1) 专业为本:打好奥运牌。赞助奥运16年,服务了28支国家代表队,是安踏独有的资产。安踏一方面以比肩国际的研发创新能力助力国家级专业运动员的竞技表现,另一方面将奥运品质的科技与材料应用到大众商品中,给爱运动的每一个人提供更专业的选择。2018年2月,平昌冬奥短道速滑男子500米决赛,武大靖打破世界纪录并为中国队斩获该届冬奥首金,其比赛时穿的是由安踏研发的专业短道速滑服装。北京冬奥会,安踏不仅要为运动员们提供服装,还要为奥运会全体工作人员与志愿者提供制服与装备。最终呈现出羽绒服、功能外套、保暖内衣、高帮保暖靴、滑雪手套、雨衣等共计17个品类。在各类运动商品中,跑鞋是典型的技术流派,也是安踏专业运动领域的科技标杆。硬核科技对普通受众来说,枯燥而遥远,安踏的破局之法是"活动赞助+IP合作":2018年北京马拉松,安踏为2000名跑友提供搭载A-FLASHFOAM虫洞科技的北马定制款C202跑鞋,其中超过700人穿着这双跑鞋达到个人最好成绩。

(2) 品牌向上:拥抱Z世代。"Z世代"(也称"互联网世代",通常指1995—2009年出生

的一代人),是当下安踏重点研究的顾客群体。这批年轻人追求高品质生活,更有购买力,从小就接触互联网,对产品科技有着自己的见解,在运动服饰穿着偏好上更容易受到自己喜欢的KOL(意见领袖)影响。安踏篮球品类事业部从2014年开始,通过提升产品设计与科技,赢得年轻人的心。"Z世代"特别爱国,也愿意为之超前消费。安踏的"国旗款"服装和"奥运同款科技"大众装备,刚好对其口味。安踏的成功得益于它最早完成了从"鞋、服、配商品管理制"向"品类管理制"的转型,即根据运动场景,将商品划分为篮球、足球、跑步等类别,各品类独立运营。这样可以有针对性地服务目标客群,增加用户黏度。

(3)下一个引爆点。中国女性参与运动的人群基数正在扩大,而面对这样一个广阔市场,安踏的女鞋商品团队发现了新的机会。安踏在未来五年战略目标中提出,女子品类到2025年实现流水规模接近200亿元。首先,与安踏"大货"(成年鞋、服、配)相比,安踏儿童在主流商圈的能见度更高,是国内儿童市场最早的入局者之一,这也是在为整个安踏大货输送潜在用户。其次,在一二线城市的主流商圈,安踏的能见度正在逐步提高。安踏计划用"冠军店"和符合都市年轻群体的新品类"滑板系列"打进一二线城市,与那里的年轻人交流。安踏通过研发和设计打造多元化的产品,满足消费者在运动场景不同的需求,实现品牌向上。作为一个民族品牌,安踏希望助力每一个爱运动的人。

思考与分析:
1. 安踏如何通过自己的努力满足消费者的需求?
2. 分析、评价安踏的市场营销。
3. 对安踏的营销提出意见或建议。

德技并修

"医院费用计划"

世界500强达能(Danone)旗下的独资医疗保健公司——纽迪希亚(Nutricia)为促进该公司药品销售,制订了"医院费用计划",具体项目包括组织医院科室"摘草莓"活动、帮助医生家庭清洗鱼缸、资助旅游、报销发票、赠送礼品和门票等。可以说,除直接支付现金外,纽迪希亚向医生输送利益的方式是五花八门。

问题:
1. 本案例中存在哪些道德伦理问题?试对上述问题做出道德研判。
2. 从营销观念与道德研判的角度对纽迪希亚公司的"医院费用计划"做出评价。

团队实战

1. 训练目标:了解市场营销理念的新发展及应用情况。
2. 训练要求:
(1) 利用"中国知网"的学术文献库查找主题为"市场营销理念"的文章;
(2) 文章发表的时间最好在2018—2023年;
(3) 把查找到的文章分为两类:一类是营销理念的新发展;另一类是营销理念的运用领域。

项目 2 市场营销调研

学习目标

知识目标

1. 理解市场营销调研的含义、类型和内容;
2. 明确市场营销调研的程序;
3. 掌握市场营销调研的方法及调查问卷的设计内容;
4. 熟悉市场营销预测的方法。

能力目标

1. 能够选择合适的调查方法进行市场营销调研;
2. 能够掌握市场调查问卷设计的方法和技巧,设计简单的调查问卷;
3. 能够掌握市场需求预测的方法,并对市场需求做出合理预测;
4. 提升团队协作、沟通表达、思考分析、善恶研判、信息处理的能力。

素养目标

1. 传承中华优秀传统商业文化讲仁爱、重民本、守诚信、崇正义的思想精髓;
2. 树立"没有调查,就没有发言权"的科学思想观,坚守法律意识,增进对数字中国、科技强国和网络强国的认知;
3. 培养科学、理性、严谨的工作态度,爱岗敬业的职业素养,弘扬吃苦耐劳的劳模精神、精益求精的工匠精神;
4. 关注消费者信息安全,培养恪守营销伦理的自觉性,提高社会责任感。

思维导图

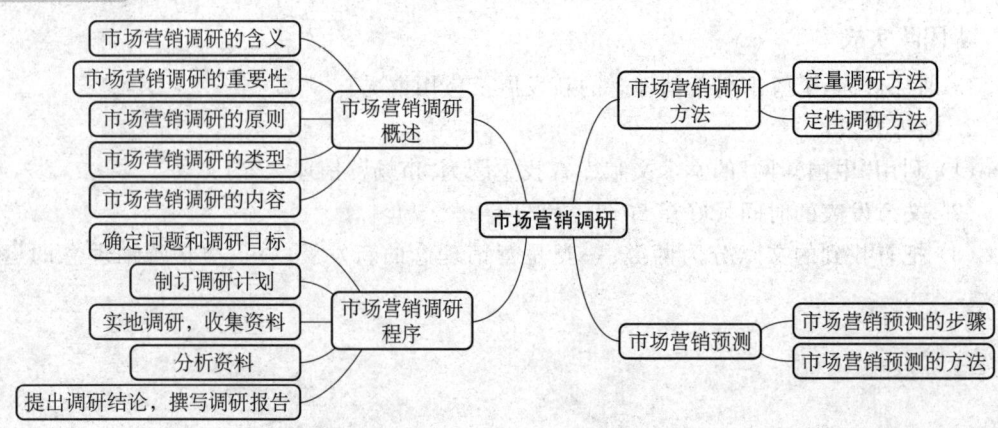

引入案例　贴近客户，倾听心跳，聚焦痛点

谁是客户？客户的需求是什么？痛点在哪里？解决痛点是营销成功的首要目标。为此，需要开展市场调研，进行客户需求开发管理，一方面收集客户需求信息，另一方面进行客户需求分析。华为收集客户需求信息资料的方法是多样的、及时的、有效的。

动画：华为：贴近客户，倾听心跳，聚焦痛点

（1）客户满意度调查。例如，华为智能手机客户满意度调查是通过问卷形式获取目标客户信息，并征集客户对华为智能手机在通话音质、价格、手感、屏幕色彩、音乐质感、系统升级等方面的意见、建议。

（2）试验局。试验局针对有价值的目标客户，获得真实反馈，并有益于这些目标客户。通过试验局，既可以从关系客户获得对新产品需求的验证情况，及时发现问题进行补救和改进，又可以获取以往产品使用情况的反馈信息。

（3）解决方案团队。华为的解决方案团队与主要关系客户一起制订解决方案。在此过程中，可以精准提炼客户需求，关注客户未来的发展需求，还可能获得第三方业务信息，掌握深层次跨公司的产品集成问题，确保解决方案具有前瞻性，确保解决方案合作成功。

（4）现场支持。华为把客户需要的服务工程师或研发技术工程师派到客户身边，吃住在第一线，为客户提供技术支持服务，就地解决问题，帮助客户学习使用设备应用，通过现场支持，设计公司信息需求问题收集表，有效获取客户现实或未来的多种需求信息。

（5）行业活动。举办和参与行业活动，提供与客户交流、收集信息情报的机会。例如，2019年8月，华为在东莞松山湖举行华为开发者大会，邀请1500多位合作伙伴、5000多名全球开发者，以"5G落地，万物互联升起，见证全球终端产业革命性体验的降临"为主题，鸿蒙系统正式亮相，会议重点集中在5G、物联网、AI等方面，聚焦全场景智慧化，共同探讨华为终端生态的未来可能性。

资料来源：吴勇，燕艳．市场营销[M]．6版．北京：高等教育出版社，2020：29．

营销在企业管理中起着龙头作用，而要做好营销工作，首先要搞好营销调研。可以说，营销调研是营销的关键。营销调研是一个收集数据信息的过程，只有掌握了充分的信息，才能做出正确的判断与评估。在市场运作中，没有正确的营销调研，就没有决策权。企业若想在激烈的竞争中脱颖而出，就要从了解市场数据信息入手，踏踏实实地做好营销调研这个最基础的工作。

2.1　市场营销调研概述

2.1.1　市场营销调研的含义

市场营销调研是指通过系统地收集、记录与市场营销有关的大量资料，加以科学的分析和研究，从中了解本企业产品目前的市场和潜在市场，并对市场供求变化及价格变动趋势进行预测，为企业经营决策提供科学依据。许多企业家认为，"企业经营管理的重点是经营；经营的核心是决策；

微课：市场调研概述

决策的前提是预测;预测的依据是信息;信息的来源是探索——市场调研"。这准确地指出了市场营销调研在企业经营管理中的应有地位。

2.1.2 市场营销调研的重要性

市场营销调研的主要作用是通过信息把营销者和消费者、顾客及公众联系起来。这些信息用来辨别和界定营销机会及风险,制定、改进和评估市场营销方案,监控市场营销行为,帮助企业营销管理者制定有效的市场营销决策。

市场营销调研在现代企业经营管理中的重要性主要表现在以下几个方面。

1. 发现市场机会和存在的问题

通过对营销环境、消费者行为与需求以及新技术的调研,企业往往可以发现空白市场。公司经过对市场机会进行全面评价与理性分析之后,产生新产品开发的创意,从而研发出能够满足市场需求的创新产品。而营销调研人员对顾客满意度、忠诚度的调研与测试,可以明确公司在经营中所存在的问题,从而使管理者及时做出反应、迅速纠正。

2. 制定、完善和评估市场营销策略

企业开展营销活动首先要进行营销环境分析、市场细分及目标市场选择,在此基础上制定相应的营销组合策略。营销调研可以通过新产品测试、定价测试、分销效果研究、广告效果测试、营销组合评估测试等,全面了解营销环境、竞争状况与顾客需求等方面的信息,制定并完善企业的市场营销策略。

3. 监控营销绩效

企业在营销实践中通过营销调研了解企业在制定营销策略时未预料到的环境变化以及出现的突发事件,并研究其对企业营销策略的影响,进而对企业的营销策略进行完善和调整。相关的调研有企业形象分析、市场跟踪研究、顾客满意度调查、员工满意度调查、分销商满意度调查等。

4. 提高企业经营活力,增强竞争实力

竞争是市场经济的重要特征,企业应扬己之长、避己之短,提高竞争能力。或以质量,或以价格,或以投放市场时间等,棋高一筹而制胜,这些靠的是对相关竞争对手的了解。"知己知彼,百战不殆",因此,企业必须关注竞争对手,研究竞争对手的营销策略,才能在强手如林的市场竞争中立于不败之地。

2.1.3 市场营销调研的原则

科学的市场调研应符合系统性、客观性、时效性及经济性四个原则。

1. 系统性

市场调研必须充分考虑影响预测结果的各种因素,多角度、多侧面地调研各种数据、信息,尽最大可能提供反映调研项目的客观全面情况。

2. 客观性

市场人员必须是公正和中立的,对所有的信息资料均应保持客观的态度,对发现的结果也应保持坦诚的、公正的态度,避免主观和偏见,从中立原则出发,对调研数据去伪存真。

3. 时效性

市场调研应及时捕捉市场上任何有用的信息、情报,及时反映市场情况,及时分析,及时反馈。在企业的经营过程中,时效性强的调查资料能够为企业适时调整策略创造条件;而时效性差的调查资料除失去其自身价值外,还有可能误导企业的营销决策。

4. 经济性

营销调研本身是一种投资行为,可能会出现项目市场可行与不可行两种结果。因此,调研不可不计成本,而应当符合经济性原则。实践证明,充分讲究调研技巧可以大幅减少实地调研的支出。当然,调研的实效是最重要的,因为调研的费用与项目整体的投入相比毕竟是很小的数字。

2.1.4 市场营销调研的类型

市场营销调研经常遇到不同性质的问题,需要以不同的方法取得不同的资料。根据研究的问题、目的、性质和形式的不同,市场营销调研一般分为以下四种类型。

1. 探测性调研

探测性调研用于探询企业所要研究问题的一般性质。研究者在研究之初对欲研究的问题或范围还不是很清楚,不能确定到底要研究些什么问题。这时,就需要应用探测性调研去发现问题、形成假设、确定研究的重点。例如,某公司近几个月来产品销售量一直在大幅度下降,是什么原因造成的?是竞争者抢走了自己的生意,还是经济衰退的影响?或是顾客的爱好发生了变化?又或是广告支出的减少?显然,影响的因素很多,公司无法一一查知。企业只好先用探测性研究法来查找一些最可能的原因,从一些用户或中间商那里去收集多方面的信息资料,从分析中发现问题,以便进一步调查。

探测性调研的目的是明确的,但研究的问题和范围较大。在方法上比较灵活,事先不需要进行周密的策划,在研究过程中可根据情况随时进行调整。探测性调研的资料主要来源于二手资料或请教一些内行、专家,让他们发表意见,谈自己的想法,或参照过去类似的实例来进行,多以定性研究为主。

2. 描述性调研

描述性调研主要进行事实资料的收集、整理,着重回答消费者买什么、何时买、如何买等问题,是通过详细的调查和分析,对市场营销活动某一方面进行客观的描述,是对已经找出的问题作如实的反映和具体回答。大多数的市场营销调研都属于描述性调研。例如,对市场潜力和市场占有率、产品的消费群结构、竞争企业状况的描述。在描述性调研中可以发现其中的关联因素,与探测性调研相比,描述性调研的目的更加明确,研究的问题更加具体。在研究之初,通常根据决策的内容,把研究的问题进一步分解。描述性调研需要事先拟订周密的调研方案,并做出详细的调研计划和提纲,以确保调研工作的顺利进行。

3. 因果关系调研

描述性调研可以说明某些现象或变量之间的相互关联,但要说明某个变量是否引起或决定着其他变量的变化,就需要因果关系调研。因果关系调研的目的是找出关联现象或变量之间的因果关系,一般是为回答调研中"为什么"的问题提供资料。如要了解企业可控制的变量(产品产量、产品价格、各项销售促进费用等)与企业无法控制的变量(产品销售量、市场的供求关系等)之间的变化关系和影响程度,需通过因果关系调研得知。因果关系调研是在描述性调研的基础上进一步分析问题发生的因果关系,弄清原因和结果之间的数量关系,揭示和鉴别某种变量的变化究竟受哪些因素的影响及影响程度如何。实验法是因果关系调研中一种主要的研究方法。

4. 预测性调研

市场营销所面临的最大问题就是市场需求的预测问题,这是企业制定市场营销方案和市场营销决策的基础和前提。预测性调研就是企业为了推断和测量市场的未来变化而进行的调研,对于企业的生存与发展具有重要意义。预测性调研涉及的范围比较大,可采用的研究方法比较多,研究方式较为灵活。

2.1.5 市场营销调研的内容

市场营销活动涉及多方面的情况,因此营销调研的内容和范围也极为广泛而复杂。归纳起来,营销调研的内容主要包括以下几个方面。

1. 市场需求调研

市场需求调研主要包括市场最大和最小需求容量、现有和潜在的需求容量、不同商品的需求特点和需求规模、不同市场空间的营销机会以及企业和竞争对手的现有市场占有率等情况的调查分析。

2. 微观环境因素调研

(1) 产品调研。其主要包括产品性能、特征及顾客对产品的意见和要求,产品的包装、品牌、外观给顾客的印象,产品生命周期等。

(2) 价格调研。其主要包括产品价格的需求弹性、新产品价格制定或老产品价格调整所产生的效果、竞争对手价格变化情况、选样实施价格优惠策略的时机和实施这一策略的效果。

(3) 分销渠道调研。其主要包括企业现有产品销售渠道状况、中间商实力和信用、中间商在分销渠道中的作用、企业对中间商调整激励政策等。

(4) 促销方式调研。其主要是对人员推销、广告宣传、营业推广、公共关系等促销组合方式的实施效果进行分析比较。

3. 宏观环境因素调研

(1) 政治环境调研。其主要包括对企业产品的主要用户所在国家或地区的政府现行政策、法令及政治形势的稳定程度等方面的调研。

(2) 经济发展状况调研。其主要是调研企业所面对的市场在宏观经济发展中将产生何种变化,包括各种综合经济指标所达到的水平和变动程度等。

(3) 社会文化因素调研。其主要是对市场需求变动产生影响的社会文化因素,如文化程度、职业、民族构成,宗教信仰及风俗习惯,社会道德与审美意识等方面的调研。

(4) 技术发展状况与趋势调研。其主要是为了解与本企业生产有关的技术水平状况及趋势,同时还应把握社会相同产品生产企业技术水平的提高情况。

(5) 竞争对手调研。其主要是进行关于竞争对手数量、竞争对手的市场占有率及变动趋势、竞争对手已经和将要采用的营销策略、潜在竞争对手情况等方面的调研。

思政园地

依法使用商业大数据,保护消费者信息安全

自由、平等、公正、法治,是从社会层面对社会主义核心价值观基本理念的凝练。依法使用大数据保护公民隐私安全,正是社会主义核心价值观的体现。商业大数据是双刃剑,一方面促进商业活动,另一方面也在很大程度上记录了消费者行为轨迹。消费者信息安全保护包括大数据伦理问题:哪些是合理采集?哪些又属于过度采集?如果消费者个人信息泄露了怎么办?现阶段,被收集的消费、游戏、娱乐、交通等行为大数据的安全隐患引发了国家的高度重视,2019年5月,被称为"中国版GDPR"的《数据安全管理办法(征求意见稿)》发布。2019年11月开始,公安部加大了App违法违规采集个人信息集中整治力度,共下架整改100款App,其中考拉海购、房天下、樊登读书、天津银行等知名App也在列,多涉及无隐私协议、收集使用个人信息范围描述不清、超范围采集个人信息和非必要采集个人信息等情形。

资料来源:陶晓波,吕一林.市场营销学[M].7版.北京:中国人民大学出版社,2022:98.

2.2 市场营销调研程序

市场营销调研要取得成功,能够及时、准确、经济地提供市场营销信息,必须遵守合理的调研程序。市场营销调研一般要经过五个步骤,如图2-1所示。

图2-1 市场营销调研程序

1. 确定问题和调研目标

营销调研人员根据决策者的要求或市场营销调研活动中所发现的新情况和新问题,提出需要调研的问题。营销调研的问题很多,调研人员应从实际出发,进行全面分析,根据问题的轻重缓急,列出调研问题的层次,将企业经营中迫切需要解决的问题放在首位。企业的市场营销问题与市场调研问题的关系具体如表2-1所示。

微课:市场调研程序

表2-1 企业的市场营销问题与市场调研问题的关系

市场营销问题	分析内容	市场调研问题
如何进行市场细分	顾客分群与目标顾客的选定	消费者的购买行为、购买动机、购买意图
是否应该进入新市场	新产品测试、需求预测	用户满意度、竞争状况、市场规模
是否改变价格策略	对价格的研究(竞争产品的价格、促销费用、价格与需求的关系等)	需求价格弹性、不同价格水平对销售的影响
是否改变广告策略	对广告费与广告效果的分析	广告收视率、阅读率、现行广告的效果
如何把握产品的生命周期	需求预测、市场占有率分析	销售量、普及率等资料的收集和预测

2. 制订调研计划

在调查目的确定后,营销人员必须制订一套完整、有效的调查计划。调研计划是指导市场调研工作的总纲。一个有效的调研计划应包括资料来源、调研方法、研究工具、抽样计划、调研对象、费用预算、调研进度、培训安排等内容。

(1) 资料来源。营销资料可以根据资料收集人和资料收集目的的不同分成一手资料和二手资料两类。

一手资料又称原始资料或直接资料,是由调研人员为了解决现有问题而通过现场实地调查去专门收集的资料。特点是针对性强,适用性好,但成本较高。

二手资料又称现成资料或间接资料,是由其他人员为了解决其他问题而收集的资料,是已经存在的或经加工整理好的资料,其特点是获取成本低,时间短,但是适用性较差。二手资料来源于企业内部和外部两个渠道。企业内部来源可以分为本人卷宗、企业档案和企业内部知情人。大多数决策者或调研者会把自己的日常工作资料积累起来,形成自备的业务卷宗。这是一个宝贵的资料库,调研者在开展一个新的调研项目时,应该先查阅一下自己的卷宗,以减少不必要的劳动。企业档案包括会计记录、销售记录、推销员报告和其他各种报告。外部来源可以分成组织机构、文献资料、计算机数据库、企业外部知情人和专业营销调研公司。在企业外部有许多能向企业提供营销资料的机构,如图书馆、外国驻本国使团、本国驻外使团、国际组织、各级商会、贸易促进机构、同业公会、研究所、银行、消费者协会和其他企业等,上述各类组织机构提供的资料大多来自其出版物。

由于企业的资源有限,调研人员在收集原始资料前,应先研究一下是否有现成的二手资料可以利用,并尽可能地优先利用二手资料。只有在二手资料难以提供决策所需信息的情况下,才有必要去收集一手资料。一手资料是对二手资料的补充和修正。

(2) 调研方法。确定收集资料的方法应从实际条件出发。收集第一手资料时,应明确是采用调查法、观察法或实验法,还是多种方法并举。收集第二手资料时,也应明确采用何种案头或桌面调研的方法,如直接查阅、购买、交换、索取或通过情报网委托收集。

(3) 研究工具。选择研究工具主要取决于信息类型和调查方法。调查问卷是一种运用较为广泛地用于收集一手资料的研究工具。作为连接调查者和被调查者的中介物,问卷的设计是否科学合理,会影响资料的真实性、有效性,还会直接影响问卷的回收率。如果采用观察法或实验法,则需要设计记录观察结果的记录表、登记表,还需要配备观察或实验时使用的设备仪器等。如果收集二手资料,搜索引擎也是一种可以使用的调研工具。

(4) 抽样计划。抽样调查是一种非全面调查,即根据概率分布的原则,从被调查总体中抽出一部分单位作为样本进行调查,以此推断总体的一种方法。这种方法可能会产生一些误差,但它比普查花费的时间少、成本低,并且有些无法进行市场普查的内容也可以采用,无力进行普查的企业也能进行。同时,在经过普查的地方,还可以利用抽样调查对普查资料进行核对和修正。所以,抽样调查是调查中常用的方法,已被广泛用于企业的市场调查及资料收集。

抽样计划中必须设计出合适的抽样方法和样本容量。抽样方法主要有随机抽样和非随机抽样两种类型。样本容量即样本规模的大小。一般样本容量越大,误差越小,但成本越高,所花时间也越长。如果抽样程序可信而且科学,一般来说,对一个总体只要抽出1%的样本,就能达到良好的分析可靠性。但样本容量也不宜太小,一般要求大于100个调查单位。因此,抽样的数量应按照被调查事物的性质确定,如果被调查对象之间的差距不大,采用少量样本即可;如果差距大,则需多抽样。

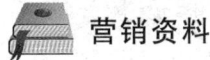 **营销资料**

随机抽样和非随机抽样

1. 随机抽样

随机抽样就是按随机的原则抽取样本。在调研对象中,每个个体被抽取的机会都是均等的。由于随机抽样能够排除人们有意识的选择,所以抽出来的样本具有很好的代表性。随机抽样的方式很多,常用的有简单随机抽样、系统随机抽样、分层随机抽样和分群随机抽样等。

(1) 简单随机抽样,指从总体中随机抽取若干个体为样本,其对样本的选择是完全随机的,是最基本的随机抽样形式。

(2) 系统随机抽样,也叫等距抽样,是事先将总体调查单位按某一顺序排列,然后按一定的间隔抽选调查单位的一种抽样组织形式。

(3) 分层随机抽样,其特点是先对总体调查单位按相关标准加以分组,然后再从各组中按相同比例随机抽出一定调查单位构成样本。

(4) 分群随机抽样,是将总体调查单位划分为若干群,然后以群为单位从其中随机抽出部分群,对抽中群中的所有调查单位进行全面调查的抽样组织形式。

2. 非随机抽样

非随机抽样是根据调研目的与要求,按照一定的标准来选取样本。因而,在整体中不是每一个体都有机会被选为样本。当随机抽样的成本较高或时间较长时,可以采用非随机抽样的方法进行调研。非随机抽样常用的方法有任意抽样、判断抽样、配额抽样等方法。

(1) 任意抽样,即调研人员选择被调查人群中最容易接受调查的人员以获取信息。

(2) 判断抽样,即调研人员用自己的判断来选择被调查人群中能提供准确信息的理想对象。

(3) 配额抽样,即调研人员在几个调查类型中,对每个类型按照所规定的人数去寻找和访问调查对象。

资料来源:杨勇、陈建萍. 市场营销:理论、案例与实训[M]. 5 版. 北京:中国人民大学出版社,2023:132.

3. **实地调研,收集资料**

根据调查计划中确定的资料来源、调查方法、调查工具和抽样计划等,由经过严格挑选并加以培训的市场调查人员开展实地调研,收集信息资料工作。在收集信息过程中,市场调查人员应该充分考虑信息的可靠性、准确性、完整性和时效性。

4. **分析资料**

(1) 整理审核。为了发现资料的真假和误差,达到去伪存真的目的,对调查的资料要检查误差,审核情报资料是否可靠。

(2) 分类编码。为了使资料便于查找和利用,应将调查的资料按一定标准进行分类,再进行编号。

(3) 统计制表。以表格形式表示各种调查数据,反映各种信息的相

文本:[营销资料]
大数据及大
数据营销

关经济关系或因果关系。经过制表的资料针对性强,便于研究和分析,提高资料适用性。

 **思政园地**

电视收视率造假

前些年,收视调查机构在收视数据分析中发现有个别地方电视台涉嫌行贿样本。据了解,某直辖市一位周姓出租车司机2018年春季在家里装了一台索福瑞的测量仪。而刚装完测量仪一个月左右,就有人找上门,声称如果他们看某一卫视台节目,就会每个月得到200元的费用,且每周还会有小礼品,逢年过节还会有人登门来送大礼包。

动画:[思政园地]
电视收视率造假

众所周知,某一电视节目或电视台的收视率反映了消费者对该节目或该电视台的关注度。节目收视率越高,收视点成本越低,广告传播效果也就越好,广告时段的销售价格也就越高,这是一条看得见的商业利益逻辑线。而个别电视台采取行贿"收买"样本客户来提高收视率,以非正常手段干扰收视率样本,欺骗了做广告的企业,这是不道德的行为,更是违法的行为。

资料来源:杨群祥.市场营销概论——理论、实务、案例、实训[M].3版.北京:高等教育出版社,2019:39.

5. 提出调研结论,撰写调研报告

营销调研最后阶段的工作是根据营销调研的结果撰写调研报告,以供决策者参考。调研报告是对问题的集中分析和总结,也是调研成果的反映。调研报告大致可以分成两种:一是通俗性报告;二是技术性报告。通俗性报告提供给企业主管用于决策,大多文字生动,并配以直观的图表,尽可能避免使用抽象、晦涩、难懂的技术语言。技术性报告的阅读对象主要是专业人员,因此可以使用技术语言撰写,并且随附的参考资料或证据要充分可靠。

营销调研报告的主要内容如下。

(1) 调查过程概述,也称摘要。
(2) 调查目的,又称引言。
(3) 调查结果分析,它是调查报告的正文,包括调查方法、抽样方法、关键图表和数据。
(4) 结论与对策。
(5) 附录,包括附属图表、公式、附属资料及鸣谢等。

此外,编写调研报告还应掌握以下原则。

(1) 内容真实客观。
(2) 重点突出而简洁。
(3) 文字简练。
(4) 应利用易于理解的图、表说明问题。
(5) 计算分析步骤清晰,结论明确。

2.3 市场营销调研方法

市场营销调研是一项技术性很强的工作,调研方法和技术掌握得如何,直接关系到调研的效果。根据调研手段的不同,可以将市场营销调研方法分为定量调研方法和定性调研方法,如图2-2所示。

微课:市场调研方法

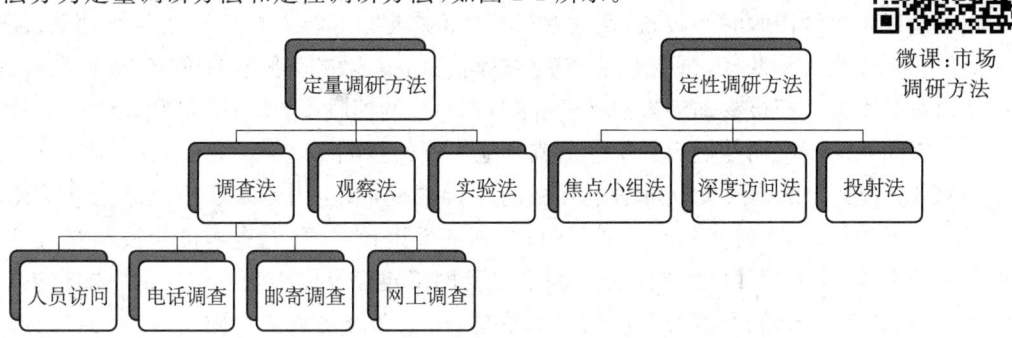

图2-2 市场营销调研方法

定量调研方法是一种获得结论性资料的方法,采集到的资料一般都要进行量化统计分析。定量调研方法包括调查法、观察法和实验法。定性调研方法是一种定义问题或寻找处理问题的途径,为定量研究做准备或补充的方法,一般用于探测性调研,或是在定量调研结束后,对于某些需要深入了解的问题,再结合定性调研的方法进行研究。

2.3.1 定量调研方法

1. 调查法

调查法也称询问法,它是以询问的方法作为调查的手段,将所要调查的内容以面谈、电话、书面等形式向访问者提出,以获取需要的资料。这是市场调查方法中最常用的一种,其特点是以信息交流的形式,有问有答,调查人员直接向被调查人员询问,根据情况可以灵活采用调查询问的口气和方式;获取的资料较为可靠,质量可以得到一定的保证,但需要耗费较多的人力和时间。

根据调查双方接触方式的不同,访问法可分为人员访问、电话调查、邮寄调查、网上调查四种。

(1)人员访问。人员访问是指调查人员直接同被访者进行面谈,调查人员面对面地向被访者提出各种问题,然后现场做记录。根据访问作业地点的不同,人员访问可以分为入户访问和拦截访问。入户访问较拦截访问有更大的灵活性,可以深入获得较多资料,根据具体情况和被访者的态度,进行较为深入的调查,优点是资料真实性较强,询问表的回收率较高,缺点是费用开支较大。

(2)电话调查。电话调查是指以电话用户名单(电话簿)为基础进行抽样,根据抽样结果用电话向调查对象询问的一种方式。优点是费用低、方便、迅速、及时,可按拟好的统一询问表询问,以便统一处理。例如,大企业想要迅速了解公众对当天媒体上广告的反应,这种方法最有效、及时。有些不便当面交谈的问题也可以采用电话调查。缺点是受时间和方式的限制,不能详细说明提问意图,难以询问比较复杂的问题,提出的问题多采用两项选择法,即是否法。此外,它与电话的普及程度关系密切,电话普及度不高的地区,调查的总体就不完善,样本的代表性也就不强。

(3) 邮寄调查。调查人员将设计好的调查问卷邮寄给被调查人员,请他们填好答案后在规定的时间内寄回。有时还可以利用定期杂志、报纸的部分版面发放调查问卷,让读者填好后邮回。优点是调查范围较为广泛,适合居住地分散的调查对象;被调查人员有充分的时间来回答各种问题;利用设计好的调查问卷可以避免调查人员个人偏见的影响;调查费用较低。缺点是调查表的回收时间较长,回收率较低;填表人有可能不是目标被调查对象;被调查人员的答案往往比较肤浅,缺乏代表性;调查问卷内提出的问题不明确,容易被误解等。为了鼓励被调查人员积极参加调查活动,提高调查问卷的回收率,调查人员往往会根据被调查人员回答问题的情况向他们发放纪念品或其他形式的报酬。

(4) 网上调查。调查人员还可通过互联网进行调查,其应用越来越广泛。优点是速度快、费用低、范围广,不受时间和空间的限制;调查结果统计方便,调查人员和被调查人员可以进行互动沟通,获取更深层次的信息。缺点是受网络建设及网络普及情况的影响较大,主要限于年轻的、高收入的、受教育程度较高的阶层,网上调查的内容也限于与他们有关或他们感兴趣的问题。

2. 观察法

观察法是调查人员直接到调查现场进行观察或用仪器(如照相机、摄像机、录音机等)进行记录的一种调查方法。这种方法不直接向被调查人员提出问题,而是从侧面观察或用仪器记录现场发生的事实,使被调查人员未感觉到自己是在被调查,因而能够获得更加客观的第一手资料。

用来观察的仪器设备种类很多,除常用的照相机、摄像机、录音机外,还有交通记录器,可记录来往车辆的数目,为商店店址的选择提供依据;测瞳仪,可根据顾客瞳孔的大小,测量他们对产品、包装、广告的兴趣等。

观察法一般分为直接观察、痕迹观察和行为记录三种方法。观察法的主要优点是调查人员能够观察到被调查人员的实际行动,而不是仅凭其回答,因而调查结果更加客观。缺点是观察到的事实情况不能说明其原因、动机和意见。

3. 实验法

实验法是通过实验对比来取得市场调查资料的一种方法。一般是从影响调查问题的许多因素中选出一至若干个,并将其置于一定条件下进行小规模的实验,然后对实验结果进行分析比较,研究其发展趋势。实验调查是一种行之有效的方法,也被称为"市场实验"。特定时间用于实验的特定市场又称为"实验市场"。

实验调查应用的范围较广,一般而言,改变商品品质、包装、价格、广告和商品陈列等,都可应用实验调查来测试,先调查用户反应和销售情况,然后决定是否可以推广。影响市场实验对象的不可控因素有许多。在市场实验期间,许多有关生产、交换、分配、消费等因素的变化都会反映到市场上来。优点是比较科学,可以有控制地分析、研究某些市场变量之间是否存在着因果关系以及自变量的变动对因变量的影响程度,能够获得比较正确的资料、数据和有关信息。缺点是不容易选择相同的实验条件,不易掌握变动的因素,不易比较实验结果,完成实验需要较长的时间和较高的费用。

企业在进行市场调查时,究竟采用上述何种方法或结合使用哪几种方法为好,主要取决于调查问题的性质和所需资料。

2.3.2 定性调研方法

1. 焦点小组法

焦点小组法是由主持人以非结构化的自然方式引导一小群调查对象进行的访谈。其主要目的是从适当的目标市场中抽取一部分人,通过听取他们谈论研究人员所感兴趣的话题来得到观点。这一方法的价值在于自由的小组讨论经常可以得到意想不到的发现。

焦点小组法是最重要的定性研究方法。一个焦点小组应当在人口统计特征与社会特征上保持同质性,一般包括8~12人。焦点小组会议可以持续1~3小时。这段时间中应该让参与者和睦相处,并深层次地挖掘他们的信念、感受、想法、态度以及观点。焦点小组座谈必须如实记录,通常应录像,这样以后可以重放、抄写和分析。录像的优点是可以记录面部表情以及身体的移动。主持人对焦点小组法的成功起着重要的作用。

2. 深度访问法

深度访问法是一种无结构访问,是指事先不拟订问卷、访问提纲或访问的标准程序,由调研人员与受访者就某些问题自由交谈,从中获得信息的采集方法。优点是一对一的交流可以使受访者提供更多、更详细的信息;可以深入地探查受访者,揭示隐藏在表面陈述下的动机和感受。缺点是访问成本高(对调研人员的素质、访谈技巧要求很高);访问效率低;无法利用群体动力的刺激作用。

3. 投射法

在某些情况下,人们对于正面提出的问题会隐瞒自己的真实态度和动机,有时则对自己的动机认识模糊,所做的回答常常不客观、不真实。所以,投射法这种最早被心理学用于研究人性格的方法被引入市场调研中,用以了解消费者复杂的态度和动机。它是通过间接的测试来探究隐藏在表面反应下的真实心理,以获取真实的情感、动机和意图的资料采集方法。这种方法通常要隐瞒调查的真正意图,降低受调查者的心理防御,使受调查者在无意之中、在没有心理防御的情况下流露出他们的真实态度或动机。

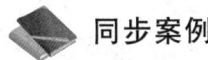
同步案例

宝洁公司的"全民"调研

一般在早晨7点,敲开调研样本顾客的家门,去观察他们如何刷牙——这是陈洁1999年刚刚加入宝洁公司时的工作内容。当时,陈洁刚大学毕业。接触的第一个项目是做中国消费者刷牙习惯的调查。

宝洁公司单独设立一个专门的产品调研部,目的就是想要更有效地衔接产品研发工作和市场消费者。事实上,产品调研部的工作就是从消费者需求出发提炼归纳创新的想法,再用这些创新想法引领技术研发方向。这样一来,宝洁公司一方面非常了解消费者的需求,另一方面可以把需求转化成产品设计上的要求。

宝洁公司调研的手法分两大类:一类是定性的,有入户访谈形式,到消费者家里看其真实使用产品的情况;团队访谈,可能会与至少五个消费者一起进行访谈。还有一种英文说法是"shopping along",员工和消费者一起到商场,看其平常的购物习惯是什么样子。"这样不仅能帮我们了解消费者平时的使用情况,同时也可以了解消费者在超市里的一些行为,比如如何选择产品,这能够帮助我们做产品的沟通和定位。"陈洁表示,"这三者是我们现在主要的定性调研方法。另一类是定量的,如一些大型的定量测试,比如产品初期的模型出来时,让一百至几百个消费者去试用反馈,然后用统计方法分析"。

宝洁公司的调研团队成员经常一起到消费者家里听取消费者介绍其产品的使用情况。每个部门的技术背景专长都不一样,综合各个部门听到的信息,会产生不同的创新想法。确定品牌的目标消费者是品牌建设中最为关键的一步。这不仅涉及最基本的人口统计及其心理特征,还需要深入了解影响消费者的情感因素。这就要求宝洁公司的决策者们不仅要了解消费者的需求,更要了解他们的愿望。

高强度调研意味着更高的成本。事实上,宝洁公司在消费者与购物者研究方面的投入超过了10亿美元,这一数目远远超过了业内其他任何一家竞争对手,几乎达到了行业平均水平的两倍。

资料来源:毕思勇.市场营销[M].5版.北京:高等教育出版社,2020:61.

学习活动:某平板电脑生产企业欲面向学生开发平板电脑,请为该企业进行学生平板电脑需求调研,在信息收集过程中可以采取哪些方式?

 技能加油站

调查问卷设计

调查问卷是用于收集第一手资料最普遍的工具,是调查人员与被调查对象之间信息交流的桥梁,通过问卷调查可以使企业根据调查结果了解市场需求、消费者倾向等,从而做出相应的决策,促进企业的发展。调查问卷的设计是市场调研的一项基础性工作,需要认真仔细地设计、测试和调整,其设计是否科学直接影响市场调研的成功与否。

微课:调查问卷设计

1. 设计调查问卷的原则

(1) 主题明确。根据调查目的确定主题,问题明确、突出重点。

(2) 结构合理。问题排序应有一定的逻辑顺序,符合被调查者的思维程序。

(3) 通俗易懂。调查问卷要使被调查者一目了然,避免歧义,愿意如实回答。调查问卷要求语言平实、语气诚恳,避免使用专业术语。对于敏感问题,应采取一定的技巧,使问卷具有较强的可答性和合理性。

(4) 长度适宜。问卷中所提出的问题不宜过多、过细、过繁,言简意赅,问题一般应限制在被调查者20分钟内能顺利完成为宜,最多不超过30分钟。问卷太长往往容易引起被调查者心理上的厌倦情绪或畏难情绪。

(5) 便于统计。设计时要考虑问卷回收后的数据汇总处理,便于进行数据统计处理。

2. 设计调查问卷的程序步骤

设计调查问卷要求有清晰的思路、丰富的经验、一定的设计技巧以及耐心。设计调查问卷的过程应当遵循一个逻辑顺序。基本步骤如下。

(1) 深刻理解调研计划的主题。

(2) 决定调查表的具体内容和所需资料。

(3) 逐一列出各种资料的来源。

(4) 写出问题，要注意每个问题只能包含一项内容。

(5) 决定提问的方式，哪些问题用多项选择法，哪些用自由回答法，哪些需要做解释和说明。

(6) 将自己放在被调查人的位置，考察这些问题能否得到确切资料，哪些方便被调查人回答，哪些难以回答。

(7) 按照逻辑思维顺序排列提问次序。

(8) 设置每个问题时都要考虑怎样对调查结果进行恰当的分类。

(9) 审查提出的各个问题，消除含义不清之处，以及倾向性语言和其他疑点。

(10) 以少数人应答为实例，对问卷进行小规模的测试。

(11) 审查测试结果，对不足之处予以改进。

(12) 打印调查问卷。

3. 调查问卷的组成

一般来说，一个正式的调查问卷由三部分组成。

(1) 前言。前言在标题下方，主要说明调查主题、调查目的、调查意义，以及向被调查者致意等。最好强调调查与被调查者的利害关系，以取得消费者的信任和支持。此外，还可以列出填写须知、交卷时间地点、保密、赠品、问卷编码等其他的事项说明内容。

(2) 正文。正文是问卷的主体部分。依照调查主题，设计若干问题要求被调查者回答。这是问卷的核心部分，一般要在有经验的专家指导下完成设计。从内容上看，大致可分为三类。

第一类是被调查者基本分类资料，俗称基本资料。包括性别、年龄、受教育程度、职业、婚姻状况、收入、居住地区、籍贯、政治面貌、宗教信仰等。

第二类是被调查者行为的问题，即研究者可以从被调查者过去及现在的行为状况预测其未来行为的可能性。

第三类是被调查者态度的问题。这类问题是要研究被调查者对特定问题的感受、认识和观点。

(3) 附录。附录是作业证明的记载，可把有关被调查者和调查者的个人档案等列入，也可以对某些问题附带说明，还可以再次向消费者致意。附录可随各调查主题的不同而增加内容。

调查问卷的结构要合理，正文应占整个问卷的2/3～4/5，前言和附录只占很少部分即可。

4. 提问方式

一份调查问卷要想成功取得目标资料，除做好大量的前期准备工作外，在具体设计问题时，一般有两种提问方式：封闭式提问和开放式提问。提问方式从一定程度上决定了调查问卷质量的高低。

(1) 封闭式提问。答案事先由调研人员设计好，被调查人在包括所有可能的回答中选择某些答案。这种提问法具有资料分类、整理、统计分析容易，便于被调查者回答问题，节省调查时间等优点。但限制了被调查者的自由发挥，答案范围可能过窄，难以适应复杂的问题。封闭式问题的类型如表2-2所示。

表 2-2　封闭式问题的类型

问题类型	说　明	举　例
二元选择式	二元选择式又称是非题,指提出的问题仅有两种答案可以选择,且两种答案是对立的、排斥的,被调查者的回答非此即彼,不能有更多的选择。优点是易于理解并且可迅速得到明确的答案,便于统计处理,分析也比较容易。缺点是回答者没有进一步阐明理由的机会,难以反映被调查者意见和程序的差别,了解的情况也不够深入。为了解事件的真伪与是否,可采用二元选择式	您是否拥有私人小汽车? □是　　　　□否
多元选择式	一个问题有两个以上答案供选择。被调查者依据总的要求或限制条件可以选择一种答案,也可以选择多种答案。为全面了解被调查者的真实背景动机等,可采用多元选择式。优点是比二元选择式的强制选择有所缓和,答案有一定的范围,也比较便于统计处理	您每月花在洗漱和美容方面的费用大约是多少? A. 200 元以下　　B. 201～400 元 C. 401～600 元　　D. 601 元以上 您购买方便面的原因主要有哪些? A. 方便　　　　B. 好吃 C. 便宜　　　　D. 营养 E. 无替代品
排序式	调查人员为一个问题准备若干个答案,让被调查者根据自己的偏好程度定出先后顺序。排序式主要有两种:一种是对全部答案排序;另一种是只对其中的某些答案排序。具体排列顺序则由回答者根据自己所喜欢的事物和对事物的认识程度等进行排序。为了解各品牌地位、各产品功能重要程度的信息,可采用排序式	购买笔记本电脑时,您考虑的主要因素是(①表示最重要,②次之,依此类推): □品牌　　　□价格 □性能　　　□售后服务 您购买啤酒时考虑的因素(请选出前三项并排序): A. 价格　　　B. 方便程度 C. 口味　　　D. 色泽 E. 泡沫　　　F. 新鲜程度 G. 安全　　　H. 其他____(请注明)
李克特量表	被调查者可以在同意和不同意的量度之间进行选择	宽带的价格应该进一步降低: □坚决同意　　　□同意 □不同意也不反对　□不同意 □坚决不同意
重要性量表	对某一判断从绝对不重要到绝对重要进行重要性分级	手机的款式对您来说: □绝对重要　　　□重要 □无所谓　　　　□不重要 □绝对不重要
分等量表	被调查者对事物的属性从优到劣分等进行选择	你认为 A 品牌方便面的口味如何? □很好　□好　□尚可　□差　□很差
语意差别	在两个语意相反的词之间列上一些标度,由被调查者选择代表自己意愿方向和程度的某一点	某银行的服务: 热情,____,____,____,冷漠 全面,____,____,____,单一

(2) 开放式提问。事先不规定答案,被调查者可按自己的意见进行回答,不受任何限制。这种提问方式由于被调查者不受限制,可揭示出许多新的信息,供调查方参考。但答案

较分散,整理困难,不利于统计分析,容易产生理解误差。

开放式提问多运用于探测性调研阶段,了解人们的想法与需求。一般来说,开放式提问因其不易统计和分析,所以在一份调查问卷中只能占小部分。普通的消费者调查问卷中,开放式提问一般以不超过两个为宜。对于问题的选择要谨慎,问题要进行预试,再广泛采用。

为了解消费者对品牌、广告的印象等,可以采用开放式提问,不提供问题的备选答案,让被调查者自由回答。开放式问题的类型如表 2-3 所示。

表 2-3 开放式问题的类型

问题类型	说 明	举 例
自由格式	被调查者不受限制地回答问题	您对本公司的产品有何意见与建议?
词汇联想法	列出一些词汇,由被调查者提出他头脑中出现的第一个词是什么	当您听到下面的词汇时,您脑海中出现的第一个词是什么? 海尔_____ 联想_____
语句完成法	提出一些不完整的语句,由被调查者来完成该语句	当我决定外出游玩时,最重要的考虑是……
故事完成法	提出一个未完成的故事,由被调查者来完成	假期我游玩了杭州西湖,发现西湖更有人情味了,我想这大概是……(现在该您完成这一故事了)
图画完成法	给出一幅图画,由被调查者根据图中已有的信息完成空框里的对话内容	好,吃的就在这里。 请在空框内填上回答的话。
主题联想测试	给出一幅图画,要求被调查者构想出一个图中正在发生或可能发生的故事	

(3) 问题的选择及顺序。确定问题顺序总的原则如下。

① 按问题所能提供的信息及被调查者能感觉到的逻辑性排列问题。

② 从易到难,从熟悉到生疏,由浅入深,层层深入。

③ 复杂、敏感、容易引起被调查者反感和厌烦的问题放在最后。

④ 问卷的结构要清晰,宜采用模块化设计。

具体到确定一份问卷的问题顺序,首先,注意要将过滤问题放在最前面,这样可以及早将非调查对象排除在外,便于节约时间和人力、物力、财力,提高调查效率;其次,关于调查对象个人资料的题目宜放在问卷最后。如果将调查对象的个人资料放在问卷开端,可能因调查对象不愿回答而影响问卷调查的顺利完成。

文本:[营销资料]
调查问卷设计
的几点提示

文本:[同步案例]
宝洁公司品牌认
知度调查问卷

2.4 市场营销预测

市场营销预测是在市场调查的基础上,运用逻辑推理、统计分析和数学模型等科学方法,对影响市场需求的各种因素的变化进行测算、预见和推断,掌握市场变化的发展趋势,对市场需求做出估算,从而为企业经营决策提供科学依据。市场预测是经济预测的重要组成部分,它对企业的市场营销活动有着重要的作用。

2.4.1 市场营销预测的步骤

市场营销预测要遵循一定的程序和步骤,如图 2-3 所示。

图 2-3 市场营销预测的步骤

1. 确定预测目标

市场预测首先要确定预测目标,明确目标之后,才能根据预测的目标去选择预测的方法、决定收集资料的范围与内容,做到有的放矢。

2. 选择预测方法

预测的方法很多,各种方法都有其优点和缺点,有各自的适用场合,因此必须在预测开始时根据其目标,根据企业的人力、财力以及企业可以获得的资料,确定预测的方法。

微课:市场营销预测

3. 收集市场资料

按照预测方法的不同确定要收集的资料,这是市场预测的一个重要阶段。

4. 进行预测

此阶段就是按照选定的预测方法,利用已经获得的资料进行预测,计算预测结果。

5. 预测结果评价

得到预测结果以后,还要通过对预测数字与实际数字的差距比较以及对预测模型进行理论分析,对预测结果的准确和可靠程度做出评价。

6. 预测结果报告

预测结果的报告从结果的表述形式上看,可以分成点值预测和区间预测。点值预测的结果形式上就是一个数值,例如,某行业市场潜量预计达到 5 亿元,就属于点值预测。区间预测不是给出预测对象的一个具体数值,而是给出预测值一个可能的区间范围和预测结果的可靠程度。例如,95%的置信度下,某企业产品销售额的预测值在 5500 万~6500 万元。

2.4.2 市场营销预测的方法

市场营销预测是在营销调研的基础上,运用科学的理论和方法,对未来一定时期的市场发展变化及影响因素进行分析研究,寻找市场发展变化的规律,为营销管理人员提供未来市场发展趋势的预测性信息。对于企业营销管理人员来说,应该了解和掌握的企业预测方法如图 2-4 所示。

1. 购买者意向调查法

市场是由具有潜在需求和现实需求的消费者组成的,通过对消费者购买意向的调查,可以推断出未来的市场需求。

在满足下列三个条件的前提下,购买者意向调查法比较有效。

(1) 购买者的购买意向是明确清晰的。
(2) 这种意向会转化为顾客购买行动。
(3) 购买者愿意将其意向告诉调查者。

该方法的具体做法:通过抽样调查,掌握某类产品的社会拥有量情况、消费者的购买意向以及对某一品牌的喜爱程度等资料,在对调查资料整理分析的基础上,推算出某一品牌未来的需求量。

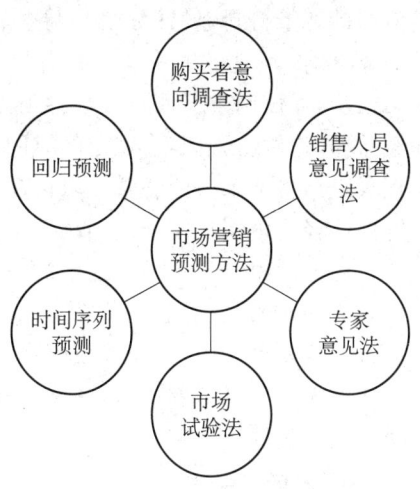

图 2-4　市场营销预测的方法

对于耐用消费品,如汽车、房屋、家具、家用电器等的购买者,调查者一般要定期进行抽样调查。购买者意向调查法尤其适合于这种调查。一般来说,用这种方法预测非耐用消费品需求的可靠性较低,预测耐用消费品需求的可靠性稍高,预测产业用品需求的可靠性则更高。因为消费者的购买动机常因某些因素(如营销活动)的变化而变化,如果完全根据消费者的购买动机做预测,准确性往往不是很高。

2. 销售人员意见调查法

企业的销售人员长期从事产品的销售工作,经常直接接触消费者,对产品销售情况和消费者的需求非常了解。因此,凭借销售人员的经验,可以对企业产品未来的需求做出比较准确的预测。

该方法的具体做法:邀请一些有经验的销售人员和销售经理,对企业某一产品的未来销售量及概率做出判断,然后由预测人员对他们的预测结果进行统计分析,最后得出综合的预测结果。

考虑以下几个方面的原因,一般情况下,销售人员所做的需求预测必须经过进一步修正才能利用。

(1) 销售人员的判断总会有某些偏差。如受近期销售成败的影响,他们的判断可能会过于乐观或过于悲观。
(2) 销售人员可能对经济发展形势或企业的市场营销总体规划不了解。
(3) 为使其下一年度的销售大幅超过配额指标,以获得升迁或奖励的机会,销售人员可能会故意压低其预测数字。
(4) 销售人员也可能对预测没有足够的知识、能力或兴趣。

3. 专家意见法

专家意见法也称德尔菲法,它是一种以通信的方式向有关专家进行咨询来预测市场需求的方法。

该方法的具体做法:第一步,拟订课题。由调查人员事先拟订出需要预测的课题,准备所需的背景材料，设计专用的调查表。第二步，选定专家。根据预测课题的内容，选聘10～15名专家，所选的专家应具有与预测课题有关的专业知识和工作经历，并有广泛的代表性。第三步，通信调查。调查人员将预先设计好的调查表邮寄给选定的专家，请专家们凭各自的经验、知识做出预测，在规定的时间内填好调查表并寄回。调查人员对回收的调查表进行整理、综合，将结果寄给各位专家再次征询意见，请各位专家再次做出预测，重新填写调查表并寄回。经过多次反复征询，直到专家们不再改变自己的意见或意见趋于一致为止。

由于专家意见法是以通信的方式进行的，具有匿名的性质，专家们在预测时不受资历、权威等因素的影响，避免了面对面预测的心理干扰；调查过程反复进行多次，可以促使专家们进行反复思考，进而完善或改变自己的观点，最终做出准确的判断；由于预测结果综合了全体专家的意见，最终的预测值具有较大的可靠性和权威性。因此，专家意见法是被实践证明比较有效的一种定性预测方法，尤其适用于新产品开发、技术改造和投资可行性研究。

4. 市场试验法

企业收集到的各种意见的价值，不管是购买者、销售人员的意见，还是专家的意见，都取决于获得各种意见的成本、意见的可得性和可靠性。如果购买者对其购买并没有认真细致的计划，或其意向变化不定，又或者专家的意见也并不十分可靠，在这些情况下，就需要利用市场试验这种预测方法。特别是在预测一种新产品的销售情况和现有产品在新的地区或利用新的分销渠道的销售情况时，利用这种方法效果最好。

5. 时间序列预测

时间序列预测是指收集与整理预测事物的历史资料，将历史数据排列为时间序列，分析其随时间的变化趋势，并利用趋势外延的方法来估计和推断预测对象未来的变动。这种方法的根据如下。

（1）过去的统计数据之间存在着一定的关系，而且这种关系利用统计方法可以揭示出来。

（2）过去的销售状况对未来的销售趋势有决定性影响，销售额是时间的函数。因此，企业可以利用这种方法预测未来的销售趋势。

时间序列预测的主要特点是以时间推移研究和预测市场需求趋势，不受其他外界因素的影响。不过，在遇到外界发生较大变化，如经济危机来临，国家政策发生重大调整时，根据过去的数据进行预测往往会有较大偏差。

6. 回归预测

回归预测又称因果预测，它是依据数理统计的回归分析理论和方法，找出因变量和自变量之间的依存关系，建立起一个回归方程，通过输入自变量数据，以预测因变量的发展趋势。回归预测按自变量的多少分为一元回归和多元回归，而按自变量与因变量的关系又分为线性回归和非线性回归。

▲ 同步训练 ▲

▣ 自我检测

一、选择题

1. 市场营销调研必须充分考虑影响预测结果的各种因素，多角度、多侧面地调研各种数据、信息,尽最大可能提供反映调研项目的客观情况。这是营销调研的( )。

    A. 系统性原则   B. 客观性原则   C. 时效性原则   D. 经济性原则

2. 以调查某一时期某种产品的销售量为何大幅度滑坡为目的的市场调查研究是( )。

    A. 探测性调研   B. 描述性调研   C. 因果关系调研   D. 预测性调研

3. 收集一手资料的主要工具是( )。

    A. 计算机   B. 乱数表   C. 调查表   D. 统计年鉴

4. 询问法中的电话调查与其他方法比较,其主要缺点是( )。

    A. 代表性差   B. 访问量少   C. 费用太大   D. 沟通有限

5. 下列各项中,邮寄调查的缺点不包括( )。

    A. 回收率低   B. 时间花费较长   C. 回答问题较肤浅   D. 调查费用较高

6. 下列调查方法中,( )属于定性研究。

    A. 深度访谈法   B. 邮寄调查法   C. 街头拦截式访问   D. 入户问卷调查

7. 下列各项中,不是调查问卷设计原则的是( )。

    A. 必要性   B. 准确性   C. 客观性   D. 经济性

8. 在预测一种新产品的销售情况和现有产品在新的地区或通过新的分销渠道的销售情况时,利用( )效果最好。

    A. 购买者意向调查法   B. 销售人员意见调查法

    C. 专家意见法   D. 市场试验法

9. 收集一手资料的方法有( )。

    A. 询问法   B. 交流法   C. 观察法

    D. 实验法   E. 报刊摘录法

二、简述题

1. 市场营销调研为什么重要?
2. 简述市场营销调研的程序。
3. 一手资料和二手资料的区别是什么?
4. 收集一手资料的调研方法都有哪些?
5. 调查问卷的设计需要注意什么问题?
6. 调查问卷提问的方式都有哪些?
7. 如果将市场营销预测的方法划分为市场定量预测和市场定性预测,请分析所学的六种方法都属于哪种类型?

案例分析

新可口可乐的调研失误

20世纪80年代初,虽然可口可乐在美国软饮料市场上仍处于领先地位,但由于百事可乐公司通过多年的促销攻势,以口味试饮来表明消费者更喜欢较甜口味的百事可乐饮料,不断侵吞着可口可乐的市场。为此,可口可乐公司试图以改变可口可乐的口味来应对百事可乐对其市场的挑战。

为了着手应战并且找出可口可乐公司的发展不如百事可乐的原因,可口可乐公司开始了历史上最大规模的调研活动。对新口味可口可乐饮料的研究开发,可口可乐公司花费了两年多的时间,投入了400多万美元的资金,最终开发出了新可口可乐的配方。在新可口可乐配方开发过程中,可口可乐公司进行了近20万人次的口味试验,仅最终配方就进行了3万人次的试验。在试验中,研究人员在不加任何标识的情况下,对老口味可口可乐、新口味可口可乐和百事可乐进行了比较试验,试验结果是在新、老口味可口可乐之间,60%的人选择新口味可口可乐;在新口味可口可乐和百事可乐之间,52%的人选择新口味可口可乐。从这个试验结果看,新口味可口可乐应该是一个成功的产品。

1985年5月,可口可乐公司将口味较甜的新可口可乐投放市场,同时放弃了原配方的可口可乐。在新可口可乐上市初期,市场销售不错,但不久就销售平平,并且公司开始每天从愤怒的消费者那里接到1500多个电话和很多的信件,一个自称原口味可口可乐饮用者的组织举行了抗议活动,并威胁除非恢复原口味的可口可乐或将配方公之于众,否则将提出集体诉讼。

迫于原口味可口可乐消费者的压力,公司决策者们不得不有所动摇。之后又推出一次消费者意向调查,有30%的人说喜欢新口味可口可乐,而60%的人却明确拒绝新口味可口可乐。在1985年7月中旬,即新口味可口可乐推出的两个月后,可口可乐公司恢复了原口味的可口可乐,市场上新口味可口可乐与原口味可口可乐共存,但原口味可口可乐的销售量远大于新口味可口可乐的销售量。

资料来源:杨勇、陈建萍.市场营销:理论、案例与实训[M].4版.北京:中国人民大学出版社,2019:141.

思考与分析:
1. 为什么新口味可口可乐不能被消费者认可?
2. 新口味可口可乐配方的市场营销调研中存在的主要问题是什么?
3. 新口味可口可乐配方的市场调研的内容应包括哪些方面?

德技并修

海底捞的备注里,是一个怎样的你

身高1.68米左右、戴眼镜、长头发、圆脸、25岁左右,这不是寻人启事,而是海底捞在会员系统里给顾客备注的信息。对于商家的行为,有人认为并无不妥,有人感觉被冒犯。实际上,商家备注这些信息,是在生成"用户画像",即将客户的消费习惯、口味偏好、购买力水平等各个维度的数据收集起来,通过信息的整合、分析,形成对客户的认知。如果在此基础上,商家能提供一对一、差别化、精细化、走心到位、私人订制式的优质服务,客人会有一种被照顾、被细致入微关心的感觉,这值得肯定。此类标签在很多领域都存在着,有的公司内部会给客户贴标签,例如,活跃用户、沉睡用户、常投诉用户等;有的酒店会在会员订房时让其勾选偏好,如楼层高低、离电梯远近等选项。

此举引起争议更深层次的原因,则是大家对于隐私保护的焦虑。一个餐馆,记住客户爱点什么菜就可以了,发型也需要记住吗?不同的身高、体重、长相又会对应什么服务呢?皮肤白净和吃饭有什么关系?在很多人看来,这是非必要的信息,是过度收集。这让人不禁想到有些企业对"用户画像"的滥用。电商平台了解你下单不付款的比率,在购物平台上浏览一款商品后,你的喜好就被定义,同类商品连续"轰炸";扫码点餐,强制要求消费者用手机

号、微信号等个人信息注册或授权；进店逛一逛、走在大街上，人脸等信息没准已经被摄取了；利用"用户画像"进行大数据杀熟，狠宰老用户；进行价格歧视，针对不同的消费者制定不同的价格……

"用户画像"是一柄双刃剑，可以提高企业运营效率，提升服务水平，便利消费者，但它也会带来隐私信息泄露、贩卖及侵权等问题，会被不良企业用来构建信息优势，榨取消费者利益，甚至"助攻"网络诈骗，危及人的生命。优质的服务当然值得提倡，但一定要建立在隐私信息安全的基础之上。

资料来源：杨勇，陈建萍. 市场营销：理论、案例与实训[M]. 5版. 北京：中国人民大学出版社，2023：139.

问题：
1. 如何看待海底捞及其他企业的"用户备注"？对此有何建议？
2. 本案例中是否存在道德伦理问题？从市场调研与道德研判的角度做出评价。

团队实战

1. 训练目标：能够掌握市场调查问卷设计的方法和技巧，设计简单的调查问卷。
2. 训练要求：中国传统文化博大精深、源远流长，中华文化瑰宝带给我们自豪感。在我们身边，丝绸、剪纸、水墨画、青花瓷、武术、茶叶、中医中药、汉服、京剧等中国传统文化元素数不胜数，对当代年轻人身心发展起着重要的作用。近年来，随着社会生产力的发展，科技水平的提高，传统文化传承意识不断增强。

设计一份调查问卷，调查当代青年对中国传统文化的态度及了解程度。

（1）团队集思广益、充分讨论，问卷要具有可实施性。
（2）问卷结构完整，涵盖多种提问方式，至少包括20个问题。

项目 3

市场营销环境

学习目标

知识目标

1. 理解企业市场营销环境分析的必要性和方法；
2. 熟悉微观环境和宏观环境的主要内容及变化趋势；
3. 掌握企业应对营销环境变化的对策；
4. 掌握SWOT分析法的要素和步骤。

能力目标

1. 能够根据环境因素的变化分析对企业经营的影响；
2. 能够运用SWOT分析法进行市场营销环境分析，并制定相应的营销决策；
3. 提升团队协作、沟通表达、思考分析、善恶研判、信息处理的能力。

素养目标

1. 践行社会主义核心价值观，弘扬时代精神，厚植爱国情怀，讲好中国故事；
2. 坚定文化自信，明确并传承中华优秀传统商业文化讲仁爱、重民本、守诚信、崇正义的思想精髓；
3. 遵纪守法，坚守营销道德，培养勇于担当社会责任的良好品质；
4. 理解国家在商业领域中的新发展理念，培养时时留心市场动态变化的职业敏锐性，增进对制造强国、质量强国、网络强国、数字中国的认知。

思维导图

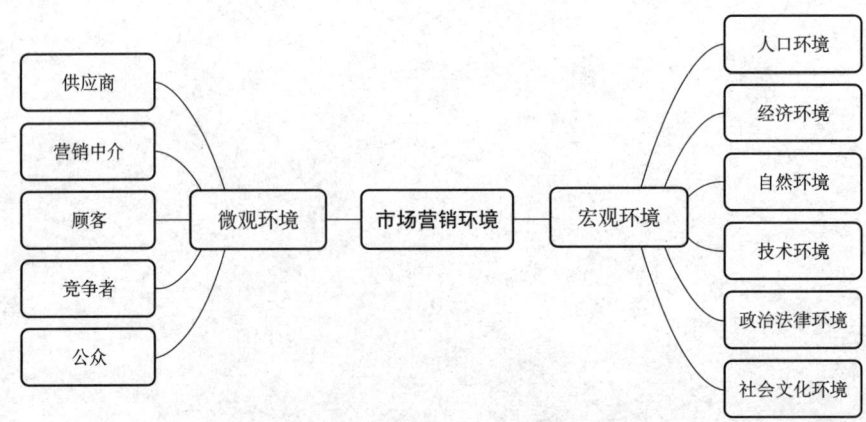

▲ 引入案例　中国新能源汽车进军欧洲 ▲

2022年2月,东风汽车集团的岚图汽车宣布正式进军欧洲市场,首站登陆挪威,成为新能源国家队出海品牌之一。同年6月,岚图海外旗舰店在挪威正式亮相。岚图汽车成为从本土走向全球的中国高端新能源汽车品牌,并在经济高度发达的挪威站稳脚跟,靠的正是敏锐的市场判断力。

第一,挪威是高度发达的工业化国家,人口密度低,居民消费能力强。第二,挪威是全球电动车销量占比最高的国家。第三,挪威目前已拥有1100多个公共快速充电站和7500多个公共普通充电站,挪威消费者不用担心电动车出行充电问题。第四,挪威推出多项支持电动车的"减免"政策,包括免征25%的增值税、免征进口关税、免征养路税,以及提供免费市政停车场、免路桥费等,同时,政府还做出了2025年彻底抛弃燃油车的决定。第五,挪威不是欧盟成员国,挪威进口电动车不受欧盟认证规范的约束,进口条件相对宽松。第六,挪威受大西洋暖流影响,拥有动力电池运行的最佳环境。第七,挪威市场对于新能源汽车极为友好,已经聚集了众多新能源汽车品牌,包括特斯拉、上汽、小鹏、比亚迪、蔚来汽车等。

基于以上考量,东风汽车集团首推"岚图 FREE"。它拥有出色的动力性能,无论驾控性能、配备舒适度,还是智能化表现,均符合挪威用户的出行需求。同时,岚图汽车借助东风汽车集团在海外进出口的资源优势选址建店,铺设好通向国际消费者的渠道。进入挪威市场,是中国新能源汽车进军欧洲市场的其中一步,未来将陆续进入欧洲其他国家,逐步丰富在欧洲的产品布局,不断提升产品体验与用户服务,推动中国品牌走向世界。

由此说明,企业要想在市场营销过程中获得成功,必须认真分析其所处市场的环境,顺应环境变化,把握商业时机,并根据营销环境的特点提出相应的营销策略。

资料来源:王鑫,饶君华.市场营销基础[M].北京:高等教育出版社,2023:37.

市场营销环境,泛指一切影响、制约企业营销活动最普遍的因素。企业和其他许多组织一样,都是在一定环境中从事生产经营活动的,离开一定的环境,企业也就无法生存。营销环境对企业营销活动的影响具有强制性、不确定性和不可控性的特点,而且市场营销环境是动态的、不断变化的,它的变化既会给企业带来机会也会带来威胁。

企业的营销环境可以分为微观环境和宏观环境两大类(图3-1)。微观环境包括企业外部的供应商、顾客、竞争者、营销中介和公众等因素;宏观环境包括人口、经济、自然、技术、政治法律和社会文化六大因素。所有这些内容构成了企业的营销环境。

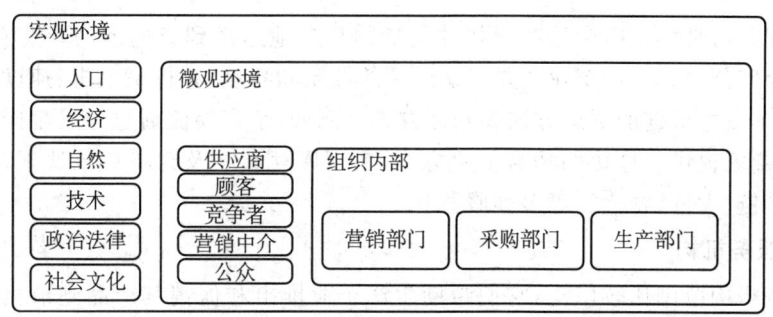

图3-1　市场营销环境

3.1 微观环境

微观环境也称个体环境,是指对组织的经营有直接影响的环境因素,因此也称直接环境。

3.1.1 供应商

供应商是指向企业及竞争者提供原材料、设备、零部件、能源、劳动力、资金等资源的公司或个人。供应商对企业营销业务有实质性影响,表现在以下几方面。

微课:微观环境

(1) 供应原材料的数量和质量将会直接影响产品的数量和质量。

(2) 供应原材料的价格直接影响产品的成本、利润和价格。

(3) 供货是否及时、稳定是企业营销活动能否顺利进行的前提。

针对上述影响,企业在寻找和选择供应商时,应特别注意两点。

第一,企业必须充分考虑供应商的资信状况。要选择那些能够提供优良品质、合理价格的资源,交货及时,有良好信用,在质量和效率方面都能信得过的供应商,并且要与主要供应商建立长期稳定的合作关系,保证生产资源供应的稳定性。

第二,企业必须选择适当数量的供应商。企业过分依赖一家或少数几家供货商,受到供应变化的影响和打击的可能性就较大,与供应商的关系发生变化时,企业就可能陷入困境。

学习活动:列举因供应商选择不慎而给企业带来不利影响的实例。通过实例,进一步理解供应商的重要性。

3.1.2 营销中介

营销中介是协助企业促销和分销其产品给最终购买者的公司或个人,包括中间商、实体分配公司、营销服务机构和金融中介机构等。这些都是市场营销活动不可缺少的中间环节,大多数的营销活动需要有它们的协助才能顺利进行。

1. 中间商

中间商对企业产品从生产领域流向消费领域具有极其重要的影响。中间商由于与目标顾客直接打交道,因此其销售效率、服务质量直接影响企业的产品销售。所以,必须选择合适的中间商,并且要采取行之有效的办法激励他们,使之发挥最大潜能为企业服务。

2. 实体分配公司

实体分配公司是协助厂商储存货物并把货物从产地运送到目的地的专业企业,如各类货运公司和仓储公司。生产企业主要考虑商品的性质和特点,并权衡成本、速度和安全等因素,来选择成本效益最佳的货运方式和仓储方式。例如,京东物流通过布局全国的自建仓配物流网络,为商家提供一体化的物流解决方案,实现库存共享及订单集成处理,可提供仓配一体、快递、冷链、大件、物流云等多种服务。

3. 营销服务机构

营销服务机构范围比较广泛,它们帮助生产企业推出和促销其产品到恰当的市场。现在,大多数企业都要借助这些服务机构来开展营销活动。如选择专业调研公司作市场营销调研,聘请专门的广告公司为产品做广告。

4. 金融中介机构

金融中介机构包括银行、信用公司、保险公司、租赁公司和其他协助融资或保障货物的购买与降低销售风险的公司。在现代经济生活中,企业与金融机构有着不可分割的联系,例如,企业间的财务往来要通过银行账户进行结算;企业财产和货物要通过保险公司参加保险等;银行的贷款利率上升或是保险公司的保险金额上升,会使企业成本增加,营销活动受到影响;信贷来源受到限制会使企业资金周转出现困难,进而影响生产经营。因此,企业必须与金融中介机构建立密切的关系,以保证企业资金需要的渠道畅通。

3.1.3 顾客

企业的一切营销活动都是以满足顾客的需要为中心的。顾客市场可以以不同的标准进行划分。以市场主体为标准,顾客市场可以分为以下四类。

（1）消费者市场。消费者市场是指为满足个人或家庭生活需要而购买商品和劳务的市场。

（2）生产者市场。生产者市场是指为赚取利润而购买商品和服务来生产其他产品和服务的市场。

（3）中间商市场。中间商市场是指为利润而购买商品和服务以再出售的市场。

（4）政府市场。政府市场是指购买商品和服务以维持组织正常运转的政府机构。政府采购产品有特定的形式,与其他几类市场有很大区别。

上述每一种市场的顾客都有其独特的需求。因此,企业要认真研究为之服务的不同顾客群,研究其类别、需求特点、购买动机等,使企业的营销活动能针对顾客的需要,符合顾客的愿望。

3.1.4 竞争者

随着行业竞争的加剧和经济全球化的发展,正确识别并确认竞争对手越来越重要。如果竞争对手范围过大,就会带来监测环境成本的增加;如果竞争对手范围过小,企业就无法及时捕捉来自竞争对手的信息。1980年,美国哈佛大学商学院教授、"竞争战略之父"迈克尔·波特（Michael E. Porter）提出了著名的产业竞争"五力模型",如图3-2所示。

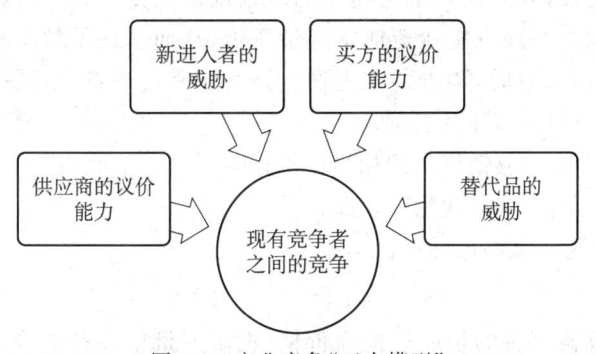

文本:[同步案例]
方便面市场
遇冷为哪般

图3-2　产业竞争"五力模型"

1. 现有竞争者之间的竞争

现有竞争者之间的竞争有很多常见的形式,包括价格折扣和优惠、服务改进、各种赠送、广告等。激烈的竞争会使产业的盈利能力受到影响。如果竞争者之间仅针对价格发动进攻,那么会对竞争者以及这个行业的盈利能力产生极大的影响。在价格竞争中,降价是竞争者最容易想到和实现的一种方式,而这种方式也容易招致竞争对手的效仿和报复。

2. 新进入者的威胁

新进入者在给行业带来新生产能力和资源的同时,也会希望在市场中赢得一席之地,这就可能与现有企业发生原材料和市场份额的竞争,导致行业平均利润水平下降,甚至威胁现有企业的生存。当这一威胁很大时,现有企业必须通过降价或增加投资以抵御竞争者。

进入门槛指的是现有企业相对于新进入者所拥有的优势,这些优势主要来自于规模经济、规模效益、资金需求和政策限制等。

 同步案例

中国最早的互联网视频网站——土豆网

2005年,一个打着"每个人都是生活的导演"口号的土豆网上线了。作为中国最早的互联网视频网站,土豆网以相信年轻人的想象力、创造性的理念,激励着更多的人拍摄视频作品。得益于基数庞大的用户制作群体,土豆网乃至中国互联网视频制作领域出现了数以亿计的视频作品。然而,先有同行优酷的介入,后有新兴视频网站爱奇艺、腾讯、乐视的崛起,土豆网的地位岌岌可危。

随着市场营销环境的变化,发展到一定程度遇到瓶颈时,就必须改革、创新,转变得好就能活下来,转变得不好可能就会走向衰落。土豆网发展一段时期后,在运营摸索、用户拉拢、资源储备方面都落后一步。没有了用户、没有了造血能力、没有了吸引用户的资源,受困于自身UCG(用户制作者)模式的土豆网逐步走向了没落。尽管后来也采用了PCG(专业制作团队)模式,但视频质量始终参差不齐,最终于2012年同优酷正式合并。

资料来源:陶晓波,吕一林.市场营销学[M].7版.北京:中国人民大学出版社,2022:30.

3. 买方的议价能力

实力强大的买方能够通过强制降价、要求提高产品质量或提供更多服务以获取更多价值。如果买方通过自己的影响力对现有企业造成了降价压力,从而掌握了对现有企业的议价主动权,特别是当企业对价格敏感时,买方的实力便会强大起来。当然,不同的买方的议价能力也不相同,特别是当买方具有以下优势时:

(1) 买方购买数量庞大,占有企业销售量的相当比例;
(2) 企业供应的产品无差异,很容易找到替代品;
(3) 买方使用替代品不需付出太高的转换成本。

4. 供应商的议价能力

实力强大的供应商获取收益更多的是通过提高价格、控制质量或服务水平。造成供应商议价能力较强的因素包括:供方行业进入障碍高;供应商向生产方向延伸、发展业务的可能性大;产品有特色或专用性强,替代品的种类、数量少,替代程度低,购买者改变供应商的转换成本高;产品对购买者十分重要等。

5. 替代品的威胁

替代品是有相同或相似功能,从而可在一定程度上相互替代的产品。替代品之间存在相互竞争的销售关系,即一种产品销售的增加会减少另一种产品的潜在销售量。所以,替代品会对产业盈利能力造成影响,并且会夺走产业发展机遇。

文本:[同步案例]
世界三大铁矿石供应商的议价能力

替代品无时不在,但是它却很容易被忽视,原因是它们可能看上去与产业产品大相径庭。例如,考虑儿童节送给孩子的礼物,可以是一件衣服,也可以是一套图书。所以,要对替代品的竞争有充分的分析与判断。

学习活动:学生小李在淘宝网经营一家销售二手书的网店,从产业竞争"五力模型"角度分析该网店面临的竞争来自哪些方面。

3.1.5 公众

公众是指对企业实现其目标有实际或潜在利害关系和影响力的任何团体或个人。一个企业的公众主要包括以下七类。

(1) 融资公众。融资公众是指那些关心和影响企业取得资金能力的集团,包括银行、信托投资公司、证券公司、保险公司等。

(2) 媒介公众。媒介公众包括网站、电视、电台、报刊等大众传媒。

(3) 政府公众。政府公众是指有关的政府部门,包括监管企业的业务、经营活动的政府机构和企业的主管部门,如市场监督管理局、发展和改革委员会、税务局等。

(4) 群众团体。群众团体是指消费者组织、环境保护组织及其他有关的群众团体。

(5) 地方公众。地方公众主要是指企业周围居民和团体组织。

(6) 一般公众。一般公众是指一般社会公众,他们可能并不购买企业产品,但深刻地影响着消费者对企业及产品的看法。

(7) 内部公众。内部公众是指企业内部全体员工,包括董事会、经理、职工等。

企业要了解公众的需要和意愿,采取积极态度与公众沟通,借此树立企业的良好形象。如何处理企业与公众的关系已逐渐成为一门学科、一门艺术。

3.2 宏观环境

宏观环境也称总体环境,由比较强大的社会力量构成,包括人口、经济、自然、技术、政治法律及社会文化环境等。它可以影响微观环境中的各种力量。

3.2.1 人口环境

微课:宏观环境(上)

人是市场的主体。人口的多少直接决定市场潜在容量的大小。人口状况很大程度上是一个国家经济社会发展的基本反映。人口环境包括人口数量与增长速度、人口结构、人口地理分布、人口流动性等特性。以上特性会对市场格局产生深刻影响,并直接影响企业的市场营销活动。

微课:宏观环境(下)

1. 人口数量与增长速度

当今世界人口问题主要表现在人口爆炸式的增长。现在发展中国家的人口超过世界人口总和的 70%,全世界每年出生的新生儿约 1 亿,其中 90% 诞生在第三世界国家。

当前我国的人口发展呈现出这样几个特点:人口增长速度放缓;农村人口比重仍较大;人口城市化加快;人口老龄化进程逐步加快;男女性别比偏高;人口分布不均;人口素质尚需提高。

庞大的人口数量以及人口的进一步增长,给企业带来市场机会。首先,人口数量是决定市场规模和潜力的一个基本要素,人口越多,市场越大。其次,人口的增长促进市场规模的持续扩大。但是,人口的增长,也可能给企业营销带来不利影响。例如,人口增长可能导致就业压力加大,人均收入下降,限制经济发展,从而使市场吸引力降低。人口增长还会对交通运输产生压力,也会造成房屋紧张继而引起房价上涨,增加企业生产成本。人口增加使与人口和社会经济发展密切相关的土地资源、水资源与能源资源供应减少,影响整个国家的可持续发展。

2. 人口结构

人口结构主要包括人口的年龄结构、性别结构、家庭结构及社会结构。

(1) 年龄结构。随着社会经济的发展,世界人口平均寿命普遍延长,死亡率和出生率均在下降,人口的老龄化成为一个普遍问题。目前,世界上主要发达国家已经进入老龄化社会,许多发展中国家正在或已经进入老龄化社会。

 同步案例

"银发经济"的市场机会

2021 年 5 月 11 日,中国第七次全国人口普查数据公布:全国人口共 141178 万人,与 2010 年相比,增加了 7206 万人,增长 5.38%;其中 60 岁及以上人口为 26402 万人,占 18.70%,与 2010 年相比上升了 5.44%。有数据预测,接下来的 14 年会是中国老龄化加速的时期。

近年来,越来越多的老年人活跃在互联网平台上,年轻人熟悉的社群电商、拼团模式同样在老年人群体中出现,老年人和年轻人之间的行为习惯边界变得越来越模糊。例如,对于在年轻人群体中很火的民宿旅游,老年人同样也有需求甚至更超前。据此,部分企业推出"全国旅居会员制一卡通"模式,老年人入会后就可以住遍公司旗下的所有民宿,可能这个月在浙江农村、下个月就在海南三亚。老年人喜欢这样的服务,性价比高是一个方面,但根本原因是老年人也想要体验和发现新的世界。

再如,老年人更看重对健康的自主管理。智能家居适老化改造,正好满足了老年人的自主管理需求:通过在家里安装智能家电,让老年人在日常生活中,只需要靠简单的触碰和语音,就可以完成很多动作。例如,把智能音箱和电视连接起来,让老年人不需要遥控器就可以进行开关电视、换台等操作;在客厅、厨房中装上传感器,只要在晚上感应到有人走动,灯就会自动开,如果 2 分钟内发现没人的话,灯会自动关。智能家居适老化改造的核心,是在尊重老年人原有生活习惯的基础上,简化他们的日常操作,同时降低了他们在家居生活中遇到的风险,从而让老年人能在自己熟悉的环境里独立生活得更久。

营销启示:"老吾老,以及人之老"是中华民族的传统美德,关注老年人的生活质量,结合现代老年人的消费需求,提供丰富的适老产品和服务,既能系统性地提高老年人的幸福感,

也能有效挖掘"银发经济"市场中新的营销增长机遇。

资料来源:王鑫,饶君华.市场营销基础[M].北京:高等教育出版社,2023:49.

(2) 性别结构。由于传统观念的影响,一直以来,我国总人口男女性别比偏高,近年来,这一比例逐渐下降。截至 2019 年年末,从性别结构上看,我国男性人口 71527 万,女性人口 68478 万,总人口性别比为 104.45(以女性为 100)。

男女性别不同,其产品需求有明显的差异,购买动机和购买行为也会有所不同,反映到市场上,就会出现男性用品市场和女性用品市场。很多消费品都可以依据性别进行细分,如服装、护肤品等。牙膏、洗发水这类通常按功能划分的消费品已经出现了性别划分。

(3) 家庭结构。随着单身、离婚、分居的人口增加以及独生子女家庭的增加,加上学生和劳动力在地域间大规模转移,已经改变了中国传统的家庭核心模型。如今普通中国人要面对的主要是"421"家庭结构,即四个老人、一对夫妇、一个孩子。家庭规模日渐缩小的趋势在经济发达地区表现得越发明显,并逐步由城市向乡镇发展,这必然带动较小的住房及家具、家电、日用品需求量的上升。

学习活动:2015 年 10 月,党的十八届五中全会会议决定:坚持计划生育的基本国策,完善人口发展战略,全面实施一对夫妇可生育两个孩子政策。这一政策改变了多年来我国城市家庭以三口之家为主的家庭结构,四口之家将成为主要形式。分析这一政策会给哪些行业带来商机,又会对企业的市场营销活动带来什么影响?

(4) 社会结构。尽管我国乡村人口占总人口比例自改革开放以后呈递减的趋势,但国家统计局数据显示,截至 2019 年年末,仍有 39.4% 的人在乡村。乡村是一个广阔的市场,有着巨大的市场潜力。这一社会结构的客观情况决定了在国内市场中,乡村人口是不能被忽略的营销对象,市场开拓的重点也应包含乡村。

3. 人口地理分布

人口地理分布是指人口在不同地区的密集程度。由于社会、经济、政治和自然环境等多方面因素的影响,人口的分布绝不会是均匀的。人口的地理分布表现在市场上,就是人口的集中程度不同,则市场大小不同;消费习惯不同,则市场需求特性不同。

4. 人口流动性

随着经济发展,人口的区域流动性也越来越大。在发达国家,除国家之间、地区之间、城市之间的人口流动外,还有一个突出的现象就是城市人口向农村流动。而在我国,人口的流动主要表现在农村人口向城市或工矿地区流动;内地人口向沿海经济开放地区流动。第七次全国人口普查数据显示,2020 年流动人口规模近 3.8 亿人,与 2010 年相比,流动人口增长 69.73%,我国流动人口增长速度加快。

3.2.2 经济环境

经济环境是指企业进行市场营销活动时所面临的社会经济条件,主要是指经济发展状况和社会购买力。经济发展状况主要包括经济发展水平、地区发展状况和产业结构等,而影响购买力水平的因素主要包括消费者收入水平、消费支出模式与消费结构的变化、消费者储蓄和信贷情况的变化等。

1. 经济发展状况

(1) 经济发展水平。企业的市场营销活动受到一个国家或地区整个经济发展水平的制约。经济发展水平较高的国家和地区,强调产品的款式、性能和特色,重视资本密集型产业;经济发展水平较低的国家和地区,则侧重于产品的功能和实用性,重视劳动密集型产业。在不同的经济发展阶段,消费者的需求不同,企业的营销策略也不相同。

(2) 地区发展状况。地区经济的不平衡发展,对企业的投资方向、目标市场及营销战略的制定都会带来巨大影响。

(3) 产业结构。产业结构是指各产业部门在国民经济中所处地位和所占比重及相互之间的关系。一个国家的产业结构反映该国的经济发展水平。

2. 消费者收入水平

消费者收入水平是影响社会购买力从而影响企业市场营销的最重要因素。

文本:[营销资料]
中国制造 2025

消费者收入是指消费者个人从各种来源中所得的全部收入,包括消费者个人的工资、退休金、红利、租金、赠予等收入,主要是指消费者的实际收入。实际收入和货币收入并不完全一致,由于通货膨胀、失业、税收等影响,有时货币收入增加,而实际收入却可能下降。实际收入即是扣除物价变动因素后实际购买力的反映。只有实际收入才会影响实际购买力。营销人员应注意实际收入变动趋势。

对消费者收入水平的分析还要区分个人可支配收入和个人可任意支配收入。个人收入减去应由个人直接负担的税收和非税性支出(如工会会费),称为个人可支配收入。个人可支配收入减去用于购买生活必需品的支出和固定支出(如房租、贷款、保险费等)后才是个人可任意支配收入。这部分收入是消费需求变化中最活跃的因素,是影响非生活必需品和劳务销售的主要因素,也是企业开展营销活动时所要考虑的主要对象。

3. 消费支出模式与消费结构的变化

西方一些经济学家常用恩格尔系数来分析消费支出模式和消费结构。恩格尔是德国统计学家,他在研究劳工家庭支出构成时指出:当家庭收入增加时,多种消费的比例会相应增加;但用于食物支出的比例将会下降,用于服装、交通、保健、文娱、教育的支出比例将会上升。恩格尔系数的计算公式如下。

$$恩格尔系数 = \frac{食物支出总额}{家庭或个人消费支出总额} \times 100\%$$

恩格尔系数是衡量一个国家、地区、城市、家庭生活水平高低的重要参数。联合国粮食及农业组织提出一个划分贫困与富裕的标准:恩格尔系数大于60%为绝对贫困;50%～59%为勉强度日或温饱;40%～49%为小康;30%～39%为富裕;29%以下为最富裕。

消费结构是指消费过程中人们所消耗的各种消费资料(包括劳务)的构成,即各种消费支出占总支出的比例关系。优化的消费结构是优化的产业结构和产品结构的客观依据,也是企业开展营销活动的基本立足点。

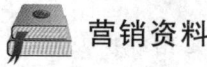 营销资料

消 费 升 级

消费升级,一般指消费结构的升级,是各类消费支出在消费总支出中的结构升级和层次提高,直接反映消费水平和发展趋势。改革开放以来,我国出现了三次消费升级,推动经济的高速增长,消费结构的演变带动了我国产业结构的升级。

第一次消费结构升级(改革开放初期至20世纪80年代末)。改革开放之初,粮食消费下降、轻工产品消费上升。这一转变对我国轻工、纺织产品的生产产生了强烈的拉动作用,带动了相关产业的迅速发展,并带动了第一轮经济增长。消费品市场在经历了长期商品匮乏后,居民消费需求迅速膨胀。彩电、冰箱和洗衣机等商品开始受到追捧,消费结构实现第一次升级。

第二次消费结构升级(20世纪90年代)。这一时期,居民对彩电、冰箱、洗衣机的需求已经基本满足,耐用消费品向高档化方向发展;空调、计算机、钢琴、健身器材等消费品逐渐受到青睐,消费结构实现第二次升级。这一转变对电子、钢铁、机械制造业等行业产生强大的驱动力,带动了第二轮经济增长。

第三次消费结构升级(20世纪90年代末至今)。20世纪90年代中后期,居民消费能力大幅提升,消费需求平稳增长。2000年以来,以住房、汽车、手机为代表的第三次消费结构升级开始,吃、穿等刚性消费需求比重进一步降低。2008年开始,消费品市场增速开始回落。随着技术进步和4G网络的普及,家电市场处于饱和,居民家庭耐用消费品以更新换代为主;手机消费从耐用品变为快消品;汽车、手机等商品对消费品市场带动作用明显减弱。这一阶段消费品市场基本实现了第三次消费结构升级。同时,居民消费需求逐渐由商品性消费转向服务性消费,教育、娱乐文化、交通、通信、医疗保健、旅游等方面的消费增长较快。

资料来源:https://www.beijing.gov.cn/gongkai/shuju/sjjd/201810/t20181030_1837843.html.

4. 消费者储蓄和信贷情况的变化

消费者的购买力还要受储蓄和信贷的直接影响。

消费者个人收入不可能全部花掉,总有一部分以各种形式储蓄起来,这是一种推迟了的、潜在的购买力。消费者储蓄一般有两种形式:一是银行存款,增加现有银行存款额;二是购买有价证券。当收入一定时,储蓄越多,现实消费量就越小,但潜在消费量越大;反之,储蓄越少,现实消费量就越大,但潜在消费量越小。企业营销人员应当全面了解消费者的储蓄情况,尤其是要了解消费者储蓄目的的差异。储蓄目的不同,潜在需求量、消费模式、消费内容、消费发展的方向也就不同。这就要求企业营销人员在调查、了解储蓄动机与目的的基础上,制定不同的营销策略,为消费者提供有效的产品和劳务。

所谓消费信贷,就是消费者凭信用先取得商品使用权,然后按期归还贷款,以购买商品取得所有权。这实际上是一种超前消费。消费信贷允许人们购买超过自己现实购买力的商品,从而创造了更多的就业机会和需求;同时,消费信贷还是一种经济杠杆,它可以调节积累与消费、供给与需求的矛盾。

3.2.3 自然环境

自然环境是指影响企业生产和经营的物质因素,如原材料的短缺、能源成本日益提高、环境污染日益严重、政府对自然资源管理的干预等。

地球上的资源分为三类:一是"无限"资源,如空气、水等;二是可再生的有限资源,如森林、粮食等;三是不可再生的有限资源,如石油、煤、天然气等物质。自然资源是进行商品生产和实现经济繁荣的基础,和人类社会的经济活动息息相关。由于自然资源的分布具有地理的偶然性,分布很不均衡,因此,企业到某地投资或从事营销活动必须了解该地的自然资源情况。如果该地对本企业产品需求大,但缺乏必要的生产资源,那么,企业就适宜向该地销售产品。但是,如果该地有丰富的生产资源,企业就可以在该地投资建厂,当地生产,就地销售。可见,一个地区的自然资源状况往往是吸引外地企业前来投资建厂的重要因素。

自然环境对企业营销的影响还表现在两个方面。

1. 自然资源的短缺与利用

随着工业的发展，自然资源逐渐短缺。例如，我国资源从总体上看是丰富的，但从人均占有量看又是短缺的。近几年，资源紧张使一些企业陷入困境，但又促使企业寻找替代品，降低原材料消耗。例如，石油是一种不可再生的有限资源，由于经济、政治、储量等方面的影响，价格跌宕起伏，对世界经济增长构成了威胁。因此，许多企业正在开发新的替代资源，如太阳能、风能、生物能、核能等。

2. 环境的污染与保护

环境污染已成为举世瞩目的问题。占世界人口总数15%的工业发达国家，其工业废物的排放量占世界废物排放总量的70%。我国虽属发展中国家，但工业"三废"（废渣、废水、废气）对环境也会造成严重污染，其中煤烟型污染最为突出。控制污染一方面限制了某些行业的发展，另一方面也为企业造成了两种营销机会：一是为治理污染的技术和设备提供了一个大市场；二是为环境友好型生产技术和包装方法创造了营销机会。营销学界也提出一种新的营销观念——绿色营销，是指企业在营销活动中，在满足消费者绿色需求的基础上，充分重视生态环境的价值，谋求企业利益、消费者利益和环境利益的统一，以实现可持续发展的过程。企业必须在保持生态平衡的前提下开展营销活动。

 思政园地

"水污染事件"

2010年7月12日下午，福建省环境保护厅通报称，紫金矿业集团公司旗下紫金山铜矿湿法厂污水池发生渗漏，污染了汀江，部分江段出现死鱼。据报道，汀江流域仅棉花滩库区死鱼和鱼中毒数量就达378万斤左右。

发生严重的水污染事件，肇事企业不是积极采取措施善后，不是在第一时间向当地环保部门报告，而是企图掩盖事件的真相，紫金矿业如此作为，不能不让人义愤填膺。水污染事件败露之后，紫金矿业发布公告表示，

动画：[思政园地]"水污染事件"

渗漏事故原因主要是前阶段持续强降雨，致使溶液池区域内地下水位迅速抬升，超过污水池底部标高，造成上下压力不平衡，形成剪切作用，致使污水池底垫多处开裂，从而造成渗漏。基于这种判断，紫金矿业副总裁刘荣春在接受采访时称，此次渗漏主要与自然灾害有关，不可预料。而紫金山铜矿所在的福建省，"持续强降雨"年年都有，为何唯独这年发生污水渗漏事故？紫金矿业集团公司的污染事件和处理方法是否有问题呢？

紫金矿业污染事件不仅使当地渔业遭受到巨大冲击，与之相关的上下游产业链也在遭受破坏。有相关人士指责，由于紫金矿业在环保方面舍不得投入，尽量压低成本，从而造成了隐患。另外，发生严重的水污染事件，肇事企业不是积极采取措施善后，以最大限度地减少污染造成的损失，而是企图掩盖事件的真相，泄漏事故瞒报九天。紫金矿业集团此次造成的污染事件及其处理问题的方法都是极其不道德的，背离了诚实守信负责公平的企业营销道德基本原则，并且还涉嫌重大环境污染事故罪。

资料来源：杨群祥. 市场营销概论——理论、实务、案例、实训[M]. 3版. 北京：高等教育出版社，2019：43.

3.2.4 技术环境

技术环境是指影响新技术、创造新产品和营销机会的力量,如技术变革的加速、创新的机会增加、研究开发的预算加大、技术革新的管制法规增多等。

近年来,随着我国加快建设创新型国家,推进经济高质量发展,科技进步对我国经济贡献度不断提高。科学技术的发展对于社会的进步、经济的增长和人类社会生活方式的变革都起着巨大的推动作用。技术所带来的革命性体验,一直是未来社会发展的风向标。移动支付、无人售卖、人脸识别等与大数据、云计算紧密结合的科技产物不断涌现,无人机、人工智能、虚拟现实和增强现实等深刻影响着企业的经营模式和营销思维。

以蚂蚁金服旗下的支付宝为例。截至目前,支付宝已发展成为融合了支付、生活服务、政务服务、社交、理财、保险、公益等多个场景与行业、拥有超过5亿个实名用户的开放性平台。支付宝除提供便捷的支付、转账、收款、信用卡还款、充话费、缴水电煤费等基础功能外,还能快速通过智能语音机器人一步触达上百种生活服务,用户不仅能享受消费折扣,跟好友建群互动,还能轻松理财,累积信用。

技术环境对企业营销的影响是多方面的。

(1)科学技术的发明和应用造就了一些新的行业、新的市场,引起了经济结构的变化,为某些行业提供了创新的机会,也为某些旧的行业带来了威胁。例如,太阳能、核能行业的兴起,必然会给掌握这些技术的企业带来新的机会,又会给水力、火力发电行业带来较大的威胁。

(2)科学技术的发展和应用影响企业营销策略的制定。由于科学技术的迅速发展,产品生命周期大幅缩短,产品更新换代速度加快。这就要求企业不断开发新的产品,加快新产品的生产速度;网店、自动售货机、电话订购等使企业的分销渠道发生变化。这些都会影响企业产品价格。

(3)科学技术的发展有利于改善企业经营管理,提高营销效率。例如,新的交通运输工具的发明或旧的运输工具的技术改进,使运输的效率大幅提高;信息、通信设备的改善,更便于企业组织营销,提高营销效率。现代计算和分析手段的发明运用可以对消费者及需求的资料进行模拟和计算、分析和预测,为企业营销活动提供客观依据。

(4)科学技术的进步,将会使人们的生活方式、消费模式和消费需求结构发生深刻的变化。科学技术是一种"创造性的毁灭力量",它本身创造出新的东西,同时又淘汰旧的东西。新的产业部门和新的市场出现,使消费对象的品种不断增加,范围不断扩大,消费结构发生变化。

总之,科学技术的进步和发展,必将会给社会经济、政治、军事以及社会生活等各个方面带来深刻的变化,这些变化也必将深刻影响企业的营销活动,给企业造成有利或不利的影响,甚至关系到企业的生存和发展。因此,企业应特别重视科学技术这一重要的环境因素对企业营销活动产生的影响,以便企业能够抓住机会,避免风险,求得更好的生存和发展。

3.2.5 政治法律环境

政治环境包括国家的政体、政局、政策等多方面。法律环境是由对公司及公司营销环境有影响的各种法律、法规、法令组成,如对企业进行监管的相关立法等。政治法律因素对市场营销的影响表现在以下三个方面。

文本:[营销资料]
加快数字化发展
建设数字中国

1. 国家(或地区)政局变动对市场营销活动产生的影响

政治局势是指企业营销所处的国家或地区的政治稳定状况。一个国家的政局稳定与否会给企业营销活动带来重大的影响。一个国家的政权频繁更替,会给企业投资和营销带来极大的风险。因此,社会是否安定对企业的市场营销关系极大,特别是在对外营销活动中,一定要考虑东道国的政局变动和社会稳定情况。

2. 有关方针政策对市场营销活动产生的影响

这些政策包括人口政策、能源政策、物价政策、财政政策、金融与货币政策等。各个国家在不同时期,根据不同需要颁布一些经济政策,制定经济发展方针。这些政策、方针不仅影响本国企业的营销活动,而且还影响外国企业在本国市场的营销活动。例如,通过征收个人收入调节税,调节消费者收入,从而影响消费者的购买力来影响消费者需求;国家还可以通过增加产品税来抑制某些商品的需求,例如,对香烟、酒等课以较重的税收来抑制消费者的消费需求。

思政园地

一带一路(国家级顶层合作倡议)

"一带一路"是"丝绸之路经济带"和"21世纪海上丝绸之路"的简称,2013年9月和10月由中国国家主席习近平分别提出建设"新丝绸之路经济带"和"21世纪海上丝绸之路"的合作倡议。它将充分依靠中国与有关国家既有的双多边机制,借助既有的、行之有效的区域合作平台,借用古代丝绸之路的历史符号,高举和平发展的旗帜,积极发展与沿线国家的经济合作伙伴关系,共同打造政治互信、经济融合、文化包容的利益共同体、命运共同体和责任共同体。

"一带一路"的互联互通项目将推动沿线各国发展战略的对接与耦合,发掘区域内市场的潜力,促进投资和消费,创造需求和就业,增进沿线各国人民的人文交流与文明互鉴,让各国人民相逢相知、互信互敬,共享和谐、安宁、富裕的生活。

资料来源:https://baike.baidu.com/item/%E4%B8%80%E5%B8%A6%E4%B8%80%E8%B7%AF/13132427?fr=ge_ala.

3. 有关法律、法规对企业市场营销活动产生的影响

为了建立和维护经济秩序,保障企业、消费者利益,保护社会长远利益,国家制定了许多法律、法规、法令、条例等。法律环境是企业营销活动的法律保障,同时也对市场消费需求的形成和实现具有一定的调节作用。企业要研究并熟知相关法律,依法进行管理和经营,运用法律手段保障自身和消费者的合法权益。随着"互联网+"模式带来的新兴业态和传统行业升级,为了进一步规范市场发展环境,国家陆续颁布了《互联网信息服务管理办法》《中华人民共和国网络安全法》《中华人民共和国电子商务法》等法律、法规。

现代国家的政治法律环境出现的变动趋势:监管企业的立法增多,法律体系越来越完善;政府机构执法更严;公众利益团体的力量增强。

3.2.6 社会文化环境

文化是在人们的社会实践中形成的,它主要由两部分组成:一是全体社会成员所共有的具有高度持续性的基本核心文化。二是随时间变化和外界因素影响而容易改变的社会次文化或亚文化。不同的社会与文化，代表着不同的生活模式，对同一产品可能持有不同的态度，直接或间接地影响产品的设计、包装、信息的传递方法、产品被接受的程度、分销和推广措施等。因此，企业在从事市场营销活动时，应重视对社会文化的调查研究，并做出适宜的营销决策。社会文化对市场营销活动的影响表现在以下几个方面。

1. 语言文字

语言文字是人类交流的工具，是文化的核心组成部分之一。不同国家、不同民族往往都有自己独特的语言文字，即使同一国家，也可能有多种不同的语言文字，即使语言文字相同，表达和交流的方式也可能不同。

语言文字的不同对企业的营销活动有巨大的影响。其产品命名与产品销售地区的语言文字认知习惯等相悖，给一些企业带来巨大损失。例如，美国一家汽车公司生产了一种"cricket"牌的小型汽车，这种汽车在美国很畅销，但在英国却不受欢迎。其原因就在于语言文字上的差异。"cricket"一词有板球的意思，美国人喜欢打板球，所以一提到cricket就想到是板球，汽车牌子叫cricket，意思是个头小，跑得快，所以很受欢迎。但在英国，人们不喜欢玩板球，也不喜欢牌子叫板球的汽车，因此cricket在英国反响平平。后来，美国公司将其在英国销售的产品改名为"avenger"，意思是复仇者，意在说明这种汽车很有力量，结果很受欢迎，销量大增。可见，语言文字的差异对企业的营销活动是有很重大影响的。企业在开展市场营销尤其是目标市场营销时，应尽量了解市场国的文化背景，掌握其语言文字的差异，这样才能使营销活动顺利进行。

2. 价值观念

价值观念是人们对社会生活中各种事物的态度、评价和看法，随着时代的变迁而变化，它具体表现在人们对于婚姻、生活方式、工作、道德、性别角色、公正、教育、退休等方面的态度和意见。这些价值观念同人们的工作态度一起对企业的工作安排、作业组织、管理行为以及报酬制度等产生很大的影响。不同的文化背景下，人们的价值观念差别是很大的，而消费者对商品的需求和购买行为深受其价值观念的影响。

3. 宗教信仰

不同的宗教信仰有不同的文化倾向和戒律，从而影响人们认识事物的方式、价值观念和行为准则，进而影响人们的消费行为，带来特殊的市场需求，特别是在一些信奉宗教的国家和地区，宗教信仰对市场营销的影响力更大。

不同的宗教，教徒的信仰和禁忌也不一样。这些信仰和禁忌限制了教徒的某些消费行为。某些国家和地区的宗教组织在教徒的购买决策中有重大影响。一种新产品出现，宗教组织有时会提出限制和禁止使用，认为该商品与该宗教信仰相冲突。相反，有的新产品出现后得到宗教组织的赞同和支持，它就会号召教徒购买、使用，起着一种特殊的推广作用。因此，企业应充分了解不同地区、不同民族、不同消费者的宗教信仰，提供符合其要求的产品，制定适合其特点的营销策略；否则，可能会触犯宗教禁忌，失去市场机会。了解和尊重消费者的宗教信仰，对企业营销活动具有重要意义。

4. 风俗习惯

风俗习惯是指个人或集体的传统风尚、礼节、习性，是特定社会文化区域内历代人们共同遵守的行为模式或规范。有着不同风俗习惯的人们在饮食、服饰、居住、婚丧、信仰、节日、人际关系等方面，都表现出独特的心理特征、伦理道德、行为方式和生活习惯。不同的国家、民族有不同的风俗习惯，它对消费者的消费嗜好、消费模式、消费行为等具有重要的影响。可以说，了解当地的风俗习惯是企业做好市场营销尤其是国际市场营销的重要条件，如果不重视各个国家、各个民族之间的文化和风俗习惯的差异，就可能造成难以挽回的损失。

 同步案例

汉服热升温衍生大产业

齐腰襦裙、琵琶飞袖、点绛红唇……每年中秋，在城市公园、热门景区以及大学校园，越来越多身着汉服的年轻人闪亮登场，把这个传统节日过得古色古香。随着汉服热愈发升温，加之抖音等互联网平台的助推，汉服这个小众爱好正衍生出了一个大产业。全国汉服爱好者的数量和市场规模快速增长。

1. 汉服热背后的文化自信

提起汉服热，不仅学生拥趸众多，很多白领也是粉丝，更有年轻夫妇在结婚照或全家福的拍摄上选择汉服，营造出一份古风之美。在各大热门景区，穿汉服拍照的游客甚至成了一道风景线。在年轻人积聚的互联网社交平台，从早前的贴吧、微博，到今日的B站、抖音等，汉服文化传播的边界被不断拓宽，让汉服走到了大众的面前。

汉服不仅是衣服，更是一种文化符号，承载着民族文化。"汉服热"逐渐升温不仅源于汉服本身的古韵之美，背后更多的是国人文化自信的回归，是年轻人对于传统文化的热爱。以汉服为代表的古装热，让近年来的影视古装剧在服装和造型的设计上更加"走心"，譬如《琅琊榜》《长安十二时辰》《庆余年》等。

2. 汉服热带来新商机

随着古风文化的兴起，汉服爱好者群体不断扩大。线上线下的汉服、汉元素店铺越来越常见。从汉服周边配饰到汉服租赁、旅拍，汉服产业发展欣欣向荣。一些提供私人定制的高端汉服品牌，更是出现供不应求的现象。各类线下汉服体验店如雨后春笋般纷纷开业，门庭若市。这也成为不少"80后""90后"的热门创业项目。只要集齐化妆师和摄影师，加上30套汉服，最少投入10万元便可开店。

资料来源：http://news.cyol.com/app/2019-09/18/content_18161306.htm.

学习活动：自2015年以来国家采取了一系列措施进行房地产市场调控，查阅资料，分析房地产企业面临的宏观环境的变化及对企业经营的影响。

 技能加油站

SWOT分析法

SWOT分析法是一种市场营销环境分析方法，也叫态势分析法，20世纪80年代初由美国旧金山大学的管理学教授韦里克提出，经常被用于企

微课：SWOT分析法

业战略制定、竞争对手分析等场合。企业通过确定自身的竞争优势(strength)、竞争劣势(weakness)、机会(opportunity)和威胁(threat),从而将公司的战略与公司内部资源、外部环境有机结合起来。利用这种方法可以从中找出对自己有利的、值得发扬的因素,以及对自己不利的、如何去避开的东西,发现存在的问题,找出解决办法,并明确以后的发展方向。

1. SWOT 模型及含义

SWOT 四个英文字母代表 strength、weakness、opportunity、threat。意思分别为:S,强项、优势;W,弱项、劣势;O,机会、机遇;T,威胁、对手。从整体上看,SWOT 可以分为两部分。第一部分为 SW,主要用来分析企业内部条件;第二部分为 OT,主要用来分析外部条件,也就是外部环境。

(1) 优势与劣势分析。当两个企业处在同一市场或者说它们都有能力向同一顾客群体提供产品和服务时,如果其中一个企业有更高的盈利率或盈利潜力,那么就认为这个企业比另外一个企业更具有竞争优势。换句话说,所谓竞争优势是指一个企业超越其竞争对手的能力,这种能力有助于实现企业的主要目标——盈利。

(2) 机会与威胁分析。环境发展趋势分为两大类:一类表示环境威胁;另一类表示环境机会。环境威胁指的是环境中一种不利的发展趋势所形成的挑战,如果不采取果断的战略行为,这种不利趋势将导致公司的竞争地位受到削弱。环境机会就是对公司行为富有吸引力的领域,在这一领域中,该公司将拥有竞争优势。

2. SWOT 分析法的步骤

第一步,分析环境因素。利用各种调查研究方法,分析并罗列出公司所处的各种环境因素,即外部环境因素和内部能力因素。机会和威胁因素是外部环境对事物发展有直接影响的有利和不利因素,属于客观因素。优势和劣势因素是事物在其发展中自身存在的积极和消极因素,属于主动因素。表 3-1 中列举了一些可能的内部优势、劣势以及外部环境的机会和威胁。在调查分析这些因素时,不仅要考虑公司的历史和现状,而且要考虑公司的未来发展。

表 3-1 优势和劣势、机会和威胁

	优 势(S)	劣 势(W)
内部条件	专利技术 成本优势 强势广告 产品创新技能 优质客户服务 优秀产品质量 战略联盟与并购 有力的经营战略 良好的金融资源 有利的品牌形象和美誉 高素质的管理人员 被广泛认可的市场领导地位	设备陈旧 超额负债 资金短缺 管理不善 利润的损失部分 内在的运作困境 落后的研发设计能力 过分狭窄的产品组合 没有明确的战略导向 市场规划能力的缺乏 超越竞争对手的高额成本 缺少关键技能和资格能力

续表

	机 会(O)	威 胁(T)
外部环境	市场增长迅速 产品组合的扩张 核心技能向产品组合的转化 垂直整合的战略形式 服务独特的客户群体 新的地理区域的扩张 分享竞争对手的市场资源 竞争对手的支持 新技术开发通路 品牌形象拓展的通路 战略联盟与并购带来的超额覆盖	强势竞争者的进入 替代品引起的销售下降 市场增长的减缓 由新规则引起的成本增加 商业周期的影响 客户和供应商的杠杆作用的加强 消费者购买需求的下降 政策的变化 人口与环境的变化

第二步，构造SWOT矩阵。将调查得出的各种因素根据轻重缓急或对企业的影响程度进行排序，构造SWOT矩阵。在这个过程中，要将那些对公司发展有直接的、重要的、大量的、迫切的、永久的影响因素优先排列出来，而那些间接的、次要的、少许的、不急的、短暂的影响因素排列在后面。然后将优势、劣势与机会、威胁相结合组成矩阵，形成SO、ST、WO、WT战略（表3-2）。

表3-2 SWOT矩阵

外部条件	内 部 因 素	
	优势(S)	劣势(W)
机会(O)	SO增长战略 依靠内部优势，利用外部机会	WO转移战略 利用外部机会，克服内部劣势
威胁(T)	ST多元化战略 利用内部优势，规避外部威胁	WT收缩防御战略 克服内部劣势，规避外部威胁

SO战略为增长战略，要依靠内部优势，利用外部机会。即依靠内部优势去抓住外部机会的战略。在企业优势与出现的市场机会相一致的情况下，SO战略胜算把握大一些。如某企业资源雄厚（内部优势），而市场供应严重不足（外部机会），可采取SO战略，增加产品系列，产品功能升级，满足细分市场的需求。

ST战略为多元化战略，要依靠内部优势，回避外部威胁。即以企业的优势去应对可能出现的市场风险，避免或减轻外部威胁的打击。在这种风险出现时，其他企业有可能无力承受而被淘汰，企业如果在这方面有优势，时刻保持警惕，则可获得成功。如某企业拥有良好的渠道资源（内部优势），但是相关政策限制其经营其他商品（外部威胁），可采取ST战略，多种经营，充分发挥该渠道优势。

WO战略为转移战略，要利用外部机会，弥补内部劣势。面对某种市场机会，企业可能并不具有相应的竞争优势，但是，如果机会吸引力足够大，企业也可能依然要去把握。只要准备充分，改进策略得当，也可能取得成功。例如，某汽车服务型企业面对汽车产品和服务高速增长的市场（外部机会），却缺乏核心技术（内部劣势）的状况，可采取WO战略，采用高技术水平人才聘用、专利购买、高技术型企业并购等策略。

WT战略为收缩防御战略,要减少内部劣势,规避外部威胁。企业高度重视在业务发展中可能出现的各种风险,并注意到在面对风险时存在的不足之处,从而能使企业做好充足的应对准备,当风险出现时,能从容面对。如某企业针对企业产品质量差(内部劣势)、供应渠道不稳定(外部威胁)的经营状况,可采取WT战略,强化内部管理,提高产品质量,稳定供应渠道,必要时采取后向一体化策略。

第三步,制订行动计划。在完成环境因素分析和SWOT矩阵构造后,对各战略进行甄别和选择,便可以制订出相应的行动计划,确定企业目前应该采取的具体策略。制订计划的基本思路就是发挥优势因素,克服弱点因素,利用机会因素,化解威胁因素。考虑过去,立足当前,着眼未来。SWOT分析法制订行动计划思路如图3-3所示。

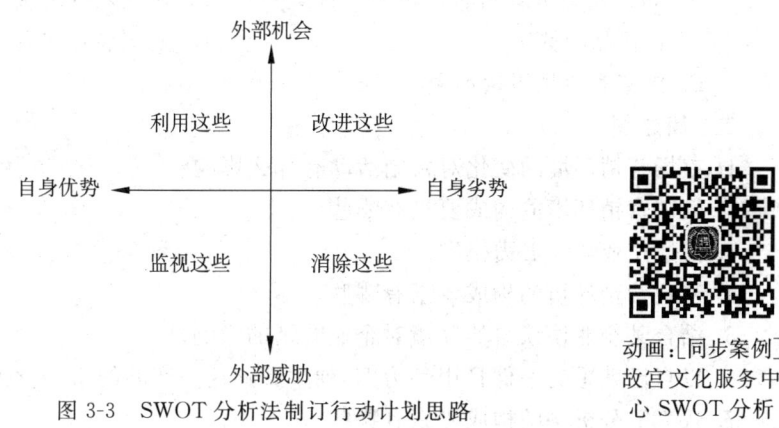

图 3-3　SWOT分析法制订行动计划思路

动画:[同步案例]
故宫文化服务中心 SWOT 分析

学习活动:利用SWOT分析模型对当下自己就业或再就业面临的机会、威胁、优势、劣势做一个分析,制定出相应的战略,形成书面文字。

▲▼ 同步训练 ▲▼

📋 自我检测

一、选择题

1. 银行、保险公司、证券交易所等属于企业的( )。
   A. 政府公众　　　B. 金融公众　　　C. 媒介公众　　　D. 社会公众
2. 向企业及竞争者提供生产经营所需资源的企业或个人,被称为( )。
   A. 供应商　　　　B. 广告商　　　　C. 中间商　　　　D. 经销商
3. 影响消费需求变化的最活跃的因素是( )。
   A. 个人可支配收入　　　　　　　　B. 个人可任意支配收入
   C. 个人收入　　　　　　　　　　　D. 人均国内生产总值
4. 根据恩格尔系数,随着家庭收入的增加,用于食物支出的比例会( )。
   A. 上升　　　　　B. 下降　　　　　C. 波动　　　　　D. 保持不变
5. 现在有越来越多的消费者通过互联网来订购车票、船票、机票和购买产品,这要求企业在制定市场营销组合战略时还应当着重考虑( )。
  A. 人口环境 B. 技术环境 C. 经济环境 D. 社会文化环境

6. ( )主要指一个国家或地区的民族特征、价值观念、生活方式、风俗习惯、宗教信仰、伦理道德、教育水平、语言文字等的总和。
  A. 社会文化 B. 政治法律 C. 科学技术 D. 自然资源

7. 企业微观营销环境因素包括( )。
  A. 经济环境   B. 供应商
  C. 竞争者   D. 社会文化环境
  E. 营销中介

8. 五种竞争力分析模型包括( )。
  A. 同行业竞争者间的竞争 B. 新进入者的威胁
  C. 替代品的威胁   D. 购买者讨价还价的能力
  E. 供应商商品质量水平

二、简述题

1. 市场营销环境的变化对营销活动有什么影响?
2. 微观营销环境的构成要素有哪些?
3. 简述产业竞争五力模型。
4. 宏观营销环境的构成要素有哪些?
5. 结合某企业谈谈自然环境对企业营销的影响。
6. 以自己熟悉的一件日用品为例,列举影响这一产品的市场营销宏观环境因素。
7. SWOT 分析法的构成要素有哪些?

案例分析

雀巢咖啡在中国的 SWOT 分析

1. 优势

(1) 有优质、稳定的原材料供应。目前,中国咖啡产地主要集中在云南普洱,而当地能发展咖啡种植业,则依赖于雀巢的技术援助。雀巢在当地有关部门和农民中取得了一致信任,咖啡豆的收购质量、数量得到充分保证,从而保证了雀巢咖啡原料供应的高品质、供应时间的及时性以及数量的充足性。目前,雀巢所采购的咖啡豆全部通过 4C 认证,为普洱咖啡长期可持续发展奠定了基础。

(2) 具有品牌优势。雀巢咖啡最先进入中国市场,给消费者一个先入为主的印象,良好的第一印象根深蒂固,因此雀巢的品牌号召力、品牌偏好性较强。

(3) 消费群体稳定。雀巢咖啡在大学生群体中的认可度极高。数据显示,2017 年,速溶咖啡占据整个中国咖啡市场的 95.2%。其中依然是雀巢一家独大——雀巢在速溶咖啡领域的市场份额占比达 72.3%,而麦斯威尔仅为 3.1%。

(4) 有很强的研发能力。雀巢在中国设立了两家研发中心,拥有针对中国客户的研发队伍。在口感方面,两个研发中心每年投入数百万元的资金用于对消费者进行研究。雀巢咖啡在中国市场上销售的产品都经过消费者口味喜好测试。

(5) 产品生产及销售具有优势。雀巢在中国直接投资额已超过 80 亿元人民币,运营

33家现代化工厂,在中国销售的产品中有90%在国内生产制造,为50000名本地员工提供了富有竞争力的工作机会。雀巢公司用最快的速度拥有了一整套研发、生产、销售产品的战略方针。每个新产品需要经过两年的时间酝酿开发,但是从生产到销售只要两个月就可以将新产品投放于商店货架上,实施速度很快。

2. 劣势

(1) 危机公关策略失误。雀巢在危机事件管理方面屡受打击,曾一度被消费者查出产品质量问题,并予以曝光,但雀巢公司出面解决问题的速度缓慢,造成很大程度的负面后果。

(2) 受中国传统文化环境的制约。消费者固有的思维模式认为咖啡是提神醒脑的饮品,因此多数人群在晚上饮用,而较少有人养成早上喝咖啡的习惯。

3. 机会

(1) 市场潜力巨大。咖啡在中国市场的潜能很大,目前咖啡年人均消费量仅为3杯,而同样习惯饮茶的日本却达到300多杯。

(2) 咖啡类产品在中国正处于成长期。随着咖啡文化在中国的普及,咖啡消费也呈现了快速增长的态势。中国咖啡市场近十年年复合增长率为15%,远超全球咖啡平均消耗量2%的年复合增长率。

4. 威胁

(1) 原材料竞争加剧。云南是中国本土咖啡种植少有的集中地之一,主要由国有农场、县咖啡厂和散户农民进行。雀巢在云南的原料供应商90%是散户农民。目前,全球前几大咖啡巨头都已在云南设立种植基地或大规模采购,生产麦斯威尔咖啡的卡夫食品是云南咖啡的采购大户之一,星巴克在中国的首个咖啡豆采购地点也锁定云南。

(2) 不断有新咖啡品牌进入市场,咖啡品种及替代品的增加使整个行业的竞争越来越激烈。新兴业态的互联网咖啡正在以较快速度蚕食传统咖啡品牌占据的国内市场。2017年年底,瑞幸咖啡携10亿资本强势入局后,仅半年时间,其门店数量就超过了600家,并计划年内要建2000家门店。2018年9月6日,瑞幸咖啡与腾讯在深圳达成战略合作,布局"智慧零售领域"。此外,获得亿元融资的连咖啡、友饮咖啡等品牌也在局部扩张,试图从互联网或更多业态上突破。

资料来源:林小兰. 市场营销基础与实务[M]. 3版. 北京:电子工业出版社,2020:65.

思考与分析:

根据雀巢咖啡的SWOT分析,为雀巢咖啡在中国未来的发展策略提出建议。

德技并修

旅游行业乱象频生

改革开放40多年来,随着我国经济持续快速发展和居民收入水平较快提高,我国旅游人数和旅游收入持续快速增长,旅游产业已经成国民经济的重要产业,成为增长最快的居民消费领域之一。据我国文化和旅游部数据中心测算,2018年"五一"假日全国共接待国内游客1.47亿人次,同比增长9.3%,实现国内旅游收入871.6亿元,同比增长10.2%。中国成为世界最大的国内旅游市场、世界第一大国际旅游消费国,世界第四大旅游目的地国家。然而,一方面是旅游市场的全面繁荣,而另一方面则是个别地方游客"被宰"新闻的不时曝光,"天价大虾""不合理低价游"等问题偶有发生,甚至一些平台也设"陷阱",让人防不胜防。例如,某"海洋王国"开馆票价为 25 元/人,到了现场却发现只有几只小鱼缸,与宣传海报完全不符;某庄园内举办"牡丹艺术花海节"门票 60 元,但园内大部分却都是塑料花,这不仅扰乱了旅游市场秩序,还侵害了游客的权益。

问题:
1. 本案例中存在哪些道德伦理问题?
2. 从营销环境与道德研判的角度对上述问题做出评价。

团队实战

1. 训练目标:能够运用 SWOT 分析法进行市场营销环境分析。
2. 训练要求:构建新能源汽车的 SWOT 矩阵。

中国汽车工业协会数据显示,2021 年中国新能源汽车销量呈现出高增速,达到了 325.1 万辆,位居全球第一,我国已连续 7 年取得这一成就。2022 年 1 月,中国新能源汽车产销分别完成 45.2 万辆和 43.1 万辆,同比分别增长 1.3 倍和 1.4 倍。目前,中国已经成为全球最大的新能源汽车市场,新能源汽车成为中国经济高质量发展的新引擎。回顾中国汽车工业发展史,我国成功实现了从进口、合资、仿造到如今可以为海外市场定制"全球车型",中国车企正在成为新能源汽车行业的标准制定者和有力竞争者。

中国新能源汽车能够实现"弯道超车"的原因主要在于:①国家提前布局,采取政府与市场的双轮驱动,加快推进新能源汽车的市场化之路;②充分发挥后发优势,在锂电池技术上取得了突破,是国内自主品牌获得成功的关键;③电动汽车价格下降,外观得到改善,充电桩、零部件等配套设施的完善,提高了中国新能源汽车厂商的竞争力;④用电成本远低于燃油,噪声和汽车加速的平稳性也具有优势等。

(1) 各团队广泛收集相关资料。
(2) 分析并构建中国新能源汽车企业的 SWOT 矩阵。
(3) 根据 SWOT 分析为中国新能源汽车企业未来的发展策略提出建议。

项目 4

市场行为分析

学习目标

知识目标

1. 了解消费者市场和组织市场的含义；
2. 明确消费者市场和组织市场的特点和区别；
3. 熟悉消费者市场的购买对象；
4. 掌握消费者和组织市场的购买行为过程；
5. 理解影响消费者和组织市场购买行为的因素。

能力目标

1. 能够根据消费者市场和组织市场的特点设计相应的营销策略；
2. 能够根据案例对消费者市场和组织市场的购买行为进行分析；
3. 能够根据消费者行为制定针对性的营销策略；
4. 提升团队协作、沟通表达、思考分析、善恶研判、信息处理的能力。

素养目标

1. 树立科学的消费观，培养理性消费、可持续消费的正确理念；
2. 坚定文化自信，明确并传承中华优秀传统商业文化讲仁爱、重民本、守诚信、崇正义的思想精髓；
3. 树立正确的现代市场营销理念，提高市场洞察敏锐度，增进对数字中国、科技强国、网络强国、质量强国的认知；
4. 践行社会主义核心价值观，培养开拓创新、砥砺奋进的商企精神，提高社会责任感。

思维导图

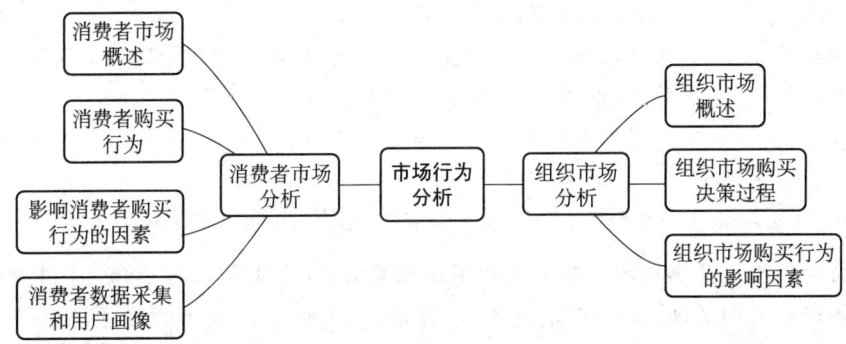

▶▶ **引入案例　数字赋能"新国货"** ◀◀

近年来，新国货品牌纷纷借助大数据洞察消费者新需求，不断提升产品与服务质量，并且依托电商平台完成内核转变，赢得了广大年轻消费者的青睐，实现了爆发式的增长。新国货的市场地位和品牌价值不断提升，折射出包括经济、文化、科技在内的中国力量的全面崛起。

1. 精准匹配客户

（1）注重场景沉浸式购物体验。在市场消费主力中，"80后"比较注重质量和价格，"90后"注重产品实用性，而"00后"呈现出更加个性化、包容化、自主化的消费需求新特点。企业通过网络直播等更具互动性的营销模式来吸引"新世代"的消费者，让消费者在场景式购物中获得更佳体验。

（2）精准匹配客户个性化需求。作为市场消费主力的"00后"，具有坚定的文化自信和强烈的民族自豪感，高度认可本土品牌，消费新国货成为一种时尚潮流。在此时代背景下，企业跨界营销、交叉销售广泛应用，体现出新国货对年轻消费群体个性化需求的精准营销。

（3）传统产品不断创新升级。国货品牌大量涌现，推动传统产品创新升级，创造了不少成功案例。例如，单在"古风"这个需求领域，便可进一步细分为汉服圈、古文圈、古典音乐圈等。

2. 创新营销模式

（1）打造数实共生的购物场景。越来越多的新国货在淘宝、抖音、快手等数字平台上直播，引发消费者关注，有效抢占市场制高点。智能设备的广泛应用带来购物场景的碎片化，地铁、办公楼、电梯、停车场甚至路边的广告牌，都为实体场景数字化提供了丰富的切入点，形成新的消费和购买刺激。

（2）建设线上线下相结合的渠道体系。有很多新国货品牌兴起于线上，之后在线下开店，并引入粉丝经营模式，使其线下门店成为传统门店、电商和社群的结合体。同时布局商业智能，以此为基础来提升品牌价值，把握新的发展机遇。

（3）注重大数据营销技术的应用。以企业促销实践为例，大数据技术可以让企业了解目标受众身处何方，关注什么位置的什么屏幕等详细信息，可以做到不同客户关注同一媒体的相同界面时，广告内容有所不同，做到"千人千面"。

3. 注重品牌建设与企业社会责任

在品牌建设过程中，越来越多的新国货企业创新经营理念，兼顾道德、伦理和社会责任，扩展用户群体，增加用户黏性，增强品牌吸引力，拓展更大的空间。

由此可见，新国货品牌要在数字营销时代崛起，就必须进行数字化的市场洞察，利用数字技术创新赋能来满足市场新需求。

资料来源：王鑫，饶君华. 市场营销基础[M]. 北京：高等教育出版社，2023：39.

市场行为分析包括消费者市场分析和组织市场分析，深刻认识各类市场的特点，能促使企业有效地进行营销活动。而在"互联网＋"背景下，大数据技术让消费者乃至各种组织的市场行为分析愈加便利。

4.1 消费者市场分析

4.1.1 消费者市场概述

1. 消费者市场的概念

消费者市场又称最终消费者市场、消费品市场或生活资料市场,指个人和家庭为了生活需要而购买产品和服务的市场。所有类型的企业,包括生产制造企业、商业、服务业都必须研究消费者市场,因为只有消费者市场才是产品的最终归宿。从这个意义上讲,消费者市场是一切市场的基础,是最终起决定作用的市场。

微课:消费者
市场概述

2. 消费者市场的特点

(1)需求的无限扩展性。人类社会的生产力和科学技术总是在不断进步,消费者收入水平也在不断提高,对商品和劳务的需求也将不断向前发展。例如,随着生活节奏的加快,人们过去完全由自己承担的家务现在已经有专门的家政服务公司去做。同时,消费需求也呈现出由少到多、由粗到精、由低级到高级的发展趋势。一种需求满足了,又会产生新的需求,这就要求营销者要不断开发新产品、开拓新市场。

(2)需求的差异性。消费者受到多种因素的影响,例如,年龄、性别、生活习惯、职业、收入、受教育程度、市场环境、民族、宗教信仰等,会具有不同的消费需求和消费行为,因此,消费者的需求存在着明显的差异性,他们所购商品在品种、规格、质量、花色和价格等方面也就千差万别。例如,不同消费者对智能手机的需求不同,有的需要拍照功能强大,有的需要运行更流畅,还有的需要屏幕够大便于阅读和观看。

(3)需求的可诱导性。消费者的购买行为具有很大程度的可诱导性。这是因为消费者在决定采取购买行为时,一是具有自发性、冲动性的特点;二是消费者的购买行为属于非专业性购买,他们对产品的选择受到广告、宣传的影响较大。因此,生产和经营部门应注意做好商品的宣传广告,指导消费。

(4)需求的弹性。需求的弹性一般指需求的价格弹性,即价格变动对需求量的影响程度。消费品市场的需求量受价格变动影响较大。需求的价格弹性公式为

$$E_d = \frac{\Delta Q/Q}{\Delta P/P}$$

式中,E_d 为需求价格弹性系数;P 为价格;ΔP 为价格的变动;Q 为需求量;ΔQ 为需求量的变动。

当 $E_d>1$ 时,弹性大;当 $E_d<1$ 时,弹性小。

由于不同产品的需求价格弹性不同,因此,企业在定价时对弹性大的产品可用降价来刺激需求、扩大销售,如空调、冰箱等产品。例如,美的空调通过3%的降价和延长保修期后,在同类厂家中突显其价格优势和品牌优势,从而使其销量在当年7月猛增41.23%。对弹性小的产品,如某些名、优、特、新产品,当市场需求强劲时,则可适当提价以增加收益。

(5)需求的连带性和替代性。不少消费品的需求是具有连带性的,即购买某种商品时,需附带购买一系列其他相关产品。例如,购买一台计算机,就需要有相应的软件、硬件设备。企业对具有密切联系的相关商品进行科学、合理的配套,不仅会给消费者提供方便,而且可

同时扩大相关商品的销售额。

当然，也有不少消费品的购买是具有替代性的，即商品间的功能相似，可以互相代替。如洗手液对香皂的代替、咖啡对茶的代替等。替代性往往会导致某种商品销量上升，而引起被替代商品销售量的相应减少。因此，企业需要及时掌握商品的更新换代趋势，及时调整所生产的产品品种，以满足消费者的需求。

（6）需求的季节性。消费需求的季节性是指消费者的需求因季节不同而不同。需求的季节性分为三种情况：一是季节性气候变化引起的季节性消费，如冬天穿棉衣，夏天穿单衣。二是季节性生产引起的季节性消费，如春夏季是蔬菜集中生产的季节，也是蔬菜集中消费的季节。三是风俗习惯和传统节日引起的季节性消费，如端午节吃粽子、中秋节吃月饼等。

3. 消费者市场的购买对象

按照一定的标准进行分类，消费者的购买对象可以分为不同的类型。

（1）按照消费者的购买习惯划分，购买对象一般可以分为便利品、选购品、特殊品和非寻觅品四类。

文本：[营销资料]
中国十大
消费趋势

① 便利品。便利品又称日用品，就是消费者日常生活所需且要重复购买的商品，如食品、饮料、洗发水等。消费者一般不愿花很多的时间去比较价格和质量，愿意接受其他任何代用品。因此，企业应注意分销的广泛性和经销网点的合理分布，以便于消费者及时就近购买。

② 选购品。选购品是指价格比便利品要贵，消费者购买时愿意花较多时间进行"货比三家"后才决定购买的商品，如服装、家电等。消费者在购买前，对这类商品了解不多，因而要对同一类型的产品从价格、款式、质量等方面进行比较。企业应将销售网点设在商业区，并将同类产品销售点相对集中，以便于消费者比较和选择。

③ 特殊品。特殊品是指消费者对其有特殊偏好并愿意花较多时间去购买的商品，如手表、化妆品等。消费者在购买前对这些商品有一定的认识，往往偏爱特定的厂牌和商标，不愿接受代用品。因此，企业要争创名牌产品，以赢得消费者的青睐，加强广告宣传，扩大本企业产品知名度，并要切实做好售后服务和维修工作。

④ 非寻觅品。非寻觅品是指消费者不知道的，或虽然知道但一般情况下不想购买的物品。如上市不久的新产品、百科全书、保险等。一般其营销需要在广告和人员推销方面花费较大力气。

（2）按照商品的有形性、耐用程度和使用频率划分，购买对象可分为耐用品、非耐用品和劳务三类。

① 耐用品。耐用品是指能多次使用、寿命较长的商品，如电视机、电冰箱、计算机等。消费者购买这类商品时，决策较为慎重。企业要注重技术创新，提高产品质量，同时做好售后服务，满足消费者的购后需求。

② 非耐用品。非耐用品是指使用次数较少、消费者需经常购买的商品，如食品、洗护用品、文化娱乐品等。企业除保证质量外，要特别注意销售网点的设立，以便于消费者购买。

③ 劳务。劳务是指提供出售的活动、利益或享受，如理发、美容、修理、文艺演出、娱乐活动等服务行业的产品。劳务是无形的非耐用品，其就地销售和就地消费的特点决定了企业要特别注重劳务的质量管理和信誉保证。

4.1.2 消费者购买行为

1. 消费者购买决策过程的参与者

消费者购买决策过程的参与者有以下五种。

微课：消费者
购买行为

(1) 发起者，即首先提出或有意向购买某一产品或服务的人。

(2) 影响者，即其看法或建议对最终决策具有一定影响的人。

(3) 决策者，即对是否购买、为何购买、如何购买、何地购买等购买决策做出完全或部分最后决定的人。

(4) 购买者，即实际购买的人。

(5) 使用者，即实际消费或使用产品或服务的人。

消费者以个人为单位购买时，可能同时担任五种角色；以家庭为单位购买时，五种角色往往由家庭不同成员分别担任。在上述五种购买角色中，营销人员最关心的是决策者是谁。辨别购买决策者，有助于将营销活动有效地指向目标顾客，制定正确的促销战略。另外，辨别谁是实际购买者也很重要，因为他往往有权更改部分购买决策，如买什么品牌、买多少、何时与何地购买等，企业应据此开展商品陈列和广告宣传活动。

2. 消费者购买行为类型

在购买不同商品时，消费者决策过程的复杂程度有很大区别。一些商品的购买过程很简单，另一些则比较复杂，需要深入研究的是比较复杂的购买决策过程。因此，在了解购买决策过程的步骤之前，需要对购买行为进行分类。

消费者购买行为的划分，主要依据以下两个标准。

① 购买者介入购买的程度：消费者购买的谨慎程度以及在购买过程中花费的时间和精力的多少，参与购买过程的人数多少。② 所购商品不同品牌之间的差异程度：品牌差别小的商品大多是同质或相似的商品，而品牌差别大的商品大多是在花色、品种、式样、型号等方面差异较大的异质商品。这样，可以将消费者购买行为分为四种类型(表 4-1)。

表 4-1 消费者购买行为类型

品牌差异程度	购买者介入购买的程度	
	高度介入	低度介入
品牌差异大	复杂型购买行为	多变型购买行为
品牌差异小	协调型购买行为	习惯型购买行为

(1) 复杂型购买行为。复杂型购买行为多发生在消费者初次购买单价高、品牌差别大的耐用消费品的场合。这些商品具有花钱多、偶尔购买、风险大的特点。由于多数消费者不太了解这些商品的品种、规格、性能等技术细节，因此购买时需要经历一个认识学习的过程——广泛收集信息，了解产品的性能和特点，对产品产生某种看法，最后决定购买。当然，这样复杂的行为经常因某些原因而简化，如工作繁忙、购买便利或产品即将脱销。而且，消费者第二次购买这类商品的行为远不如初次购买那么复杂，他们经过初次购买和使用，已对商品有了比较深入的了解，需要进一步寻找的信息是专门的和有限的，这种购买行为已转化为有限地解决问题。

(2) 协调型购买行为。服装、首饰、家具和某些小家电的购买就属于协调型购买行为，这类产品价值高、不常购买,消费者看不出或不认为品牌之间有差别。由于品牌差别不明显,消费者一般不必花很多时间收集不同品牌商品的信息并进行评价,而主要关心价格是否优惠和购买时间与地点是否便利,因此,从引起需要和动机到决定购买所用的时间是比较短的。但是,消费者购买后最容易出现因发现产品缺陷或其他品牌更优而心理不平衡的现象。为追求心理平衡,消费者这时才注意寻找有关已购品牌的有利信息,争取他人支持,设法重新树立信心,以证明自己的购买选择是正确的。鉴于这种心理特点,企业一方面要通过调整价格、选择适当的售货地点和精通业务的售货员,影响消费者的品牌选择;另一方面还应以各种方式与购买者取得联系,及时提供信息,使他们对自己的购买选择感到满意。

（3）习惯型购买行为。这种购买行为常发生在价格低廉、消费者经常购买、品牌差异小的产品购买场合。此时,消费者并未深入了解信息和评估品牌,没有经过信念—态度—行为的过程,只是习惯于购买自己熟悉的品牌,在购买后可能评价也可能不评价产品。这类产品的市场营销者可以用价格优惠、重复的电视广告、独特包装、销售促进等方式引导顾客试用、购买和续购其产品,也可通过增加购买的参与程度和品牌差异来吸引消费者。

（4）多变型购买行为。消费者对很多日用消费品的购买（如牙膏、洗衣液）就属于多变型购买行为。此时,消费者购买产生很大的随意性,并不深入收集信息和评估比较就决定购买某一品牌,在消费时才加以评估,但在下次购买时又转换其他品牌。转换的原因是厌倦原味或想尝试新口味,是寻求产品的多样性而不一定有不满意之处。这类产品的市场营销者或是通过占有货架、避免脱销和提醒购买的广告来鼓励消费者形成习惯购买,或是以较低的价格、折扣、赠券、免费赠送样品和强调试用新产品的广告来鼓励消费者改变原来的习惯型购买行为。

学习活动：分析下列产品的购买行为各属于哪种类型,并解释原因：①购买一辆奔驰汽车；②购买一支签字笔；③去轮胎经销商那里买轮胎；④课间休息时从小超市买一瓶矿泉水。

3. 消费者购买决策过程

每一名消费者在购买某一商品时均会有一个决策过程,只是因所购产品类型、购买者类型的不同而使购买决策过程有所区别,但典型的购买决策过程一般包括以下几个方面。

（1）引起需要。引起需要是消费者购买决策过程的起点。当消费者在现实生活中意识到实际情况与其要求之间有一定差距,并产生要解决这一问题的要求时,购买过程便开始了。消费者这种需要的产生,既可以是内部刺激所引发的,如因饥饿而购买食品、因口渴而购买饮料；又可以是由外部刺激所诱生的,如因为看到产品广告而产生购买行为。当然,有时候消费者的某种需求可能是内、外原因同时作用的结果。

在这一阶段,企业必须研究消费者的驱使力,使自己的产品适应驱使力的需要。同时企业应当开展广告宣传活动,加深消费者对企业产品的印象。这样,可以通过合理、巧妙、恰当的诱因,在适当的时间、地点,以适当的方式唤起需要。

（2）收集信息。当消费者产生了购买动机之后,便会开始进行与购买动机相关联的活动。如果所欲购买的物品就在附近,就会实施购买活动,从而满足需要。但是,当所需购买的物品不易购到,或需求不能马上得到满足时,他就要收集情报资料,寻找商品信息,进行比较选择。消费者信息的来源主要有四个方面。

①个人来源,包括从家庭、亲友、邻居、同事等个人交往中获得信息。

② 市场来源，包括广告、推销人员的介绍、经销商、商品包装、产品说明书等提供的信息。市场来源是消费者获取信息的主要来源，这一信息源是企业可以控制的。

③ 社会来源，包括消费者从电视、广播、报刊等大众传播媒体所获得的信息及消费者评估组织等宣传、介绍的各种信息资料。

④ 经验来源，指消费者从自己亲自接触、使用商品的过程中得到的信息。在这个阶段，消费者的主要目标是寻找信息资料。因此，企业一方面应该告知消费者"我有你要的产品"，并针对购买者特征寻找信息渠道，做好商品的广告宣传；另一方面应当做好商品陈列，主动介绍商品，注重商品包装，把消费者的注意力吸引到所需商品上来，促使购买行为发生。

（3）判断选择。当消费者从不同的渠道获得有关信息后，就会对需要的商品进行分析和比较，包括商品的质量、性能、品牌、价格等方面，并对各个方面做出评价，最后决定是否购买。这个阶段是消费者决定购买的前奏，对买卖双方交易能否成功具有决定意义。因此，企业在这一阶段应当尽力为消费者提供方便条件，帮助消费者了解商品的性质、特点、价格、产地、保养和使用方法，销售人员应当热情介绍商品，当好顾客的参谋，帮助他们做出购买决定。

（4）购买决策。只让消费者对某一品牌产生好感和购买意向是不够的，真正将购买意向转为购买行动，其间还会受到两个方面的影响。

一是他人的态度。消费者的购买意图会因他人的态度而增强或减弱。他人态度对消费意图影响力的强度取决于他人态度的强弱及他人与消费者的关系。一般来说，他人的态度越强、与消费者的关系越密切，其影响就越大。

二是意外的情况。消费者购买意向的形成，总是与预期收入、预期价格和期望从产品中得到的好处等因素密切相关。如果计划购买时发生了意外情况，如涨价，那么，购买意向可能会终止。

（5）购后感受。消费者购买商品以后，通过使用，对自己的购买选择进行检查和反省，看其是否满足了自己预期的需要。消费者的购后感受通常会有三种：满意、基本满意、不满意。消费者的购后感受将直接影响消费者做出是否继续或重复购买的决策。因此，企业在这一阶段除了完善自己的产品、提高产品质量和性能外，还要加强售后服务，努力培养企业的忠诚顾客群。事实上，那些有保留地宣传其产品优点的企业，反倒使消费者产生了高于期望的满意感，并树立起良好的产品形象和企业形象。

研究和了解消费者的需要及其购买过程，是市场营销成功的基础。市场营销人员通过了解购买者如何经历引起需要、寻找信息、判断选择、决定购买和购买后评价的全过程，就可以获得许多有助于满足消费者需要的有用线索，通过了解购买过程的各种参与者及其对购买行为的影响，就可以为其目标市场设计有效的市场营销计划。

学习活动：结合自己最近一次的购买经历，思考并分析作为消费者的购买行为类型和购买决策过程。

4.1.3　影响消费者购买行为的因素

消费者的购买行为取决于他们的需要和欲望，而人们的需要与欲望以至消费习惯和行为，是在许多因素的影响下形成的。多数情况下，营销人员不能控制这些因素，但却必须考虑这些因素。

微课：影响消费者购买行为的因素（一）

1. 心理因素

（1）动机。动机是由需要产生的。然而，动机是一种升华到足够强度的需要，它能够及时引导人们去探求满足需要的目标。由于消费者需要可以分为生理需要和心理需要两大类，因而购买动机也可分为生理性动机和心理性动机。

微课：影响消费者购买行为的因素（二）

① 生理性动机。消费者由生理本能引起，旨在购买满足其生理需要的商品而形成的动机，称为生理性动机。由生理性因素引起的购买动机，是消费者本能的、最能促成购买的内在驱动力，其购买的商品也是生活必需品，需求弹性比较小。通常来说，生理性动机比较明显与稳定，具有普遍性与主导性。在现代市场上，生理性动机虽然是引起购买行为的重要因素，但也往往混合着其他非生理性动机，如对食品的色、香、味、形、营养的要求，就体现了消费者的表现欲、享受欲和审美欲等。

② 心理性动机。消费者由于认识、情感和意志活动过程而引起的行为动机，称为心理性动机。心理性动机比生理性动机更为复杂。当社会经济发展到一定水平时，心理性动机通常在消费者行为中占重要地位。心理性动机一般又可分为感情动机（如求新、求美、求荣）、理智动机（如求实、求廉、求安全）和惠顾动机三种。

 营销资料

动机形成理论——马斯洛"需要层次论"

美国心理学家马斯洛的动机形成理论称为"需要层次论"。马斯洛将人类的需要分为由低到高五个层次，即生理需要、安全需要、社交需要、尊重需要和自我实现需要。其中，生理需要和安全需要属于生理的、物质的需要，社交需要、尊重需要和自我实现需要属于心理的、精神的需要，如图4-1所示。

（1）生理需要。这是维持个体生存和人类繁衍而产生的需要。例如，天冷了，需要增加衣物以御寒保暖；饥饿时，需要进食以补充体能；疲劳困乏时，需要休息以蓄养精神。

（2）安全需要。即在生理及心理方面免受伤害，获得保护、照顾和安全感的需要。

（3）社交需要。即希望给予或接受友谊、关怀和爱护，得到某些群体的承认、接纳和重视的需要。

（4）尊重需要。即希望获得荣誉，受到尊重和尊敬，博得好评，得到一定社会地位的需要。

（5）自我实现需要。即希望充分发挥自己的潜能，实现理想和抱负的需要。自我实现是人类最高级的需要，它涉及求知、审美、创造、成就等内容。

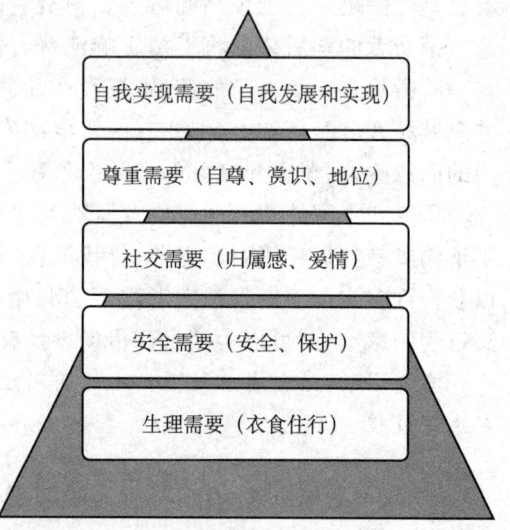

图4-1 马斯洛需要层次论

马斯洛认为,一个人同时存在多种需要,但在某一特定时期,每种需要的重要性并不相同,人们首先追求满足最重要的需要,它是一种推动人们行为的动力。当最重要的需要被满足后,人们就会转而注意另一个相对重要的需要。一般而言,人类的需要由低层次向高层次发展,低层次需要满足以后,才会追求高层次需要的满足。作为营销人员,要清楚地了解消费者目前最迫切的需要是什么,进而去满足他。

资料来源:毕思勇. 市场营销[M]. 5版. 北京:高等教育出版社,2020:108.

(2)认识。消费者经过一定的心理过程形成购买动机之后,便确定了购买行为的基本方向,并准备采取购买行动。但是,消费者是否采取行动以及怎样采取行动,还会受到认识过程的影响。

感觉、知觉、表象、思维等都是人脑对客观事物的认识活动,统称为认识过程。认识由感觉开始,外部的客观事物刺激人们的感官后,就使人们感觉到它的个别属性,这就是感觉。随着感觉的深入,各种感觉到的信息在大脑中被联系起来并进行初步的分析综合,人们形成了对刺激物表面现象和外部联系的综合反应,这是知觉。在感知的基础上对外部客观事物形成的感性形象为表象。表象是从直接感知到抽象思维的一个中间环节。在感性认识的基础上,人们经过分析、综合、抽象形成概念,进而通过比较、判断和推理获得对客观事物理性认识的过程就是思维。在一般情况下,消费者总是在对购买动机指向的产品产生一定认识之后才做出购买决定,采取购买行动。

(3)学习。消费者在购买和使用商品的实践中,逐步积累经验,并根据经验调整购买行为的过程,称为学习。学习可以引起个体行为的改变。人类的行为有些是本能的,但大多数行为是从后天经验中得来的。在后天经验理论中,应用比较普遍的是刺激—反应模式。这种理论认为,人的学习过程包含五种连续作用的因素,如图4-2所示。

"驱策力"是一种内在的心理推动力。例如,一位同学有提高学习效率的驱策力,当这种驱策力被引向一种"刺激物"——笔记本电脑时,就形成一种动机。在这种动机的支配下,这位同学将做出是否购买笔记本电脑的

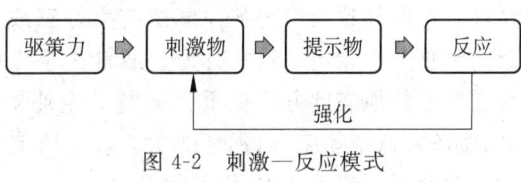

图4-2 刺激—反应模式

"反应"。但是,他的这种反应是在何时何处以及怎样做出的,往往要取决于一些"提示物",如其他同学的笔记本电脑或笔记本电脑广告等。当他购买了某一品牌的笔记本电脑后,如果使用时感到满意,就会经常使用并"强化"对它的反应,可能会向朋友推荐或购买同一品牌的其他产品;反之,如果他使用时感到失望,以后就不会再做出相同的反应。这就是消费者的学习过程。

由于市场营销环境不断变化,新产品、新品牌不断涌现,消费者必须经过多方收集有关信息之后才能做出购买决策,这本身就是一个学习过程。企业为了扩大某种商品的需求,可以反复提供诱发消费者购买该商品的提示物,尽量使消费者购买后感到满意,从而强化积极的反应。

 思政园地

科学消费观

科学消费观与科学发展观、建设资源节约型和环境友好型社会以及社会主义和谐社会

具有内在的统一性。

① 理性消费。人们的消费行为始终受到消费心理的影响,如从众心理、攀比心理等会引起不理性消费。要坚持从个人实际需要出发,理性消费,注意避免盲目从众和情绪化消费。

② 用之有度。坚持适度消费,做到消费支出与自己的收入相适应;在自己经济能力范围之内,提倡积极、合理的消费,发挥消费对生产的带动作用。

③ 绿色消费。从自身做起,保持人与自然的和谐发展,进行绿色消费,即节约资源,减少污染;绿色生活,环保选购;重复使用,多次利用;做一名绿色消费者。

④ 勤俭节约、艰苦奋斗。物尽其用,不铺张浪费,循环消费、可持续消费。

资料来源:毕思勇.市场营销[M].5版.北京:高等教育出版社,2020:111.

(4) 信念与态度。信念与态度作为个性心理倾向对人的行为具有很大的影响。通过不断地实践和学习,人们形成了自己的信念与态度,而信念与态度又反过来影响人们的购买行为。

① 信念。信念是指人们对某种事物所持有的描述性思想,它对人们的行为具有总体导向和很强的驱动与支持作用。消费者对商品的信念可以建立在不同的基础上,有的建立在科学的基础上,有的建立在某种见解的基础上,有的建立在偏见的基础上。不同的信念可以导致不同的态度、不同的倾向。生产者应关注人们头脑中对其产品或服务所持有的信念,即本企业产品和品牌的形象。人们根据自己的信念做出行动,如果一些信念是错误的,并妨碍了购买行为,生产者就要运用促销活动去纠正这些错误信念。

② 态度。态度是指一个人对某些事物或观念长期持有的好与不好的认识上的评价、情感上的感受和行动倾向。人们几乎对所有事物都持有态度,例如,宗教、政治、衣着、音乐、食物等。态度导致人们对某一事物产生好感或恶感,亲近或疏远的心情。态度能使人们对相似的事物产生相当一致的行为。通常一个人的态度呈现为稳定一致的模式,改变一种态度就需要在其他态度方面做重大调整。企业要尽可能生产和提供符合消费者既有态度的产品、服务和营销策略,而不是试图去改变既有的态度。但是,如果改变一种态度带来的益处大于为此所耗费的成本,则值得尝试。

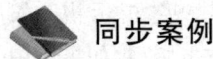

同步案例

百事可乐口味测试与消费者行为

20 世纪 70 年代中期以前,可口可乐公司一直是美国饮料市场上无可争议的领导者。然而,1976—1979 年,可口可乐在市场上的增长速度从每年递增 13% 猛跌至 2%。与此形成鲜明对比的是,百事可乐来势汹汹,异常红火。它先是推出了"百事新一代"系列广告,将促销直指年轻人这一消费群体。在第一轮广告攻势大获成功后,又展开了号称"百事挑战"的第二轮广告攻势。在这轮广告中,百事可乐公司大胆地对顾客口感试验进行了现场直播,即在不告知参与者是在拍广告的情况下,请他们品尝各种没有品牌标志的饮料,然后说出哪种口感最好。百事可乐公司的这次冒险成功了,几乎每一次试验后,品尝者都认为百事可乐更好喝。"百事挑战"系列广告使百事可乐在美国饮料市场所占的份额从 6% 升至 14%。但是,测试者在知晓品牌的前提下,选择可口可乐的人要多于选择百事可乐的人。百事可乐口味测试的例子说明了信念和态度的变化对消费者行为及市场营销的影响。

资料来源:毕思勇. 市场营销[M]. 5 版. 北京:高等教育出版社,2020:112.

2. 个人因素

（1）年龄。人们在一生中所购买的商品与服务是不断变化的。在食品、服装、家具和娱乐等商品上，人们的喜好与年龄有很大关系。

（2）职业。不同职业的消费者由于受教育程度、工作环境、职业性质等方面的差别,消费者需求和偏好也不相同。职业与购买行为有着内在的因果关系。营销人员应努力找出对自己的产品和服务有浓厚兴趣的职业群体,一个公司甚至可以为特定的职业群体定制所需的产品。如软件公司可以为会计师、工程师、律师或医生设计不同的计算机软件。

文本:[同步案例]
奢侈品市场
消费趋势

（3）个性。个性是个人独特的心理特征,这种心理特征导致个人对环境做出相对一致和持久的反应。个性特征有若干类型,如外向与内向、细腻与粗犷、谨慎与急躁、乐观与悲观、领导与追随、独立性与依赖性等。一个人的个性影响着消费需求和对市场营销因素的反应。例如,外向的人爱穿浅色衣服和时髦的衣服,内向的人爱穿深色衣服和庄重的衣服;追随性或依赖性强的人对市场营销因素敏感度高,易于相信广告宣传,易于建立品牌信赖和渠道忠诚,独立性强的人对市场营销因素敏感度低,不轻信广告宣传。

（4）生活方式。生活方式是人们花费时间和金钱的类型,反映了一个人的活动、兴趣和意见。生活方式具有五个特点:①它是一种群体现象;②覆盖生活的各个方面;③它反映了一个人的核心生活利益;④在不同人口统计变量上表现出差异;⑤随社会变迁而改变。

不同的生活方式群体对产品和品牌有着不同的需求。营销人员应设法从多种角度区分不同生活方式的群体,如节俭者、奢华者、守旧者、革新者、高成就者、自我主义者、有社会意识者等,在设计产品和广告时应明确针对某一生活方式群体。例如,高尔夫球会所不会向节俭者群体推广高尔夫球运动,名贵手表制造商应研究高成就者群体的特点以及如何开展有效的营销活动,环保产品的目标市场是社会意识强的消费者。

 **思政园地**

让发展成果更公平惠及消费者

中国消费者协会（以下简称"中消协"）在确定 2022 年消费维权年主题时提出,持续完善相关法律、法规,积极引导经营者从事公平竞争,强化对特殊群体消费者的保护力度,倡导消费者践行绿色低碳消费方式,凝聚各方力量,推动各方共识,共促消费公平。中消协倡导的"共促消费公平"2022 年消费维权年主题,内涵层次丰富,围绕以人民为中心发展思想谋划全年消费维权事业,始终心怀"国之大者",协同推进高质量发展,促进全体人民共同富裕,实现物质文明、政治文明、精神文明、社会文明、生态文明的全面提升,使全体人民享有更加幸福安康的生活。在实现共同富裕的过程中,实现全体人民的消费公平当然是应有之义。当前,我国经济发展面临需求收缩、供给冲击、预期转弱三重压力,必须坚持稳中求进工作总基调,深化供给侧结构性改革,实施好扩大内需战略,推动消费侧提质升级。中央经济工作会议提出,在消费领域,增强全民节约意识,倡导简约适度、绿色低碳的生活方式。这种健康可持续性的消费理念与消费方式,既是消费侧提质升级的必然要求,又彰显更可持续消费公平的科学内涵。

资料来源:陶晓波,吕一林.市场营销学[M].7版.北京:中国人民大学出版社,2022:59.

3. 经济因素

概括地说,经济因素是决定购买行为的首要因素,决定着能否发生购买行为以及发生何种规模的购买行为,决定着购买商品的种类和档次。

(1) 商品价格。价格高低是影响消费者购买行为最关键、最直接的因素。一般情况是,质量相同而品牌不同的商品,价格低的比价格高的更能吸引消费者的注意;收入低的消费者比收入高的消费者更关心价格的高低。

(2) 商品效用。商品效用是指消费者在消费商品时所感受到的满足程度。商品效用这一概念与人的欲望是联系在一起的,它是消费者对商品满足自己欲望能力的一种主观心理评价。边际效用是与商品效用密切联系的另一个概念。所谓边际效用,就是指消费者在一定时间内增加一单位商品消费所得到的效用量的增加量。在一定时间内,在其他商品消费数量保持不变的条件下,随着消费者对某种商品消费量的增加,消费者从该商品连续增加的每一消费单位中所得到的效用增量(即边际效用)是递减的。这就是边际效用递减规律。根据这一规律,任何一个消费者都不会把他所有的钱集中用在购买同一种商品或劳务上。消费者对于钱的投向主要取决于在特定时间内哪种商品对他的边际效用最大。

(3) 消费者收入。收入是决定消费者是否购买的根本因素。如果消费者仅有购买欲望,而无一定的收入作为购买能力的保证,购买行为便无法实现。

消费者收入和购买能力,同价值观念和审美情趣也有直接的关系。不同的收入水平,决定了需求的不同层次和倾向。当一个国家人均国民收入达到相当高的水平时,就会进入需求个性化和多样化的时代,企业应关注这一趋势并积极做出改变,以满足消费者日益个性化和多样化的需求。

经济因素对消费者购买行为的影响是不断变化的。例如,在收入较低的情况下,经济因素是决定是否购买的主要因素;但是,随着可随意支配收入的增加,这一因素的影响会逐渐降低。

4. 社会文化因素

每个消费者都是社会的一员,其消费者行为不可避免地会受到社会各方面因素的影响和制约。

(1) 文化和亚文化。每一个人都在一定的社会文化环境中成长,通过家庭和其他主要机构的社会化过程学到和形成了基本的文化观念。文化是决定人类欲望和行为的基本因素,对消费者的购买行为具有强烈和广泛的影响。文化的差异引起消费行为的差异,主要表现为婚丧、服饰、饮食起居、建筑风格、节日、礼仪等物质和文化生活各个方面的不同特点。

 同步案例

故宫口红

故宫口红是润百颜与故宫首次深度 IP 合作推出的美妆产品。对于有着 600 年历史的

故宫,每支口红从外观到色号都不是凭空而出,都有其背后的故事。该套口红共6款,口红膏体颜色均来自故宫博物院所珍藏的红色国宝器物,口红管外观设计则从清宫后妃服饰上汲取灵感,一个外观设计对应一款膏体颜色。

故宫口红外观分别以黑、白、赤、青、黄五方正色体系及"宫廷蓝"为底色,用3D多层打印科技将传统图案打印在口红管上,彰显织物的肌理和刺绣的立体感。口红管上方饰以仙鹤、小鹿、蜜蜂以及各式各样的蝴蝶,下方则以绣球花、水仙团寿纹、地景百花纹、牡丹、四季花篮等吉祥图案传递中国传统审美意趣。

用现代审美结合古典艺术,让那些曾经陈列在玻璃后的瑰宝,穿越了浩瀚的历史和时间之河,变得不再冰冷和有距离感,而是成为日常的美好小物,来到人们身边。在提升了生活幸福感的同时,也让我们对中国传统文化潜移默化地增添了更深的认同。

资料来源:毕思勇. 市场营销[M]. 5版. 北京:高等教育出版社,2020:115.

亚文化是指某一文化群体所属次级群体成员共有的独特信念、价值观和生活习惯。每一种亚文化都会坚持其所在的更大社会群体中大多数主要的文化信念、价值观和行为模式。同时,每一种文化都包含能为其成员提供更为具体的认同感和社会化的亚文化。目前,国内外营销学者普遍接受民族亚文化群、宗教亚文化群、种族亚文化群、地理亚文化群四种亚文化群的分类。

(2) 社会阶层。社会阶层是社会学家根据职业、收入来源、教育水平、价值观和居住区域对人们进行的一种社会分类,是按层次排列的、具有同质性和持久性的社会群体。社会阶层具有以下特点。

① 同一阶层的成员具有类似的价值观、兴趣和行为,在消费行为上相互影响并趋于一致。

② 人们以自己所处的社会阶层来判断各自在社会中占有的地位高低。

③ 一个人的社会阶层归属不仅由某一变量决定,而且受到职业、收入、教育、价值观和居住区域等多种因素的制约。

④ 人们能够在一生中改变自己的社会阶层归属,既可以迈向高阶层,也可以跌至低阶层,这种升降变化的难度随着所处社会层次森严程度的不同而不同。

在不同的社会制度下,社会阶层的划分有着不同的标准。不同社会阶层的消费者,在支出模式、信息接收和处理方式以及购物方式这几个方面都有很大的差异。

一是支出模式上的差异。在住宅、服装和家具等能显示地位与身份的产品的购买上,不同阶层的消费者差别比较明显。例如,上层消费者的住宅区环境优雅,室内装修豪华,购买的家具与服装档次和品位都很高。中层消费者住宅也相当好,但他们中的很大一部分人对内部装修不是特别讲究,服装、家具不少但高档的不多。低层消费者住宅周围环境较差,在衣服与家具上投资较少。

二是信息接收和处理方式上的差异。处于最底层的消费者通常信息来源有限,对误导和欺骗性信息缺乏甄别力。在购买决策过程中,他们可能更多地依赖亲戚、朋友提供的信息。中层消费者比较多地从媒体上获得各种信息,会更主动地从外部收集信息。随着社会阶层的上升,消费者获得信息的渠道会日益增多。不仅如此,特定媒体和信息对不同阶层消费者的吸引力和影响力也有很大的不同。例如,越是高层的消费者,看电视的时间越少,因此电视媒体对他们的影响相对要小。

三是购物方式上的差异。研究表明,消费者所处社会阶层与他想象的某商店典型惠顾者的社会阶层距离越远,他光顾该商店的可能性就越小。同时,较高阶层的消费者较少光顾主要是较低阶层消费者去的商店;相对而言,较低阶层的消费者则较多地去主要是较高阶层消费者惠顾的商店。上层消费者购物时比较自信,喜欢单独购物。他们虽然对服务有很高的要求,但对于销售人员过于热情的讲解、介绍反而感到不自在。通常,他们特别青睐那些购物环境优雅、品质和服务上乘的商店,而且乐于接受新的购物方式。中层消费者比较谨慎,对购物环境有较高的要求,但他们也经常在折扣店购物。对这一阶层的很多消费者来说,购物本身就是一种消遣。低层消费者由于受资源限制,对价格特别敏感,多在中、低档商店购物,而且喜欢成群结队逛商店。

(3)相关群体。相关群体是指能够影响消费者购买行为的个人或集体。换句话说,只要某一群人在消费行为上存在相互影响,就构成一个相关群体,不论他们是否相识或有无组织。某种相关群体有影响力的人物称为"意见领袖"或"意见领导者",他们的行为会引起群体内追随者、崇拜者的效仿。

按照对消费者的影响强度分类,相关群体可分为基本群体、次要群体和其他群体。基本群体也称为主要群体,指那些关系密切、经常发生相互作用的非正式群体,如家庭成员、亲朋好友、邻居和同事等。这类群体对消费者影响最大。次要群体是指较为正式但日常接触较少的群体,如宗教、专业协会和同业组织等。这类群体对消费者的影响强度次于主要群体。其他群体也称渴望群体,指有共同志趣的群体,即由各界名人如文艺明星、体育明星和专家学者及其追随者构成的群体。这类群体影响面广,但对每个人的影响强度逊于主要群体和次要群体。

相关群体对消费行为的影响表现在三个方面:一是示范性,即相关群体的消费行为和生活方式为消费者提供了可供选择的模式。二是仿效性,即相关群体的消费行为引起人们仿效的欲望,影响人们对商品的选择。三是一致性,即由于仿效而使消费行为趋于一致。相关群体对购买行为的影响程度视产品类别而定。据研究,相关群体对汽车、摩托车、服装、香烟、啤酒、食品和药品等产品的购买行为影响较大,对家具、冰箱、杂志等影响较小。

(4)家庭。家庭是社会组织的一个基本单位,也是消费者的首要参照群体之一,对消费者购买行为有着重要影响。家庭购买决策大致可分为三种类型:一人独自做主;全家参与意见,一人做主;全家共同决定。这里的"全家"虽然包括子女,但主要还是夫妻二人。夫妻二人购买决策权的大小取决于多种因素,如各地的生活习惯、妇女就业状况、双方工资及教育水平、家庭内部的劳动分工以及产品种类等。孩子在家庭购买决策中的影响力也不容忽视,尤其是中国的独生子女在家庭中受重视的程度很高,随着孩子的成长、知识的丰富和经济上的独立,他们在家庭购买决策中的权力也在逐渐加大。

学习活动:结合最近一次的购买经历,思考分析自己作为消费者的购买行为受到了哪些因素的影响?购买后的体验对产品形成了什么看法?看法如何影响以后的购买行为?

4.1.4 消费者数据采集和用户画像

在大数据时代,企业要根据不同的需求来掌握不同环境下的数据采集,解读用户,构建用户画像,进行个性化推荐,实现精准营销。

动画:[同步案例]
星巴克的
"攻心计"

1. 数据采集

数据采集是大数据精准营销的基础,数据类型的多样性及数据来源的差异化是影响数据质量的重要因素。从数据的时效性来看,可将数据分为三种类型。

(1) 静态数据。静态数据包括人口属性、商业属性等,主要用于消费者的基本属性分析和智能标签分类,通过性别、年龄、职业、学历、收入等数据的关联分析,知道"消费者是什么样的人"。

(2) 近期数据。近期数据主要为消费者一段时间内的网络行为数据,通过对消费者近期活跃应用、内容访问、通信行为、常驻区域等具有一定时效性数据的分析,获取消费者的兴趣偏好和消费习惯等,了解"消费者对什么感兴趣"。

(3) 实时数据。实时数据主要为消费者实时变化的网络行为数据,包括搜索信息、购物信息、实时地理位置等,通过地理位置信息实时获取消费者的潜在消费场景,抓住营销机会,实时触达目标消费者,了解"消费者在哪里、干什么"。

2. 用户画像

在大数据时代背景下,用户在网络中留有各种痕迹,用户画像将用户的每个具体信息抽象成标签,利用这些标签将用户形象具体化,从而为用户提供有针对性的服务,形成企业商品或服务的主要受众和目标群体。

用户画像是精准营销的关键,其核心在于用高度精练的特征来为用户"打标签",如年龄、性别、地域、用户偏好、消费能力等,综合关联用户的标签信息,勾勒出用户的立体"画像"。用户画像可比较完美地抽象出一个用户的信息全貌,为进一步精准、快速地预测用户行为、消费意愿等重要信息提供全面的数据基础,是实现大数据精准营销的基石。一般而言,企业可以从多个维度构建基于大数据分析的用户画像,包括人口属性、内容偏好、购物偏好、通信行为、金融征信、常驻/实时位置等。

(1) 用户画像的内容。早期的用户画像相对简单,类似于个人档案信息,区分度和可用性都不强。但是随着大数据的发展,数据量的爆发式增长和大数据分析技术的成熟使可捕捉的行为数据越来越多,用户画像才真正具备商业价值。

① 用户的消费行为与需求画像。网上购物所留下的数据痕迹为企业了解用户的消费和购物需求提供了充足的抓手。企业通过对用户的个体消费能力、消费内容、消费品质、消费渠道、消费刺激的长时间、多频次的建模,可为每个用户构建一个精准的消费画像。

② 用户的(内在)偏好画像。随着社会大数据信息的激增,用户画像越来越丰富、越来越精细。一个人的喜好,如经常欣赏的歌曲、浏览的新闻、关注的动态、收藏的信息等,体现了一个人的偏好。偏好画像使精准定向广告投放日益盛行。通过对人群基本属性、行为习惯、商业价值等多种维度信息数据综合分析,进行目标受众的画像和定位,实现基于大数据的精准营销。例如,拥有用户流量入口的社交软件和媒体公司,纷纷通过整合自有和外部的媒介资源、在用户画像的基础上针对行业客户提供广告精准投放服务。

(2) 用户画像的构建。用户画像的构建一般包括四个环节。

① 收集数据。数据是构建用户画像的基础,数据来源一般有用户的网络行为数据、服务行为数据、用户内容偏好数据、用户交易数据四类。

② 给用户打标签并按层级分类。当数据收集完成后,并不是所有的数据都能发挥作

用,需要将杂乱无章、无价值的数据剔除,对剩余数据进行字段提取,留下有价值的数据,从而为每个用户打上标签并进行分类。

③ 行为数据建模。用户数据建模是基于用户行为预测及洞察分析后的行为,即根据用户行为构建用户行为特征模型。

④ 用户画像呈现。用户的显性特征包括泛行为和高权重行为,而隐性特征包括社会属性和自然属性(即偏好行为)。基于前三步动作的完成,借助单个人群显性和隐性特征,以及各个因子的权重特征,将用户细分成各个细分群体,如时尚白领、护肤达人、商务人士、科技精英等,用户画像初步完成。

(3) 用户画像的应用。用户画像的具体应用包括售前的精准营销、售中的个性化推荐及售后的增值服务。

① 售前的精准营销。例如,某个家电制造企业,在新品发布时,期望通过短信和邮件方式,从老用户中找出最有可能参加活动的粉丝。这时可以利用企业的电商平台、客服、销售等数据,对用户忠诚度进行综合评定,并挑选忠诚度最高的用户作为招募目标。

② 售中的个性化推荐。企业把用户吸引过来之后,利用全网用户画像解决问题,通过个性化推荐的方式,能够更好地提升转化的效果。例如,对于王府井商城的一个女性新用户,在网站首页进行推荐时,因为对她的历史没有了解,只能推荐一些热门商品。但如果了解该用户在其他网站上的行为,譬如她对化妆品很感兴趣,即可推荐相关的化妆品。

③ 售后的增值服务。企业把产品销售给用户并不是营销活动的结束,而仅是跟用户接触的开始,可能涉及用户后续的产品咨询、售后增值服务甚至投诉等。企业可以通过数据接口实时反馈用户相关信息,如历史维修、历史咨询等,进行知识推荐,提高服务效率和用户满意度;同时收集用户的服务满意度数据,补充和完善用户画像信息。

在大数据足够多的情况下,企业可以通过标签的"由浅到深""由客观到主观""由通用到场景"的画像,添加基础标签、营销画像标签、场景和产品营销标签,洞察用户,精准营销。基础标签是指简单加工后的数据;营销画像标签是指以营销和服务的基础元素,如各类偏好、能力、倾向等设置的用户标签;场景和产品营销标签是指对应具体场景和产品的目标用户的精准标签。

用户画像随着技术进步和信息积累也在不断地更新拓展,能够为企业甚至行业、政府认知用户、营销用户、服务用户起到积极的作用。

在用户画像应用中要注意用户隐私的保护和应用授权,例如,商家在一定程度上可以根据用户的消费水平在内部形成用户购买促销力度的标签,但是不能将用户的消费数据转给其他行业或产业。根据我国有关部门规定,要在征得用户授权、保障用户隐私安全不泄露的前提下,合理、合法地收集、使用用户个人信息。这就要求利用大数据进行用户画像活动时,要征得用户同意并保障其隐私不泄露,做到安全、合法。

"大数据杀熟"

大数据浪潮和营销新技术的碰撞,使企业获得了更多更具体的关于客户和他们行为的历史数据。这些信息为市场营销人员分析客户、进行更有

动画:[思政园地]
"大数据杀熟"

效和个性化的营销提供了技术支撑。但随着越来越多的企业开始享受大数据带来的福利,企业也可能触及用户及舆论对保护信息安全和个人隐私的敏感神经。

网络上很多用户都反映了自己遭遇"杀熟"的经历:同样的商品或服务,老客户看到的价格反而比新客户要贵出许多。调查发现,在机票、酒店、电影、电商、出行等多个价格有波动的平台都存在类似情况。类似现象受到各大媒体关注,并被统称为"大数据杀熟"。应该如何看待"大数据杀熟"呢?在信息日益透明,商誉越来越重要,消费者日趋理性的大背景下,最优对策应该是利用大数据给熟客提供更好的个性化服务,包括更多的价格优惠。

数据推动时代发展是大势所趋,企业在营销过程中既要能利用用户数据,又要能规避用户隐私风险。对于市场营销人员来说,需要具备很强的消费者信息安全保护意识,并了解用户在信息安全上的诉求点,在数据的收集和分析方面具备法律意识和专业知识。在营销实践中,企业也需要向客户传递它们是如何保障数据安全、合理透明使用数据的,并且在数据上给予用户充分的知情权和选择权。

资料来源:毕思勇.市场营销[M].5版.北京:高等教育出版社,2020:64.

4.2 组织市场分析

4.2.1 组织市场概述

1. 组织市场的概念

组织市场是指由各种组织机构形成的对企业产品和劳务需求的总和。简而言之,组织市场是以某种组织为购买单位的购买者所构成的市场。一般来说,组织市场购买产品和服务的目的包括组装(如原材料和零部件)、消费(如办公设施和咨询服务)、使用(如设施或设备)或再销售等。

微课:组织市场分析

2. 组织市场分类

(1)生产者市场。生产者市场又称工业品市场或生产资料市场,是为满足工业企业生产其他产品实现其工业利润的需求而购买劳务和产品的购买者的集合。组成生产者市场的购买者,其主要行业来源是农业、林业、渔业、采矿业、制造业、建筑业、运输业、通信业、公共事业、金融业及服务业。

文本:[同步案例] To B业务正在成为新的增长点,腾讯优化To B发展模式

(2)中间商市场。中间商市场有时被称为转卖者市场,是指那些通过购买商品和服务用于转售或出租给他人,以获取商业利润为目的的购买者的集合。中间商市场的购买者主要包括批发商和零售商。中间商不提供形式效用,只提供时间效用、地点效用和占用效用。

(3)非营利组织市场。非营利组织市场是指国家机关、事业单位和团体组织,使用财政性资金采购依法制定的集中采购目录以内的或采购限额标准以内的货物、工程和服务的行为所形成的市场。主要表现在:①采购经费受到预算限制。非营利组织市场采购活动的经费来源主要是政府财政拨款或社会捐助,经费预算与支持受到严格控制。②价廉物美是采购决策的重要因素。因为经费受到限制,绝大多数采购倾向于选择报价更低的供应商。③采购程序规范复杂。由于其非营利性和资金来源的特殊性,采购过程的公开性和公平性就显得非常重要。一般会规定规范的采购程序,严格按照规定条件购买。因而,程序更加复杂。

3. 组织市场的购买对象

(1) 初级原材料(raw materials)。初级原材料是指处于自然状态下未经加工而被出售的产品,如煤、石油、天然气、矿石等。这些产品往往用于生产其他产业产品,很小一部分会被最终用户直接使用。例如,煤是生产塑料产品、化工产品、涂料和钢铁的原料。根据自然禀赋的不同,初级原材料的生产大多集中于某个区域。作为战略物资的某些原料或重要的矿产资源,例如,石油、钻石、黄金等,往往是垄断经营的。同时,厂商为保证能够及时获得原材料,控制生产成本,降低经营风险,往往通过各种方式直接掌控重要原材料。例如,一些化工公司拥有自己的石油和天然气公司。

动画:[营销资料]组织市场和消费者市场的区别

(2) 二级原材料(manufactured materials)。二级原材料是指在构成最终产品前被部分加工过的产品,例如,玻璃、钢铁、皮革等。初级原材料经过加工后价值会增加。二级原材料具有同质性的特点,即不同竞争对手的产品的区别微乎其微。二级原材料还有一个显著特征,就是当加工过的产品被进一步加工成其他产品时,其品牌很难在制成品中被识别出来。在后续产品加工中,二级原材料的同质性和品牌的易失性会影响买卖双方的关系。通常买方倾向于集中一两家供应商,以便获得大量采购的数量折扣;卖方则采用生产特制品,或提供更具竞争力的生产线,或利用业内有影响者和采购方产品设计者对产品的认可等方法来增加产品的差异性,从而提高自身的竞争力。

(3) 辅助材料(supplies)。辅助材料是指在生产过程中损耗的产品或日常工作中消耗的产品。辅助材料常指易耗品或维护(maintenance)、修理(repair)、使用(operation)产品时的辅助产品(MRO),例如,复印纸、润滑油、焊条等。这些产品往往为各类组织所需要,并且成本较低,消耗快,需要经常购买。以上这些特点决定了买方更关心价格、折扣、产品使用的方便性及供应商提供的无库存购买服务。卖方则希望签订长期供货协议,提供数量折扣,鼓励采购方长期购买。

(4) 零部件(components and parts)。零部件是指直接组装进入产品或略做加工进入成品的部件,例如,计算机芯片、集成电路、显像管等。零部件具有易损耗的特点,有些零部件比较复杂,具有较高的技术含量。这些特点使零部件受到制造商和使用者的重视。例如,在计算机行业,如果厂商能够不断领先推出新型芯片,就意味着芯片制造商及购买者可能会获得高额垄断利润。零部件的采购者包括渠道中间商、产品制造商和需要更换零部件的用户。三类用户的购买目的各不相同,关注的侧重点也有所不同。渠道中间商从买进卖出的价格差中获取利益,因此比较关心供应商的品牌形象、交易折扣、交货能力以及供应商提供的市场支持(如广告)等。产品制造商为组装自己的产品而购买零部件,因此,零部件的设计、质量、价格、可靠性及运送的及时性是其关注的重点。用户采购零部件是为了更换原有的已经损耗的零部件,以维持机器设备正常运转,他们更关心供应商的售后服务。由此可见,零部件的营销应针对不同用户的购买目的及特点,采取相应的策略,以期取得良好的营销效果。

(5) 设施(installations)。设施是指那些构成生产制造基础的长期投资项目,包括土地使用权、建筑物和设备等,也称资本商品。设施往往决定了一个企业的生产经营规模,其中重要的组成部分是设备。设备可以分为重型设备和轻型设备。轻型设备如电动工具、扫描仪、小型空气压缩机、打印机等;重型设备如大型计算机系统、大型矿山机械、大型粉碎及研磨机械等。轻型设备往往是标准设备,价格相对较低,影响购买的主要因素是价格、运送和售后服务。制造商一般会利用中间商来销售产品。重型设备大多是按照购买方要求设计的,其成本高,技术复杂,多采用直接销售方式,技术工艺、售前咨询和售后服务等成为影响用户采购的关键因素。

(6) 系统(system)。系统是指复杂的、多功能的资产性商品,如生产制造系统、物资储运和处理系统等。这些产品往往涉及电子和机械等相关知识,因此设计实力至关重要。系统可以为购买者带来很多好处,如提高厂商生产率、增进生产的灵活性以及改进产品质量。因为系统往往成本较高,技术复杂,并且用户经常有特殊要求,所以定制的情形比较多,这导致采购过程比较复杂和漫长。系统的购买多是通过集体谈判方式来进行的。买卖双方的人员接触是多层次的,既有卖方的营销人员与买方的工程技术人员之间的沟通,又有卖方的设计人员与买方的工程技术人员之间的接触。买卖双方往往需要在安装费用、产品保证和服务要求等方面进行长时间的反复谈判才能达成交易。

(7) 顾客服务(business services)。一方面,顾客服务主要是指为销售商品而进行的附加活动,其目的是使顾客在购买中得到更多的利益及满足。例如,建筑设计、设备维护和相关的技术支持等。顾客服务作为一种无形产品,其作用越来越大,因为它可以增加产品的差异性,树立企业和品牌形象,同时也是企业留住顾客和获取持续利润的重要保障。另一方面,服务类组织面向买方所提供的服务也属于组织市场的顾客服务范畴。服务类组织的产品就是服务。随着竞争压力的增加,一些厂商不得不削减管理人员,把经营重点集中于企业核心业务上,并把某些服务功能转移到外部组织中去,从而为那些专门提供设备维护、计算机支持、物流服务等的服务性组织创造了迅速发展的机会。在组织市场上,提供管理咨询、计算机培训、劳务和设备租赁的组织数量正在迅速增加。例如,近几年市场对计算机软件和服务的需求量比对传统的计算机硬件的需求量高出两倍,这使那些在信息处理及管理领域有专长的服务性企业大受欢迎。

4.2.2 组织市场购买决策过程

1. 组织市场购买决策参与者

组织市场购买行为的类型不同,购买决策的参与者也不一样。供应商不仅要了解影响组织市场购买的因素及购买类型,而且应知道哪些人参与了购买决策,他们在其中充当什么角色、起什么作用。

组织市场的购买属于专业性购买,其中生产者市场一般都由专职的采购人员和相关人员组成"采购中心"来做出购买决策,主要包括以下五种角色。

(1) 使用者。使用者是指具体使用所购产品或服务的人。他们往往是相应产品或服务购买的提议者,并在确定产品的规格上有较大的影响力。

(2) 影响者。影响者是在企业内部和外部直接或间接影响购买决策的人。他们常协助企业确定产品规格。在众多影响者中,企业外部的咨询机构和企业内部的技术人员影响最大。

(3) 采购者。采购者是指企业中具体执行采购决定的人。他们的主要任务是进行交易谈判和选择供应者。在较复杂的采购工作中,采购者还包括企业高层管理人员。

（4）决定者。决定者是指企业里有权决定购买产品或服务的人。在简单的采购中，采购者就是决定者；而在复杂的采购中，决定者通常是企业的主管。

（5）控制者。控制者是指控制企业与外界进行相关信息沟通的人，如采购代理商、企业的技术人员、办公室工作人员等，他们甚至可以阻止供应商的营销人员与使用者和决定者见面等。

应该指出的是，并不是所有的企业采购任何产品都需要上述五种人员全部参与决策。企业采购中心的规模和参与购买决策的人员，会因所购产品种类的不同和企业自身规模的大小及企业组织结构不同而有所区别。对生产者市场供应商的营销人员来说，关键是了解企业采购中心的组成人员，以及他们各自所具有的相对决定权和采购中心的决策方式，以便采取有针对性的营销措施。例如，对采购中心成员较多的企业，营销人员可以只针对几个主要成员做工作，如果本企业的实力较强，则可采取分层次、分轻重、层层推进、步步深入的营销策略。

学习活动：向组织市场销售产品或服务时，最重要的卖点是哪些？

2. 组织市场购买行为类型

组织市场购买行为的主要类型按照购买者做出购买决策的难易程度，分为直接重购、修正重购和新购三种。

（1）直接重购。直接重购是一种在供应商、购买对象、购买方式都不变的情况下，购买以前曾经购买过的产品的购买类型。在这种购买类型中，购买者所购买的多是低值易耗品，花费的人力较少，无须联合购买。对这种类型的购买，原有的供应商不必重复推销，而应努力使产品的质量和服务保持原有的水平，争取同购买者稳定的关系。而对于没有合作关系的供应名单以外的供应商来说，获得销售机会的可能性极小，但可以通过自己的营销活动，努力促使购买者转移或部分转移购买，如先获得少量产品订单，再逐渐扩大产品供应规模。

（2）修正重购。修正重购是指购买者由于想改变产品的规格、价格、交货条件等购买要素，需要调整或修订采购方案的购买类型。对于这样的购买类型，原有的供应商要清醒地认识自己所面临的挑战，积极调整、改进产品规格和提高服务质量，大力提高生产率，降低成本，以维护现有的客户。新的供应商则要抓住机遇，积极开拓市场，获得更多的业务。

（3）新购。新购是指购买者首次购买某种产品或服务。由于是第一次购买，购买者对新购产品没有把握，因此在购买决策前，购买者要收集大量的信息。新购花费的成本越高，风险就越大。新购是所有企业的机会，因此，企业要采取措施，影响能够做出新购决策的中心人物，争取获得新购订单。

3. 组织市场购买决策过程

（1）认知需求。认知需求是组织市场购买决策过程的起点，可以是内在或外在的刺激引起。内在的刺激因素，如企业推出新产品需要新的设备、原材料；先前采购的原材料使用过程中不满意，需要更换供应商；原有设备损坏，需要重置新机器等。外在的刺激因素，如营销人员上门推销；有质量更好、价格更低的产品等。

（2）确定需求。确定需求是指需要具体确定所要采购产品的特征、规格、数量等。一般的采购会涉及许多部门，所以采购需求的确定也需要采购人员、生产部门、工程技术人员等共同研究、共同决定。

(3) 说明产品规格。具体的产品规格一般由专业技术人员来制定,专业技术人员要对所需产品的规格、型号、功能等技术指标进行具体分析并做出详细说明,以供采购人员参考。企业一般采用价值分析法来对产品进行分析。

所谓价值分析法,实际上是一种降低成本的分析方法,它是由通用电器公司采购经理迈尔斯于1947年发明的。这里的"价值"是指某一产品的"功能"与其"成本"之间的比例关系。企业通过对某一产品的价值分析,明确某产品可能产生的经济效益,从而为采购者选购产品提供指南。产品价值分析必须对高成本部件加以分析,通常20%的高成本部件会占80%的成本。还要找出那些比产品本身寿命还要长的超标准设计的产品部件,并进行分析。最终确定采购品的最佳特征,并有根据地加以说明。

(4) 寻找供应商。采购企业可以通过工商企业名录、贸易广告、行业服务网站、贸易展览会等途径,寻找合格的供应商。

(5) 征求意见。采购企业一般会要求合格的供应商提交供应方案,尤其是对于价值高的产品,还会要求供应商提供一份详细的书面方案。

(6) 选择供应商。根据供应商提供的供应建议,采购企业进行选择。在遴选供应商的过程中,需要考虑很多方面,包括产品质量、产品价格、技术服务能力、企业信誉、交货速度等。之后,采购企业还会与比较满意的供应商进行谈判,争取更低的价格和更优惠的条件。最后,企业才会选定供应商。目前不少企业会最后确定多个供应商,不仅可以促使各供应商相互竞争,提高服务水平,更重要的是企业不会受制于人,能够比较灵活地控制供货。有一个经常被采用的供应商评估模型,将供应商的某些属性赋予一定的权重,然后针对这些属性对供应商进行评分,以找出具有竞争力的供应商。

 同步案例

京东生鲜农场

京东生鲜农场是由京东生鲜定向输出智能化、标准化,深度结合京东生鲜供应链的创新型全球原产地农场品牌。授牌后的京东生鲜农场将成为优先供应京东用户的专属产地,并在每个年度周期进行复审。

目前,京东生鲜农场已经认证授牌了大闸蟹、金鲳鱼、有机海参等多个品质生鲜养殖基地,为京东用户持续输出高品质生鲜产品。截至2018年9月28日,京东生鲜农场的认证足迹遍布全国16个省份,而且在不远的将来,还将继续大力推进海外农场的认证工作。随着京东生鲜"全球农场计划"的推进,京东生鲜将通过区块链溯源和个性化品质资质认证等领先技术,和各大产区一起严格把控生鲜的品质与安全。从有机猕猴桃指定种植基地到有机蔬菜指定种植基地,京东生鲜深入原产地,为京东用户的购物车提供更多高品质生鲜。未来,京东生鲜将持续发力生鲜农场计划,坚持在产地源头做好品质管理和标准化的认证,升级农产品品质;从种植养殖到包装加工、物流仓储到厨房餐桌,推动合作伙伴在全产业链的各环节均严格执行业界领先的京东生鲜标准,为京东用户提供由标准体系全流程管控的鲜活养、种植农产品。从田间地头到餐桌厨房,京东生鲜采用"天罗地网"式布局,在原产地直接采购或养殖、家门口建仓配送,确保以最快的速度,将生鲜佳品奉上百姓餐桌。

资料来源:杨勇、陈建萍. 市场营销:理论、案例与实训[M]. 5版. 北京:中国人民大学出版社,2023:91.

（7）正式订购。在选定供应商之后，企业就针对最后的订单进行谈判，确定具体的技术说明、需要数量、交货时间。目前，越来越多的企业倾向于选择一揽子合同而不是定期采购。一揽子合同可以和供应商建立长期的供货关系，供应商承诺在一定的时间内按原定的价格和条件及时供货。一揽子合同减轻了采购企业的库存压力，被称为"无库存采购计划"，也减少了多次采购带来的麻烦、节省了费用。

（8）绩效评估。在购进产品后，采购企业还需及时向使用者了解对产品的评价，考查各个供应商履行合同的情况，定期评估供应商的绩效。通过绩效评估，采购企业可以决定继续、调整或终止与供应商的关系。

学习活动：思考并讨论为什么组织采购过程比消费者购买决策过程复杂？

4.2.3 组织市场购买行为的影响因素

1. 环境因素

环境因素是指企业外部环境因素，是企业无法控制的，包括经济发展状况、政治法律制度、技术发展、市场需求水平、市场竞争等。组织购买者必须密切关注各类环境因素，积极应对环境变化带来的影响。例如，经济衰退时生产企业会缩减投资，减少采购，压缩原材料的库存和采购量；预期某种原材料将会短缺时，采购单位就需要储备一定的存货，或与销售方签订长期的订货合同等。

2. 组织因素

组织因素是企业自身的影响因素，包括企业的经营目标、战略、政策、程序、组织结构和制度等。各组织经营目标和战略方面的差异，会使其对采购产品的款式、功效、质量和价格等因素的重视程度、衡量标准不同，从而导致他们的采购方案的差异化。

3. 人际因素

人际因素是企业内部的人事关系的因素，这些因素之间关系的变化，会对组织购买决策产生影响。企业最终做出的购买决定，是由企业各个部门和各层人员共同协商做出的，如质量管理者、采购申请者、财务主管者、工程技术人员等。各个部门、各层人员的利益、职权、地位、态度和相互关系都不同，对采购做出的决定也不同。

4. 个人因素

个人因素是指由于购买决策中每个参与者的年龄、教育程度、职位、个性、偏好、风险意识等的不同，对购买决策产生的影响。

▲ 同 步 训 练 ▲

自我检测

一、选择题

1. 消费者在购买活动中表现出的求实、求廉和求安全的心理倾向属于消费购买的（　　）。
   A. 感情动机　　　B. 理智动机　　　C. 惠顾动机　　　D. 经济动机
2. 消费者购买受社会阶层、相关群体、家庭等因素影响，这是影响购买行为的（　　）。
   A. 个人因素　　　B. 社会因素　　　C. 文化因素　　　D. 心理因素

3. 按马斯洛的需要层次论,最高层次的需要是(   )。
   A. 生理需要　　　B. 安全需要　　　C. 自我实现需要　　　D. 社会需要
4. 下列属于生理动机的是(   )。
   A. 对某商品特别喜欢而产生的购买动机
   B. 购买某种物品或行为以炫耀和显示自己
   C. 为求温饱与安全而产生的购买动机
   D. 为组织家庭与延续后代而产生的购买动机
5. 消费者是非专家购买,对商品缺乏了解,只根据商品的价格高低判断质量好坏,其购买容易受到销售人员和现场气氛的影响,这种购买特点属于(   )。
   A. 购买的可诱导性　　　　　　　B. 购买的弹性
   C. 购买的层次性　　　　　　　　D. 购买的替代性
6. 消费者购买行为过程的起点和终点是(   )。
   A. 一手交钱一手交货,交换结束,购买行为就结束
   B. 从顾客向售货员询问到交易完毕双方道别
   C. 从走进商店到交易完毕走出商店
   D. 从需求产生到对所买商品的最终评价
7. 企业要在市场竞争中驾驭市场,必须掌握消费者购买的基本特征,包括(   )。
   A. 购买者多而分散　　　　　　　B. 购买量少,多次购买
   C. 购买的差异性小　　　　　　　D. 大多属于专家购买
   E. 购买的流动性大
8. 从消费者心理角度看,其购买行为受(   )因素的影响。
   A. 动机　　　　　B. 年龄和职业　　　　C. 消费者的收入
   D. 感觉和学习　　E. 信念和态度
9. 消费者的信息主要有(   )等几个方面的来源。
   A. 个人　　　　　B. 间接　　　　　　　C. 经验
   D. 商业　　　　　E. 社会

二、简述题

1. 消费者市场和组织市场的区别是什么?
2. 消费者购买行为类型都有哪些?
3. 消费者的购买决策过程包括哪些步骤?
4. 组织市场的购买决策过程包括哪些步骤?
5. 消费者市场和组织市场的购买对象分别是什么?
6. 简述马斯洛需要层次论的内容以及对营销活动的启示。
7. 分析大学生购买智能手机的影响因素。
8. 组织市场涵盖哪几种类型?

案例分析

盒 马 鲜 生

盒马鲜生是阿里巴巴孵化孕育了两年的新零售平台,也是阿里巴巴探索新零售的主阵

地之一。在用户端,与淘宝、支付宝会员体系完全打通;在供应链端,实现与天猫生鲜、天猫超市联合采购。盒马鲜生综合运用大数据、移动互联、智能物联网、自动化等技术及先进设备,实现人、货、场三者之间的最优化匹配。从供应链、仓储到配送,都有自己的完整物流体系,大幅提升物流效率。

  盒马鲜生的超市不大,但品类不少,其很多品类的产品都不是传统超市随处可见的品牌,而是选择一些相对小众但优质的产品,既可以提升利润空间,也有利于打造产品差异化。盒马鲜生的平价鲜活海鲜,可以鲜活送到你家,可以杀好,可以现场烹饪,还可以现场就餐,满足很多人的需要。通过砍掉所有中间商环节,直接去原产地采购,价格做到了餐饮店的一半。当然,新鲜的海鲜产品不是高频消费,但作为噱头可以吸引更多人进店,购买其他能获取更高利润率的产品。超市内还引进了一些经典快餐,例如,早茶、棒棒鸡等,也拉宽入店顾客的范围,提升超市的人气。生鲜类产品没有散装,全部是包装好按袋销售。一方面省却了传统大卖场生鲜区挑菜拣菜的杂乱和工作人员的称重工作;另一方面也降低了产品的损耗。盒马鲜生有很多商品实行一品多卖,例如,西瓜有整个卖,有切开卖,还有西瓜汁。所有商品用多种呈现形式,给消费者更多样的选择。盒马鲜生有一个品牌叫日日鲜,品牌下的蔬菜、鸡蛋、猪肉、年糕只卖一天,如果一天卖不了,就会促销出去。消费者的需求是多样化的,有买便宜的需求,也有追求品质的需求。

  超市鼓励顾客下载 App,直接自助扫描 App 买单,提高效率,同时线上引流。超市天花板上空布满了轨道运输系统,也同时服务于 App 下单的客户。卖场即库房,工作人员可直接把线上顾客需求的订单商品装入购物袋,随轨道自动运行。30 分钟送达、无条件退货,只要申请退货,就直接退款。

  盒马鲜生是一个生鲜的重构,主要围绕"吃"的场景,有一些理由让消费者重新走进卖场:更好、更安全的食材,更多的烹饪方式,更好的社群互动。整体来讲,盒马鲜生的门店包括五个方面:零售服务、履约配送、会员体系、流量运营、体验互动。每个月每个门店,有20 场消费者体验活动,例如,"小小营业员"活动,烹饪教育和品鉴活动。盒马鲜生希望通过运营,能够为三公里新的邻里关系创造非常好的条件,成为消费者的生鲜食材购物首选。未来几年内,盒马鲜生会覆盖中国的一二线城市,为整个零售和新零售的转型提供巨大的价值,其模式也会输出到全世界各地,代表中国零售走向全球。

  资料来源:杨勇,陈建萍. 市场营销:理论、案例与实训[M]. 4 版. 北京:中国人民大学出版社,2019:73.

  思考与分析:
  1. 盒马鲜生想要制定正确的营销决策,显然必须了解和把握消费者的消费心理与行为。据此,盒马鲜生必须了解哪些知识与信息?
  2. 消费者为什么会选择盒马鲜生?
  3. 你对盒马鲜生及其发展有何评价与建议?

德技并修

满足消费者需求就是企业经营宗旨

  乐乐出版有限公司发现一本科技读物在当地非常畅销,于是进行系统策划并以盗版印制的方式及时投放当地市场。由于市场供不应求,且盗版的科技读物价格便宜,该企业在满足消费者需求的同时取得可观的利润。

问题：

1. 案例中乐乐出版企业的策划行为存在哪些道德伦理问题？
2. 从市场行为分析与道德研判的角度对上述问题做出评价。

团队实战

1. 训练目标：掌握消费者购买行为分析的内容。
2. 训练要求：假如你是一名营销人员，请对林梅女士购买笔记本电脑的行为进行分析，并制定相应的营销策略。消费者资料：林梅，女，35岁，已婚，研究生学历。林梅在北京市一家规模很大的科技公司担任地区销售经理，收入较高，拥有一套位于高档社区的大面积公寓和一部价值近百万元的汽车，属于典型的白领一族。林梅现在想购买一台笔记本电脑，她面临多个品牌的选择。

（1）各团队广泛收集相关资料。

（2）对以下问题进行思考与分析：

① 列举三种林梅购买笔记本电脑的可能动机。

② 林梅收集笔记本电脑信息的来源可能有哪些？列举三种以上，并说出哪种信息来源对她做出购买决策影响最大。

③ 林梅所处的社会阶层如何影响她的购买决策？

④ 林梅所处的社会群体（包括家庭等）如何影响她的购买决策？

⑤ 林梅的年龄、职业、经济环境和生活方式如何影响她的购买决策？

⑥ 林梅购买笔记本电脑的行为属于哪种购买行为？说明理由。

⑦ 林梅是购买决策参与者中的哪一种角色？还有哪些可能的角色会参与她的购买行为？如何参与？

⑧ 根据你对林梅这类人群的了解，指出她对笔记本电脑评价的属性有哪些（如价格、外观等），将这些属性按照对她的重要程度排列，并说明理由。

（3）将思考与分析的问题内容形成一份文字报告，并制定相应的营销策略。

项目 5　STP 目标市场营销战略

学习目标

知识目标

1. 了解市场细分的概念、作用、原则、方法和程序；
2. 明确消费者市场细分的标准和变量；
3. 熟悉目标市场策略的类型和选择模式；
4. 理解市场定位的概念；
5. 掌握市场定位的方法和策略。

能力目标

1. 能够运用合适的标准和变量对产品市场进行细分；
2. 具备目标市场营销意识以及对不同企业目标市场的观察能力和判断能力；
3. 掌握辨别分析不同产品的市场定位方法；
4. 提升团队协作、沟通表达、思考分析、善恶研判、信息处理的能力。

素养目标

1. 践行社会主义核心价值观，弘扬时代精神，厚植爱国情怀，讲好中国故事；
2. 培养勤、毅、诚、朴的商人精神，开拓创新、砥砺奋进的商企精神；
3. 树立正确的现代市场营销理念，遵纪守法，恪守营销道德，培养勇于担当社会责任的良好品质；
4. 提高市场洞察敏锐度，具有主动观察市场的积极性，构建科学系统的营销思维模式和整体运营的职业全局观。

思维导图

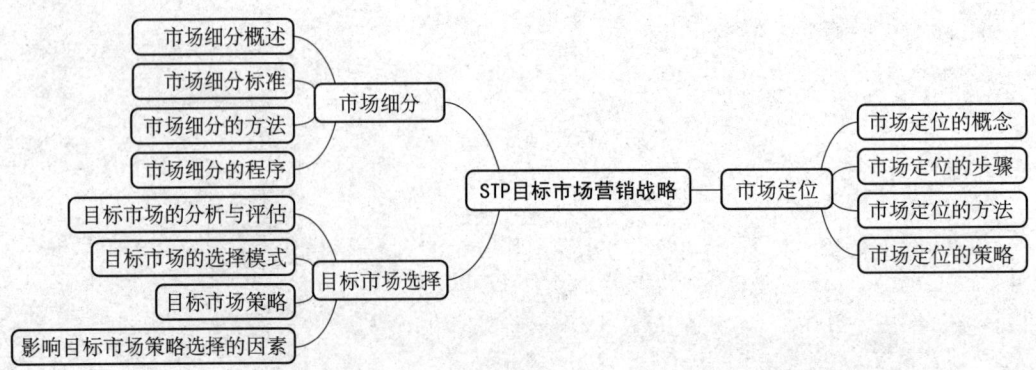

引入案例　三个高端汽车品牌的定位

1. 奔驰

面向成功人士的奔驰,以其卓越的品质和大气的外形设计为基础,强调宽敞舒适的后排乘坐体验,确立了稳固的高端商务车品牌价值定位。

2. 沃尔沃

沃尔沃以乘用安全为核心定位,数十年来投入巨资用于汽车安全领域的技术开发创新,拥有数百项创新的安全技术专利,为客户带来卓越的安全驾驶体验。

动画:三个高端汽车品牌的定位

3. 宝马

宝马公司的客户定位,更多地面向追求驾乘乐趣的成功人士、中青年社会精英以及成功人士周围具有高消费能力的亲友人群。宝马的品牌定位,始终以"终极驾驶体验"为企业品牌策略的核心,并在产品设计中强化汽车操控功能与性能,在营销宣传中也突出驾乘体验和驾乘乐趣,树立了卓越的驾驶者之车的品牌价值定位。宝马以此成功地把"驾驶乐趣和潇洒的生活方式"的品牌精髓刻在了消费者的大脑深处,宝马车的购买者更多的是行业新锐、演艺界人士、富家亲友,以及有活力、有激情、心态比较年轻的喜欢自己开车的成功人士。

由此可见,科学的市场细分可以为产品带来与众不同的市场定位,品牌产品在市场细分下确立高端化的市场定位后,努力开发高端消费人群对品牌产品的需求,从而保证了高端品牌在市场竞争中能够脱颖而出。

资料来源:吴勇,燕艳. 市场营销[M]. 6版. 北京:高等教育出版社,2020:105.

1956年,市场营销学家温德尔·史密斯(Wendell R. Smith)最先提出了市场细分的概念。"现代营销学之父"菲利普·科特勒进一步发展和完善了温德尔·史密斯的理论并最终形成了 STP 理论,即市场细分 (segmentation)、目标市场选择(targeting)和市场定位(positioning)。

微课:STP理论

5.1　市场细分

5.1.1　市场细分概述

1. 市场细分的概念

市场细分就是指企业通过市场调研,按照一个或若干个特征变量对现有或潜在的市场进行划分,进而选择具有共同消费需求的子市场作为企业目标市场的过程。

微课:市场细分概述

2. 市场细分的作用

市场细分的作用集中体现在以下几个方面。

(1) 有利于发现市场机会,开拓新市场。通过市场细分,企业可以了解到每一细分市场的需求情况、满足程度和竞争情况等,发现哪些需求没有得到满足,进而结合企业资源条件,开发出相应的产品,以迅速占领这一市场。市场细分对中小型企业有特殊的意义。因中小型企业资源缺乏、实力有限,在整体市场或较大的市场中往往难以与大企业竞争。但通过市场细分,可以找到大企业顾及不到或无力顾及的"空白市场",然后见缝插针、拾遗补阙,集中力量去加以经营,就会变整体劣势为局部优势,同样可在激烈的市场竞争中占有一席之地。

(2) 有利于根据目标市场的特点制定市场营销策略。市场细分后的子市场比较具体,目标市场的特殊性能充分暴露和揭示。企业可以较为容易地依据目标市场的特点来决定营销策略。同时,在细分市场上,信息容易了解和反馈,一旦消费者的需求发生变化,企业可迅速改变其营销策略,制定相应的对策,以适应市场需求的变化。

(3) 有利于集中人力、物力、财力投入目标市场,提高企业的竞争能力。任何一家企业的资源、人力、资金都是有限的。通过细分市场,选择适合自己的目标市场,企业可以集中人、财、物等资源,去争取局部市场上的优势,占领自己的目标市场,以提高企业的竞争力。

(4) 有利于企业提高经济效益。上述三个方面的作用都能使企业提高经济效益。此外,企业通过市场细分后,针对自己目标市场的特点生产出适销对路的产品,既能满足市场需要,又可增加企业的收入;产品适销对路可以加速商品流转,加大生产批量,降低企业的生产销售成本,提高生产工人的劳动熟练程度和产品质量,全面提高企业的经济效益。

 **同步案例**

京东物流的市场细分

京东物流的目标客户既包含电商平台的商家,也包含众多的非电商企业客户和社会化的物流企业。采用了京东物流服务的客户能让消费者无论通过什么途径购物(线上线下),购买什么商品,都可以在最短的时间内,获得最佳的购物体验,甚至超越京东自营的购物体验水准。京东物流的愿景是像水和电一样融入生活中,成为中国商业的基础设施之一。

从总体上分析,京东物流的主要客户群包括:①从需求角度,主要客户是购买计算机、通信产品、新型数码产品、娱乐类电子产品和家用电器等的主流消费人群或企业消费用户。②从年龄角度,京东在线营销的客户除企业用户外,大部分的个人用户为25~35岁的城镇居民,这一类人不仅消费欲望高,而且消费能力也强。③从职业角度,主要顾客是公司白领、公务人员、事业单位员工、在校大学生和其他有稳定收入的网络爱好者但又没有足够时间上街购物的消费人群。而其中每年走出校门的大学生群体则又是京东物流的一个重点市场。

资料来源:吴勇,燕艳.市场营销[M].6版.北京:高等教育出版社,2020:108.

3. 市场细分的原则

有效的市场细分应遵循以下原则。

(1) 差异性原则。细分市场上消费者对商品需求上的差异性能明确加以反映和说明,能清楚界定。企业对消费者的需求进行细分时,必须获得可靠的依据,才能进行市场细分。例如,对鲜花市场进行细分时,七夕节、母亲节、春节等不同时期的市场差异就非常明显。

(2) 可衡量性原则。可衡量性是指细分的市场是可以识别和衡量的,亦即细分出来的市场不仅范围明确,而且对其容量大小也能大致做出明确的判断。如果细分后的市场太过模糊,企业对该细分市场的特征、客户特征、数量都一无所知的话,这种细分就失去意义。例如,以地理因素、消费者的年龄和经济状况等因素进行市场细分时,这些消费者的特征就很容易衡量。

（3）可进入性原则。可进入性是企业在现有资源条件下，营销工作有可行性，并能够利用现有营销力量进入细分后的某个细分市场。例如，通过适当的营销渠道，产品可以进入所选中的目标市场；通过适当的媒体可以将产品信息传达到目标市场，使有兴趣的消费者通过适当的方式购买到产品等。

（4）可盈利性原则。可盈利性是指所选择的细分市场有足够的需求量且有一定的发展潜力，以使企业获得长期稳定的利润。进行市场细分时，企业必须考虑细分市场上顾客的数量，以及他们的购买能力和购买产品的频率。每一个市场必须足够大，能够保证企业在其中经营可以盈利。如果细分市场的规模过小，成本耗费大，获利小，就不值得去细分。

（5）稳定性原则。细分市场在一定时期内保持相对稳定，以便企业制定较长期的营销策略，有效地开拓并占领该目标市场，获取预期收益。消费者的消费心理是经常变化的，若细分市场变化过快，目标市场犹如昙花一现般，则企业经营风险也随之增加，甚至造成严重的损失。

（6）发展性原则。发展性是指企业选择的细分市场具有未来发展的潜力，通过企业的开发有可能发展成为一个大市场，能够给企业带来长远的利益。可见，细分市场的选择实际是企业经营领域的选择，具有战略意义。因此，细分市场的选择必须与企业的长期发展战略相结合。

5.1.2 市场细分标准

一种产品的整体市场之所以可以细分，是由于消费者或用户的需求存在差异性。引起消费者需求差异的因素很多，概括起来主要有四类，即地理因素、人口因素、心理因素、行为因素。每个因素又包括一系列的细分变量，如表 5-1 所示。

微课：市场细分标准

表 5-1 消费者市场细分标准及变量

细分标准	细 分 变 量
地理因素	国家、地区、城市规模、地形地貌、气候、交通状况、人口密度等
人口因素	年龄、婚姻、性别、职业、收入、民族、宗教、国籍、受教育程度、家庭人口、家庭生命周期等
心理因素	社会阶层、生活方式、个性、态度等
行为因素	购买时机、购买数量、购买频率、品牌忠诚度、对服务、价格、渠道、广告的敏感程度等

1. 按地理因素细分

按地理因素细分是指按照消费者所处的地理位置、自然环境来细分市场。具体变量包括国家、地区、城市规模、不同地区的气候及人口密度等。处于不同地理位置的消费者，对同一类产品往往呈现出差别较大的需求特征，对企业营销组合的反应也存在较大差别。例如，在冬季，居住在我国北方的人们对羽绒服有强烈需求，而居住在海南的人们对此则没有需求。

地理变量易于识别，是细分市场应予以考虑的重要因素，但处于同一地理位置的消费者需求仍会有很大差异。例如，在我国的一些大城市，包括北京、上海，流动人口逾百万，这些流动人口本身就构成一个很大的市场，这个市场有许多不同于常住人口市场的需求特点。所以，简单地以某一地理特征区分市场，不一定能真实地反映消费者的需求共性和差异，企业在选择目标市场时,还需要结合其他细分变量进行综合考虑。

2. 按人口因素细分

按人口因素细分是指按照人口的有关变量来细分市场。具体包括年龄、婚姻、职业、性别、收入、受教育程度、家庭生命周期、国籍、民族、宗教等。例如,根据年龄不同,可将服装市场分为老年人服装市场、中青年服装市场、儿童服装市场等。人口统计变量比较容易衡量,有关数据相对容易获取,由此很多企业经常以它作为市场细分依据。

(1) 性别。由于生理上的差别,男性与女性在产品需求与偏好上有很大不同,如在服饰、发型、生活必需品等方面均有差别。例如,汽车制造商过去一直是迎合男性要求设计汽车,而随着越来越多的女性拥有自己的汽车,这些制造商正加强研发,设计让女性消费者青睐的汽车。

(2) 年龄。不同年龄的消费者有不同的需求特点,如青年人对服饰的需求与老年人的需求差异较大。青年人需要鲜艳、时髦的服装,老年人需要端庄、素雅的服饰。

(3) 收入。高收入消费者与低收入消费者在产品选择、休闲时间的安排、社会交际与交往等方面都会有所不同。例如,同是外出旅游,在交通工具以及食宿地点的选择上,高收入者与低收入者会有很大的不同。正因为收入是引起需求差别的一个直接而重要的因素,在诸如服装、化妆品、旅游、汽车等领域根据收入细分市场相当普遍。

(4) 职业与教育。职业与教育是指按消费者职业的不同、所受教育的不同以及由此引起的需求差别细分市场。消费者所受教育水平的不同也会造成其审美观具有很大的差异,如不同消费者对居室装修用品的品种、颜色等有不同的偏好。

(5) 家庭生命周期。一个家庭按年龄、婚姻和子女状况,可划分为七个阶段。在不同阶段,家庭购买力、家庭人员对商品的兴趣与偏好会有较大差别,如表 5-2 所示。

表 5-2 家庭生命周期各阶段及消费特点

家庭生命周期阶段	消 费 特 点
单身阶段	几乎没有经济负担,新消费观念的带头人,娱乐导向型购买
新婚阶段	购买力强,对耐用品、大件商品的需求强烈
满巢Ⅰ阶段	家庭用品购买的高峰期,不满足现有的经济状况,注意储蓄,购买较多的儿童用品
满巢Ⅱ阶段	经济状况较好,购买趋向理智型,受广告及其他市场营销刺激的影响相对减少,注重档次较高的商品及子女的教育投资
满巢Ⅲ阶段	经济状况仍然较好,配偶和子女皆有工作,注重储蓄,购买冷静、理智
空巢阶段	前期收入较高,购买力达到高峰期,较多购买老年人用品,如医疗保健品、娱乐及服务性消费支出增加;后期退休收入减少
独居未亡人阶段	收入锐减,特别注重情感、关注等需要及安全保障

除了上述几个变量,常用于市场细分的人口变量还有家庭规模、国籍、种族、宗教等。实际上,多数公司通常采用两个或两个以上人口统计变量来细分市场。

3. 按心理因素细分

按心理因素细分是指按照消费者的心理特征细分市场。主要变量包括社会阶层、生活方式、个性、态度等。

(1) 社会阶层。社会阶层是指在某一社会中具有相对同质性和持久性的群体。处于同一阶层的成员具有类似的价值观、兴趣爱好和行为方式,不同阶层的成员则在上述方面存在较大的差异,所以,识别不同社会阶层消费者所具有的不同特点,对于许多产品的市场细分将提供重要依据。

（2）生活方式。通俗地讲,生活方式是指一个人怎样生活。人们追求的生活方式各不相同,有的追求新潮时髦,有的追求简朴恬静,有的追求冒险刺激,有的追求稳定安逸。例如,汽车制造商为保守的消费者设计经济安全低污染的汽车,为玩车者设计华丽的、灵敏度高的汽车,就是依据生活方式细分市场。

（3）个性。个性是指一个人比较稳定的心理倾向与心理特征,它会导致一个人对其所处环境做出相对一致和持续不断的反应。俗语说:"人心不同,各如其面。"每个人的个性都会有所不同。通常,个性会通过自信、自主、支配、顺从、保守、适应等性格特征表现出来。因此,个性可以按这些性格特征进行分类,从而为企业细分市场提供依据。例如,女性由于个性的差异,在化妆品的选择上各有所好,基本上可以分为随意型、科学型、时髦型、本色型、唯美型、生态型六种类型,这对化妆品公司开发新产品很有参考价值。

（4）态度。企业还可根据消费者对产品的热心程度来细分市场。不同的消费者对同一产品的态度可能有很大差异,如有的喜欢持肯定态度,有的习惯于持否定态度,还有的则处于既不肯定也不否定的无所谓态度。针对持不同态度的消费群体进行市场细分并在广告、促销等方面应当有所不同。

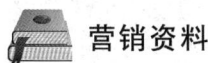 营销资料

VALS 细分模型

以心理测试为基础的可用于商业的最受欢迎的分类系统之一就是战略性商业洞察公司（strategic business insight）的价值观与生活方式（VALS）模型。

VALS 细分模型最主要的维度是消费者动机（水平维度）和消费者资源（垂直维度）。消费者被三种最主要动机(理想、成就和自我表达)中的一种所驱动。主要由理想驱动的人被知识和原则指导,由成就驱动的人追求那些可以在同龄人中展现成功的产品和服务,以动机为自我表达的消费者渴望社交和体育活动及多样化与风险性。活力、自信、理性主义、寻求新奇、创新、冲动、领导力和虚荣心这些人格特质与主要的人口统计特征相结合,决定一个人的资源。不同水平的资源增强或抑制一个人对其最主要动机的表达。由此,消费者被分为八种类型。

（1）创新者。拥有高自尊、成功、富有经验、积极、具有领导才能的人,所购物品通常反映出对较高级、有利基导向的产品和服务的偏好。

（2）思考者。受理想驱动,成熟、满足、深思熟虑的人,重视秩序、知识和责任,寻求产品的持久性、功能性和价值。

（3）成就者。关注事业和家庭,成功且有目标的人,喜欢能向同龄人展现成功的顶级产品。

（4）体验者。追寻多变和刺激,年轻、热情、有冲动的人,将大部分收入花费在时尚、娱乐和社交上。

（5）有信仰者。有着具体信念,保守、传统的人,偏好熟悉的产品,并对已建立的品牌很忠诚。

（6）奋斗者。资源有限、追求时髦、喜爱娱乐的人,喜欢时髦的产品,这样就可以模仿拥有更多物质财富的人的消费。

(7) 生产者。喜欢用自己的双手工作，脚踏实地、自给自足的人，因为实用目的或功能目的追寻产品。

(8) 幸存者。担心变化的、年长的、被动的人，对自己喜爱的品牌很忠诚。

资料来源：杨勇，陈建萍．市场营销：理论、案例与实训[M]．5版．北京：中国人民大学出版社，2023：147．

4. 按行为因素细分

按行为因素细分是指按照消费者的购买行为细分市场。许多人认为，行为变量能更直接地反映消费者的需求差异，因而成为市场细分的最佳起点。主要包括购买时机、追求利益、使用者状况、使用数量、品牌忠诚度五个变量。

(1) 购买时机。根据消费者提出需要、购买和使用产品的不同时机，可以将消费者划分成不同的群体。例如，旅游公司可根据旅游高峰时期和非高峰时期消费者的需求特点划分不同的细分市场并制定不同的营销策略。

(2) 追求利益。消费者购买某种产品总是为了解决某类问题，满足某种需要。然而，产品提供的利益往往并不是单一的，而是多方面的。消费者对这些利益的追求有着不同的侧重，例如，对于牙膏的购买，有的人追求保护牙龈，防止牙龈出血；有的人追求美白；有的人追求坚固牙齿；有的人追求口气清新。

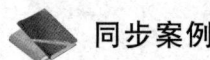

同步案例

万科地产客户群细分体系

万科将客户群细分为五类。

第一类，富贵之家。这类家庭不到用户总体的9%，他们处于社会中高端阶层，家庭成员高学历、高收入、高社会地位是他们最大的特征。很多家庭有开办公司，或担任公司中高层管理人员的人，是社会所认同的成功人士。他们把房屋的购买看成是自己事业上成功的标志，房屋成为一个社会标签，能够拉近或增加与周围同阶层人之间的联系，促使事业再上一个台阶。

第二类，社会新锐。这类家庭占总体的29%。家庭主要成员比较年轻，但是学历较高，收入仅次于成功家庭。没有孩子的比例高于其他家庭，很多家庭孩子年龄较小。这类家庭对房屋的社会标签价值有深深认同，认为买房可以给自己脸上增光，但是他们更加看重的是这种荣耀给自己心理上带来的享受。房屋的物理特征上强调的是个性特征，能够体现个人的生活品位，独一无二的情调。同时这类家庭注重和朋友一起分享生活中的快乐时刻，房屋既是下班后放松工作压力的地方，也是最好的朋友聚会、休闲场所。

第三类，望子成龙。比例为31%。这些家庭收入水平一般，以孩子为生活核心是这类家庭的最大特点。小孩的健康成长，是他们精神上的寄托。这类家庭对房屋有一种心理上的依赖。房屋能够为孩子提供健康成长的地方，也在物质和精神上给他们一种安定的感觉。

第四类，健康养老。这个类型的家庭占总体比例6%。其最大的特点就是家庭结构趋向老龄化，或者虽然家里目前没有老人，但将会接来老人住新房子。房屋价值，要么是老年人自己为安享晚年买房，要么是子女为孝敬父母而给老人买房，对和父母同住的子女来说，房屋是照顾老人的地方。

第五类,务实之家。比例约为25%。这类家庭的收入不是很高,还处在事业的起点和奋斗期,一般还是做着基层的工作。这类家庭对价格非常敏感,他们对房屋的购买也带有务实的观点,从自己现有的经济能力,未来事业的发展以及对未来生活的设想出发来买房。

资料来源:屈冠银.市场营销理论与实训教程[M].3版.北京:机械工业出版社,2018:104.

(3) 使用者状况。根据顾客是否使用和使用程度细分市场,通常可分为经常购买者、首次购买者、潜在购买者和非购买者。大公司往往注重将潜在使用者变为实际使用者,较小的公司则注重于保持现有使用者,并设法吸引使用竞争产品的顾客转而使用本公司产品。

(4) 使用数量。根据消费者使用某一产品的数量大小细分市场。通常可分为大量使用者、中度使用者和轻度使用者。大量使用者人数可能并不是很多,但他们的消费量在全部消费量中占很大比重。例如,美国一家公司发现,美国80%的啤酒是被20%的顾客消费掉的,另外一半顾客的消耗量只占消耗总量的20%,因此,啤酒公司宁愿吸引大量饮用啤酒者,而放弃轻度饮用啤酒者,并把大量饮用啤酒者作为目标市场。公司还进一步了解到大量喝啤酒的人多是工人,年龄在25~50岁,喜欢观看体育节目,每天看电视的时间为3~5小时。根据这些信息,企业可以改进其在定价、广告传播等方面的策略。

(5) 品牌忠诚度。企业还可根据消费者对产品的忠诚度细分市场,将消费者划分为绝对品牌忠诚者、多品牌忠诚者、变换型品牌忠诚者和非品牌忠诚者。通过了解消费者品牌忠诚情况和品牌忠诚者与品牌转换者的各种行为和心理特征,不仅可为企业细分市场提供基础,同时帮助企业了解为什么有些消费者忠诚于本企业产品,而另外一些消费者则忠诚于竞争企业的产品,从而为企业选择目标市场提供启示。

文本:[营销资料]
生产者市场
细分标准

5.1.3 市场细分的方法

细分市场的具体方法主要包括单一因素法、系列因素法和综合因素法。

1. 单一因素法

根据影响消费者需求的某一个重要因素进行市场细分。例如,服装企业按性别细分市场可分为男装和女装;按气候的不同则可分为春装、夏装、秋装和冬装。电饭煲市场可以按家庭人口数量,把整体市场分成三个部分,即1~2人、3~4人、5人以上。

2. 系列因素法

根据企业经营特点并按照影响消费者需求的诸因素,由粗到细地进行市场细分,每下一步的细分均在上一步选定的子市场中进行,如图5-1所示。细分过程其实也就是比较、选择目标市场的过程。这种方法可使目标市场更加明确而具体,有利于企业更好地制定相应的市场营销策略。

微课:市场
细分的方法

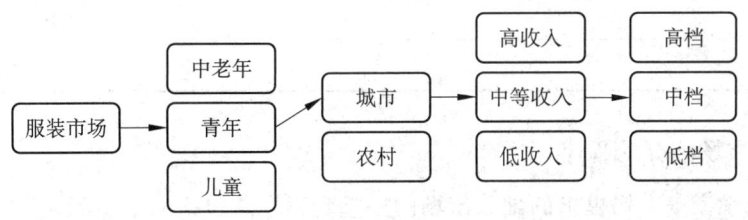

图5-1 系列因素法

从理论上讲，细分市场时使用的因素越多，分得越细，越容易找到市场机会。当然，操作起来也越麻烦，成本越高。所以，在细分某一个具体市场时，究竟使用几个因素为好，要综合权衡确定，既不是越少越好，也不是越多越好。

3. 综合因素法

根据影响消费者需求的两种或两种以上的因素进行市场细分，例如，根据消费者年龄、性别、收入将服装市场分割成18个子市场，如图5-2所示。

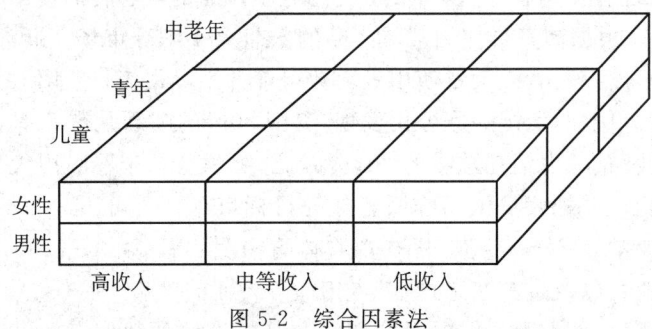

图5-2 综合因素法

学习活动：云南白药是驰名世界的中成药，具有化瘀止血、活血止痛、解毒消肿的功效。问世百余年来，云南白药以其独特的功效被誉为"中华瑰宝，伤科圣药"，也由此蜚声海内外。2005年，云南白药牙膏上市，成功开拓了功能性牙膏高端市场的新大陆。2021年，云南白药的营业收入突破360亿元，其牙膏业务贡献了一大部分，使它一举成为医药产品进军日化领域的成功典范。

云南白药牙膏以云南白药的独有性、药理的广博性、药效的确切性获得了消费者的充分信任。云南白药牙膏在营销传播中主打对"牙龈出血、牙龈肿痛、口腔溃疡"这三大类症状的缓解效果，不仅吻合老百姓熟知的云南白药"止血、止痛、消炎"的功效，还能给消费者购买云南白药牙膏带来一种"紧迫感"。

在使用牙膏产品时，追求不同利益的消费者群体都有特定的人口统计特征和行为、心理特征，在各细分市场上都有一些偏爱品牌。以小组为单位，搜寻生活中所接触过的牙膏产品及市场细分情况，完成表5-3。

表5-3 牙膏市场细分

细分市场	追求利益	人口统计特征	行为特征	心理特征	品牌偏好
1					
2					
3					
4					

5.1.4 市场细分的程序

市场营销学家麦卡锡提出的细分市场的一整套程序共包括七个步骤。

步骤一：选定产品市场范围，即确定进入什么行业，生产什么产品。产品市场范围应以顾客的需求，而不是产品本身特性来确定。例如，某一房地产公司打算在乡间建造一幢简朴的住宅，若只考虑产品特征，该公司可能认为这幢住宅的出租对象是低收入顾客。但从市场需求度看，高收入者也可能是这幢住宅的潜在顾客。因为高收入者在住腻了高楼大厦之后，恰恰可能向往乡间的清静，从而可能成为这种住宅的顾客。

动画：市场细分的程序

步骤二：列举潜在顾客的基本需求。例如，公司可以通过调查，了解潜在消费者对前述住宅的基本需求。这些需求可能包括能遮风避雨、安全、方便、宁静，设计合理，室内陈设完备，工程质量好等。

步骤三：了解不同潜在用户的不同要求。对于列举出来的基本需求，不同顾客强调的侧重点可能会存在差异。例如，经济、安全、能遮风避雨是所有顾客共同强调的，但有的用户可能重视生活的方便，另外一类用户则对环境的安静、内部装修等有很高要求。通过这种差异比较，不同的顾客群体即可初步被识别出来。

步骤四：抽掉潜在顾客的共同要求，而以特殊需求作为细分标准。上述所列购房的共同要求固然重要，但不能作为市场细分的基础。例如，遮风避雨、安全是每位用户的要求，就不能作为细分市场的标准，因而应该剔除。

步骤五：根据潜在顾客基本需求上的差异方面，将其划分为不同的群体或子市场，并赋予每一子市场一定的名称。例如，西方房地产公司常把购房的顾客分为好动者、老成者、新婚者、度假者等多个子市场，并据此采用不同的营销策略。

步骤六：进一步分析每一细分市场需求与购买行为的特点，并分析其原因，以便在此基础上决定是否可以对这些细分市场进行合并，或作进一步细分。

步骤七：估计每一细分市场的规模，即在调查基础上估计每一细分市场的顾客数量、购买频率及平均每次的购买数量等，并对细分市场上产品竞争状况及发展趋势做出分析。

 同步案例

欧莱雅集团在中国的市场细分策略

巴黎欧莱雅进入中国市场采取了独特的市场细分策略。

首先，公司从产品的使用对象进行细分，主要分成普通消费者用化妆品、专业使用的化妆品。

其次，公司将化妆产品的品种按照彩妆、护肤、染发护发等细分，同时，对每一品种按照化妆部位、颜色等再进一步细分，如按照人体部位不同将彩妆分为口红、眼膏、睫毛膏等。

然后，按照中国地域广阔的特征，鉴于南北、东西地区气候、习俗、文化等的不同，人们对化妆品的偏好具有明显的差异。如南方由于气温高，人们一般比较少做白日妆，而是喜欢使用清淡的妆饰，但北方则相反。

最后，又采用了其他相关细分方法，如按照原材料的不同有专门的纯自然产品；按照年龄细分，欧莱雅策略重点聚焦在进一步突破创新以赢得"80后""90后""00后"消费者的青睐。

由于欧莱雅集团属于世界顶级品牌，所以欧莱雅集团引入中国的品牌定位于中高档，主要分为大众品牌和高档品牌。但随着竞争的加剧，欧莱雅集团的大众品牌价格开始有意识地下调，使大众品牌中又分为不同档次，其最低价格已经接近国内品牌化妆品的价格，从而开始了中低市场的争夺。欧莱雅在中国的品牌框架也是采用金字塔品牌策略，包括高端、中端和低端三个市场。

资料来源：杨群祥. 市场营销概论——理论、实务、案例、实训[M]. 3版. 北京：高等教育出版社，2019：70.

学习活动：为下列产品或服务进行市场细分：

A. 手机　B. 汽车　C. 旅游　D. 计算机

上述产品或服务可以依据多个标准进行细分，找出较佳的细分标准，并和市场实际相比较，看看真实的市场中上述产品是如何细分的。

5.2 目标市场选择

任何企业拓展市场，都应在细分市场的基础上发现可能的目标市场并对其进行选择。目标市场是指在市场细分的基础上，企业经过分析、比较和选择，决定作为自己服务对象的一个或几个子市场。企业之所以要选择目标市场，是因为对企业来说，并非所有的细分市场和可能的目标市场都是企业所愿意进入和能进入的。作为一个企业，无论规模多大，实力多强，都无法满足所有买主的需求。由于资源的限制，企业不可能有足够的人、财、物力来满足整体市场的需求。因此，为保证企业的营销效率，避免资源的浪费，必须把企业的营销活动局限在一定的市场范围内。否则势必会分散企业的力量，达不到预期的营销目标。鉴于上述原因，企业必须在细分市场的基础上，根据自身的资源优势，权衡利弊，选择合适的目标市场。

微课：目标市场选择

5.2.1 目标市场的分析与评估

市场细分使企业所面临的市场机会充分得以显示，但并不意味着进行市场细分以后，每一个细分市场都值得进入，企业必须对其进行评估，以使企业的营销资源与最佳的市场机会相结合。因此，在市场细分的基础上，企业应对各个细分市场的盈利潜量、增长率、市场结构等方面进行评估，在综合比较、分析的基础上，从中选择一个或几个细分市场作为目标市场。

企业选择目标市场，需要从以下几方面进行评估。

1. 细分市场潜量

细分市场潜量是一定时期内，在消费者愿意支付的价格水平下，经过相应的市场营销努力，产品在该细分市场可能达到的销售规模。市场潜量是从行业的角度考虑某一产品的市场需求的极限值，是企业制定营销决策的前提，市场潜量的预测需要对社会商品的购买力、购买力指数、居民消费动向、生产规模和商品库存等进行必要的调查研究。

对细分市场潜量分析的评估十分重要。如果市场狭小，没有发掘潜力，企业进入后就没有发展前途。市场潜量不仅指现实的消费需求，也包括潜在需求。从长远利益看，消费者的潜在需求对企业更具吸引力。细分市场只有存在着尚未满足的需求，才需要企业提供产品，企业也才能有利可图。

2. 细分市场增长率

这项评估主要研究潜在细分市场是否具有适当的增长率。一般来说，较高的市场增长率会带来较多的利润总额，所有企业都希望目标市场的销售量和利润具有良好的上升趋势，但竞争者也会迅速进入快速增长的市场，从而使利润率下降。

3. 细分市场结构

一个具有市场潜量和成长率的细分市场，又可能面临激烈的竞争。著名管理学家迈克尔·波特认为，一个企业在市场中的竞争地位取决于五个主体：行业竞争者、潜在进入者、替代者、购买者和供应者。在一个细分市场中，如果许多势均力敌的竞争者同时步入或参与该细分市场，或一个细分市场上已有很多颇具实力的竞争企业，那么，该细分市场的吸引力就会下降，尤其是当该细分市场已趋向饱和或萎缩时。潜在进入者既包括在其他细分市场中的同行企业，也包括那些目前不在该行业经营的企业，如果该细分市场的进入障碍较低，则该细分市场的吸引力也会下降。替代者的产品从某种意义上限制了该细分市场的潜在收益，替代品的价格越有吸引力，该细分市场增加盈利的可能性就被限制得越紧，从而使该细分市场吸引力下降。购买者和供应者对细分市场的影响表现在他们的议价能力上。如果某细分市场，购买者的压价能力很强，或供应者有能力抬高价格或降低所供产品的质量或服务，那么该市场的吸引力就下降。

4. 细分市场特征与企业资源优势的吻合程度

企业所选择的目标市场应该是企业能充分发挥自身优势和力所能及的。对一些适合企业目标的细分市场，企业必须考虑它是否具有在该市场获得成功所需要的技术水平、资金实力、经营规模、地理位置、管理能力等资源条件。所谓优势是指企业的能力较竞争者略胜一筹。如果企业进入的是自身不能发挥优势的细分市场，那就无法在市场上站稳脚跟。

5.2.2 目标市场的选择模式

通过对有关细分市场进行评估，企业会发现一个或几个值得进入的细分市场。这时，企业需要进行选择，也就是决定进入哪个或哪几个细分市场。企业选择目标市场模式主要有以下五种类型，如图 5-3 所示。图中 P_1、P_2、P_3 代表不同档次、规格的产品，M_1、M_2、M_3 代表不同的细分市场。

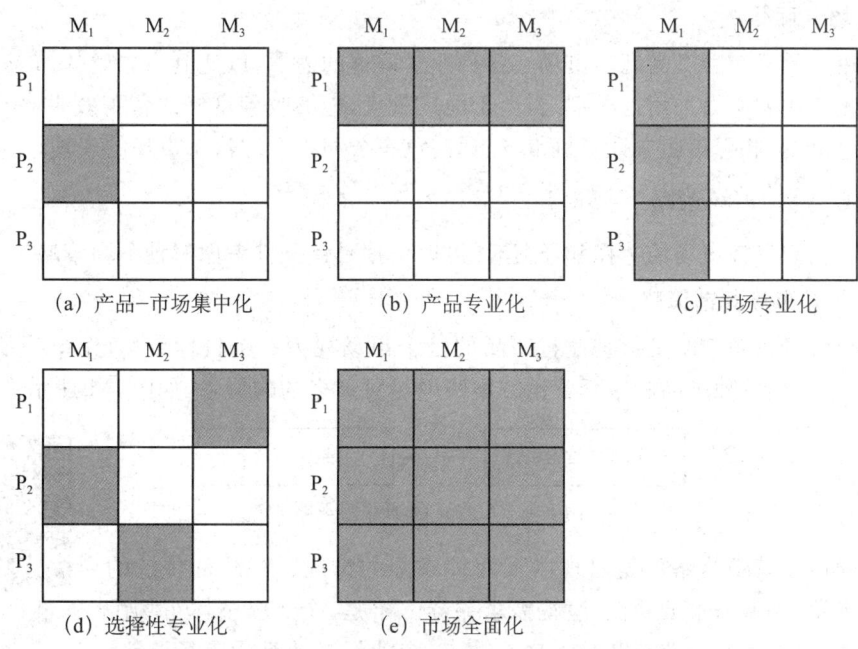

图 5-3 目标市场选择的五种模式

1. 产品-市场集中化

这是一种最简单的目标市场涵盖战略,即企业只选取一个子市场为目标市场,然后集中人、财、物等资源生产单一产品满足其需要。例如,大众汽车公司集中经营小汽车市场;或某服装厂只生产儿童服装,满足儿童对服装的需要。

当企业基于以下几种考虑时,可以选择产品-市场集中化战略:当企业具备在该细分市场从事专业化经营或取胜的优势条件;或限于资金能力,只能经营一个细分市场;或该细分市场中没有竞争对手;或企业准备以此为出发点,待取得成功后,再向更多的细分市场扩展。

2. 产品专业化

企业以一种产品向若干个子市场出售。例如,空调生产企业同时向家庭、科研单位、饭店、宾馆销售不同的空调器,而不生产顾客群可能需要的其他电器。这种策略既有利于发挥企业生产、技术潜力,分散经营风险,又可以在某个产品方面树立起很高的声誉。不足之处是,科学技术的发展对企业威胁较大,一旦在这一生产领域出现全新技术,市场需求就会大幅萎缩。

3. 市场专业化

企业面向某一子市场,以多种产品满足其需要。例如,一些电器企业,专门生产家用冰箱、电视、空调、洗衣机等,以满足家庭对各种电器的需要。这一策略可以充分利用企业资源,扩大企业影响,分散经营风险。不过,一旦目标顾客购买力下降,或减少购买开支,企业收益就会明显下降。

4. 选择性专业化

选择性专业化,即企业选择若干个子市场为目标市场,并分别以不同的产品满足其需要。每个细分市场在客观上都有吸引力,并且符合公司的目标和资源。但各细分市场之间很少有或根本没有任何联系,然而每个细分市场都有可能赢利。这实际上是一种多角化经营模式,它可以较好地分散经营风险,有较大的回旋余地,即使某个市场失利,也不会使企业陷入绝境,仍可继续在其他细分市场获取利润。但它需要企业具备较强的资源和营销实力。

5. 市场全面化

企业用一种或多种产品满足市场上各种顾客群体的需要,以达到占领整体市场的目的。只有大型企业才有实力采用这种模式,由于面广量大,能够收到良好的营销效果,例如,海尔集团在家电市场、联想集团在计算机市场、通用汽车公司在全球汽车市场的表现。

5.2.3 目标市场策略

企业在决定目标市场的选择和经营时,可以根据具体条件考虑三种不同策略。

1. 无差异市场营销策略

无差异市场营销策略是指企业将产品的整个市场视为一个目标市场,用单一的营销策略开拓市场,即用一种产品和一套营销方案吸引尽可能多的购买者,如图5-4所示。

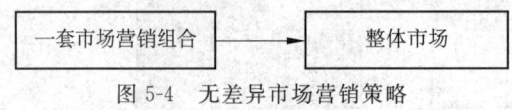

图 5-4 无差异市场营销策略

微课:目标市场策略

无差异市场营销策略可能出现以下两种不同的情况:第一,从传统的产品观念出发,强调需求的共性,漠视需求差异。于是,企业为整体市场生产标准化产品,并实行无差异营销策略。第二,企业经过认真的市场调研,发现某一产品的市场需求大致相同、差异很小,在客观上可以采取大致相同的市场营销策略。例如,可口可乐公司在20世纪60年代以前曾以单一口味的品种、统一的价格和瓶装、同一广告主题将产品面向所有顾客,就是采取了无差异市场营销策略。

采用无差异市场营销策略的最大优点是成本的经济性。生产单一产品,可以减少生产和储运成本;无差异的广告宣传和其他促销活动可以节省促销费用;不搞市场细分,可以减少企业在市场调研、产品开发、制定各种营销组合方案等方面的一个营销投入。这种策略对于需求广泛、市场同质性高且能大量生产、大量销售的产品(如食盐、面粉、白糖等)是比较合适的。

但是,对于大多数产品,无差异市场营销策略并不一定合适。首先,消费者需求客观上千差万别并不断变化,一种产品长期为所有消费者和用户所接受非常罕见。其次,当众多企业如法炮制,都采用这一策略时,会造成市场竞争异常激烈,同时在一些小的细分市场上消费者需求得不到满足,这对企业和消费者都是不利的。最后,易于受到竞争企业的攻击。当其他企业针对不同细分市场提供更有特色的产品和服务时,采用无差异策略的企业可能会发现自己的市场正在遭到蚕食但又无法有效地予以反击。所以实行这种策略,就某一个企业来说要取得理想的经济效益是很难的。因此,一些曾经长期实行无差异营销策略的大企业最后也被迫改弦易辙,转而实行差异性营销策略。例如,被视为实行无差异营销典范的可口可乐公司,面对百事可乐等企业的强劲攻势,也不得不改变原来的策略,一方面向非可乐饮料市场进军,另一方面针对顾客的不同需要推出多种类型的新可乐。

2. 差异性市场营销策略

差异性市场营销策略是将整体市场划分为若干细分市场,针对每一细分市场的需求差异制定一套独立的营销方案(图5-5)。例如,狮王化工公司将产品细分为美白用的狮王洁白牙膏、医疗用的狮王药用牙膏、吸烟者用的狮王渍脱牙膏等,并采用不同的营销组合方案,在牙膏市场上创造了很高的市场占有率。

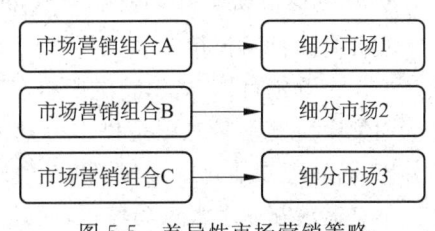

图5-5 差异性市场营销策略

差异性营销策略的优点是小批量,多品种,生产机动灵活、针对性强,使消费者需求能够得到更好的满足,由此促进产品销售。此外,由于企业是在多个细分市场上经营,一定程度上可以减少经营风险;一旦企业在几个细分市场上获得成功,有助于提高企业的形象及市场占有率。

而差异性营销策略的不足之处主要体现在两个方面:一是增加营销成本。由于产品品种多,管理和存货成本将增加;由于公司必须针对不同细分市场发展独立的营销计划,会增加企业在市场调研、促销和渠道管理等方面的营销成本。二是可能使企业的资源配置不能有效集中,顾此失彼,甚至在企业内部出现彼此争夺资源的现象,使拳头产品难以形成优势。

 **同步案例**

顺丰优选营销策略

优选是顺丰速运集团旗下电商网站,2012年5月31日上线,定位于中高端食品B2C。

该平台借助顺丰速递在物流和品牌方面的优势,开展进口食品和各地特产的采购和运输。诞生之初,顺丰优选就定位于别人不敢轻易涉足的"食品生鲜",力图开辟一条全新的电商品质之路。之所以从生鲜食品起步,因食品生鲜领域对配送环节的仓储、运输设备的温控要求比较高,冷链运输的投资更为庞大,尚是蓝海。

为满足不同食物的存储要求,顺丰优选建立了大型食品仓储基地,在配送过程中,根据需要采用常温、冷冻、冷藏三种配送方式,确保将最新鲜的商品第一时间配送到消费者手上。顺丰优选新推"时令优选"板块,供淘客选购节日、时令、产地特有特色优质商品,在一定程度上丰富了现有电商经营模式。力求原产地直采,省去中间多道环节,以最快速度将最新鲜、最优质产品运送至消费者手中;在产品的特色度上,将突出时令优选、生鲜专区和全球选品,更加体现出顺丰独具特色的精准定位和品质为先的营销策略。目前,包括水果、肉、水产、奶在内的生鲜频道占整个优选销售额的50%。

由此可知,顺丰优选采用的是差异性营销策略。生鲜领域是网络零售商最难以征服的领域之一,顺丰优选通过原产地直采,依托顺丰速递在物流和品牌方面的优势,以最快速度将最新鲜、最优质产品运送至消费者手中,延伸到别人不敢做的食品生鲜,鲜明特色赢得消费者的广泛认可。顺丰速递逐渐积累的冷链宅配经验,将有助于延伸产业链,进一步实施差异化市场营销策略。

资料来源:杨群祥. 市场营销概论——理论、实务、案例、实训[M]. 3版. 北京:高等教育出版社,2019:73.

3. 集中性市场营销策略(密集性市场营销策略)

实行差异性营销策略和无差异营销策略,企业均是以整体市场作为营销目标,试图满足所有消费者在某一方面的需要。而集中性营销策略则是集中力量进入一个或少数几个细分市场;实行专业化生产和销售(图5-6)。实行这一策略,企业不是追求在一个大市场角逐,而是力求在一个或几个子市场占有较大份额。例如,生产空调的企业不是生产各种型号和款式、面向不同顾客和用户的空调,而是专门生产安装在汽车内的空调。又如,汽车轮胎制造企业只生产用于换胎业务的轮胎,均是采用此策略。

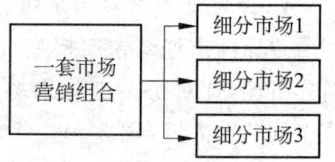

图5-6 集中性市场营销策略

集中性营销策略的指导思想是与其四处出击收效甚微,不如突破一点取得成功。这一策略特别适合于资源力量有限的中小企业,因为其受财力、技术等方面因素制约,在整体市场可能无力与大企业抗衡,但如果其集中资源优势,在大企业尚未顾及或尚未建立绝对优势的某个或某几个细分市场进行竞争,成功的可能性更大。

集中性营销策略的局限性体现在两个方面:一是市场区域相对较小,企业发展受到限制;二是潜伏着较大的经营风险,一旦目标市场突然发生变化,如消费者趣味发生转移,或强大竞争对手进入,或新的更有吸引力的替代品出现,都可能使企业因没有回旋余地而陷入困境。

营销人员在实践中应该根据市场具体情况,综合分析应采取哪种目标市场营销策略。而且,出于各种考虑,企业往往会在不同时期、不同市场、不同的产品项目上,采取不同的营销策略,实行多种目标市场营销策略的组合。

5.2.4 影响目标市场策略选择的因素

1. 企业资源或实力

当企业生产、技术、营销、财务等方面实力很强时,可以考虑采用差异性或无差异市场营销策略;资源有限,实力不强时,采用集中性营销策略效果更好。

2. 产品同质性

产品同质性是指在消费者眼中,不同企业生产的产品在性能、特点等方面的相似程度。相似程度越高,同质性越高;反之,则同质性越低。对于大米、食盐、钢铁等产品,尽管每种产品因产地和生产企业的不同会有些品质差别,但消费者可能并不十分看重。此时,竞争将主要集中在价格上。这样的产品适合采用无差异营销策略。对于服装、化妆品、汽车等产品,由于在型号、式样、规格等方面存在较大差别,产品选择性强,同质性较低,因而更适合于采用差异性或集中性营销策略。

3. 市场同质性

市场同质性是指各细分市场顾客需求、购买行为等方面的相似程度。市场同质性高,意味着各细分市场相似程度高,不同顾客对同一营销方案的反应大致相同。此时,企业可考虑采取无差异营销策略;反之,则适宜采用差异性或集中性营销策略。

4. 产品所处生命周期的不同阶段

产品处于导入期,同类竞争品不多,竞争不激烈,企业可采用无差异营销策略。当产品进入成长期或成熟期,同类产品增多,竞争日益激烈,为确立竞争优势,企业可考虑采用差异性营销策略。当产品步入衰退期,为保持市场地位,延长产品生命周期,全力对付竞争者,可考虑采用集中性营销策略。

5. 竞争者的市场营销策略

企业选择目标市场策略时,一定要充分考虑竞争者尤其是主要竞争对手的营销策略。一般来说,一个企业的目标市场营销策略应与竞争者有所区别,反其道而行之。如果强大的竞争对手实行的是无差异市场营销,则企业应实行集中市场营销或更深一层的差异市场营销;如果企业面临的是较弱的竞争者,必要时可采取与之相同的策略,凭借实力击败竞争对手。

学习活动:各团队选择一家自己熟悉的企业,根据该企业的产品及市场状况,讨论分析企业采取的是哪种目标市场策略及该策略给企业带来的优势和劣势分别是什么,并派代表进行分享。

5.3 市场定位

企业在市场细分的基础上选择了自己的目标市场,并确定了目标市场营销策略,这就明确了企业的服务对象和经营范围。接下来的问题是企业要在目标市场上进行定位。

5.3.1 市场定位的概念

1969年,杰克·特劳特(Jack Trout)撰写的论文《定位:同质化时代的竞争之道》中首次提出了"定位"(positioning)的概念。1970年,菲利普·科特勒将定位概念引入营销理论之中,作为4P之前最重要的"另一个P",以引领企业营销活动的方向。1981年艾·里斯(Al Ries)与杰克·特劳特

微课:市场
定位概述

共同出版了学术专著《定位》(Positioning: The Battle for Your Mind),使"定位"很快成为营销理论架构中最富有价值的战略思想之一。

市场定位,也称产品定位或竞争性定位,是根据竞争者现有产品在细分市场上所处的地位和顾客对产品某些属性的重视程度,塑造出本企业产品与众不同的鲜明个性或形象并传递给目标顾客,使产品在市场上占有一定优势。市场定位的实质是使本企业与其他企业严格区分开来,使顾客明显感觉和认识到这种差别,从而使企业和产品在顾客心目中占有特殊的位置。

需要指出的是,市场定位中所指的产品差异化与传统的产品差异化概念有本质区别,它不是从生产者角度出发单纯追求产品变异,而是在对市场分析和细分化的基础上,寻求建立某种产品特色,因而它是现代市场营销观念的体现。产品差异化是实现市场定位的手段,但并不是市场定位的全部内容。市场定位不仅强调产品差异,而且要通过产品差异建立独特的市场形象,赢得顾客的认同。

思政园地

节能家电真的节能吗

2012年,我国出台包括平板电视、空调、冰箱、洗衣机和热水器五大类家电节能补贴政策,补贴金额从100元到400元不等,支持节能家电推广使用。各大品牌家电定位节能减耗吸引消费者购买。那么市场上的家电产品所标的能耗标识,真的是名副其实的能耗等级吗?

动画:[思政园地]
节能家电真的
节能吗

上海市质量技术监督局发布2012年家用洗衣机、电冰箱及电视机等家电产品抽查结果,结果表明,17批次洗衣机中,5批次不合格,其中包括威力、康佳、小鸭、松下、LG等品牌,不合格项目涉及洗净性能、耗电量和能效等级等;24批次电冰箱中3批次不合格,包括威力、金松、华普等国内品牌,不合格项目涉及储藏温度、耗电量、能效等级等;26批次电视机中2批次不合格,分别是长虹和THTF,不合格项目为能效等级。值得注意的是,这些品牌的不合格项目中,能效等级及耗电量等相关项目占了90%多。

检测发现市场上不少节能家电达不到标注的节能等级,一方面消费者要为这些所谓的节能家电支付更多的水费、电费,增加了消费支出,另一方面更重要的是,这些所谓的节能家电达不到节能降耗、保护环境的目的。

那案例中存在怎样的道德伦理问题呢?

很多家电企业为了骗取节能补贴和吸引消费者购买,虚标能效等级,不仅欺骗了不明真相的消费者,也让节能减排成为企业牟利的工具。国家补贴节能家电,目的是为了鼓励生产厂家通过技术创新等方式,提高家电的节能水平,为消费者节省能源开支,同时减少能源的消耗,节约能源就是保护我们赖以生存的环境。因此,企业在遵循市场定位规则的同时,更要保证所宣传的产品与实际相符,保持诚信,诚实经营,不欺骗消费者,也要承担起保护环境的社会责任。

资料来源:杨群祥. 市场营销概论——理论、实务、案例、实训[M]. 3版. 北京:高等教育出版社,2019:76.

5.3.2 市场定位的步骤

市场定位的全过程可以通过以下几个步骤完成。

1. 明确企业潜在的竞争优势

这一步骤的中心任务是要回答三大问题：一是竞争对手的产品定位如何；二是目标市场上顾客的欲望满足程度如何且还需要什么；三是针对竞争者的市场定位和潜在顾客真正需要的利益，要求企业应该和能够做什么。要回答这三个问题，企业市场营销人员必须通过一切调研手段，系统地设计、搜索、分析并报告上述问题有关的资料和研究结果。通过回答上述三个问题，企业就可从中把握和确定自己的潜在竞争优势在何处。

2. 选择企业相对的竞争优势和市场定位策略

相对的竞争优势是指企业能够胜过竞争者的能力。有的是现有的，有的是具备发展潜力的，还有的是可以通过努力创造的。简而言之，相对的竞争优势是企业能够比竞争者做得更好的方面。准确地选择相对竞争优势就是一个企业在各方面的实力与竞争者的实力相比较的过程。比较的指标应是一个完整的体系，只有这样，才能准确地选择相对竞争优势。通常的方法是分析、比较企业与竞争者在下列七个方面究竟哪些是强项，哪些是弱项。

（1）经营管理方面。主要考察领导能力、决策水平、计划能力、组织能力以及个人应变的经验等指标。

（2）技术开发方面。主要分析技术资源（如专利、技术诀窍等）、技术手段、技术人员能力和资金来源是否充足等指标。

（3）采购方面。主要分析采购方法、存储及运输系统、供应商合作以及采购人员能力等指标。

（4）生产方面。主要分析生产能力、技术装备、生产过程控制以及职工素质等指标。

（5）市场营销方面。主要分析销售能力、分销网络、市场研究、服务与销售战略、广告、资金来源，以及市场营销人员的能力等指标。

（6）财务方面。主要考察长期资金和短期资金的来源，以及资金成本、支付能力、现金流量、财务制度与人员素质等指标。

（7）产品方面。主要考察可利用的特色、价格、质量、支付条件、包装、服务、市场占有率、信誉等指标。

通过对上述指标体系的分析与比较，选出最适合本企业的优势项目。

弗雷德·克劳福德和瑞安·马修斯两位学者通过对世界著名成功企业的研究，总结出它们成功的共同特征：产品稳定、价格诚实、距离便利（易接近）、独特体验和服务践诺。调查结果显示：最出色的公司也只是在五个属性中的一个上有绝对优势，在另一个上保持领先，而在其他三个属性上保持平均水平。因而，企业真正要做的就是选择把哪一个属性做得最出色，把另一个属性做得优秀，而把其余三个属性做成平均水平。这个过程就是市场定位的过程。例如，王老吉的成功在于预防上火的定位，星巴克的成功在于独特体验，而实际上它们的产品与同行并没有本质的不同。

3. 准确地传播企业的市场定位

对企业来说，第一是要找到定位，第二是要不断地去强化这一定位。这样，才能被顾客所牢记，并在需求产生时，首先想到进而购买其产品或服务。例如，鲁花的成功，就在于首先找到了自己的潜在优势——创新的 5S 纯物理压榨工艺。然后,选择中央电视台作为传播平台,反复向消费者灌输这一定位。鲁花的"手掰花生"电视广告从投放以来保持不变。正如鲁花董事长所说:"鲁花的广告一直不变,就是要不断地向消费者传递同一个声音。"鲁花花生油"纯香+健康"的诉求在消费者脑海中产生了"花生油就是鲁花,鲁花就是花生油"的深刻印象,获得了定位上的竞争优势,最终成为花生油细分市场的第一品牌。

5.3.3 市场定位的方法

1. 第一定位

企业通过强调自己在市场上明显的优势地位,来突出自己的特点,从而让目标市场顾客对企业有深刻的印象。通常,人们对"第一"会予以更多的关注,也就是说,"第一"的定位选择,最容易让顾客记住。例如,可口可乐公司通过"只有可口可乐,才是真正的可乐"的口号来有效强调自己的市场领先地位。

文本:[营销资料]
定位传播

2. 比附定位

比附定位就是攀附名牌的定位策略。企业通过各种方法和同行中的知名品牌建立一种内在联系,使自己的品牌迅速进入消费者的心智,占据一个牢固的位置。例如,20 世纪 60 年代,DDB 广告公司为爱维斯汽车租赁公司创作的广告"老二宣言",便是运用比附定位取得成功的经典。因为巧妙地与市场领导品牌建立联系,爱维斯的市场份额上升 28%,大幅拉开了与行业排名老三的国民公司的距离。

微课:市场定位的方法和策略

3. 档次定位

企业及产品的价值是产品质量、顾客心理感受和各种社会因素(如价值观、文化传统等)的综合反映。定位高档的产品,既传达了产品(服务)高品质的信息,同时也体现了顾客对它的认同。因此,档次具备了实物之外的价值,可以给目标顾客带来一定的优越感。高档次产品往往通过高价位来体现其价值。例如,劳力士表价格高达几万甚至更多,是手表品牌中的至尊,也是财富与地位的象征。

4. 使用者定位

使用者定位是指企业通过明确指出其产品使用者,根据使用者的心理与行为特征及特定消费模式塑造出恰当的形象来展示其产品的定位。例如,金利来靠一句"金利来领带,男人的世界"而风靡全国,成为我国专为男人打造服饰的著名品牌。再如,"男人的衣柜,海澜之家""百事可乐,年青一代的选择"都是根据使用者的不同加以定位。

5. 类别定位

类别定位是把产品与某种特定的产品种类联系起来,以成为某类产品的代名词或领导品牌,力求当顾客有了某类特定需求时就会联想到该品牌。例如,七喜汽水宣称自己是"非可乐"型饮料,云南白药牙膏定位"非传统牙膏"以及王老吉宣称"是饮料不是药"的品牌定位。

6. 文化定位

将某种文化内涵注入企业产品特色之中,使产品形成具有文化内涵的差异的定位。文化定位不仅可以大幅提高企业产品的品位,而且可以使其形象独具特色。例如,当年的孔府家酒就是文化定位的成功者。按中国的传统风俗,喜庆的日子必定会欢聚,而酒是饭桌上不可或缺的东西。孔府家酒正是牢牢把握这一点,将自己定位于"家酒",引发消费者关于此方面的联想,使其作为"家酒"在消费者心目中具有不可动摇的地位。毋庸置疑,提起孔府家酒,人们就会不由自主地在脑海中勾画出合家团聚的喜庆场面,"孔府家酒,叫人想家"的温馨也自然萦绕左右。

7. 利益定位

利益定位也称功能定位,是以产品能带给消费者的独特利益为基点的定位方法。运用利益定位,在同类产品品牌众多、竞争激烈的情形下,可以突出品牌的特点和优势,让消费者按自身偏好和对某一品牌利益的重视程度,更迅捷地选择商品。例如,高露洁突出"没有蛀牙"的功效,王老吉强调"预防上火",舒肤佳强调"除菌"。现在,一些企业已经开始实践产品的多重定位,如佳洁士炫白牙膏定位在"美白牙齿、清新口气、去除牙菌斑"多重功效。

 同步案例

品牌定位助力王老吉成功逆袭

中国的饮料市场可谓群雄并立,几家大型领头企业牢牢把握住了市场资源,王老吉要在这样恶劣的生态环境中寻求自己的一片发展空间并不容易。2002年以前,王老吉面对很大的困扰,最核心的问题就是:红罐王老吉是当凉茶卖,还是当饮料卖?消费者对王老吉的认知混乱。别说消费者,就连企业也不知道自己生产的饮料的定位。传统的广东凉茶在消费者心中的印象是味道偏苦,不适合经常饮用,而"王老吉"这个品牌具有百年的历史,似乎已经和"凉茶"绑定在一起。但是王老吉的口味偏甜,与传统的凉茶差别很大,按照"良药苦口"的传统观念,消费者感到产品"败火"的药力不足。

2002年王老吉开始寻求改变,它想重拍一则广告,改变以往概念不明确的广告形象。但研究后发现,企业首先要解决品牌定位问题。王老吉通过对消费者和市场的大量调查发现,其实大家对王老吉并没有过多的要求,只是把它作为一个功能饮料,希望它能预防上火,而王老吉的竞争对手并没有采用"预防上火"这一定位。因此王老吉迅速发力,确定了"预防上火"这一品牌定位,通过多种宣传途径突破地域的限制,很好地调和了凉茶与饮料之间的矛盾,于是王老吉风靡全国。

资料来源:陶晓波,吕一林.市场营销学[M].7版.北京:中国人民大学出版社,2022:102.

8. USP 定位

USP 定位是指根据企业向目标顾客提供的产品的独特利益来进行定位。USP 即独特利益,是其他竞争对手无法提供或没有诉求过的,因此是独一无二的。

动画:USP 定位

 同步案例

宝洁公司的 USP 定位

对 USP 定位策略十分青睐的宝洁公司,长期且有效地坚持贯彻这个策略。以洗衣粉为例,宝洁相继推出了汰渍(Tide)、波尔德(Bold)、德莱夫特(Dreft)、象牙雪(Ivory Snow)、伊拉(Era)等九种品牌,每个品牌都有它独特的USP。汰渍是"去污彻底",快乐是"洗涤并保护颜色",波尔德是"使衣物柔软",德莱夫特是"适于洗涤婴儿衣物",象牙雪是"去污快",伊拉则声称"去油漆等顽污"。再以洗发水为例,宝洁公司在中国市场上推出的"海飞丝"、"头屑去无踪,秀发更干净"的广告语在消费者心目中确立了"海飞丝"去头屑的形象;"飘柔",从品牌名字上就让人明白了该产品使头发柔顺的特性,"含丝质润发素,洗发护发一次完成,令头发飘逸柔顺"的广告语,再配以少女甩动如丝般头发的画面,更深化了消费者对"飘柔"飘逸柔顺效果的印象;"潘婷",以瑞士生命研究院的维他命原 B_5 为诉求点,首先给人以营养丰富的视觉效果;"沙宣"则特别强调专业护理。

资料来源:杨勇,陈建萍.市场营销:理论、案例与实训[M].5版.北京:中国人民大学出版社,2023:158。

5.3.4 市场定位的策略

市场定位的一个重要内容就是如何和竞争对手展开争夺,常用的定位策略主要有以下几种。

1. 差异性定位策略

新成立的企业初入市场,企业新产品投入市场,或产品进入新市场时,企业必须从零开始,运用所有的市场营销组合,使产品特色确实符合所选择的目标市场。但是,企业要进入目标市场时,往往是竞争者的产品已在市场上露面或形成了一定的市场格局。这时,企业就应认真研究同一产品在目标市场竞争对手的位置,从而确定本企业产品的有利位置。企业要使产品获得稳定的销路,就应该采用差异性定位策略,使其与众不同、创出特色,从而获得一种竞争优势。差异性有以下几个方面的内容。

(1) 产品实体差异化。产品实体差异化是指从产品质量、产品式样、产品特色等方面实现差别。寻求产品特征是产品差异化策略经常使用的手段。日本汽车行业流传着一句话"丰田的安装,本田的外形,日产的价格,三菱的发动机",这句话深刻地揭示了日本四家主要汽车公司的核心专长。

(2) 服务差异化。当实体产品不易与竞争产品相区别时,竞争制胜的关键往往取决于服务。服务差异化包括产品的送货、安装、用户培训、咨询、维修等方面。不同行业的服务有不同的内容,也有不同的重点。因而企业应首先对服务事项进行排列,进而确定重点。在确定了服务事项后,根据顾客的需求、企业自身特点以及竞争对手策略,来确定服务差异性定位。

(3) 形象差异化。形象是公众对企业及其产品的认识与看法。企业或品牌形象可以对目标顾客产生强大的吸引力和感染力,促其形成独特的感受。有效的形象差异化需要做到:建立一种产品的特点和价值方案,并通过一种与众不同的途径传递这一特点;借助可以利用的一切传播手段和品牌接触(如标志、文字、媒体、气氛、事件和员工行为等),传达触动顾客内心感受的信息。即使产品实体和服务都与竞争企业十分相似,顾客依然可能接受一种企业产品形象的差异化。

(4) 渠道差异化。通过设计分销渠道的覆盖面、建立分销专长和提高效率,企业可以取得渠道差异化优势。例如,戴尔计算机、雅芳化妆品,就是通过开发和管理高质量的直接营销渠道而获得差异化的。

(5) 员工差异化。培养训练有素的人员,是一些企业,尤其是服务性行业中的企业取得强大竞争优势的关键。训练有素的员工具有能力强、礼貌、可信、可靠、沟通能力良好等特点。例如,迪斯尼乐园的雇员都精神饱满,麦当劳的职员都彬彬有礼,新加坡航空公司的声誉与其空中乘务员的出色工作紧密相关。

2. 重新定位策略

重新定位是指企业变动产品特色,改变目标顾客对其原有的印象,使目标顾客对其产品新形象有一个重新的认识过程。

对企业来说,定位一旦确定,就应该保持其稳定性和连贯性,不要轻易改变。多变的定位会让消费者感到无所适从。然而,市场形势瞬息万变,如果消费者的需求偏好有了变化,竞争格局发生了改变,公司难以实现原有的计划目标,也不能一味死守原有的定位,而必须重新认识市场,明确企业的潜在优势,并重新选择具有竞争优势的定位进行传播巩固,以赢得市场竞争的主动。

企业在重新定位前,尚需考虑两个主要因素:一是企业将自己的品牌定位从一个子市场转移到另一个子市场时的全部费用;二是企业将自己的品牌确定在新位置上的收入有多少,而收入多少又取决于该子市场上的购买者和竞争者情况,取决于在该子市场上销售价格能定多高等。

例如,万宝路在1924年问世时,是以女性作为目标市场,产品、广告等策略的设计用意在于争当女性烟民的"红颜知己",但一直到20世纪50年代,始终默默无闻。后来,公司请利奥-贝纳广告公司为万宝路进行广告策划,重新定位为男子汉香烟,并将它与最具男子汉气概的西部牛仔形象联系起来,吸引所有喜爱、欣赏和追求这种气概的消费者。通过这一重新定位,万宝路树立了自由、野性与冒险的形象,在众多的香烟品牌中脱颖而出。从20世纪80年代中期到现在,万宝路一直居世界各品牌香烟销量首位,成为全球香烟市场的领导品牌。

3. 对峙定位(迎头定位)策略

对峙定位是指企业选择靠近于现有竞争者或与现有竞争者重合的市场位置,争夺同样的顾客,彼此在产品、价格、分销及促销等各个方面差别不大。例如,在世界饮料市场上,作为后起之秀的百事可乐进入市场时,就采用过这种方式,"你是可乐,我也是可乐",与可口可乐展开面对面的较量。实行迎头定位,企业必须做到知己知彼,应该了解市场上是否可以容纳两个或两个以上的竞争者,自己是否拥有比竞争者更多的资源和能力,是不是可以比竞争对手做得更好。否则,迎头定位可能会成为一种非常危险的战术,将企业引入歧途。

4. 回避定位(避强定位)策略

回避定位是指企业回避与目标市场上的竞争者直接对抗,将其位置定在市场"空白点"、开发并销售目前市场上还没有的某种特色产品,开拓新的市场领域。例如,上海徐家汇广场有三家大商场:东方商厦面向中高收入顾客,突出品牌档次;太平洋百货以追求时尚的青少年为目标市场;第六百货(上海六百)则以实惠、价廉吸引顾客。同样是彩电产品,东方商厦主营大屏幕彩电,第六百货经营国产彩电,而太平洋百货则不经营彩电。回避定位的结果是三方均大获其利。

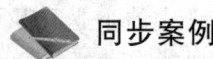同步案例

小熊电器的目标市场营销

2006年创办的小熊电器,通过结合电子商务,得以迅速发展,并在家电市场的缝隙中找到一席之地。2017年,小熊电器荣获国家级"2017中国品牌奖。"小熊电器根据客户数据勾勒出的购买者多是25~35岁的年轻群体,以女性居多,因此,产品的机身大多设计为矮胖型,产品的配色也多选择温馨的暖色,把那些旋钮、把手都做得尽可能圆润可爱,当然还有产品身上"Bear 小熊"的卡通烙印。依靠个性化、相对窄众的产品,小熊电器不仅避开了大品牌的竞争,还找到了属于自己的缝隙市场。

对定位小众的公司来说,困难是如何将小众的产品变成大众化可持续的市场需求。小熊想做的其实是小众产品的大众化覆盖率,而小熊电器也在不断探索人们对于电器的需求。复制酸奶机的成功运作经验,小熊电器将个性化、便捷化、时尚化的生活小家电作为整体的产品定位,开发出一系列新奇实用的产品。煮蛋器、咖啡机、电蒸锅、电炖盅、冰激凌机、电热饭盒等,尽管这些都是生活"非必需品"类家电,但每一款产品的推出,都切中消费者生活中的微小需求,将本来劳累的柴米油盐的繁俗变得简单而有情调,创造出一片全新的市场。这不仅完成了小熊的产品布局,甩开了模仿者,也将小众和个性化小家电做出大众化市场。

小熊电器凭借个性化创意产品,抓住电子商务的商机,在同行和尾随者密集的夹缝市场中找到了适合自己的生存方式。"小熊"也在线上渠道上迅速被人所知。小熊电器品牌致力于追求长期、共赢的发展理念,通过过硬的产品质量、全面的售后服务,努力打造精致创新小家电第一品牌。

资料来源:杨群祥.市场营销概论——理论、实务、案例、实训[M].3版.北京:高等教育出版社,2019:62.

5. 并列定位策略

企业将产品定位在与某一个竞争者并列的位置上,与现有竞争者和平共处。实力不太雄厚的企业经常采用这种策略。不要试图压垮对方,只要能平分秋色,否则激烈的对抗常常会两败俱伤。

学习活动:分析下列产品或服务在市场上常见的定位有哪些:
A. 茶饮料   B. 汽车   C. 旅游   D. 洗发水

不同企业对上述产品或服务有不同的定位,结合实际,看看真实的市场中上述产品是如何定位的。

▲▲▲ 同步训练 ▲▲▲

自我检测

一、选择题

1. 同一细分市场的顾客需求具有(   )。
   A. 绝对的共同性   B. 较多的共同性   C. 较少的共同性   D. 较多的差异性
2. 某工程机械公司专门向建筑业用户供应推土机、打桩机、起重机、水泥搅拌机等建筑

工程所需要的机械设备,这是一种( )策略。
  A. 市场集中化 B. 市场专业化 C. 全面市场覆盖 D. 产品专业化
 3. 依据目前的资源状况能否通过适当的营销组合去占领目标市场,即企业所选择的目标市场是否易于进入,这是市场细分的( )原则。
  A. 可衡量性 B. 可进入性 C. 可盈利性 D. 可区分性
 4. 同质性较高的产品,宜采用( )。
  A. 产品专业化 B. 市场专业化 C. 无差异营销 D. 差异性营销
 5. ( )是根据企业经营特点并按照影响消费者需求的诸因素,由粗到细地进行市场细分,每下一步的细分均在上一步选定的子市场中进行。
  A. 单一因素法 B. 系列因素法 C. 综合因素法 D. 双因素法
 6. 某企业根据国内东西部地区人们口味不同,推出味道不同的饼干,这属于( )。
  A. 地理细分 B. 人口细分 C. 心理细分 D. 行为细分
 7. 市场定位是( )在细分市场的位置。
  A. 塑造一家企业   B. 塑造一种产品
  C. 确定目标市场   D. 分析竞争对手
 8. 市场细分对企业营销具有以下意义( )。
  A. 有利于发现市场机会,开拓新市场
  B. 有利于根据目标市场的特点制定市场营销策略
  C. 有利于提高企业的竞争能力
  D. 有利于企业提高经济效益
 9. 企业开展目标市场营销的主要过程是( )。
  A. 市场细分 B. 目标市场选择 C. 市场定位
  D. 市场营销组合 E. 大市场营销
 10. 下列产品中以收入为主要细分标志的是( )。
  A. 汽车 B. 旅游 C. 食品 D. 奶粉

二、简述题
 1. 简述 STP 理论对于企业市场营销的意义。
 2. 举例说明消费者市场细分的标准和变量。
 3. 目标市场选择的模式和策略都有哪些?
 4. 企业应怎样进行市场定位?
 5. 市场定位的方法和策略都有哪些?

案例分析

元气森林的"独树一帜"

  2021 年 12 月,胡润研究院发布"2021 年全球独角兽榜",其中,元气森林在中国榜单中排名第九,估值达到了 950 亿元。从零起步到估值近千亿元,短短五年的时间,爆红的元气森林成为国内饮料市场的新贵。元气森林能够挤进大量知名品牌构建起的饮品堡垒,其切入点最为关键。
  新生代的消费观念不同于以往的传统消费观,特别是当 Z 世代成为消费主流的今天,他们更多追求一种理念上的认同与共鸣,开始关注健康和身材问题,轻食、无糖成为饮品界新宠。

元气森林通过对现有市场类型进行二次细分并抓住了消费者痛点,从而成功突出重围。一方面,以"无糖解腻"概念突破传统茶饮大类市场。茶饮料的糖分过高与纯茶的口感问题是当下年轻群体关注的主要矛盾点,元气森林"无糖解腻"燃茶的推出解决了这两个问题,健康与口感的兼顾戳中年轻用户的痛点,燃茶开始在年轻群体中走红。另一方面,以"0糖0脂0卡"气泡水在碳酸饮料大类市场成功破壁。碳酸饮料的庞大市场规模,驱使着一个又一个品牌前赴后继,但高度同质化的产品调性无法让受众产生新鲜体验感,元气森林的气泡水饮品贴合了受众的求新求异心理,自然能够脱颖而出。

资料来源:王鑫,饶君华. 市场营销基础[M]. 北京:高等教育出版社,2023:108.

思考与分析:
1. 元气森林选择的是哪种市场定位方法?
2. 元气森林的目标市场营销战略取得成功的原因是什么?

德技并修

真假蚕丝被

蚕丝素有"人体第二皮肤"的美誉,"蚕丝被"号称最为接近人体皮肤,已成为市场的新宠,商家宣传称盖蚕丝被可以软化血管,促进血液循环,女性可以滋养皮肤,延缓皮肤衰老。然而同样是蚕丝被,价格却相差悬殊,有的蚕丝被卖到几千元一条,而有的蚕丝被却只要两三百元。

调查发现,某价值230元的蚕丝被标称填充物是100%桑蚕丝,销售人员为了证实这条蚕丝被使用的原料确实是桑蚕丝,还专门打开了被子的检验口,从这个检验口暴露出来的原料的确是桑蚕丝,然而经过破坏性实验把它剪开以后发现,只有在这个边有薄薄的一层是蚕丝,其他部分经技术鉴定后是纯聚酯纤维,这样的情况在低价蚕丝被中并不是个别现象。

除蚕丝被纤维含量标注与实测值不符、填充物质量缺斤短两外,部分蚕丝被产品的使用说明和产品标签也不规范,据专家介绍,国家标准对于蚕丝被产品的使用说明和产品标签都有明确的规定要求。

北京市消协的比较试验发现,有近半数的蚕丝被存在质量问题,其中最主要的问题是用聚酯纤维冒充桑蚕丝,或用价钱较低的短蚕丝冒充价钱较高的长蚕丝。

问题:
1. 分析本案例中存在的道德伦理问题,并做出道德研判。
2. 谈谈本案例对企业目标市场营销策略的启示。

团队实战

1. 训练目标:能够针对不同企业类型,提出与之相匹配的目标市场营销战略方案。
2. 训练要求:近年来,中国消费电子企业出海势头高涨,从发展中国家到发达国家,市场占有率越来越高。除海尔、格力、华为、联想等较早出海的企业持续经营海外市场外,小米、大疆、安克、一加、传音等新兴的消费电子企业也加入了出海大军。据商务部数据显示,2020年前11个月,民营企业出口增长12.2%,拉高整体增速6.2%。

甲企业作为一家中国消费电子企业,面对西方发达国家的技术封锁和无理打压,产品销量、营业收入受到了较大影响。作为该企业市场部的成员,大家在保证公司利润的前提下,就如何制定和实施进军国际市场的目标市场营销战略展开了激烈的讨论。

(1) 团队协作广泛开展调查研究;先找出本行业标杆企业,总结该标杆企业进军国际市场的目标市场营销成功路径或模式。

(2) 团队讨论分析甲企业应如何制定目标市场营销战略,需要注意符合营销道德与伦理要求。

(3) 总结未来消费电子企业目标市场营销战略的发展方向或趋势,并形成文字材料。

项目 6 市场竞争战略

学习目标

知识目标

1. 理解对竞争对手进行分析的步骤；
2. 掌握企业可以采用的市场竞争战略；
3. 掌握不同企业应该采取的市场竞争策略。

能力目标

1. 能够明确寻找和定位竞争对手；
2. 能够对竞争对手从目标、策略、优劣势、反应模式等方面进行分析；
3. 能够准确定位企业在市场竞争中所处的地位，并随之采取不同的竞争策略以赢得本企业的市场竞争优势；
4. 提升团队协作、沟通表达、思考分析、善恶研判、信息处理的能力。

素养目标

1. 树立公平竞争法治观，学会与市场竞争者保持共赢关系；
2. 传承中华优秀传统商业文化讲仁爱、重民本、守诚信、崇正义的思想精髓；
3. 践行社会主义核心价值观，弘扬时代精神，厚植爱国情怀，讲好中国故事；
4. 树立正确的现代市场营销理念，坚守营销道德，增强法律意识，增进对制造强国、质量强国、网络强国、数字中国的认知。

思维导图

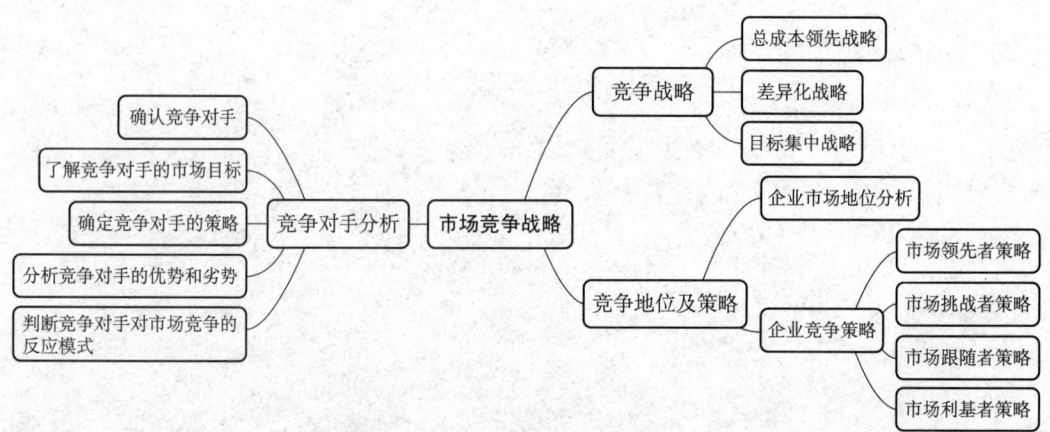

引入案例　下沉市场：淘宝、拼多多、京东的"肉搏战"

下沉市场，泛指中国三线以下城市及乡镇农村地区。调查显示，下沉市场用户规模高达6.7亿，占中国市场总用户的54.3%，这一人群因网络和智能手机的普及开始"触网"，更有大量的闲暇时间，虽然对价格敏感，但平均消费增速远高于一二线城市，是电商平台用户的增量来源，也是未来值得高度关注的新兴市场。淘宝、拼多多、京东等企业针对这个市场的竞争已经进入了关键时期。

动画：下沉市场：淘宝、拼多多、京东的"肉搏战"

淘宝：截至2019年年末，淘宝移动App月活跃用户首度突破8亿，新增年度活跃消费者中超过60%来自下沉市场。2019年3月，淘宝将聚划算与"天天特卖"和"淘抢购"合并，并正式发布淘宝特价版App，重磅推出了"超级工厂计划"和"百亿产区计划"，直接对标拼多多。模式上采用的是C2M模式，即根据消费者需求反向定制。相当于淘宝帮厂家找好了市场需求并完成产品的相关设计，工厂直接负责生产。淘宝特价版和聚划算的搭配，成了淘宝攻占下沉市场的"双线"，即聚划算重点覆盖品牌官方正品，特价版重点覆盖C2M供给和产业带商品。

拼多多：从2015年成立，到2018年7月登陆美国纳斯达克上市，拼多多依靠拼购的模式杀出一条自己的道路。截至2019年年底，拼多多活跃买家数达5.852亿，是中国用户数增速最快的电商平台。数据显示，拼多多65%的用户来自三四五线城市，来自一线城市的用户仅有7.56%。拼多多以平台与数据为核心，帮助传统工厂转型，打造C2M模式，从消费者需求出发，直通生产商，为小成本商家降低风险。拼多多为厂商提供接触大量消费者的机会，为消费者提供最具性价比的商品。拼多多的"百亿补贴"为其带来了较大增量，目的就是为抗衡淘宝。

京东：2018年3月，京东推出"京东拼购"，玩法与拼多多类似。2019年9月，京东将"京东拼购"升级为"京喜"，核心源于京东的"工厂直供"；并独占了微信的"购物"超级流量入口，而微信目前的月活用户量级是11亿，使其得以在微信社交生态中发掘用户，成为进攻下沉市场的主攻手，帮助京东获取更多流量。2019年第四季度京东年度活跃购买用户数为3.62亿，比上季度增长了2760万，其中70%的新增用户来自三至六线城市。

目前淘宝、拼多多、京东三巨头发力下沉市场，把这块"蛋糕"的潜能越做越大。未来这个领域的竞争会更加激烈，流量抢夺、补贴大战仍会持续上演。

资料来源：毕思勇．市场营销[M]．5版．北京：高等教育出版社，2020：153．

清朝的著名学者郑观应曾经把商业竞争形象地称为"商战"。现代市场竞争就是一场没有硝烟的战争。在今天，市场竞争已经到了白热化的阶段。在激烈的市场竞争中，企业仅了解顾客是不够的，还必须了解竞争者。《孙子兵法》曰："知彼知己，百战不殆。"在商场上也同样需要知己知彼才能取得竞争优势。在对竞争对手进行调研、分析、了解的基础上，制定相应的竞争战略和策略，才能最终实现企业自身的目标。

文本：[营销资料] 商业竞争的基本原则

6.1　竞争对手分析

了解和分析竞争对手，是企业制定竞争战略和策略的前提。企业对竞争对手的分析要明确以下五个方面的问题：自己的竞争对手是谁；其营销战略和策略是什么；营销目标是什么；优势和劣势是什么；对市场竞争的反应模式如何。

1. 确认竞争对手

企业的竞争者一般是指那些与本企业提供类似的产品和服务，并拥有相似的目标顾客和相似价格的企业。在现代市场经济条件下，企业的竞争对手主要包括以下四类。

微课：竞争对手分析

（1）品牌竞争者。即生产同样的产品，并以相似的价格供给相同顾客的企业。例如，上海别克君威把广州本田雅阁、上海大众帕萨特、一汽丰田凯美瑞作为自己的品牌竞争者。这是企业所直接面对的市场竞争者。一些著名的商战就发生在品牌竞争者之间，如可口可乐对百事可乐，麦当劳对肯德基，蒙牛对伊利等。

（2）行业竞争者。即把行业内所有提供同类产品的企业都作为竞争者。所谓行业，是指生产彼此可密切替代产品的厂商群。例如，上海别克的行业竞争者还包括天津夏利、广州吉利、一汽中华、上海大众、长安福特等。

（3）形式竞争者。即企业将所有满足消费者同一种需求的企业都看作是竞争者。例如，上海别克不仅把所有轿车制造商作为竞争对手，而且将摩托车、卡车、自行车制造企业都看作是自己的竞争对手。

（4）一般竞争者。即在最广泛的意义上把所有争夺同一市场购买力的企业都作为竞争者。例如，上海别克可将房地产商、家电制造商、旅行社等都看作是自己的竞争者，因为顾客若买了房地产或其他商品，可能就会无力购买汽车了。

通常，可从行业和市场两个方面来识别企业的竞争者。从行业方面来看，提供同一类产品或极为相近并可互相替代产品的企业构成一个行业，如汽车业、房地产业、餐饮业、飞机制造业等。根据需求的交叉弹性原理，如果一种产品价格上涨，就会引起另一种替代产品的需求增加。例如，食品饮料业中，咖啡价格提升会导致顾客购买茶叶或其他饮料，因为它们是可以相互替代的产品。企业要想在本行业中赢得优势地位，就要了解本行业的竞争模式，从而确定竞争者的范围。

从市场方面来看，企业的竞争者是指那些满足同一市场需求或服务于同一目标市场的企业。例如，从行业方面来看，施乐打字机制造商以同行业的其他公司作为竞争者，但从市场观点看，顾客需要的是书写能力，对于这种需求，铅笔、钢笔、计算机都可以满足，所以生产这些产品的公司均可以成为施乐打字机的竞争者。从市场观点来分析竞争对手，可使企业开阔自己的视野，不仅能看到现在的竞争对手，还能看清未来的潜在竞争对手，有利于企业制定长期的发展规划。

学习活动：某跨国果汁饮料企业计划进入你所在地区的市场，试分析其可能面临的竞争对手。

2. 了解竞争对手的市场目标

确认了企业的竞争对手之后，还要了解每一个竞争对手的市场目标。每个竞争对手都会因自身的具体情况不同而有不同的市场目标，如盈利能力、销售额、市场占有率、技术领先地位、服务领先地位等。只有明确每个竞争对手的目标重点是什么，才能正确估计竞争对手可能采取的应变措施。例如，一个以"低成本领先"为目标的竞争对手，就会对能够使企业降低成本的技术进步十分重视,而对广告预算额的增加则不会太在意。企业还必须注意观察和分析竞争对手在各个细分市场方面的目标和可能采取的行动。如果企业了解到竞争对手发现了一个新的细分市场,那么,这对本企业来说同样是一个营销机会;而当企业发觉竞争对手要试图进攻属于自己的细分市场时,就应抢先下手,快速反应。

3. 确定竞争对手的策略

一般来说,两个企业的目标市场越类似,采取的策略越相近,它们之间的竞争就会越激烈。在大多数行业中,根据所采取的主要策略的不同,可以将竞争者划分为不同的策略群体。例如,在家电行业中,海尔、长虹、美的、海信等企业都提供类似的家电产品,因此可以把它们划为同一个策略群体,它们之间存在着激烈的市场竞争。

除了在同一策略群体内,不同策略群体之间也存在着竞争。一是因为某些不同的策略群体可能具有相同的目标顾客;二是顾客可能分不清不同策略群体产品的区别,如分不清高档货与中档货的区别;三是因为属于某个策略群体的企业可能会改变策略,拓展市场,进入另一个策略群体,从而引起竞争。例如,在方便面市场,华龙最初定位在农村大众市场,其推出的"华龙108"等产品零售均价不超过6角一袋,在农村市场取得较高的市场占有率后,华龙开始进军中高档方便面市场,推出了今麦郎系列产品,与康师傅、统一等竞争对手在城市市场展开直接竞争。

4. 分析竞争对手的优势和劣势

通过收集竞争对手的有关情报和数据,就可以分析竞争对手在市场上所处的地位及优劣势,具体包括以下七个方面。

(1) 基本情况:竞争企业的名称和所在地、注册情况、经营范围、产销规模和市场占有率、部门设置、财务状况、企业文化、发展前景等。

(2) 产品情况:①产品质量如何;产品工艺水平如何;产品的主要性能参数怎样;产品的主要卖点和优势是什么。②产品使用的主要原材料、部件。例如,电视机的核心部件显像管采用的是哪个牌子的;空调压缩机是采用进口的还是合资的或是国产的;其他附属原材料及零部件情况如何。③产品的技术含量。包括竞争对手采用的是国内还是国外技术,技术先进在哪里,有哪些缺陷。④企业的科技研发力量如何;产品更新换代周期有多长;新产品上市是否及时。

(3) 价格情况:竞争对手的总体价格水平,各个细分产品的不同价格标准,价格定位,价格调整频率与力度,进货价、零售价与结算价是多少,价格优惠政策如何,有无销售返利及返利高低等。

(4) 渠道情况:①竞争对手的渠道政策。竞争对手是自建营销网络,还是主要依托传统的代理、经销体系或直销、建立专卖店,甚至还包括电话营销、网络营销等。②竞争对手渠道政策调整的频率和力度。绝大多数企业都在不间断地对自己的渠道政策进行相应的调整,在不同时期企业有不同的渠道模式。③竞争对手新建渠道、维护渠道的举措。包括投入一定的人力、物力、财力对经销商进行支持等。

(5) 促销情况:①竞争对手促销的频率,即促销活动是否经常开展、长期开展。②促销的力度,即投入的各项成本有多大。③促销的形式是否丰富多样。④促销的内容是否能很好地吸引消费者的注意力。⑤促销的成效,即促销究竟帮助企业赢得了多少销量,整个市场份额提高了多少比例等。

（6）品牌传播情况：①竞争对手在当地的广告宣传投入。包括在网络、电视、报纸上做的广告，户外广告，电台广告等。②竞争对手在终端卖场的陈列、展示。包括商场门口的大型广告牌、门栏，商场内的灯箱、店头陈设、宣传单页、易拉宝、挂页、展台整洁程度、产品陈列等。③竞争对手在当地的曝光率和在当地居民心目中的品牌形象。

（7）服务情况：①服务政策，主要指售后服务费用结算方面。如空调的安装费每台是多少，什么时候兑现；空调维修，更换零部件，如何计算维修费用等。②服务承诺。如整机保修几年，主要部件保修几年，上门服务多长时间能到，有没有 24 小时免费咨询电话等。③服务质量。包括维修人员是否有非常完善的维修规章制度可循，下面的员工是否真正执行，衣着是否统一，服务态度是否端正，服务质量是否确实到位，消费者是否完全满意，以及遭到投诉的比率有多大等。

通过这些数据可了解竞争对手的长处和弱点，并可用来比较自己和竞争对手在市场竞争中的优劣，一方面找出自己的不足，并加以改进提高，以赶上或超过竞争对手；另一方面，发现竞争对手的弱点，好出其不意，攻其不备，向对手发起攻击，赢得胜利。

5. 判断竞争对手对市场竞争的反应模式

上述竞争对手的目标、策略、优势、劣势决定了它们对市场竞争的反应，如降低价格、加强售后服务、强化促销、推出新产品等。每个企业都有其特定的经营理念和指导思想，因此，为了判断竞争对手对市场竞争的反应模式，还需要深入了解竞争者的经营指导思想。当企业采取某些营销措施后，竞争对手会有不同的反应，常见有以下四种类型。

（1）从容型或迟钝型竞争者。这一类型的竞争者对某一特定竞争者的行动没有迅速反应或反应不强烈，对竞争者缺少反应的原因是多方面的，包括企业可能对本企业的经营前景和顾客忠诚度充满信心，或者是重视不够，没有发现对手的新措施，还可能是缺乏资金等资源，无法做出相应的反应。

（2）选择型竞争者。这一类型的竞争者可能只对某些类型的攻击做出反应，而对其他类型的攻击无动于衷。例如，当其竞争对手同时采用了降价销售以及加大广告宣传的营销策略时，竞争者只对降价策略做出针锋相对的还击，而对对手广告宣传攻势的加强没有反应。

（3）强烈反应型竞争者。这类竞争者对其他竞争者向其所拥有的领域发起的任何挑战都会做出迅速、强烈的反应，以警告其竞争对手最好停止任何攻击。

（4）随机型竞争者。这一类型的竞争者在任何特定情况下，对竞争对手的策略可能会也可能不会做出反应，而且根据其经济、历史或其他方面的情况，都无法预见该类竞争者会做出什么反应，许多小公司多是随机型竞争者。

 思政园地

价格战招来两败俱伤

两家大型卖场在广州一条繁华街道上相继开业。甲店周末大酬宾，每只"吊烧鸡"30元的活动刚结束2天，乙店就贴出本周"感谢街坊，正宗××

动画：[思政园地]
价格战招来
两败俱伤

吊烧鸡每只25元！"随后,甲店又提出"真情馈赠,吊烧鸡15元！"跟着,乙店挂出"天天特价,商品比某某店更便宜"的海报……你方唱罢我登场,引来市场一片热闹。但一段时间后,店家因价格过低导致亏本,市民也疲倦了。

要知道,这两家大型卖场靠价格比拼显然不是明智的竞争策略,最终必是两败俱伤。另外,竞争者的信息是用来指导企业经营或改进服务的,但如果竞争企业之间彼此用来相互贬低对方,声称本企业产品价格比竞争对手更便宜等,则是违背市场竞争伦理和道德的。

营销竞争的基本原则包括合法性原则、差异性原则、集中性原则、变化性原则及速度领先原则。而竞争中首先应该遵守的原则就是合法性原则。每个企业都要合法竞争,遵守商业道德。

《中华人民共和国反不正当竞争法》是为保障我国社会主义市场经济健康发展,鼓励和保护公平竞争,制止不正当竞争行为,保护经营者和消费者的合法权益制定的法律。其中规定:经营者不得擅自使用与他人有一定影响的商品名称、包装、装潢等相同或者近似的标识;不得擅自使用他人有一定影响的企业名称(包括简称、字号等)、社会组织名称(包括简称等)、姓名(包括笔名、艺名、译名等);不得擅自使用他人有一定影响的域名主体部分、网站名称、网页等。经营者不得对其商品的性能、功能、质量、销售状况、用户评价、曾获荣誉等作虚假或者引人误解的商业宣传,欺骗、误导消费者。经营者不得编造、传播虚假信息或者误导性信息,损害竞争对手的商业信誉、商品声誉。经营者不得以盗窃、贿赂、欺诈、胁迫、电子侵入或者其他不正当手段获取权利人的商业秘密。

资料来源:杨群祥. 市场营销概论——理论、实务、案例、实训[M]. 3版. 北京:高等教育出版社,2019:98.

6.2 竞争战略

在对竞争对手进行分析之后,每个企业还要依据自己的目标、资源、环境以及在目标市场上的地位,选择适当的营销战略方案。按照哈佛大学权威竞争战略专家迈克尔·波特在《竞争战略》一书中的观点,面对同一行业中的竞争者,企业可采用的战略有以下三种。

微课:竞争战略

6.2.1 总成本领先战略

所谓总成本领先战略,是指企业尽可能降低自己的生产和经营成本,使之达到同行业最低水平,以获得同行业平均水平以上的利润。实行总成本领先战略,企业必须通过建造最有效率的规模生产设备、改进生产制造工艺技术、严格控制成本、提高劳动生产率等方法来实现。

1. 总成本领先战略的适用条件

(1) 产品市场需求具有较大的价格弹性,降价会引起需求量的大幅上升,从而带来销售额的增加。例如,1996年格兰仕降价幅度高达40%,其销量从20万台猛增至65万台,为上一年的325%,因销量大幅增长,格兰仕获得巨额收入。

(2) 所处行业的企业大多生产标准化产品,从而使价格竞争决定企业的市场地位。

(3) 有足够的资本及良好的融资能力。

(4) 产品制造工艺先进,易于用经济的方法制造,且能对工人进行严格监督和管理。

(5) 有低成本的分销系统。

(6) 用户购物从一个销售商改变为另一个销售商时,不会发生转换成本,因而特别倾向于购买价格最优惠的产品。

2. 总成本领先战略的优点和缺点

总成本领先战略对于提高企业的竞争地位具有十分重要的作用,它可以帮助企业在行业中获得强大的竞争优势,其优点在于以下方面。

(1) 在与竞争对手的斗争中,企业处于低成本地位上,具有进行价格战的良好条件,即便竞争对手在竞争中处于只能保本不能获得利润,甚至是亏本的情况下,本企业仍可获利。

(2) 面对强有力的购买者要求降低产品价格的压力,处于低成本地位上的企业仍可以有较好的收益。

(3) 低成本企业都实行规模经济,对原材料和零部件的需求量非常大,具有和供应商讨价还价的资本,可以获得廉价的原材料和零部件,同时也便于和供应商建立稳定的协作关系。

(4) 低成本企业往往在规模经济和生产经营成本方面有较大的优势,无形之中提高了行业门槛,对潜在的竞争对手进入本行业形成了障碍。

(5) 在与替代产品的竞争中,低成本企业可用降价的办法稳定现在顾客的需求,使之不被替代产品所替代。

实施总成本领先战略也有缺点,主要表现在以下方面。

(1) 投资较大。企业必须具备先进的生产设备才能保持较高的劳动生产率。

(2) 技术变革会导致生产工艺和技术的突破,使企业过去大量投资和由此产生的高效率一下子丧失优势,给竞争对手以可乘之机。

(3) 企业将过多的注意力集中在降低生产经营成本上,可能导致企业忽视顾客需求特性和需求趋势的变化,忽视顾客对产品差异的兴趣。

(4) 由于企业大量投资于现有技术和设备,提高了退出障碍,因而对新技术的采用以及技术创新反应迟钝,甚至采取排斥态度。

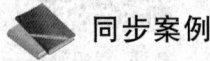 同步案例

格兰仕的总成本领先战略

按照竞争战略专家迈克尔·波特的理论,企业长期的竞争优势只有两个:一是低成本优势;二是差异化优势。格兰仕实施的就是总成本领先战略,即在所涉足的领域内追求行业的总成本领先。自1993年第一台以"格兰仕"为品牌名的微波炉诞生起,如今格兰仕几乎成了微波炉的代名词,占据中国微波炉市场七成多、世界微波炉市场三成多的市场份额。

格兰仕的经营理念就是:勤俭办企业,勤俭办一切事情;永远处在创业状态而非分享财富;精打细算、不事铺张、注重细节、讲究纪律、遵守程序;追求简单、合适,减少环节,以提高效率、减少内耗、降低管理成本。格兰仕降低成本的途径除由于专业化、规模化所带来的战略成本降低外,内部成本降低也功不可没。例如,在家电企业纷纷以巨资"轰炸"全国各大报纸、电视台等媒体时,却很难见到格兰仕的大制作广告,许多消费者对格兰仕微波炉信息的了解,主要来自媒介信息及口传。格兰仕坚持提供大众化的产品,薄利多销,"努力,让顾客

感动",做平易近人的品牌。

成本领先优势来源于两个方面：一方面，如果以与竞争者相同或相近的价格销售产品，成本领先企业将获得更高的利润率，将成本优势转化为财务优势；另一方面，如果以低于竞争者的价格销售，将可以低价冲击市场、渗透市场，获得更高的市场占有率，市场占有率的提高又会促进生产规模的扩张，从而对竞争者设置规模门槛（也是一种投资门槛），规模的扩大又会降低成本，从而对竞争者设置成本门槛。格兰仕采用的是后一种。在定价上，格兰仕的规模每上一个台阶，就会大幅下调价格。当其规模达到 30 万台时，出厂价下调到了规模为 200 万台的企业成本线以下，使规模低于 200 万台且无明显技术或营销差异的企业陷入亏本的泥潭，以此类推，降价压低了行业的平均利润，既会挤走一些竞争者，也会恐吓潜在进入者，还会逼着现在的竞争者让步，为格兰仕腾出新的市场空间。

资料来源：毕思勇.市场营销[M].5版.北京：高等教育出版社,2020:162.

6.2.2 差异化战略

差异化战略是指为使企业产品与竞争对手产品有明显的区别、形成与众不同的独特性而采取的战略。这种战略的重点是创造被全行业和顾客都视为独特的产品和服务以及企业形象，这对于保持市场地位和获取超过平均水平的利润率而言，是一种极为有效的战略，独特性使企业能为产品制定较高价格。

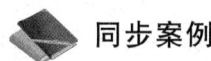
同步案例

三只松鼠：互联网第一坚果品牌

三只松鼠股份有限公司（以下简称三只松鼠）成立于 2012 年，是中国第一家定位于"互联网+"食品品牌的企业，三只松鼠开创了中国食品业"互联网+"线上销售的先河，凭借这种销售模式，在 2012 年"双十一"当天，销售额在淘宝天猫坚果行业跃居第一名，日销售近 800 万元。2019 年全年销售额突破百亿元，成为零食行业首家迈过百亿元门槛的企业。

动画：[同步案例]
三只松鼠：互联网第一坚果品牌

三只松鼠的快速发展，首先在于其"互联网+"销售定位吻合了以下趋势：一是年轻人购物方式的改变；二是年轻人消费升级的需求。通过互联网强大的数据获取能力，企业整合优良供应商资源，实现了对生产和运输等环节更严密的控制，更贴近了消费者的需求，最终能快速地为消费者提供更完美的产品。此外，企业在品牌形象、产品包装、品牌互动等方面构建了"萌文化"；通过线上线下、形式创新的广告方式使品牌形象深入人心；创新情感营销，通过随包裹附赠开箱神器"鼠小器"、湿纸巾、密封夹、萌版卡套等小玩意，不断追求在细节上提供超出用户期待的消费体验。随后，三只松鼠又在"互联网顾客体验第一品牌"的基础上开设线下门店，迈出全渠道营销的关键一步。线下的三只松鼠投食店强调体验和互动，将以"三只松鼠"为主题的 80 多款 IP 融入店铺的每一个角落，让用户"在消费中娱乐，在娱乐中消费"。

在网络营销的时代，每一个企业都面临着越来越激烈的市场竞争。产品定位和营销策略直接影响企业品牌形象，能否合理使用互联网技术进行品牌推广，也是产品能否占领市场的关键。三只松鼠之所以能够在激烈的市场竞争中脱颖而出，就是在找准自身定位的基础上实施了差异化竞争战略和相应的营销策略。

资料来源：吴勇,燕艳. 市场营销[M]. 6版. 北京：高等教育出版社,2020:3.

1. 差异化战略的适用条件

（1）有多种使产品或服务差异化的途径（如产品设计、品牌形象、加工技术、销售网络、售后服务等），而且这些差异化被顾客认可和接受。

（2）有较强的生产经营能力和独特的具有明显优势的产品加工技术。

（3）有较强的创新观念。

（4）消费者对产品的需求不同,有多样性。

（5）可以得到渠道成员的高度合作。

2. 差异化战略的优点和缺点

企业实行差异化战略的优点有以下几个方面。

（1）差异化战略使企业有自己的独到之处,竞争对手难以模仿,形成了顾客对其产品的偏爱和忠诚,在市场竞争中确立了优势地位。

（2）差异化战略可以减弱购买者和供应商的议价能力。顾客接受了企业这种差异,并进而对这种差异形成偏好后,顾客就会形成品牌偏好,在这种情况下其议价能力就会减弱,他们愿意为差异化的产品支付较高的价格。同样,因为企业在行业中确立了营销优势并取得了领先地位,也会使供应商的议价能力减弱。

（3）差异化战略可以产生较高的边际收益,为企业带来超额利润。企业利用产品的独特性为其制定一个高价,就使企业有了获取超额利润的可能。例如,格力公司凭借自己的品牌形象和在公众心中形成的技术领先形象,其产品销售价格通常都高于竞争对手。

同样,实行差异化战略也有缺点,主要表现在以下方面。

（1）差异化战略很可能导致成本升高,在与低成本的竞争对手竞争时,有失去顾客的可能。

（2）由于竞争对手的模仿,可能会使企业的产品差异化优势丧失,而丧失自己在竞争中的优势地位。

（3）并非所有的顾客都愿意或能够支付产品差异所形成的较高价格。同时,顾客对差异化所支付的额外费用有一定限度,若超过这一限度,低成本的企业在竞争中就更占有优势。

（4）实行差异化战略,有时要放弃获得高市场占有率的目标。

动画：[同步案例]
小米的差异化战略

企业应该选择总成本领先战略还是差异化战略呢？研究表明,许多成功的企业有一个共同的特点,就是在确定企业竞争战略时都是根据企业内外环境条件,在产品差异化、成本领先战略中选择了一个,从而确定具体目标,采取相应措施而取得成功的。当然,也有一个企业同时采取两种竞争战略而成功的,例如,经营烟卷业的菲利普·莫里斯公司,依靠高度自动化的生产设备,取得了世界上生产成本最低的好成绩；同时,它又在商标、促销方面进行巨额投资,在产品差异化方面取得成功。但一般来说,不能同时采用这两种战略,因为这两种战略有着不同的管理方式和开发重点,有着不同的企业经营结构,反映了不同的市场观念。

6.2.3 目标集中战略

目标集中战略是指企业把经营的重点目标放在某一特定的细分市场上,集中企业的主要资源来建立企业的竞争优势及市场地位。由于资源有限,一个企业很难在其产品市场展开全面的竞争,因而需要瞄准一定的重点,以期产生较强的竞争力。该战略实施的结果就是企业不追求在较大的市场获得一个较小的市场份额,而是追求在一个较小的细分市场里获得一个较大的市场份额。例如,河南莲花集团从一个几千吨规模的县办小厂发展成为总产量世界第二、单厂产量世界第一的"味精王国",就是得益于目标集中的战略。

1. 目标集中战略的适用条件

目标集中战略所依据的前提是,企业能比在广泛领域进行竞争的对手更有效地为自己相对狭窄的战略目标服务。企业由于更好地满足了其特定目标的需要而取得产品差异,或在为该目标的服务中降低了生产经营成本,或两者兼而有之,从而建立了自己在特定市场上的竞争优势。尽管目标集中战略往往采取成本领先和差异化这两种形式,但仍与其存在区别。成本领先和差异化的目的都在于达到其全行业范围内的目标,但目标集中战略却是围绕着一个特定目标而建立起来的。

2. 目标集中战略的优点与缺点

实行目标集中战略的优点有以下几个方面。
(1) 经营目标集中,可以集中企业所有资源于一个特定的细分市场。
(2) 熟悉产品的市场、用户和行业竞争情况,可以全面把握市场,获取竞争优势。
(3) 由于生产高度专业化,在制造和科研方面可以实现规模效益。

实行目标集中战略也有以下的风险。
(1) 覆盖整个市场的竞争对手很可能将实施目标集中战略企业的特定细分市场纳入其竞争范围,构成对该企业的威胁。
(2) 该行业的其他企业也可采取目标集中战略,或以更小的细分市场作为目标,也会对该企业构成一定威胁。
(3) 由于社会政治、经济、法律、文化等环境的变化,技术的突破和创新等多方面原因引起的替代品出现或消费者偏好发生变化,导致市场结构性变化,从而使企业的竞争优势消失。

6.3 竞争地位及策略

6.3.1 企业市场地位分析

根据著名营销学专家菲利普·科特勒的观点,当一个产品的市场步入成熟后,在这个市场里竞争的同类企业之间,便都各自维持着一个稳定的市场占有份额,可以根据各企业在目标市场中所处的地位,把它们分为市场领先者、市场挑战者、市场跟随者、市场利基者。

1. 市场领先者

该主体占有市场垄断地位,拥有最大的市场份额。它们的市场行为受到其他公司的模仿和追逐。在多数情况下,其营销行为都是为了捍卫自己的霸主地位。例如,零售业的沃尔玛公司、汽车行业的通用汽车公司、饮料行业的可口可乐公司、餐饮行业的麦当劳公司等。

2. 市场挑战者

该主体通常是行业中位居第二或第三的公司。它们在市场上的地位与份额均次于领先者。但它们完全具备了与"霸主"相竞争的实力。它们喜欢抓住机会向领先者发起攻击,积极争夺领先者的市场。例如,家乐福公司、福特汽车公司、百事可乐公司、肯德基公司等。

3. 市场跟随者

市场跟随者的市场份额远远小于市场领先者,它没有实力与市场领先者抗衡,也不愿与市场挑战者抗衡,只求在共处的状态下保持住现有的市场份额,获取尽可能多的收益。它喜欢模仿、追随市场领先者的产品策略和经营策略,寻找机会侵蚀对方,或向对方空当进攻。例如,易初莲花公司、克莱斯勒汽车公司、红牛公司、汉堡王公司等。

4. 市场利基者

利基市场是指通常被市场领先者忽略的细分市场,该主体以专业化为核心,经过市场细分选择产品。它们在大公司的夹缝中生存,没有竞争实力,但有生存基础,一旦遇到强者的侵略,就有可能被吞并。所以,它们最喜欢对无人注意或无暇顾及的市场采取进攻策略,拾遗补阙。

 同步案例

肯德基与麦当劳之争

肯德基和麦当劳作为西式快餐里领头的两个品牌,有肯德基的地方就有麦当劳。在美国及其他地区,麦当劳的规模远远超过肯德基,但是在中国的情况却恰恰相反。截至2016年年底,肯德基的门店是麦当劳的两倍多。这是为什么呢?

自肯德基从1987年在北京天安门广场对面开了中国第一家门店后,一直在"本地化""中国化"的道路上进行长足的探索和创新。其大红色的主配色非常符合中国人对"红"的喜好,对比麦当劳的"小丑叔叔"这一非常有西方特色的形象,前者显然更合中国人的口味。再纵观肯德基进入中国的几十年,其在推出新品上也是满满的"中国心"。在2000年年初,肯德基邀请了40余位国家级食品营养专家成立"中国肯德基食品健康咨询委员会",开发适合中国人口味的产品。例如,推出国人熟悉的油条、豆浆、老北京鸡肉卷、蔬菜汤、饭类产品等。而麦当劳在这个方面还是一如既往地遵守着其全球一套标准的偏执,本土化的新品少之又少。麦当劳也曾试过放下身段,迎合中国人的口味,如在中国台湾推出过盖饭,但是效果并不好,因为价格太高,是常规小吃的两倍多,没有竞争力。

除此之外,两者在营销策略上也是大相径庭。麦当劳放弃了原来固守的家庭分享的温暖路线,将自己的主力客群定位成年轻人,同时也放弃广告的全球统一化,邀请某知名演艺工作者进行合作。反观肯德基,在挖掘国人喜好方面更顺手,多次和知名演艺工作者合作,一次次在地铁广告牌和各种网络媒体平台进行刷屏。

随着2017年麦当劳"改名事件",彰显了在中国提高竞争力、扩大市场份额的野心和决心。紧紧跟随肯德基推出了24小时送餐服务、进驻各大外卖平台、开通与两大电子支付平台的合作、出台线上点餐支付系统来迎合国内的电子消费浪潮。区别于肯德基的粗放式规模扩张模式,麦当劳更注重改变其快餐形象,提升单店营业效率,也更关注于成本降低、差异

化和集中管理化。将其擅长的服务和体验做到极致,并且在原来固守的经营模式上做出改变,放弃了直营模式,开放了加盟门槛,以加快赶超肯德基门店的速度。

资料来源:林小兰.市场营销基础与实务[M].3版.北京:电子工业出版社,2020:151.

6.3.2 企业竞争策略

因为企业在市场竞争中的地位不同,即使是同一企业,其不同产品在市场竞争中的地位也不同。所以,不同的企业在市场竞争中应根据其所处的市场地位,采取不同的竞争策略。

1. 市场领先者策略

微课:竞争
策略(一)

处于领先地位的企业,其地位时刻面临着挑战。首先,若需求发生变化时,公司的投资回报率会下降,从而影响其再投资或维持现有市场地位所需的资金;其次,公司如果不能革新其产品的技术,新产品或替代产品生产者就会乘机占取更多市场份额,动摇领先者的领导地位;最后,市场领先者一般都规模庞大,形成尾大不掉的局面,往往应变能力和管理效率低下,这使其在激烈的竞争中处于不利地位。因此,市场领先者为了维护自己的优势,保持自己的领导地位,通常采取以下三种策略。

微课:竞争
策略(二)

(1)扩大市场总需求。一般来说,当一种产品的市场需求总量扩大时,受益最大的是处于市场领先地位的企业。因此,市场领先者应努力从以下三个方面扩大市场总需求。

① 寻找新用户。每一种产品都有吸引顾客的潜力,但有些顾客不知道这种产品,或因为其价格不合适或缺乏某些特点等不想购买这种产品,因此,企业可以从多个方面寻找新的使用者。例如,一个香水制造商可以从三个方面寻找新用户:设法说服不用香水的女士使用香水;说服男士使用香水;向其他国家推销香水。

② 寻找产品的新用途。企业通过发现并推广产品的新用途来扩大市场规模,例如,杜邦公司的尼龙就是这方面的典范。每当旧的尼龙产品进入产品生命周期的成熟阶段,杜邦公司就会发现尼龙的新用途。从最初的制作降落伞绳,到女士丝袜,再到制作汽车轮胎、地毯等,使其产品用途不断增加,其市场规模也就不断扩大。

③ 扩大产品的使用量。促使使用者增加使用量、提高购买频率也是扩大总需求的一种重要手段。例如,服装制造商每年每季都推出新的流行款式,消费者就会不断购买新衣,流行款式变化越快,购买新衣的频率越高。再如,牙膏生产厂家劝说人们不仅每天早晚要刷牙,最好每次饭后也要刷牙,这样就增加了牙膏的使用量。

(2)保持市场占有率。处于市场领先地位的企业,必须时刻防备竞争者的挑战,保护自己的市场份额。为此,市场领先者任何时候都不能满足于现状,必须在产品的创新、技术水平的提高、服务水平的提高、分销渠道的高效性和降低成本等方面真正处于该行业领先地位。领先者还应该在不断改进提高的同时,抓住对手的弱点主动出击,即所谓"进攻是最好的防御"。市场领先者即使不发动进攻,也应该保护好自己的阵地,不能有任何疏漏。由于资源有限,领先者不可能保持住它在整个市场上的所有阵地,因此,应选择适当的防御策略,以便集中使用防御力量,减少受攻击的可能性,使攻击转移到利害较小的地方,并削弱其攻势。例如,雷诺等烟草公司认识到社会对吸烟的限制正在加强,而纷纷转入酒类、软饮料、冷冻食品这样的新行业,实行市场多角化经营,将新的市场阵地作为未来防御和进攻的中心。

(3)提高市场占有率。市场领先者设法提高市场占有率,也是增加收益,保持领导地位的一个重要途径。相关研究表明,市场份额超过40%的企业将得到30%的平均投资回报率,市场份额在10%以下的企业,其投资回报率在9%左右;市场份额每当有10%的差异,则投资回报率就有约7%的差异。因此,许多企业以提高市场占有率为目标。例如,通用电气公司要求它的产品在各自市场上都要占据第一或第二位,否则就要淘汰。提高市场占有率主要采取以下方法。

① 产品创新。通过产品创新,市场领先者可以有效地扩大市场份额,保持现有的领先地位。例如,英特尔公司每六个月就对其中央处理器(CPU)产品进行更新换代,从而牢牢控制住了市场。

② 质量领先。企业不断向市场提供质量超过一般标准的产品,不仅可使企业获得质量溢价,而且可使企业维持自己质量优异的品牌形象,从而能吸引更多顾客购买,扩大市场份额。

③ 多品牌策略。扩大企业同种产品的品牌系列,采用多品牌营销,是宝洁公司的首创。每一个品牌都针对顾客的差别进行定位,这样就抓住了每一细分市场的顾客,以削弱竞争对手的攻势。

④ 大量广告策略。这是一种传统的扩大市场份额的办法,企业通过高强度多频率的广告来促使消费者经常保持对自己品牌的印象,增加其对品牌的熟悉程度或产生较强的品牌偏好。

2. 市场挑战者策略

处于市场挑战者地位的企业,一般都具有相当的规模和实力,在竞争策略上有很大的主动性。但是,盲目的进攻是愚蠢甚至有害的,要想取得成功,必须首先确定自己的战略目标和挑战对象,然后还要选择适当的进攻策略。

(1)明确战略目标和挑战对象。战略目标同进攻对象密切相关,对不同的对象有不同的目标和策略。一般来说,挑战者可以选择下列三种竞争对手作为攻击对象。

① 攻击市场领先者。这种进攻风险很大,然而,潜在的收益可能也很高。为取得进攻的成功,挑战者要认真调查研究顾客的需求及其对市场领先者的不满之处,抓住市场领先者的弱点和失误猛烈进攻。

② 攻击与自己规模相当的竞争对手。挑战者选择一些与自己势均力敌但却经营不良或财力紧张的公司作为进攻对象,设法夺取它们的市场份额。

③ 攻击区域性小企业。对一些地方性小企业中经营不善、财务困难者可夺取它们的市场,甚至小企业本身。

(2)选择进攻策略。在明确了战略目标和进攻对象之后,市场挑战者还需要选择适当的进攻策略,可选择以下五种策略。

① 正面进攻。正面进攻就是集中兵力向对手的主要市场发动攻击,打击的目标是敌人的强项而不是弱点。这样,胜负便取决于谁的实力更强,谁的耐力更持久。进攻者必须在产品、广告、价格等方面大大领先对手,方有可能成功,否则会使自己受到沉重打击。例如,摩托车行业的本田和雅马哈曾爆发了一场商战——雅马哈宣称要取代本田成为全球最大的摩托车生产厂商,而本田毫不示弱,立即应战。大战伊始,双方各投入了60多种型号的摩托车。在随后的18个月中,本田推出了113种型号,且每种型号新颖别致、功能先进;而雅马

哈只推出了37种型号,且技术落后,与本田相比相形见绌。结果,雅马哈的滞销产品堆积如山,存货期超过12个月。最后,雅马哈宣布投降,本田赢得竞争的胜利。本田的胜利除削价大倾销和铺天盖地的广告之外,频率极高的产品更新速度和对消费者需求的快速回应也起了巨大的作用。

② 侧翼进攻。侧翼进攻就是集中优势力量攻击对方的弱点。侧翼进攻包括两个战略方向:第一,地理市场战略方向。向同一地理区域范围内的竞争对手发起进攻,进攻时既可以通过对手所忽略的地域范围内建立强有力的分销网点,以拦截竞争对手的潜在顾客,也可以寻找竞争对手的产品还没有覆盖的市场"空白区",在那里组织营销。例如,IBM公司的挑战者就是选择一些被IBM公司忽视的中小城市建立强大的分支机构,获得了顺利的发展。第二,细分市场战略方向。就是利用对手因产品线的空缺或是营销组合定位的单一而留下的市场空缺,迅速用自己的产品加以填补。

③ 围堵进攻。围堵进攻是一种全方位、大规模的进攻策略,即在几个战线发动全面攻击,迫使对手在正面、侧翼和后方同时全面防御。进攻者可向市场提供竞争者能供应的一切,甚至比对方还多,使自己提供的产品无法被拒绝。当挑战者拥有优于对手的资源,并确信围堵计划的完成足以打垮对手时,这种策略才能奏效。例如,日本精工表在国际市场上就是采取这种策略,在美国,它提供了约400个流行款式、2300种手表,占据了几乎每个重要钟表商店,通过种类繁多、不断更新的产品和各种吸引消费者的促销手段,精工表取得了很大成功。

④ 迂回进攻。这是一种最间接的进攻策略,它避开了对手的现有阵地而迂回进攻。具体办法有三种:一是发展其他产品,实行产品多元化经营;二是以现有产品进入新市场,实现市场多元化;三是通过技术创新和产品开发以替换现有产品。例如,高露洁公司在强大的宝洁公司竞争压力下,就采取了这种策略,即加强高露洁公司在海外的领先地位,在国内实行多元化经营,向宝洁公司没有占领的市场发展,迂回包抄宝洁公司。该公司不断收购纺织品、医药产品、化妆品及运动器材和食品等公司,结果获得了极大成功。

⑤ 游击进攻。游击进攻主要适用于规模较小、力量较弱的企业,目的在于通过向对方不同市场发动小规模、间断性的攻击来骚扰对方,使之疲于奔命,最终巩固永久性据点。游击进攻可采取多种方法,包括有选择的降价、强烈的突袭式促销行动等。尽管游击进攻可能比正面围堵或侧翼进攻节省开支,但如果想要打倒对手,光靠游击战不可能达到目的,还需要发动更强大的攻势。

由此可见,市场挑战者的进攻策略是多样的。一个挑战者不可能同时运用所有这些策略,但也很难单靠某一种策略取得成功,通常是设计出一套策略组合,通过整体策略来改善自己的市场地位。

同步案例

百事可乐的经典进攻战略

历史上百事可乐有两次成功的进攻战略,第一次发生在1939年,在此之前的几十年里,百事可乐和美国其他的几百家可乐厂毫无区别,都将注意力放在自己的运营改善上,视可口可乐为学习的榜样,相信可口可乐之所以成功,一定是代表了最好的经营实践。结果在几十间,百事可乐几乎是在风雨中摇摆度过的,三次请求可口可乐收购都遭拒绝。直到1939年,他们调整了经营观念——重点考量可口可乐领导地位的强势所在,以寻求机会做出一击。百事可乐发现,可口可乐的强势在于其6.5盎司的经典包装,而这种包装无法在短期内撤换,特别是在密布全国的自动贩卖机上。于是百事可乐利用自己同等价格却有12盎司的"双倍装",发动了"一份钱两份货"的战略。虽然在启动这一战略时,百事可乐只有能力投入区区60万美元的广告,但因其出击点选择在了对手与生俱来的弱点上,从而使每一分钱的投入都产生了绩效,很快就转化成为有力的进攻战。百事可乐因此超过众多可口可乐的追随者,成为第二大可乐。

真正让百事可乐名垂青史的战略是在1961年发动的。百事已成为第二位的公司,这次发动进攻战略就显得很正当,更重要的是它找到了一个"领导者深藏于强势中的弱点"。可口可乐真正的强势是可乐的发明者,是可乐历史的缔造者,因此它是最正宗、经典的可乐。百事从中顺势出击,将其重新定位为传统、老土、落伍的可乐,从而将自己定位为"年轻人可乐"。20世纪30年代的大瓶策略可口可乐可以复制,而这次却是可口可乐无法复制的,它是真正的战略定位。

资料来源:艾·里斯,杰克·特劳特. 商战[M]. 李正栓,贾纪芳,译. 北京:中国财政经济出版社,2007:47.

3. 市场跟随者策略

市场跟随者与挑战者不同,它不是向市场领先者发动进攻并图谋取而代之,而是跟随在领先者之后自觉地维持共处局面。这种"自觉并存"状态在资本密集且产品同质性高的行业如钢铁、化工业中是很普遍的现象。在这些行业中,产品差异化很小,而价格敏感度却很高,很容易爆发价格战,最终导致两败俱伤。因此,这些行业中的企业通常达成一种默契,彼此自觉地不互相争夺客户,不以短期市场占有率为目标,以免引起对手的报复。它们通常采取市场跟随策略,即效法领先者为市场提供类似的产品,因而市场份额相当稳定。但是,这不等于说市场跟随者就无所谓策略。每个市场跟随者必须懂得如何保持现有顾客,并争取一定数量的新顾客;必须设法给自己的目标市场带来某些特有的利益;必须尽力降低成本并保持较高的产品质量和服务质量。

一般而言,市场跟随者有三种可供选择的跟随策略:一是紧密跟随策略,市场追随者企业在进行营销活动的所有市场范围内,都尽可能仿效市场领先者企业,以借助先行者的优势打开市场,并获得一定的份额;二是距离追随策略,市场追随者在营销策略的主要方面,如在产品、价格、渠道方面等模仿市场领先者企业,其他方面则发展自己的特色,与市场领先者保持一定的差异;三是有选择追随,市场追随者企业根据自身的具体条件,部分模仿市场领先者企业,择优追随,同时在其他方面坚持独创。

4. 市场利基者策略

几乎每个行业都有些小企业——市场利基者,它们专心致力于市场中被大企业忽略的某些细分市场,在这些小市场上通过专业化经营来获取最大限度的收益。这种有利的市场位置(利基)不仅对小企业有意义,而且对某些大企业中的较小业务部门也有意义,它们也常设法寻找一个或多个既安全又有利的利基。

(1)利基的特点。一般来说,一个理想的利基具有以下几个特征:①有足够的需求量或购买量,从而可以获利;②有成长潜力;③对主要竞争者不具有吸引力;④企业具备有效地为这一市场服务所必需的资源和能力;⑤企业已在顾客中建立起良好的信誉,足以对抗竞争者。

(2)市场利基者的主要策略。市场利基者的主要策略是专业化营销。利基者为了获得利益,可在市场、顾客、产品或渠道等方面实行专业化。下面是几种可供选择的专业化方案。

① 按最终使用者专业化。专门致力于为某类最终使用者服务,如计算机行业有些小企业专门针对某一类用户(如医院、银行等)进行营销。

② 按垂直层面专业化。专门致力于生产—分销渠道中的某些层面,如制铝厂可专门生产铝锭、铝制品或铝质零部件。

③ 按顾客规模专业化。专门为某一种规模(大、中、小)的客户服务,如有些小企业专门为那些被大企业忽略的小客户服务。

④ 按特定顾客专业化。只对某一个或几个主要客户服务,如美国有些厂商专门为沃尔玛公司或通用汽车公司供货。

⑤ 按地理区域专业化。专为国内外某一地区或地点服务。

⑥ 按产品或产品线专业化。只生产一类产品,如日本的 YKK 公司只生产拉链这一类产品。

⑦ 按质量和价格专业化。专门生产经营某种质量和价格的产品,如专门生产高质高价产品或低质低价产品。

⑧ 按服务项目专业化。专门提供某一种或几种其他企业没有的服务项目,如美国有一家银行承办电话贷款业务,并为客户送款上门。

在选择市场利基时,多重利基比单一利基更能减少风险,增加保险系数。因此,营销者通常选择两个或两个以上的利基,以确保企业的生存和发展。总之,只要营销者善于经营,小企业也有许多机会可以在获利的条件下提供优质服务。

学习活动:查阅资料,从运动鞋、碳酸饮料、小轿车、洗发水、电视机、牙膏、计算机、方便面这些产品中任选一种,列出至少两个制造商,分析各企业所处的市场地位及采取的不同竞争战略及策略。

▲ 同 步 训 练 ▲

📖 自我检测

一、选择题

1. 生产同类产品,但规格、型号、款式不同的竞争者是(   )。
   A. 愿望竞争者   B. 普通竞争者   C. 形式竞争者   D. 品牌竞争者
2. 在行业同类产品的市场上占有率最高的企业是(   )。
   A. 市场领先者   B. 市场挑战者   C. 市场跟随者   D. 市场利基者
3. 所谓(   ),是指为使企业产品与竞争对手产品有明显的区别、形成与众不同的独特性而采取的战略。
   A. 总成本领先战略   B. 差异化战略
   C. 目标集中战略   D. 渗透战略

4. 市场挑战者在其选择的进攻策略中，集中优势力量攻击竞争对手的弱点，使其措手不及，这种策略是（   ）。
   A. 正面进攻   B. 侧翼进攻   C. 围堵进攻   D. 迂回进攻
5. 市场追随者在竞争中某些方面紧跟主导者，而在另一些方面有自己的创新，这种策略称为（   ）。
   A. 紧密跟随   B. 提高跟随   C. 距离跟随   D. 选择跟随
6. 实施专业化营销战略的主要是（   ）。
   A. 市场领先者   B. 市场挑战者   C. 市场跟随者   D. 市场利基者
7. 实施市场利基者战略，企业的首要任务是（   ）。
   A. 发现补缺市场   B. 占领补缺市场   C. 扩大补缺市场   D. 保护补缺市场
8. 不是品牌竞争者的一对组合是（   ）。
   A. 可口可乐和百事可乐
   B. 佳能和尼康
   C. 康佳电器和四川长虹
   D. 青岛啤酒和青岛海尔
9. 市场领先者在选择"扩大市场总需求量"策略时通常运用以下（   ）途径。
   A. 发现新的用户
   B. 开辟产品新用途
   C. 增加产品使用量
   D. 提高技术含量
   E. 市场拾遗补阙
10. 总成本领先战略的适用条件有（   ）。
    A. 产品市场需求具有较大的价格弹性
    B. 所处行业的企业大多生产标准化产品
    C. 有足够的资本及良好的融资能力
    D. 产品制造工艺先进，易于用经济的方法制造

二、简述题

1. 企业的竞争对手有哪几种类型？
2. 竞争对手的分析包括哪些步骤？
3. 面对同一行业的竞争者，可采用哪些竞争战略？
4. 根据市场竞争地位的不同，可将企业分为哪几种类型？它们各有什么特征？
5. 市场领导者提高市场占有率的途径有哪些？市场占有率是否越高越有利？
6. 市场挑战者有哪些可供选择的进攻策略？
7. 有哪几种市场跟随策略？试比较其利弊。
8. 一个理想的利基应具备哪些特征？
9. 小企业的专业化营销有哪些途径？

案例分析

携程的挑战

携程创立于1999年，仅短短四年多时间便在纳斯达克上市。从创办到上市，在携程发展的第一个阶段，资本运作起到了关键作用。但几年之后，由于缺乏创新、竞争加剧，业绩大幅下滑。最惨烈的是与去哪儿网的血拼，后者来势汹汹，且拒绝被并购。后来，作为携程创始人之一的梁建章则直接绕过去哪儿网创始人，说服了大股东李彦宏，用携程的25%股份置

换了百度在去哪儿网45%的持股。因为这单,携程也稳住了它OTA(online travel agency)龙头的地位。2011年,携程做了三件事情:一是内部改革——权力下放,把整个公司打散成很多个小的创业公司,激发员工创新力,更加灵活地决策和狙击竞争对手;二是全面转型移动互联网;三是对外大举发起"价格战",用雄厚的资金优势抢夺市场。

新的对手总是从别的地方冒出来。美团与携程的交战始于2011年。彼时正好是携程在和去哪儿网、艺龙烧钱厮杀的时候,美团悄悄疯狂入侵中低端酒店市场,一个月签下6000多家酒店。去哪儿网被收购之后,许多酒店销售也在高薪的召唤下,"投奔"了美团酒旅,带去不少资源。紧紧抓住用户从PC向移动互联网迁徙的关键节点,美团自己的地推团队,利用边际成本更低的优势,拿下了中低端酒店的市场。2015年,美团就超过艺龙成为OTA酒店市场第二,直追携程。2018年3月,美团酒店又以2270万的单月间夜量首次超过携程、去哪儿、同程、艺龙的总和。2020年,美团推出高星酒店超级团购,一边用低佣金挖大酒店,一边用低团购价扫客。根据美团财报数据,2020年美团到店、酒店及旅游业务收入213亿元,经营溢利82亿元,经营利润率38.5%。而携程因受到不可控的外部环境变化影响,全球化也难以施展,2020财年净亏损32.47亿元,同比下降146.31%;营收为183.16亿元,同比下跌48.65%。

2021年战火再度升级,美团首次以10亿元占股20%抄底中高端酒店东呈国际,直插携程腹地。为了守住高端酒店大本营,梁建章还亲自上场为高星酒店Boss直播带货。据携程公布的官方数据,40余场直播中,累计贡献的GMV(gross merchandise volume)超11亿元。借助餐饮高频带动酒店低频,美团攻势越来越猛,而原本把关着机票酒店交易环节的携程,不得不面临流量红利消失的困窘。2021年7月30日,携程市值1139亿元,美团市值过万亿元,是携程的10倍。主张专业化战略的携程被多元化战略为主导的美团逼到角落,不断在收缩。但显然,携程已经没办法再用吞并去哪儿网的办法来应对美团,而是进行了重新定位。

第一,直播带货。2020年全年携程通过在线直播平台推出超过60000种产品,携程直播+特卖频道实现商品交易总额超过50亿元。

第二,产品内容化。携程发布"旅游营销枢纽"战略,以"星球号"作为载体,把流量、内容、商品三个核心板块聚集起来,打造开放的营销生态。在交易平台佣金模式之外,携程试图通过营销赋能找到新的增量途径。但是在这条路上,抖音、小红书"跨界打劫"的迹象也越发明显。2020年上半年,小红书就已经开始在上海、广州、西安、成都4座城市及其周边开展"种草周边游"直播,推出Red City城市计划。后来,小红书又与小猪短租达成战略合作引入大量民宿商家,并通过与"订单来了"联手实现平台内直连民宿预订。到2021年3月,小猪短租的官方数据显示,小红书渠道带来的交易额已经突破1000万元。

对企业而言,永远有新的挑战。

资料来源:杨勇,陈建萍. 市场营销:理论、案例与实训[M]. 5版. 北京:中国人民大学出版社,2023:110.

思考与分析:
1. 如何看待携程所面对的市场竞争?
2. 分析、评价携程的市场竞争战略和策略。
3. 携程应该如何更好地制定竞争对策?

德技并修

品牌奶粉生产企业控制经销商涨价被重罚

从 2013 年 3 月开始,根据举报,国家发展改革委价格监督检查与反垄断局对合生元、美赞臣等外资品牌奶粉企业开展了反价格垄断调查。8 月 7 日,国家发展改革委公布,这些奶粉企业违反《反垄断法》限制竞争行为,共处罚款 6.6873 亿元。此次反垄断处罚是中国反垄断史上开出的最大罚单之一。

自 2008 年三聚氰胺事件后,外资品牌奶粉牢牢控制了国内的市场份额。而涉案企业则采用合同约定、直接罚款、变相罚款等其他手段控制下游经销商涨价,平均价格上涨幅度为 30% 左右。甚至在反垄断调查过程中,个别外资品牌奶粉企业不但不配合,还坚持不积极整改,在行业里起到了很坏的示范作用。所以,国家发展改革委决定予以重罚。

问题:
1. 案例中存在哪些营销道德与伦理问题?
2. 试对上述问题做出道德研判。

团队实战

1. 训练目标:能够对竞争对手进行分析,并制定相应的竞争战略。
2. 训练要求:
(1) 广泛收集耐克、阿迪达斯、李宁、特步、安踏等体育用品公司的相关资料。
(2) 以上企业任选其一,把自己当作所选企业的营销人员,根据所收集的资料完成对竞争对手的分析;同时,结合本企业情况分析应采用的市场竞争战略。
(3) 各团队撰写一份分析报告,并制作 PPT 进行总结分享。

项目 7 产品策略

学习目标

知识目标

1. 理解产品的整体概念和产品的分类；
2. 明确产品组合决策及策略；
3. 掌握产品生命周期理论及其各阶段的营销策略；
4. 熟悉新产品开发程序；
5. 掌握品牌与包装策略。

能力目标

1. 能够对产品组合策略进行分析和优化；
2. 能够灵活运用产品生命周期阶段的营销策略；
3. 能够进行初步的产品品牌、包装的设计与策划；
4. 提升团队协作、沟通表达、思考分析、善恶研判、信息处理的能力。

素养目标

1. 传承中华优秀传统商业文化讲仁爱、重民本、守诚信、崇正义的思想精髓；
2. 以消费者需求为中心，弘扬新时代工匠精神与创新精神；
3. 树立民族品牌自信，厚植爱国情怀，增强民族自豪感，提高社会责任感；
4. 理解国家在商业领域中的新发展理念，提高中国制造大局观，坚守法律及质量意识，增进对数字中国、科技强国和网络强国的认知。

思维导图

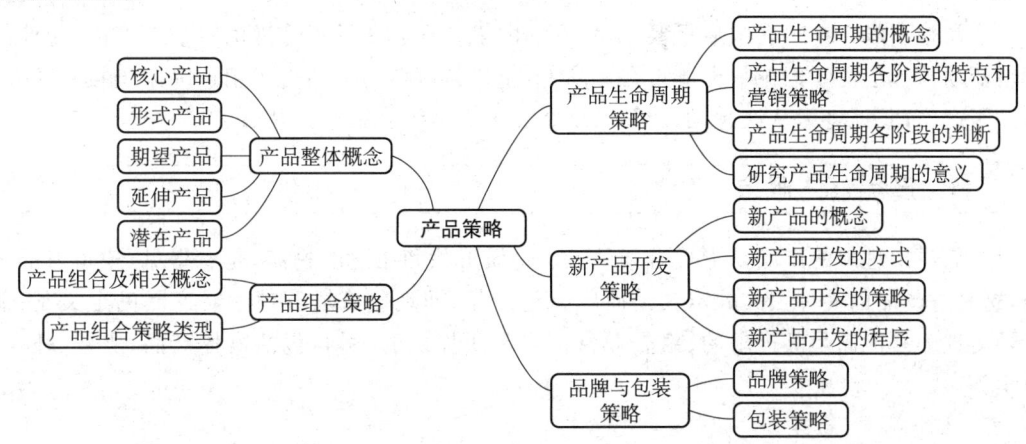

▲▲ 引入案例　丰田汽车的中国产品策略 ▲▲

日本丰田汽车公司在中国市场上的成功与其实施的产品策略密不可分。

动画：丰田汽车的中国产品策略

（1）针对中国市场设定丰田汽车产品线宽度。丰田公司在中国开设天津一汽丰田和广州丰田，都有单独的产品生产线，两家的产品线组合后，就形成丰田汽车在中国完备的产品线，保证丰田汽车在每个细分市场都能满足目标消费者需求。

（2）合理的汽车产品线定位。丰田在家用型产品中，中低级产品有雅力士、威驰和花冠；中级产品有卡罗拉；中高级产品有凯美瑞；高级车产品有锐志和皇冠；行政用车产品包括卡罗拉、凯美瑞、锐志和皇冠；城市越野车产品有普拉多、兰德酷路泽、汉兰达等；商务车产品有普瑞维亚；中巴车产品有柯斯达。

（3）汽车产品线长度差异化策略。丰田对每条产品线的长度有不同的设计，花冠产品线有花冠和卡罗拉两个产品项目；而凯美瑞产品线是丰田公司在中国占领中高端汽车市场的主力车型，市场竞争激烈，设立有18个产品项目。

（4）产品进入市场策略。丰田在产品投入期注重产品的广告宣传，让广大消费者对将要上市的新车型有强烈的期待，产生一个"新车效应"，让新车型销售有一个很好的开头。产品成长期注重渗透策略，加大广告宣传的投入，重视产品新市场的开发。如凯美瑞进入成长期后，丰田以最低配置产品渗透至中高档轿车低端下游市场，以最高配置产品渗透中高档车下游市场。

（5）有竞争力的产品改良策略。对于成熟期产品，丰田公司通常会通过市场改良、产品改良、营销组合改良等策略来提高竞争力。例如，锐志开拓出后驱车的运动性能，吸引对运动有偏好的潜在客户。另外，对成熟期的产品，丰田会实行购车让利和增加售后服务等措施。

（6）新产品研发策略。在产品进入成熟期之后，丰田公司就开始新产品或是换代产品的研发工作，在产品进入衰退期前会果断推出新产品或换代产品，来让新产品进入一个崭新的发展阶段。

资料来源：吴勇，燕艳. 市场营销[M]. 6版. 北京：高等教育出版社，2020：155.

产品是市场营销组合中最重要、最基本的因素。企业产供销管理的对象是产品，企业的营销活动与社会需要的统一也体现在产品上，企业与市场的关系更是由产品来连接。所以，离开了产品，其他将无从谈起，而产品策略是整个营销组合策略的基石。

7.1　产品整体概念

人们通常理解的产品是指具有某种特定物质形状和用途的物品，是看得见、摸得着的东西，这是对产品的一种狭义的定义。而广义的产品，即现代市场营销学对产品的定义是：能被顾客理解并能满足其需求的、由企业营销人员所提供的一切，包括实体产品、服务、地点、组织等。

现代营销理论认为，营销中的产品既要包括有形的利益，如产品实体及其品质、颜色、式样、特色、品牌和包装等；又要包括无形的利益，如可以给顾客带来心理满足感和信任感的各种售后支持和服务保证等，即产品的整体概念。

随着市场消费需求水平的提高，市场竞争焦点不断转移，对企业产品提出更高要求。为适应这样的市场态势，产品整体概念处在不断再外延的趋势之中。当产品整体概念再外延一个层次时，市场竞争又将在一个新领域展开。企业可在产品整体概念中的任何一个因素，包括产品的效用、包装、款式、送货、安装、指导、维修、品牌、形象、服务等，根据市场需要的不断变化而进行创新设计，以形成与众不同的特点，进而提高市场竞争力。

动画：[营销资料] 产品的分类

微课：产品整体概念

产品整体概念包括五个层次，如图7-1所示。

1. 核心产品

核心产品是指产品能够给消费者带来的实际利益，即产品的功能和效用，是消费者购买的目的所在。作为产品整体概念最基本的部分，它主要关注的问题是消费者到底需要什么。例如，人们购买汽车，并不是只想拥有多大排量的发动机和它的钢铁外壳本身，而是要通过发动机驱动车轮，最终获得载乘行驶的效用。核心产品反映了消费者的真正需求，是产品实质的体现。营销人员应善于发现隐藏在产品背后的真正需要，这将对新产品的开发与创意大有帮助。只有通过抓住核心产品，不断更新形式产品，才可以避免被市场淘汰。

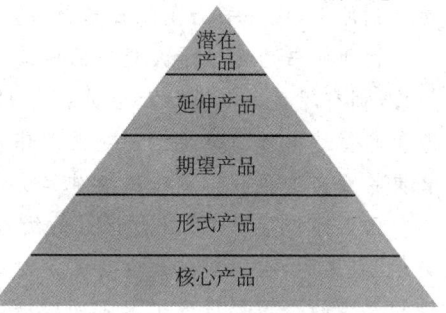

图7-1　产品整体概念

2. 形式产品

形式产品也叫有形产品、实体产品，是指核心产品借以实现的形式，是核心利益的基本载体，是围绕核心产品建立起来的、以满足消费者需求的特定形式。形式产品通常表现为五个方面的特征：质量水平、产品特色、设计式样、品牌名称和产品包装。例如，家庭用户购买小型汽车，是为了获得乘用效用，在此基础上，用户还会进一步考虑汽车的品牌价值、安全性、耐用性及汽车的款式、颜色等因素，正是这些因素组成了汽车的形式部分。营销人员应着眼于顾客的实际利益，从这点出发，再去寻求实际利益得以实现的形式，以更完美地满足顾客需求。

3. 期望产品

期望产品是指购买者在购买产品时期望得到的与产品密切相关的一整套属性和条件。例如，住宿的客人期望旅馆能提供安静的环境、高雅的装饰、整洁的床位、全套的洗漱用具及一次性拖鞋等产品服务。某旅馆如果率先满足了这些要求，在同行业市场上的竞争力就会增强。

4. 延伸产品

延伸产品也叫附加产品，是指消费者在购买形式产品和期望产品时附带获得的各种利益的总和。延伸产品居于期望产品的外围部分,包括提供信贷、保证、免费送货、安装、维修等。消费者为了满足某种需求而进行购买,他们希望获得和该项需求有关的一切,以得到最高的满意度。例如,消费者在购买汽车时,不仅会考虑汽车这项产品的核心部分和形式部分,他们还会关注是否可以分期付款,是否能够得到详细和周到的汽车性能讲解,生产者提供的保证、维修的及时与便捷等。随着市场竞争的加剧,当产品的性能和质量越来越接近,企业的竞争将更多地表现在延伸产品的竞争上。

 **同步案例**

破解实体书店经营困局

随着新媒体时代的到来,人们的图书消费习惯和阅读习惯发生了较大变化,实体图书销售受到冲击,线下书店生意日趋萧条,但西西弗书店却依旧红火。

西西弗书店定位于大众精品阅读的连锁书店,目前在全国80多座城市开设了约300家门店,拥有超过500万活跃会员。自1993年开店起,西西弗书店就奠定了自己的独特基调,即参与营造本地精神生活。对西西弗书店而言,线下实体书店的功能不仅是图书销售,消费者更希望在这里获得更多的精神享受,拥有一个放松和休闲的空间。

西西弗书店坚持"图书+X"的经营模式。几乎每一家西西弗书店都是由"图书+咖啡+文创"组成的,在书店中还会有不定时的读书交流等文化活动。西西弗书店以欧式的装修设计和复古的橱窗摆设吸引读者光顾;幽静的阅读氛围、温馨的咖啡和精致的文创用品使消费者驻足。西西弗书店突破了"纯书店"概念,变成一个以提供图书为核心的综合化服务和文化体验的空间,有效"抓住"了年轻消费者和非阅读爱好者。

从西西弗书店的发展可以看出,期望产品是企业基于消费者需求的变化对核心产品和有形产品进行的创新设计,是企业"以人为本"经营理念的重要体现。

资料来源:王鑫,饶君华.市场营销基础[M].北京:高等教育出版社,2023:127.

5. 潜在产品

潜在产品是指现有产品包括所有延伸产品在内的,可能发展成为未来最终产品的潜在状态的产品。潜在产品指出了现有产品未来的演变趋势和前景。例如,现在的污染型产业的发展趋势是绿色能源产业,如环保面料的服装、混合动力汽车等。

学习活动:耐用品行业中一些企业的产品质量好,价格较高,销量遥遥领先;而另一些企业的同类产品质量过硬,价格相当优惠,但销量却一直上不去。为什么同类产品的企业却会有不同的销售业绩?请用产品整体概念的原理进行分析。

产品整体概念的五个层次清晰地体现了以顾客基本利益为核心的现代营销观念,使营销工作能够真正地以消费者需求为导向。产品的五个层次在营销活动中处于不同的地位,体现了不同的特点。通过形成一个体系,共同构成产品整体的一部分。在实践中,只有深刻理解了产品的整体概念,才能真正贯彻现代营销观念。

学习活动:阿克苏苹果以甜脆著称,很受消费者青睐,其中"冰糖心"品种更是广为人知。各团队查阅相关资料,结合阿克苏苹果的现状进行产品整体概念五个层次的分析,并形成报告。

7.2 产品组合策略

一般来说,一个企业不会孤立地经营一个产品,而是生产或经营多种产品。这些产品在市场的相对地位及对企业的贡献都不同,企业必须随着外部环境和企业自身条件的变化,充分发挥本企业的特长,把产品组合的诸因素有机地结合起来,实现动态性的、相对优化的、始终使企业获得最大利润的最佳产品组合。

微课:产品组合策略

7.2.1 产品组合及相关概念

产品组合(product mix)就是指企业所经营的全部产品的有机构成,或者是各种类产品的数量比例,或者是企业的产品花色品种的配备,包括所有的产品线和产品项目。

一条产品线由若干产品项目组成,产品线是指具有相同使用功能,但型号、规格不同的一组类似产品;而产品项目是指因性能、规格、商标、式样等不同而能够区别于企业其他产品的具体产品。

对企业产品组合的决策,一般包括产品组合的广度、长度、深度及关联度四个方面。

(1)产品组合的广度,也称宽度(width),是指一个企业生产经营多少种不同的产品线,即技术上和结构上密切相关的,具有同类功能、满足消费者同类需要的关系密切的一组产品。产品线数量越多,产品组合的广度越宽。

(2)产品组合的长度(length),指产品组合中产品项目的总数。以产品项目总数除以产品线数量,可得到产品线的平均长度。

(3)产品组合的深度(depth),是指产品项目中每一品牌所含不同规格、花色、质量产品数目的多少。

(4)产品组合的关联度(consistency),是指企业产品组合中的各产品线在最终用途、生产条件、目标市场、分销渠道及其他方面的相互联系的密切程度。如专业商店产品组合的关联性较大,而综合商店产品组合的关联性较小。关联度较高有利于企业的经营管理,使企业能够充分利用现有的资源,取得较好的经济效益。

 同步案例

某家电公司的产品组合

表7-1是某公司依照消费者的需求和自身实力生产的产品组合。电视机、洗衣机、冰箱和空调就是4条产品线,或称4个产品系列,也就是说,产品组合的广度(宽度)为4;每条产品线下面所列就是产品项目,例如,洗衣机产品项目有滚筒洗衣机、波轮洗衣机、洗烘一体机、迷你洗衣机,4条产品线下面的产品项目一共为18个,也就是说,产品组合的长度为18。由产品项目总数18除以产品线数目4可以得平均长度为4.5;而以空调这一产品线中的产品项目壁挂空调来说,又会由不同规格、花色、质量的产品组成,这就是深度;最后,这4个产品系列均属于家用电器,可以通过同一分销渠道销售出去,所以其关联度较高。

表 7-1 某家电公司的产品组合

项目	产品组合的宽度			
	电视机	洗衣机	冰箱	空调
产品组合的长度	37厘米彩电 47厘米彩电 54厘米彩电 64厘米彩电 74厘米彩电 84厘米彩电	滚筒洗衣机 波轮洗衣机 洗烘一体机 迷你洗衣机	103升冰箱 160升冰箱 185升冰箱 230升冰箱 280升冰箱	壁挂空调 柜式空调 嵌入式空调

7.2.2 产品组合策略类型

产品组合策略是指企业根据自身资源条件、市场状况和竞争态势,对产品组合的广度、深度进行不同的结合,以使其更有利于销售,增加利润。产品组合策略主要规划产品线及个别产品项目的决策方向,是市场营销策略的重要组成部分。

1. 扩大产品组合策略

扩大产品组合策略(product-mix enlarging)是指企业扩大产品组合的广度和深度,增加产品系列或项目,扩大经营范围,生产经营更多的产品,以满足市场的需要。以芭比娃娃为例,其采用扩大产品组合策略,不断地增加许多相关产品系列或项目来满足市场需要。

企业采用扩大产品组合的策略有以下优点:一是有利于综合利用企业资源,扩大生产和经营规模,降低生产经营成本,提高企业竞争力;二是有利于满足顾客的多种要求,进入和占领多个细分市场;三是有利于降低经营风险,增强经营的稳定性。同时,采用该策略有一定缺陷:因为其要求企业拥有多条生产线,具有多条分销渠道,采用多种促销方式,而所有这些都需要企业有足够的资金支持。

同步案例

北大荒:新征程开启新辉煌

在世界品牌大会暨2021年中国500最具价值品牌发布会上,"北大荒"品牌价值达到1439.85亿元,同2004年的品牌价值17.91亿元相比,17年增长了约80倍,连续16年入选中国最具价值品牌榜,稳居中国农业第一品牌。

北大荒集团把建设粮食生产大基地作为重中之重和安身立命之本。为发挥粮食生产功能区和大豆等重要农产品生产保护区保障国家粮食安全的战略核心作用,发挥粮食生产商的"压舱石"作用,集团统筹推进田、土、水、路、林、电、技、管综合配套体系建设,全面建设高质高效的国家粮食安全产业带和农业现代化示范区。在此基础上,北大荒不断拓展产品组合,发力休闲农业和旅游产品,开拓产业新增长点,投资超10亿元兴建北大荒现代农业园,园区占地66.7万平方米,是"国家AAAA级旅游景区",园区内可垂钓、滑雪、餐饮、培训、度假、游乐、拓展、种植、采摘、观赏热带植物、体验现代农业,是一个集吃、住、游、娱、购于一体的市内大型综合旅游景区。与此同时,北大荒集团进一步推进"农文旅"融合发展,以"旅游、康养"为主题,紧紧围绕"吃、住、行、游、购、娱"六大要素及农业观光、康体养生、生态度假、田园健康等旅游功能,大力发展休闲农业、农事体验、精品民宿、特色种养殖等旅游产品。

北大荒将特色文化旅游产品有机地"嫁接"到农业、畜牧业等传统产业领域当中,从而在更高层次上引领带动文旅产业发展;将文化作为灵魂,发挥北大荒黑土地文化优势,提升核心竞争力和文化软实力;借助历史、人文讲好北大荒故事,打造文化符号、文化元素和文化记忆,依靠文化引领提升北大荒品牌价值。

资料来源:王鑫,饶君华.市场营销基础[M].北京:高等教育出版社,2023:130.

2. 缩减产品组合策略

缩减产品组合策略(product-mix pruning)是指企业降低产品组合的广度和深度,删减一些产品系列和产品项目,实行集中经营,提高专业化水平,力图从较少产品中获得较多利润。企业采用缩减产品组合策略,具有以下优点:一是有利于集中在少数产品,提高质量,降低成本;二是有利于减少企业资金占用,加速资金周转;三是有利于促销、分销等活动的集中,提高营销效率。

但采用该策略风险较大,应变能力差,一旦企业的产品在市场上失利,可能会造成严重损失。因此,企业在采用此策略时,不能消极地缩减,应缩中有张,以退为进,变被动为主动。

3. 产品延伸策略

产品延伸策略(product-line stretching)是指将企业现有产品线加长,突破原有经营档次的范围。具体策略分为向上延伸、向下延伸和双向延伸。

(1) 向上延伸,是指原本生产经营低档产品的企业,在原产品线内增加高档产品,以提高企业现有产品的声望。企业处于以下情况时,可实行向上延伸策略。

① 高档产品的市场销售形势看好,利润率高。

② 高档产品市场竞争者实力较弱,可取而代之。

③ 企业实力增强,希望发展高中低各类档次产品。

实施向上延伸策略会使企业面临一定风险:一是中低档产品线中推出高档产品,容易引起混乱,难以树立高档产品的独特形象;二是企业高档产品的推出可能会对本企业低档产品形成竞争压力;三是原有推销人员和经销商可能没有推销高档产品的足够技能和经验。

(2) 向下延伸,是指生产经营高档产品的企业在原产品线内增加较低档的产品。以五粮液集团为例,曾采取向下延伸策略,针对白酒产品线,从五粮液的生产往下延伸到五粮春、金六福、浏阳河等。企业处于以下情况时,可采用向下延伸策略。

① 企业的高档产品遇到强硬的竞争对手,进入中低档产品市场可以获得回旋余地。

② 企业高档产品发展较慢,为了维持销售、占领和开拓市场,扩展生产线,增加产品项目,增加中低档产品。

③ 企业可借助在高档产品市场创立的名牌形象生产中低档产品,进一步丰富产品品种,增加花色,扩大市场。

④ 填补市场缺口,抵制竞争对手进入中低档产品市场同企业抗衡。

实施向下延伸策略,同样会使企业面临一些风险:一是推出较低档产品,可能会影响原高档产品的市场形象和声誉;二是低档产品的推出迫使竞争者转向高档产品和新产品的开发,对本企业高档产品形成压力;三是经销商可能不愿意经营低档产品。

(3)双向延伸,则是指一些经营中档产品的企业,在一定条件下逐渐向高档和低档两个方向延伸。以丰田公司为例,曾采用双向延伸策略,在其中档产品卡罗拉的基础上,为高档市场增加了佳美牌,为低档市场增加了小明星牌。该策略可使企业大幅度提高市场占有率,加强竞争地位,击败竞争对手,更好地满足不同层次消费者的需要,成为市场的领导者。当然,双向延伸也不可盲目进行,企业必须有充足的实力才行。

因此,企业必须随着外部环境和企业自身条件的变化,充分发挥本企业的特长,把产品组合的诸因素有机地结合起来,采用恰当的产品组合策略,实现动态性的、相对优化的、始终使企业获得最大利润的最佳产品组合。

技能加油站

优化产品组合

优化产品组合的过程通常是分析、评价和调整现行产品组合的过程。因为产品组合状况直接关系到企业的销售额和利润水平,企业必须对现行产品组合做出系统的分析和评价,并决定是否加强和剔除某些产品线或产品项目。具体分析方法有波士顿矩阵法和九象限分析法两种。

微课:优化产品组合

1. 波士顿矩阵法

这是 20 世纪 70 年代初由美国著名的管理咨询企业波士顿咨询集团(简称 BCG)创立的。主要运用"市场增长率—相对市场占有率矩阵"(波士顿矩阵)对企业产品进行分类,如图 7-2 所示。

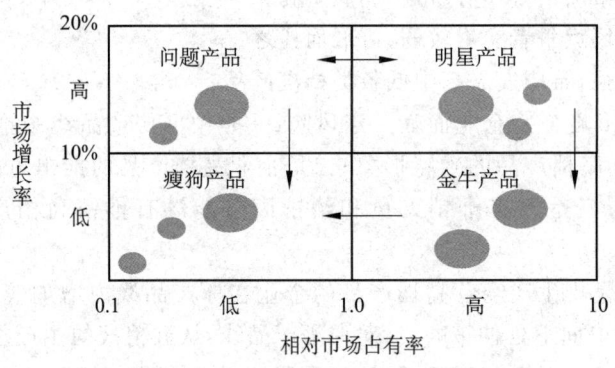

图 7-2 波士顿矩阵

图 7-2 中的纵坐标表示市场增长率,即产品市场销售的年度增长率,一般以 10% 为界划分为高低两部分。横坐标是以相对数表示的相对市场占有率,即本企业产品市场占有率与同行业最大竞争对手的市场占有率之比。如相对市场占有率为 0.1,表示该产品的市场占有率为同行中最大企业的 10%。若相对市场占有率为 10,则表示该产品已成为市场领先者,市场占有率是竞争对手的 10 倍。相对市场占有率一般以 1.0 为界分为高低两部分。另外,图中的圆圈代表企业的 10 个不同的产品,圆圈的大小代表销售额的大小。这样,市场上的产品就被分为以下四种类型。

(1)问题产品,即市场增长率高、相对市场占有率低的产品。这类产品需要企业投入大量资金,以维持现有的市场增长率,同时还要增添必要的技术、设备、人力、物力,以适应迅速扩大的市场需求。问题产品既有向明星产品转化的可能,也随时存在夭折的危险。因此,需要管理者认真分析该产品的发展前景,以做出取舍。处于产品生命周期中成长期的产品多数属于该类产品。

(2) 明星产品,即具有较高的市场增长率和较高的相对市场占有率的产品。这类产品已成为市场的领先者,尽管如此,仍需企业投入大量资金,以维持较高的市场增长率和相对市场占有率,如投入大量人力、物力,支付较高的销售、促销费用等。因此,这类产品虽能提高企业的声望,但仍然是资金消费者,不能立即给企业带来大量资金,需要企业采取积极发展的方针,改进并稳定产品质量,降低成本,使其尽快转化为金牛类产品。

(3) 金牛产品,即市场增长率低,而相对市场占有率高的产品。明星产品在市场高速增长后可能成为金牛产品,前期的投资此时可以收到丰厚的利润,正是这些利润成为问题产品和明星产品所需资金的主要来源。所以,对一个企业来说,金牛类产品越多越好。企业应重点保护,加强管理,设法延长其寿命,防止其过早衰老。

(4) 瘦狗产品,即市场增长率低、相对市场占有率也低的产品。这类产品投入多,产出少,利润明显下降,已无市场发展前途,在产品生命周期中属濒临衰亡、应该淘汰的产品。因此,企业应认真分析市场形势,尽快收割,逐步撤退。

采用波士顿矩阵法可以判断产品组合是否合理。一般来说,金牛产品、明星产品不应太少,问题产品、瘦狗产品不应太多。因为金牛产品会给企业带来大量资金,明星产品有可能会转化为金牛产品。图7-2中,企业产品的分布基本合理,问题类、瘦狗类产品虽有五个,但有三个销售额都比较小。特别是拥有两个销售额比较大的金牛产品,为企业提供了重要的资金来源。当然,如果金牛产品、明星产品很少,问题产品、瘦狗产品很多,则该企业的产品组合就需调整。调整的措施有下面几种。

(1) 发展策略。该策略适合于提高市场占有率就有可能转变为明星类产品的问题产品,其目标是提高市场占有率,为此甚至不惜放弃短期利益。

(2) 维持策略。该策略适用于金牛类产品,其目标是保持该产品的市场占有率,使其继续为企业带来大量资金收入。

(3) 收获策略。该策略的主要目标是获取短期利益,因此,特别适用于已趋于衰退的金牛产品及瘦狗产品。

(4) 放弃策略。该策略是指果断放弃无潜力的瘦狗产品、问题产品,将资金用于对企业更有利的产品和行业。

例如,图7-3中是某一个时期宝洁公司的洗发水产品波士顿矩阵图,那么,像沙宣这样的明星产品,就应该加大投资以支持其迅速发展,海飞丝、潘婷、飘柔这三类就属于金牛产品。像伊卡璐这样的高市场增长率,低市场占有率的产品应该选择性投资,而润妍这类产品,很明显就应该直接放弃。

2. 九象限分析法

九象限分析法,也称为九因素投资组合矩阵,是由通用电气公司首先采用的更详细的产品组合规划工具,是对波士顿矩阵法的一种改进(图7-4)。如果仅考虑销售增长率和市场占有率就给企业的各类产品定性,在某些情况下,可能过于粗略。因此,除市场增长率和相对市场占有率之外,还应考虑更多的影响因素。

销量增长率	相对市场占有率：高	相对市场占有率：低
高	明星产品 沙宣	问题产品 伊卡璐
低	金牛产品 飘柔 34.8% 海飞丝 16.3% 潘婷 15.6%	瘦狗产品 润妍

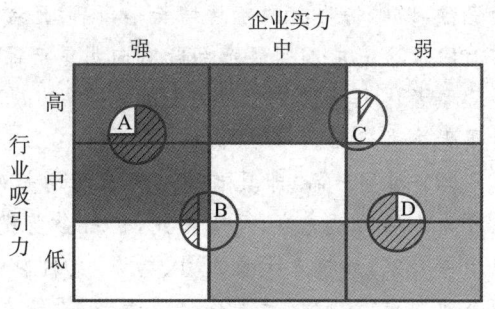

图 7-3 洗发水产品波士顿矩阵图

图 7-4 九象限分析法

图 7-4 中，纵轴表示行业吸引力。除市场增长率外，还考虑了市场规模、利润率、竞争强度、循环变动、季节变动、规模经济六个影响吸引力的因素，每一个现有或未来的产品、行业都可以由这些因素来衡量。这些因素各有不同的权数，然后算出行业吸引力的加权平均数，根据影响行业吸引力的因素，将吸引力大致分为高、中、低三类。

横轴表示企业实力，由相对市场占有率、价格竞争、产品品质、对顾客或市场了解程度、销售效率、企业所处的地点优势六个因素组成，企业也可给上述因素以不同的权数，然后就企业现有的产品行业评出一定的分数，以判断其企业实力，将企业实力分为强、中、弱三种。

九象限分析法共划分九个方格，并分为三个区。落在左上方三个方格的产品行业具有高度吸引力及企业优势，因此，企业应对其增加投资，寻求成长，采取发展策略。在左下到右上对角线的三个方格产品，代表具有中度吸引力与企业优势，企业应维持该产品的市场占有率，维持现有投资水平，不必考虑予以增减。在右下方三个方格的产品，代表具有低度吸引力和企业优势，可慎重考虑，对其采取收获策略或放弃策略。

图 7-4 上的四个圆圈代表企业现有产品行业，各圆圈的面积与它们所属行业市场的大小成正比，圆圈里的阴影表示市场占有率。例如，A 圆圈表示 A 产品行业市场最大，其吸引力高，企业优势强，市场占有率为 75%，企业应对其增加投资，寻求发展。D 圆圈代表的 D 行业，尽管处于右下角，但市场占有率较大，可采取收获策略。

7.3 产品生命周期策略

产品生命周期是现代市场营销学中的一个重要概念。产品也和人及其他生物一样，经历从诞生、成长到成熟，最终走向衰亡的过程。研究产品生命周期的发展变化，可以使企业掌握各个产品的市场地位和竞争动态，为制定产品策略提供依据。

微课:产品生命周期策略

7.3.1 产品生命周期的概念

产品生命周期(product life cycle,PLC)，由哈佛大学教授雷蒙德·弗农于 1966 年提出，是指一种产品从开发、上市，在市场上由弱到强，又从盛转衰，直到被市场淘汰的全过程。与产品的自然寿命和使用寿命不同，产品生命周期是指产品的经济寿命，即产品在市场上的延续时间。产品进入市场标志着产品生命周期的开始，产品退出市场则标志着产品生命周期的结束。

7.3.2 产品生命周期各阶段的特点和营销策略

产品生命周期具有多种多样的形态,而典型的产品生命周期一般划分为产品的导入期、成长期、成熟期和衰退期四个阶段(图 7-5)。在每一个阶段,都有不同的特点,企业在进行营销活动时应制定不同的营销策略。

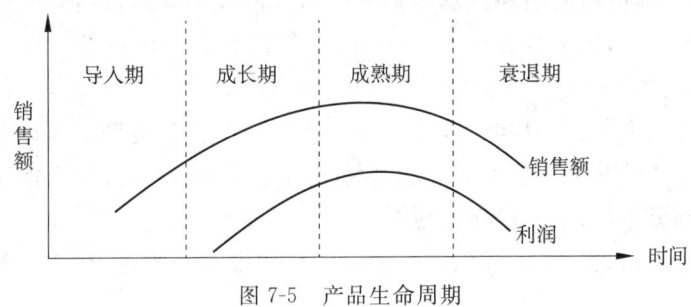

图 7-5　产品生命周期

1. 导入期

导入期(introduction stage)又称投入期、介绍期、试销期,一般指产品从发明投产到投入市场试销的阶段。其主要特征如下:产品刚刚进入市场试销,尚未被消费者接受,销售额增长缓慢;生产批量小,试制费用大,产品的生产成本高;由于消费者对产品不熟悉,促销费用较高;企业利润少,甚至发生亏损;并且产品在市场上一般没有同行竞争。根据以上特点,企业需积极收集市场对新产品的反应,大力开展广告宣传活动,疏通销售渠道,千方百计打开销路。具体的策略有以下五种。

(1) 由现有名牌产品来扶持提携新产品。

(2) 通过特殊手段使消费者试用新产品。

(3) 利用一些优惠条件推动中间商积极经销。

(4) 促销活动的重点是向消费者宣传、介绍产品的用途、性能、质量,促销对象是"创新采用者"。

(5) 促销与价格的组合运用,主要有以下四种策略。

① 快速掠取策略,是指以高价高促销水平推出新产品。成功实施这一策略,可使企业尽快收回投资,短期内获取较大利润,但必须具备以下条件才可实施:一是产品需求弹性小;二是潜在竞争者多,企业需及早树立品牌;三是消费者的求新心理强烈,愿意为此付出高价。

② 缓慢掠取策略,是指以高价低促销水平将产品推入市场。实施该策略需具备以下条件:一是产品需求弹性小;二是市场规模较小,潜在竞争不大;三是市场上大多数用户对产品没有过多疑虑。

③ 快速渗透策略,是指以低价高促销水平推出新产品。该策略可使企业快速打入市场,争取最大的市场占有率。实施该策略的条件如下:一是产品市场容量很大;二是潜在消费者对产品不了解,对价格十分敏感;三是潜在竞争激烈。

④ 缓慢渗透策略,则是以低价低促销水平推出新产品,目的是使市场快速接受新产品,实现更多净利。该策略有以下实施条件:一是产品市场容量大;二是潜在顾客已了解该产品且对价格敏感;三是潜在竞争激烈。

2. 成长期

成长期（growth stage）又称畅销期，指产品在试销取得成功以后，转入成批生产和扩大市场销售的阶段。其主要特征如下：销售量迅速增长；产品设计和工艺基本定型，可以成批或大批生产，生产成本显著下降；企业利润迅速上升；但同行业竞争者开始仿制这类产品，竞争开始加剧，其产销的垄断性基本消除。这一阶段企业的营销策略应突出一个"快"字，以便抓住市场机会，迅速扩大生产能力，以取得最大的经济效益。成长期的具体策略如下。

（1）集中企业的人力、物力、财力，改进和完善生产工艺，迅速增加和扩大产品批量。

（2）在大量生产的基础上适当降价，以吸引更多的消费者，并抑制竞争。

（3）进一步细分市场，扩大目标市场。

（4）增加分销渠道，扩大商业网点，并加强对分销渠道的管理，建立高绩效的分销渠道体系。

（5）加强促销活动，广告宣传应从介绍产品本身转为树立产品形象和企业形象，为产品争优创名牌。

3. 成熟期

成熟期（mature stage）是产品市场生命周期的一个"鼎盛"时期，其前半期的销售额逐渐上扬并达到最高峰，在稳定一个相对短暂的时期后，其销售额开始缓慢回落，这时便进入了一个转折时期，即成熟期的后半期。由此可见，成熟期又可进一步分为三个时期，即成长成熟期、稳定成熟期和衰退成熟期。

由于成熟期既是产品市场生命周期中的"极盛"和"巅峰"时期，同时又是一个由"盛"到"弱"的转折时期，因此，成熟期的产品特点集中体现在以下几个方面：市场需求量已趋向饱和，销售量达到最高点；生产批量大、产品成本低，利润也将达到最高点；很多同类产品进入市场，产品价格相差不大，竞争处于"白热化"；而成熟期的后期，销售量和利润增长缓慢，甚至趋近于零或负数。成熟期是产品生命周期中持续时间较长的一个阶段。成熟期的长短直接影响产品开发经济效益的大小，企业要千方百计努力延长产品成熟期的时间，可采取的具体策略有以下四种。

（1）产品改革。产品改革策略包括：品质改良，如提高耐用性、可靠性；性能改良，如增加适应性、方便性；形态改良，如提高产品的外形美。例如，电视机厂把普通电视加上遥控，自行车厂对普通自行车加以改进，生产出电动自行车等。

（2）市场改革。市场改革策略包括：寻找尚未采用本产品的新市场或市场中的新部分；增加产品的新用途，创造新的消费方式等。例如，针对一些美容护肤品，原本使用的人群是女士，但随着需要美容护肤的男士人数的增加，可以将其转变为使用人群。

（3）市场组合改革。市场组合改革策略是指改变某些市场组合的因素以增加销售量，如运用降低价格、改进包装、扩大分销渠道、采用新广告、加强销售服务等手段刺激现有顾客增加使用率。

（4）转移生产场地。转移生产场地策略是指把处于成熟期的产品转移到某些生产成本低、市场潜力大的国家和地区。

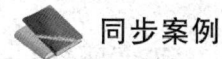 **同步案例**

企业微信新升级

企业微信是腾讯微信团队打造的企业通信与办公工具,具有与微信一致的沟通体验。随着市场环境不断发生变化,很多企业在特定时期需要将企业管理、客户维系等工作转移至线上,企业微信为此做了升级,上线了在线会议和紧急通知等功能,并在一定时期内免费开放,为企业提供直播、培训、调研、协作等全面支持。

例如,超大型国企中石油,将300多个应用迁入企业微信,作为统一的办公入口平台,仅一年"通过成本"就节约6亿分钟、23亿张纸,让分布在全球80多个国家的百万名员工跨国协作沟通无阻,方便快捷的沟通和审批流程帮助业务效率提升了30%。又如,老牌工程机械龙头三一重工,通过企业微信,不仅连接全国100多个城市约20000名经销商,更打造了全国通用的营销资料库,保障所有的经销商都能用崭新、全面且制作精美的产品物料服务消费者,帮助经销商促成交易,打造制造业以数字工具实现渠道赋能与终端消费者体验优化的全新范式。

由此可知,市场环境不断发生变化,即使进入成熟期的产品,企业也需时时关注其消费需求变化,进行产品的有效改进,践行服务社会稳定发展的企业责任。

资料来源:王鑫,饶君华.市场营销基础[M].北京:高等教育出版社,2023:138.

4. 衰退期

衰退期(decline stage)又称滞销期,指产品不能适应市场需要,走向被市场淘汰或更新换代的阶段。产品进入衰退期,呈现以下特点:销售量和利润由缓降变为急降;产品陈旧,且日趋"老化",并且已有新产品进入市场,正在逐渐替代老产品;大幅度削价处理库存产品,竞争对手纷纷退出,竞争突出表现为价格竞争。面对处于衰退期的产品,企业需进行认真研究分析,决定采取什么策略,在什么时间退出市场。具体策略包括以下四种。

(1)集中策略,指把有限的资源集中使用在最有利的细分市场、最有效的销售渠道和最易销售的品种、款式上。例如,某自行车厂集中生产儿童自行车,以此缩短战线,降低投入,在最有利的市场上取得尽可能多的利润。

(2)维持策略,指继续保持原有细分市场和营销组合策略一段时间,把销售维持在一个低水平上,时机适当便停止该产品的经营,退出市场。企业采用该策略,是因为随着竞争者的减少,还会有一部分顾客有继续使用老产品的习惯,产品仍有盈利,仍能保持一定销售额。

(3)转移策略,各地区的经济水平发展不同,有些产品在发达地区已是老产品,而在边远山区可能是新产品。企业可将目标市场从城市转向农村,从国内转到国外。

(4)放弃策略,指在对市场准确预测的基础上,果断决策,放弃衰落比较迅速的老产品,转向更有利的新产品。在做出决策前,还要考虑以下情况:是彻底放弃,还是把品牌转让出去;应该为已售出的产品保留多少零配件和服务项目等。

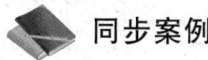 **同步案例**

快手在不同生命周期阶段的产品策略

目前,市场上的知名短视频平台有抖音、快手、微视、西瓜视频、秒拍等。下面以快手为例,分析其在不同生命周期阶段的产品策略。

(1) 导入期。快手成立之初以 GIF 动图为产品的主要形态。2011 年,在移动终端技术还不普及时,快手把照片或者视频转换成动图,动图能将语言和情绪夸张地呈现出来,这对用户具有强大的吸引力。因此,快手在短时期内拥有了较多的粉丝用户,并且在 2012 年获得了百万美元的投资。

动画:[同步案例]快手在不同生命周期阶段的产品策略

(2) 成长期。两年导入期之后,2013 年智能手机已经广泛普及,GIF 动图不再能满足用户视觉上的需求度,因此,快手转型推出短视频产品。这种产品让用户使用成本降低,并具有更强的社交性,适应了用户需求的升级变化,因此聚集了大量用户群体,使快手成为短视频领域的佼佼者。2013—2016 年,快手已经完成了数轮融资,估值约 20 亿美元。

(3) 成熟期。在这一时期竞争集中在内容数量、推荐精准度、内容质量这三个要素,快手的用户大部分是二三线城市的普通人,上传越来越多的是博眼球、单纯炫技的低质量视频内容。所以,2016 年快手及时调整产品策略,如加强对用户生成内容的监管筛查,建立精密的内容审核团队,加强平台算法的筛选等。

快手通过不断更新产品策略,产品持续创新,以延长自身成熟期,提高用户对产品的黏度。

资料来源:吴勇,燕艳.市场营销[M].6 版.北京:高等教育出版社,2020:160.

7.3.3 产品生命周期各阶段的判断

在产品生命周期的变化过程中,正确分析、判断各阶段的临界点,确定产品所处的生命周期阶段是企业进行正确决策的基础。同时,这又是一件比较困难的事,因为产品生命周期各阶段的划分并无一定的标准,带有较大的随意性。而要完整、准确地描绘某类产品生命周期曲线,需要等到产品完全被淘汰以后,再根据资料进行绘制,但这对于产品的市场营销又失去了现实意义。一般而言,可采取以下方法对产品生命周期各阶段进行判断。

1. 销售增长率分析法

以商品的销售量增减快慢的速度来判定、预测该商品处于产品生命周期的哪个阶段。根据销售增长率划分的产品生命周期阶段见表 7-2。

$$销售增长率 = \frac{本年度销售量 - 上年度销售量}{上年度销售量} \times 100\%$$

表 7-2 销售增长率分析法

周期阶段	导入期	成长期		成熟期		衰退期
		前期	后期	前期	后期	
年增长率/%	0~5	5~10	10 以上	0~10	0 左右	0 以下

2. 产品普及率分析法

产品普及率分析法是按人口平均普及率来分析产品生命周期所处的阶段。

$$人口平均普及率 = \frac{产品社会拥有量}{人口总数} = \frac{产品社会拥有量}{家庭户数}$$

人口平均普及率15％以下为导入期,15％～50％为成长期,51％～80％为成熟期,超过80％为衰退期。

3. 同类产品类比法

一般用于新产品的生命周期判断。对于一些新产品,由于没有销售资料,很难进行分析判断。此时,可以运用类似产品的历史资料进行比照分析。

4. 因素分析法

由于不同阶段的有关因素呈现不同的特征,因而可以从各因素的特征来判断产品所处的生命周期阶段,见表7-3。

表7-3 产品生命周期的因素分析

因 素	成长期	成熟期	衰退期
企业销售情况	递增	畅销	递减
竞争对手销售情况	稳定畅销	上升	减少
企业经营管理综合工作质量	上升	稳定	下降
比较同类产品的技术经济指标	近似或稍好	近似	落后

学习活动:作为北京2022年冬奥会和冬残奥会官方自动语音转换与翻译独家供应商,科大讯飞在赛场上下全程在线,用"硬核"的科技提供暖心的服务。0.5秒快速响应、覆盖全球83种语言的讯飞翻译器让北京冬奥会和冬残奥会组委会与机场运行团队、志愿者、防疫人员、运动员实现了最直接的沟通交流;录音转文字实时可见,支持十大语种12种中文方言转写的讯飞录音笔则解放了媒体,使其能够快速地完成记录工作。

查阅相关资料,思考并确定翻译器、录音笔产品所处的生命周期阶段,并设计符合其阶段特征的营销策略。

7.3.4 研究产品生命周期的意义

首先,产品生命周期理论提醒人们,市场上不会有经久不衰、永远获利的产品。这就要求企业不断进行市场调研,开发新产品,淘汰老产品,力争使企业的产品组合始终保持最优状态。

其次,产品生命周期理论揭示了产品在各个阶段销售、成本、利润、竞争等各个方面的特点。这有利于经营决策者针对各阶段的特点,制定适当的营销策略,及时采取对策,使产品在有限的生命周期内获取最大利润。

最后,现代科学技术的飞速发展,使产品的生命周期越来越短。这就要求企业重视科技,加速开发新产品,加大产品的科技含量,及时向市场提供适销对路的产品。

学习活动:选择一款品牌智能手机,分析该产品所处的生命周期阶段,以及企业采取的营销策略。

7.4 新产品开发策略

随着现代科技的发展,产品的生命周期在迅速缩短,这就要求企业不断地开发出新的产品,以在激烈的市场竞争中生存、持续下去。

7.4.1 新产品的概念

营销学上所谓的新产品与科学技术领域的新产品含义有所不同,它不一定都指新的发明创造,而凡是能给顾客带来某种新的满足、新的利益的产品,都可成为新产品。此外,有些产品尽管之前就有,但从没有在某个地区销售过,那么对这个地区的消费者来说也是新产品。而某个企业从来没有经营过的产品,由于标出本企业的品牌,从企业的角度而言,它也是新产品。营销学角度的新产品具体包括全新产品、换代新产品、改进新产品和仿制新产品四种类型。

1. 全新产品

全新产品是指采用新技术、新原理、新结构、新材料制造的前所未有的新产品。这类产品与技术型产品有时有相同意义,都是科学技术的重大发明和创造,代表了科学发展史上的新突破,具有时代意义。例如,电灯的发明,电话、飞机、计算机的问世等。此类产品的研制一般所需的时间比较长,要求的技术条件比较高,成本投入比较多,而一旦打开市场局面,便会表现出很强的生命力。

2. 换代新产品

换代新产品又称部分新产品,是指在原有产品的基础上,采用新技术、新材料、新工艺制造的具有新性能、新结构的产品。此类产品保持了原有产品的基本状况,但又有一些新的性能或功能,有利于满足消费者的新需求。例如,电子计算机及智能手机的更新换代等。此类产品由于利用了原有的设备和技术条件,所以,企业承担的风险较小,即使不成功,企业也不会受到太大的损失。

3. 改进新产品

改进新产品是指对市场上现有产品的质量、性能、规格、型号等进行改进而生产的产品。它主要是提高质量、增加用途或实现多样化,以满足不同消费者的需求。如普通牙膏改进为药物牙膏,某企业生产的多个品种的无人机等。这类产品与原有产品的差别不大,技术革新程度不高。

4. 仿制新产品

仿制新产品是指企业模仿市场上已有的产品性能、结构而生产的产品。此类产品在引进和仿制时应从专利产品的缺陷入手,进行必要的改造,生产出具有不同特点的产品,避免全盘照抄,应注意产品侵权问题。

7.4.2 新产品开发的方式

1. 独立研制

独立研制,即企业依靠自己的经营状况和科技力量,独立研制具有特色、技术创新的新产品。这种方式需要花费大量的人力、物力和财力,风险较大,需要时间较长,而一旦成功可给企业带来可观的经济效益。我国不少大中型企业都设有自己的科研机构,独立进行新产品的开发研制。

2. 协作研制

协作研制,即企业与企业、企业与科研单位或高等院校之间进行协作来开发研制新产品。采用这种方式可以进一步增强企业技术力量,加快企业技术进步,加速新产品的开发进程。像华为、海尔等许多企业,尽管自身研发能力很强,也会采用协作研制的方式来开发新产品。

3. 技术引进

技术引进是指企业开发某种新产品时,从外部引进新技术,包括引进样品进行仿制,引进先进的生产工艺和生产线等。这种方式可节约研制费用,迅速研制新产品,因而是当今企业开发新产品所采取的重要方式之一。但企业在采用这种方式时,要结合本企业的自身能力和特点,注意经济可行性,做到消化吸收,把引进与创新结合起来。

4. 独立研制与技术引进相结合

独立研制与技术引进相结合是指企业在对引进技术消化和吸收的基础上,充分利用自身的力量开发新产品。采用这种方式投资少、见效快,有利于促进企业技术进步,赶超国际先进水平。这种方式适用于有一定技术力量的企业。

 **同步案例**

格力式创新:让世界爱上"中国智造"

多年来,广东格力集团加强自主核心技术研发,并在创新道路上持续发力,通过科技创新与国内外企业角逐,成为行业当之无愧的领跑者。据介绍,格力 2017 年发明专利授权 1352 件,在当年国内企业发明专利授权量排名第七。截至 2017 年 12 月 31 日,格力电器历年专利申请总量 30706 件,发明专利申请总量 11681 件;历年授权总量 19019 件,发明专利授权总量 3115 件,成为国内空调领域专利申请量和拥有量最多的企业。知识产权助力企业创新,产品不断研发让世界爱上"中国智造",保有较高的市场占有率。格力集团正是通过创新,使其空调产销量从 1995—2017 年连续 22 年位居中国第一;从 2005—2017 年连续 12 年位居世界第一,并在国际市场上喊出"让世界爱上中国造"。其成功地再次证明"创新是企业的灵魂,是企业发展的唯一推动力"。现代企业要高度重视技术创新和产品研发,确保关键技术自主可控。同时还要加大投入保护自身的知识产权,把创新发展主动权牢牢掌握在自己手中。只有这样,才能提升企业的核心竞争力,在激烈的市场竞争中取得优势。

资料来源:杨群祥.市场营销概论——理论、实务、案例、实训[M].3 版.北京:高等教育出版社,2019:123.

7.4.3 新产品开发的策略

新产品开发策略是一种发现确凿的新产品市场机会并能最有效地利用企业资源的指南。正确的新产品开发策略要服从企业总体经营战略的要求,应当对开发新产品的目标予以准确的定义,还要尽可能地对开发途径及开发过程中所需的协调、控制给以原则性的指导。同时,处理好以下四个关系也非常重要:①以市场为中心或以生产技术为中心;②以创新为主或以应用、模仿为主;③自主开发还是联合开发;④开发全新产品为主还是改进现有产品为主。

1. 领先策略

领先策略(leading strategy)是指企业努力追求产品技术水平和最终用途的新颖性,保持技术上的持续优势和市场竞争中的领先地位。新产品开发的目标是迅速提高市场占有率,成为该新产品市场的领先者,当然它要求企业有很强的研究与开发能力和雄厚的资源,中小企业显然不适合运用此策略。

2. 进取策略

进取策略(enterprising strategy)由以下要素组合而成:竞争领域在于产品的最终用途和技术方面,新产品开发的目标是通过新产品市场占有率的提高使企业获得较快的发展;大多数新产品选择率先进入市场;开发方式通常是自主开发;以一定的企业资源进行新产品开发,不会因此而影响企业现有的生产状况。新产品创意可来源于对现有产品用途、功能、工艺、营销策略等的改进。改进型新产品、降低成本型新产品、重新定位型新产品都可成为其选择,但也不排除具有较大技术创新的新产品开发。该策略相对领先策略的风险要小。

3. 追随策略

采取追随策略(following strategy)时,企业并不抢先研究新产品,而是紧跟本行业实力强大的竞争者,迅速仿制竞争者已成功上市的新产品,来迅速占领市场以维持企业的生存和发展。追随策略的研究开发费用小,但容易受到专利的威胁,市场营销风险较大。因此,采用这种策略要求企业具有较强的跟踪竞争对手情况与动态的能力,具有很强的消化、吸收与创新能力,使模仿改进的新产品更具竞争力。许多中小企业在发展之初常采用该策略。

4. 防御策略

防御策略(recovering strategy)的产品竞争领域是市场上的新产品,新产品开发的目标是维持或适当扩大市场占有率,以维持企业的生存。采用该策略,新产品开发的频率不高,多采用模仿型新产品开发模式,以自主开发为主,也可采用技术引进方式。产品进入市场的时机通常要滞后。成熟产业或夕阳产业中的中小企业常采用此策略。

7.4.4 新产品开发的程序

据统计,新产品开发的失败率在90%以上。这是一个多么令人惊讶的数字!造成新产品开发失败的原因有很多,如市场分析失误、产品本身存在缺陷、广告宣传力度不够等。为了降低新产品的失败率,企业应按科学的程序来进行新产品开发。下面以新能源汽车为例分析说明新产品开发程序的七个阶段。

微课:新产品开发的程序

1. 寻求创意

创意就是新产品开发的初步设想,其内容包括产品使用目的、功能定位、基本结构和大致生产方法等。创意是新产品开发的第一步,新产品创意的来源有很多,包括消费者、科研人员、竞争对手、中间商、员工、咨询机构等。其中,顾客是排在第一位的。大量新产品的创意来源于顾客,最终研发的产品都是要满足顾客的需求,因此,顾客的需求和欲望是寻找新产品创意的最终出发点。

例如,2020年我国消费者购买新能源汽车关注因素占比情况调查结果显示,电池质量及稳定性、续航里程、安全性、充电便捷度、时长等成为消费者购买新能源汽车主要关注因素。那么在寻求创意的时候,可以着重关注这些方面。

2. 筛选创意

创意收集上来后还需要过滤,也就是对创意进行评估、筛选、甄别。要选择既与企业发展目标相符,企业又有能力开发的创意作为重点。当然,筛选工作也有程序。

(1) 成立筛选小组。成立筛选小组,指企业专门召集部分人员召开座谈会、讨论会的形式。这些人员一般是企业各职能部门的专家或代表。

(2) 经验筛选。经验筛选即粗选,由筛选人员根据自己的经验来判断创意与企业的经营目标、生产技术、财务能力、销售能力是否相适应。

(3) 评分筛选。评分筛选即精选,指利用评分模型对粗选留下的创意进行评分筛选。对于新能源汽车企业,可以用表7-6产品创意评价表进行分析。

一般来说,最后得分在 0.00～0.40 分为较差创意;在 0.41～0.75 分为可行创意;大于 0.76 分为优秀创意。表 7-4 中企业的新产品得分 0.68,是可行创意。

表 7-4 产品创意评价表

产品成功的必要条件	权数(A)	企业实力(B)										评分(A×B)
		0.1	0.2	0.3	0.4	0.5	0.6	0.7	0.8	0.9	1.0	
环境友好性	0.10						√					0.06
企业目标	0.15							√				0.105
技术能力	0.20					√						0.10
营销能力	0.15							√				0.105
原料供应	0.05								√			0.04
生产能力	0.10						√					0.06
资金实力	0.10									√		0.09
市场状况	0.15								√			0.12
总计	1.00											0.68

3. 形成产品概念

创意仅是一个构思和设想,企业需要把有吸引力的创意转化为具体的产品形态。例如,一家汽车生产厂商针对汽车尾气造成大气污染和油价不断上涨的现状,准备开发清洁能源汽车,这是一个新产品创意。但要形成产品概念,就需要进一步具体化,例如,是生产纯电动汽车?混合动力汽车?还是太阳能汽车等。

新产品概念形成后,可以选择对几组消费者进行新产品概念测试。

(1) 你是否清楚并相信该产品的利益?(如果得分低,就需要进行修改。)

(2) 你认为该产品能否解决某一问题或满足某一需要?(用于调研需求水平)

(3) 价格相对于价值是否合理?(用于衡量认知价值和支付意愿)

(4) 你是否会购买该产品?(用于明确购买意图)

(5) 谁将使用该产品?产品的使用频率如何?(用于确认目标顾客和购买频率)

4. 可行性研究

那么这个创意到底可不可行?要在对产品初步设计的基础上,对新产品开发方案进行可行性研究,可以从产品定位、目标市场的规模、研发费用、技术工艺、生产设备规模、盈亏平衡分析等方面进一步决策新产品的取舍。例如,丰田公司经过研究,把准备开发的新能源汽车定位于油电混合动力汽车,而日产公司则把要开发的新能源汽车定位于纯电动汽车。

5. 研究试制

通过研究试制将原来用文字图像表示的产品概念转变为技术上和商业上可行的具体产品。这一步非常关键，这个过程可能会遇到很多的技术难题，需要企业投入大量的资金，一步步克服技术难点。

就目前的新能源汽车领域来看，氢能是最环保、最容易获得的能源，在东京奥运会上，不光奥运圣火的能源来自于氢能，而且运动员日常用车也采用了氢能源汽车。近些年来，我国的各大车企也纷纷在氢能源汽车方向发力。但是该领域还有很多难点要克服，例如，氢燃料电池的成本问题。谁先攻克相关技术难题，谁就有可能在未来的市场竞争中处于有利地位。

6. 试销

工厂实验室研制出来的新产品，必须经过一系列严格的功能测试和消费者测试。通过功能测试，发现新产品设计生产中的瑕疵并不断改进。通过消费者测试，了解消费者对该产品的市场反应，包括对试用、首次购买、再购买、购买地点、购买频率等因素的态度，了解中间商对该商品的反应、要求等，确定新产品推广的营销策略、品牌名称、包装设计、分销渠道、促销方案等，以减少新产品开发的市场风险。试销过程有时要反复多次。试销时，要关注新产品的试用率和重购率。这两项指标是判断试销成功与否的标准，也是新产品上市的依据，如图7-6所示。

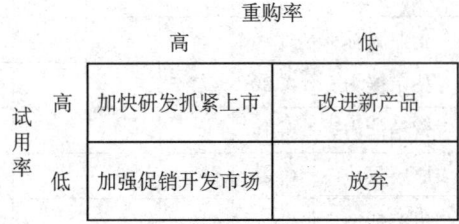

图7-6 新产品试销矩阵

7. 正式上市

新产品经过试销成功后，就可以组织正式投产和上市。新产品上市是产品获得成功的最重要一步，需要做大量的工作，包括购买原材料和设备、组织生产、进行人员培训、实施促销方案等。正式上市不仅需要大量资金，还应注意选择新产品进入市场的时机、新产品推出的地域和新产品营销策略。

学习活动：查阅资料，举例说明某个新产品的类型及新产品开发程序。

7.5 品牌与包装策略

随着社会经济的发展和人民生活水平的提高，消费者的品牌意识和对包装的注重越来越强。因此，品牌与包装策略作为产品策略的重要组成部分，越来越受到经营管理者的重视。

 思政园地

中国品牌日

当今世界，品牌已成为国家的名片，体现的是国家形象和民族文化。为大力宣传知名自主品牌，讲好中国品牌故事，提高自主品牌影响力和认知度，自2017年起，我国将每年5月10日定为中国品牌日。2020年中国品牌日系列活动的主题是"中国品牌，世界共享；全面小康，品质生活；全球战'疫'，品牌力量"。

动画：[思政园地] 中国品牌日

提高供给质量的理念已深入人心,重视质量、创造质量成为社会风尚。近年来,越来越多的中国品牌异军突起,以高性价比、高技术含量的产品参与竞争,拥有越来越多的"粉丝"。中国产品紧紧围绕优质、精品、创新等关键词向中国品牌转变。神舟飞天创造"中国高度",蛟龙潜海成就"中国深度",高铁飞驰跑出"中国速度",北斗导航展现"中国精度"。这些国家名片在推动中国发展的同时,也造福世界。大力推动创新驱动发展,弘扬劳模精神、工匠精神、企业家精神,设立中国品牌日……我国正在加快培育具备国际影响力的一流品牌,向品牌强国迈出坚实步伐。

资料来源:毕思勇.市场营销[M].5 版.北京:高等教育出版社,2020:200.

7.5.1 品牌策略

1. 品牌的概念

品牌,简单地说,就是产品的牌子,是卖者给自己的产品规定的商业名称。它由文字、标记、符号、图案和颜色等要素或这些要素的组合构成。以菲利普·科特勒为代表的传统营销理论认为:"品牌是一种名称、词语、标记、符号或图案,或是它们的组合,用以识别某个销售商或某群销售商的产品或服务,并使之与竞争者的产品或服务相区别。"因此,品牌应该由品牌名称、品牌标志、商标组成。

(1)品牌名称。品牌名称即品牌中可用语言表达的部分。如"华为""金利来""海尔"等。

(2)品牌标志。品牌标志指品牌中可被识别而不能用语言表达的特定标志,如符号、图案、色彩、文字等。例如,麦当劳的品牌标志是一个大写的"M",小天鹅的天鹅图案等。

(3)商标。商标是商品上的一种特定标记,它是将品牌图案化固定下来,在政府有关部门依法注册后,获得专用权并受法律保护的品牌或品牌的一部分。经注册登记的商标标有"®"标记,或"注册商标"字样。商标与品牌都是产品的标记,商标必须办理注册登记,而品牌则无须办理。

品牌资产(brand equity)就是消费者关于品牌的知识,是有关品牌的所有营销活动给消费者造成的心理事实,是与品牌、品牌名称和标志相联系,能够增加或减少企业所销售产品或服务的价值的一系列资产与负债。品牌资产它主要包括五个方面,即品牌忠诚度、品牌认知度、品牌感知质量、品牌联想和其他专有资产(如商标、专利、渠道关系等)。这些资产通过多种方式向消费者和企业提供价值。品牌资产具有四个特点:品牌资产是无形的;品牌资产是以品牌名称为核心;品牌资产会影响消费;品牌资产依附于消费者,而非依附于产品。品牌资产既有正资产,也有负资产。它会因消费者的品牌经验和市场而变化。因此,品牌资产的维持或提升,需要营销宣传或营销活动的支持。

 思政园地

为何会被判侵权

2006 年 8 月 24 日,最高人民法院对"长城商标亿元侵权案"做出终审宣判:北京嘉裕东方葡萄酒有限公司停止生产、销售使用"嘉裕长城及图"商标的葡萄酒侵权产品,并赔偿"长城"葡萄酒商标所有人中国粮油食品(集团)有限公司经济损失 1061 万元。至此,这起商标侵权索赔案终于尘埃落定。

接下来说说,北京嘉裕东方葡萄酒有限公司为何会被判侵权?

品牌由品牌名称、品牌标志和商标组成。企业设计品牌时要考虑避免与竞争对手在名称、标志以及商标上的相似,因为假如同行长期花了大量的广告费使自己的品牌在市场上已经有了知名度与信任度,对消费者购买行为的产生有一定的影响力,而企业利用名称和标志等方面的相似使消费者产生相似品牌的联想,进而使购买同行产品的顾客转而购买本企业的产品,这不仅违反了职业道德与营销伦理,而且要承担相应的法律责任。

动画:[思政园地]为何会被判侵权

知识产权是关于人类在社会实践中创造的智力劳动成果的专有权利,包括著作权、专利权、商标权等。加入世界贸易组织以来,我国构建起完备的知识产权保护法律体系,持续加强知识产权保护执法力度,知识产权保护效果明显。知识产权为中国发展成为世界第二大经济体提供重要支撑,也成为中国企业走向国际市场的竞争法宝。在知识经济时代,创新关系着企业发展的命脉。对企业来说,专利能带来实实在在的效益。2017年通过《专利合作条约》提交的国际专利申请中,华为在专利申请量上排名全球前三,研发费用投入高达897亿元。与之对应的是,华为2017年的净利润同比增长28.1%,全球品牌知名度提升86%。越来越多的中国企业意识到知识产权在贸易、投资和对外经济技术合作中的重要作用。

资料来源:杨群祥. 市场营销概论——理论、实务、案例、实训[M]. 3版. 北京:高等教育出版社,2019:128.

2. 品牌的作用

品牌的基本作用是提供产品的营销者身份辨识。但是,在营销活动中,品牌并非辨识符号的简单组合,而是一个复杂的识别系统,具体包括以下六个层次。

(1)属性。一个品牌首先带给消费者的是使用这个品牌的产品属性,属性是顾客判断品牌接受性的第一个因素。因此,在为品牌定位的时候,营销者首先要考虑为品牌赋予恰当的属性,因为顾客购买任何品牌的产品首先是要求适合自己使用的需要。

(2)利益。与顾客不是购买产品而是购买利益一样,顾客购买某个品牌的产品时,也不是真正购买它的属性而是购买利益。因此,品牌的每种属性需要体现顾客利益。为什么顾客要购买"耐用"这个属性?因为他们认为这"可以用很长时间""这才节约了我的购买价格"。显然,"耐用"作为一个属性体现了"减少购买实际支付"的顾客利益。根据这个原理,营销者在考虑赋予品牌属性的时候,应根据顾客购买特定产品所要求的利益来决策和选择。顾客越是看重某品牌属性带来的利益,该品牌的地位就越高。

(3)价值。品牌在提供属性和利益时,也包含营销价值和顾客价值。营销价值,就是市场上的"名牌效应",即一个品牌如果被目标顾客喜爱,用它来标记任何产品,营销都非常省劲,营销者不必再为此过多花费促销费用。当品牌能够起到节约营销费用,甚至决定产品市场命运的作用时,品牌的持有者如果将品牌转让,就可以卖出很高价格,即品牌作为一种资产有了转让价值。如果品牌有较高的营销价值和转让价值,那么品牌的资产价值就高。

(4)文化。品牌可附加象征一种文化或文化中某种令人喜欢或热衷的东西。文化中,最能使品牌得到高度市场认可和赞同的是文化所体现的核心价值观。例如,"华为"代表科技发展无限性;"恒源祥"代表中国文化中追求的祥和亲善。

(5)个性。品牌可以具有一种共性,也可以具有个性。品牌的个性表现为它就是"这样的",它让使用者也具有对"这样的"的认同感或归属感。"可口可乐"那种随意挥洒的字体造型，让人感到一种追求自我的个性；"海尔"那两个拥抱的儿童的标记，使人想到的是人与人之间的亲情和睦。品牌塑造个性，通常用联想、暗示、喻义等方法来实现。

(6) 使用者。品牌通过上述各个层次的综合，形成特定的品牌形象，必然表现为它应有特定的使用者范围。例如，像"好孩子"这种品牌，如果用于成人的商品上，就会使人感到十分别扭。品牌一旦归属到特定的使用者，一方面限制了其用户群，另一方面也能够造就出品牌忠诚者。

品牌的以上六个层次指明了企业在营销活动中应该从什么角度塑造品牌的特征，才能给目标顾客提供很好辨识的品牌——这是品牌得以成功的基础。菲利普·科特勒认为，品牌引入的基础是属性，但仅依靠品牌的属性是非常靠不住的，因为竞争者很快可以复制这些属性，并且今天对顾客有利益的属性，明天可能就不再对其有利益而成为无价值的属性。品牌最持久的因素是它的价值、文化和个性，它们确定了品牌的营销基础。

3. 品牌的策略

品牌策略是企业的整个产品战略中不可缺少的一个方面。企业是否给产品起名字，起什么名字，如何设计品牌及向政府申请注册品牌，这些活动直接影响产品价值的增加。

微课：品牌策略

(1) 品牌化策略。这是指企业要决定是否为产品确定品牌。创建一个品牌对企业来说是一项极具挑战性的决策，企业不仅需要付出高昂的成本和艰苦的努力，而且要承担该品牌得不到市场认可的风险。无品牌、简包装的商品虽然能大幅度降低营销成本，有利于扩大产品销路，但鉴于品牌对企业、消费者乃至社会起着不可估量的作用，并能为产品带来一系列的优势，因此，多数企业仍然要使产品品牌化。但对于那些在加工过程中无法形成一定特色的产品，以及那些消费者只看重产品的式样和价格而忽视品牌的产品，品牌化的意义就不大。

(2) 品牌归属策略。当企业决定对产品使用品牌后，接着要决定的是使用谁的品牌，制造商的、经销商的还是混合使用，这就是品牌归属策略。通常，在制造商具有良好市场信誉、拥有较大市场份额，特别是制造商品牌成为名牌后，应使用制造商品牌；但在制造商资金能力薄弱、市场营销力量相对不足、企业名气小，或生产的产品还不被市场所了解的情况下，则可采用声誉较好的经销商的品牌。具体分为以下三种情况。

① 制造商品牌（manufacturer brand）。制造商品牌是指制造商使用自己的品牌。有些享有盛誉的制造商也将其著名商标转让给别人使用，收取一定的特许使用费。一般情况下，品牌是制造商的产品标记，制造商决定产品的设计、质量、特色等。

② 经销商品牌（distributor brand）。近年来，随着商业的发展，商业企业逐步形成了自己的声誉，在消费者中产生了一定的影响，因此产生了经销商品牌，例如，美国的沃尔玛超市经销的90%的商品都用自己的品牌。在强有力的批发商中，也常使用自己的品牌，以增强对价格、供货时间等方面的控制能力。

③ 混合品牌（mixed brand）。制造商还可以决定有些产品使用自己的品牌，有些产品使用经销商品牌。选择的标准是看哪种品牌对企业更有利，企业也可在征得经销商同意后，联用制造商品牌与经销商品牌，构成联合商标。

(3) 品牌统分策略。企业在决定使用自己的品牌之后，又面临着使用一个或几个品牌，还是不同产品分别使用不同品牌名称的决策，这就是品牌统分策略。品牌统分策略一般有四种模式可供选择。

① 个别品牌。个别品牌是指企业生产的各种不同的产品分别采用不同的名称,包括以下几种形式:第一,不同的产品采用不同的品牌;第二,相同的产品依据其质量、式样、花色等不同而采用不同的品牌;第三,质量、式样、花色完全相同的商品在不同的市场上采用不同的品牌。采用这种品牌策略,便于消费者区分不同质量档次的商品,也有利于企业的新产品向多个目标市场渗透,企业不会因某一品牌信誉下降而影响整个企业的声誉,不足之处是促销费用较高。上海美加净公司生产的牙膏就是采用这一模式,企业分别采用"美加净""植尚""白玉"等品牌,以示质量和价格的区别。

② 统一品牌。统一品牌是指企业生产的所有不同种类的产品统一使用一个品牌。采用这一策略,可以利用企业已有声誉迅速增强系列产品的声誉,建立一整套"企业识别体系"和统一的品牌;让商品具有强烈的可识别性,特别是在原有产品已有很好声誉的情况下,很容易地使消费者接受企业的新产品;有利于节省大量新产品的设计和宣传费用,便于开展系列广告;在统一品牌下的各种产品可以互相声援、扩大销售。但是,任何一种产品的失败都可能使其他产品受到牵连从而影响全部产品和整个企业的声誉。"海尔"系列产品就是采用统一品牌这一模式。

③ 分类品牌。分类品牌是指企业对生产的各类产品分别命名,每一类产品使用一个品牌。这种模式可以区分在需求上具有显著差异的产品类别,对于多角化经营企业尤其适用。这实际上是对前面两种做法的一种折中。例如,我国第一汽车制造厂生产的各种载重车都用"解放"牌,而各种小客车都用"红旗"牌。

④ 企业名称加个别品牌。企业对各种不同产品分别使用不同品牌,但在每一品牌名称前冠以企业名称。这种策略既有利于企业推出新产品,使企业各类产品相互推动,壮大声势,节省广告宣传费用,又可使各品牌保持相对的独立性并具有各自特色。例如,美国通用汽车公司所生产的各种类型的汽车,前面都加上 GM 两个字母作为统一品牌,后面再分别加上凯迪拉克、别克、雪佛兰等不同的品牌,以表明这些汽车都是通用汽车公司生产的,但它们又各有特点。

(4) 品牌扩展策略,又称品牌延伸策略,是指企业利用已具有市场影响力的成功品牌来推出改良产品或新产品。这样可以使新产品借助已成功品牌的市场声誉,在节省促销费用的情况下顺利进入市场。如果品牌扩展获得成功,还可进一步扩大原品牌的影响和企业声誉。但是,如果将著名品牌扩展使用到与其形象、特征不相吻合、不相接近的产品领域,则可能有损原品牌形象,如果将高品质形象的品牌扩展到某些低价值产品上,可能会使消费者产生反感。总之,品牌扩展策略是一把双刃剑,若延伸不当,会有较大风险,企业应根据实际情况谨慎行事。例如,金利来当初就是使用品牌扩展策略在已成功的金利来领带品牌的基础上推出了金利来衬衣、皮具等新产品。

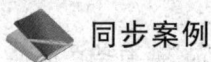 同步案例

海尔品牌延伸的成功

海尔从 1984—1991 年的七年时间里,只做冰箱一个产品。通过各种促销手段和传媒渠道来打造冰箱名牌"海尔",从而使海尔品牌的高知名度和良好的形象得以不断提升。

依托已经建立的品牌优势为基础,从1992—1995年,海尔品牌逐步延伸到电冰柜、空调等冷家电领域。1997年,进入黑色家电领域。1999年,海尔电脑成功上市。现在,海尔集团已经拥有包括白色家电(冰箱、洗衣机、空调等)、黑色家电(电视机)、米色家电(计算机)在内的58大门类近万个规格品种的家电群,几乎涵盖了所有家电产品,在消费者心目中树立了家电王国的形象。在命名上,所有产品在保留"海尔"的基础上,不同品牌还添加了不同的名称,如海尔小神童洗衣机、海尔小王子冰箱等。以冰箱起步,立足核心技术,以点带面,在家电领域的延伸,海尔走出了一条成功之路。

资料来源:屈冠银.市场营销理论与实训教程[M].3版.北京:机械工业出版社,2018:135.

(5)多品牌策略。多品牌策略是指企业在同一种产品上同时使用两个或两个以上相互竞争的品牌。多种不同的品牌可以吸引消费者更多的注意,特别是那些求新好奇的品牌转换者;多品牌可使产品深入多个不同的细分市场,企业能占领更广大的市场;多品牌也有助于企业内部多个产品部门之间的竞争,提高效率,增加总销售额。采用多品牌策略的主要风险是每种品牌的产品只有较小的市场份额,不能集中到少数几个获利水平较高的品牌上,使企业资源分散消耗于众多的品牌上。当然,企业可以剔除疲软的品牌,使多个品牌的总销量超过单一品牌的市场销量,以增强企业在这一市场领域的竞争力。首创这种策略的是宝洁公司,该公司与我国企业合资生产的洗发液有"海飞丝""飘柔""潘婷""沙宣"等多个品牌。

学习活动:查阅资料,举例说明几种品牌策略,并谈谈这些品牌策略分别被哪些企业所采用,分析其原因。

7.5.2 包装策略

1. 包装的概念

包装作为产品整体概念的重要组成部分,是指产品的容器或包装物及其设计装潢,是商品的形象,其重要性已远远超出了作为容器保护商品本身,成为刺激消费需要,提高市场竞争力的重要手段。包装在现代营销中显示出越来越重要的作用,人们把它比喻为"无声的推销员"。

产品的包装一般分三个层次。

(1)直接包装,即内包装,指最接近产品的容器,如酒瓶、化妆品瓶子等。

动画:[同步案例] 贝壳找房的品牌策略

微课:包装策略

(2)间接包装,即中层包装,指保护第一层包装的物品。它除加强对产品的保护外,更重要的是发挥促销作用,如装酒瓶的纸盒。

(3)储运包装,指产品存储、辨认和运输时以及方便进一步销售时所必需的包装。如装有六瓶酒的纸箱。

现代市场营销中,包装的作用越来越大,具体有以下几点。

(1)保护产品。即使产品在流通过程中完整无损,清洁卫生,使用价值不受损坏,这是包装的最初和基本的功能。例如,为防止奶粉受潮变质,采用复合铝箔袋抽氧充氮密封包装,或采用铝合金的桶密封包装,效果都很好。

(2)便利经营和使用。良好的包装为产品的买卖、陈列、储运提供了便利,同时也为消费者的选购和使用提供了方便。例如,食品的一次性小包装;需控制用量的带刻度的容器包装;便于消费者携带、开启的包装等。

(3) 便于识别产品。即由于各种商品包装、装潢的不同,如造型、材料、容器、色彩等的不同,消费者对同类商品中的不同商品能够加以区别,并选择理想的产品。

(4) 促进销售。"包装是立在货架上的广告。"精美的包装,给人以美感。造型美观,制作精细,颜色协调鲜明,都可能激发消费者的购买欲望。研究发现,63%的消费者是根据商品的包装做出购买决定。因此,优良精美的包装既是优秀的推销,又可以提高商品身价,使顾客愿意付出较高的价格购买,直接增加利润。

学习活动:收集相关资料,分析导致中秋月饼过度包装的原因。

2. 包装的策略

包装策略是产品策略的重要一环。企业除认真做好包装设计,使包装充分显现产品的特色与魅力外,还需要运用适当的包装策略,使包装的设计与策略的运用相得益彰,发挥更大的作用。常用的包装策略主要有以下几种。

(1) 类似包装(similarity packaging),指企业所有产品的包装采用共同或相似的形状、图案、特征等。这样既可以节省包装设计成本,又便于顾客识别出本企业产品,尤其是对忠实于本企业的顾客,类似包装无疑具有促销的作用。这一策略也有利于提高企业的整体声誉,壮大企业声势,特别是新产品上市时,容易迅速进入市场。但类似包装策略只能适宜于质量相同的产品,品种差异大、质量水平悬殊的产品则不宜采用。

(2) 配套包装(sets packaging),又称组合包装,指在同一包装内放入相关联的多种产品。这种策略不仅有利于充分利用包装容器的空间,而且有利于同时满足同一消费者的多种需要,方便使用,扩大销售。组合包装不仅能促进消费者的购买,也有利于企业推销产品,特别是推销新产品时,可将其与老产品组合出售,创造条件使消费者接受、试用。例如,化妆品的组合包装、医用药箱、工具包等,都属于这种包装策略。

(3) 等级包装(levels packaging),指按照产品的价值、品质,分成若干等级,实行不同的包装,优质产品优质包装,一般产品普通包装,使包装与产品的价值相称、表里一致。这种策略有利于消费者辨别产品的档次差别和品质的优劣,适用于生产经营的产品相关性不大,产品档次、品质比较悬殊的企业。优点是能突出商品的特点,并与商品质量协调一致;缺点是加大了设计成本。

(4) 附赠包装(attachment packaging),指在包装物内附赠物品或奖券,或包装本身可以换取礼品,以吸引顾客重复购买,扩大销售。例如,儿童用品中附赠玩具是目前最为流行的一种做法。

(5) 再使用包装(reuse packaging),这种包装物在产品使用完后,还可做别的用处。这样,购买者可以得到一种额外的满足,从而激发其购买产品的欲望。例如,设计精巧的果酱瓶,在果酱吃完后可以作储存罐之用。这种包装物的重复使用起到了对产品的广告宣传作用,但使用该策略要避免因成本加大引起商品价格过高而影响产品的销售。

(6) 变更包装(changing packaging),指对原产品包装进行某些改进或改换,以开拓新市场,吸引新顾客。当原产品声誉受损,销量下降时,通过变更包装,制止销量下降,保持市场占有率。变更包装策略既可以以新形象吸引顾客的注意力,又可以改变产品在消费者心目中的不良形象,有利于迅速恢复企业声誉,重新扩大市场份额。但对优质名牌产品,因为消费者早已熟悉了它们的包装,不适宜采用这种策略。

学习活动:查阅资料,举例说明几种包装策略,并谈谈这些包装策略分别被哪些企业所采用,分析其原因。

▼ 同步训练 ▼

自我检测

一、选择题

1. 在产品整体概念中最基本、最主要的部分是( )。
   A. 核心产品　　　B. 延伸产品　　　C. 形式产品　　　D. 期望产品
2. 一个企业生产经营的产品系列的多少,即拥有产品线的多少是产品组合的( )。
   A. 关联度　　　　B. 深度　　　　　C. 宽度　　　　　D. 长度
3. 产品销售量达到顶峰并开始下降,利润稳中有降,是产品生命周期( )阶段的特征。
   A. 导入期　　　　B. 成长期　　　　C. 成熟期　　　　D. 衰退期
4. 在普通牙膏中加入不同物质制成各种功能的牙膏,这种新产品属于( )。
   A. 全新产品　　　B. 换代新产品　　C. 仿制新产品　　D. 改进新产品
5. 雀巢公司将雀巢品牌使用到奶粉、巧克力、饼干等产品上,这种品牌决策是( )。
   A. 品牌化策略　　B. 品牌归属策略　C. 品牌延伸策略　D. 多品牌策略
6. 市场出现了把唐老鸭、米老鼠等塑料玩具放在包装中的糖果,深受儿童欢迎,这是一种( )。
   A. 统一包装策略　B. 再使用包装策略　C. 组合包装策略　D. 附赠品包装策略
7. 具有较高增长率和较高市场占有率的一类产品是( )。
   A. 问题产品　　　B. 明星产品　　　C. 金牛产品　　　D. 瘦狗产品
8. 酒店提供电视机、洗发水、美味早餐、便捷的入住手续以及良好的房间服务等,是产品整体概念中的( )。
   A. 核心产品　　　B. 形式产品　　　C. 期望产品　　　D. 延伸产品
9. 产品生命周期各阶段中,竞争最激烈的是( )。
   A. 导入期　　　　B. 成长期　　　　C. 成熟期　　　　D. 衰退期

二、简述题

1. 举例说明产品整体概念的五个层次是什么?
2. 产品组合、产品线和产品项目三者之间有何关联?
3. 什么是波士顿矩阵法?
4. 产品生命周期理论是什么?各阶段有何特点和策略?
5. 新产品开发的程序是什么?
6. 结合实例分析品牌策略的运用。
7. 结合实例分析包装策略的运用

案例分析

老字号"内联升"

内联升不仅是京城响当当的中华老字号,如今还紧跟时代脉搏,也为一众年轻人所追棒！2013年是内联升建店160周年，内联升在恭王府做了一次大型时尚发布活动，正式拉开品牌时尚化转型的序幕：一是与设计团队合作，包括中央美院、北京工业大学、北京服装学院；二是与很多时尚的年轻设计师合作；三是与一些时尚潮牌合作。

2016年以来，内联升先后推出与故宫、淘宝合作的文创系列——"探花"；与美国迪斯尼公司合作推出系列女鞋产品；与国内动漫《大鱼海棠》合作推出同名系列产品。此外，还有与《愤怒的小鸟》《长草颜团子》等动漫合作。内联升还在北京的时尚地标——三里屯太古里做了一次为期10天的时尚快闪店，并推出了两个全新系列：一是"养家之人"（the breadwinner），这是获得奥斯卡最佳动漫提名的动画片；二是热播剧《如懿传》。不管是跟文创结合，还是跟设计师合作，都为内联升下一步品牌的时尚化转型奠定基础。从文创角度看，内联升走两条路线：一是跟国外的卡通、IP合作，相对时尚潮流，可以从中抓取时尚元素，同时有很多已经形成的粉丝。成熟的IP更容易产品化，例如，卡通的图案、元素便于设计。二是中国风路线。这也是内联升的品牌基调，包括跟故宫、淘宝、《九州牧云记》《如懿传》合作等，遵循唯美中国风路线，挖掘中国传统经典元素，美术的、非遗的，以及传统的文化、典故等。

内联升相信95%以上的人买鞋都是为了穿，所以要保留鞋的实用性。布鞋本身穿着十分舒适，还能跟不同的服装搭配。内联升希望通过与其他元素的结合，丰富产品的调性，或增加搭配的张力。顾客穿着不同的服饰，都可以找到可供搭配的内联升布鞋。从专业角度分，内联升鞋品大致分为四大类：手工布鞋、冷粘布鞋、手工皮鞋、冷粘皮鞋，它们占产品的95%以上。内联升的手工皮鞋工艺在国内能排进前三，接近于国外的同类名牌鞋品，样式新颖，比较时尚，偏正装，一般商场里能看到的手工皮鞋的样式内联升均有出售，而且价位只有国外同类鞋品的一半，性价比非常高。市面上大部分的皮鞋都是冷粘皮鞋，内联升的冷粘皮鞋质量也非常好。北京市内主要三甲医院医生和护士的工作用鞋都是内联升品牌的冷粘皮鞋，日常工作中穿着非常舒适、实用。

内联升的冷粘布鞋偏运动、休闲风格，这类产品的目标受众是年轻人。而手工布鞋是内联升的核心产品，也是国家级非物质文化遗产，是内联升的保护技艺、核心技艺。手工布鞋制鞋的原材料是优中选优，这类产品占内联升所有产品的60%～70%。手工布鞋通常是分工序在不同地方制作，最后再组合在一起。定制鞋不同款式价位不同，一般单鞋均价在1500元左右，棉鞋稍贵一点，2000多元。这个价位跟技师付出的时间和心力相比并不高。中华人民共和国成立以来，内联升定制鞋服务惠及更多的老百姓，现在越来越多的年轻人追求定制，他们希望打造一双专属于自己的、个性化十足的鞋。目前内联升定制服务主要提供的就是手工布鞋，不过材质可以替换。例如，布面换成皮面，底换成皮底，材料、颜色可以自己选，还可以在鞋帮上绣花或绣自己的名字。

内联升相对其他一般品牌的产品，不管是经典款式，还是近几年的新款，生命周期都比一般的鞋类品牌更长。一般的鞋品生命周期是一年，内联升的产品可能达到三年。但是，产品的生命周期的整体趋势是在缩短的。过去能卖五年的鞋，现在只能卖三年。所以，内联升现在也在调整生产、研发、设计，力求产品迭代的速度更快，通过产品迭代提升其舒适度，拉近产品与顾客需求之间的距离。

资料来源：杨勇，陈建萍. 市场营销：理论、案例与实训[M]. 5版. 北京：中国人民大学出版社，2023：220.

思考与分析：

1. 内联升为适应市场变化，做了哪些营销努力？并对此进行评价。

2. 内联升应该如何优化自己的营销策略？

3. 内联升对其他老字号企业有何启示？

德技并修

售后服务的搪塞

某汽车商在售货时承诺提供一系列售后服务，包括汽车的质量保障、索赔、维修、保养、零配件供应、维修技术咨询等。但汽车销售后却不能向顾客实现当初的承诺，对顾客合理的售后服务要求采取种种方法搪塞，严重造成顾客的不便。

问题：

1. 本案例中存在哪些道德伦理问题？

2. 从产品的整体概念与道德研判的角度对上述问题做出评价。

团队实战

1. **训练目标**：能够应用产品策略知识分析并设计目标企业的现有产品策略。

2. **训练要求**：近年来，随着《上新了·故宫》等文化类节目的热播及故宫文化创意产品的推广，故宫博物院的文化创意产品逐渐被大众关注，如个性胶带、翠玉白菜阳伞、朝珠耳机等，它们独特的创意设计与人们的生活紧密相连。故宫博物院在如何运用文化 IP 进行营销上一直秉持这样的理念：故宫文创产品不是简单复制藏品，而是要研究今天人们的信息和生活需求；要挖掘藏品内涵，用文化影响人们的生活；使用先进的科技手段，追寻无限的传播能力。正是有这些理念作支撑，故宫文创从产品设计到产品推广都是顺应市场需求的。例如，"Z 世代"年轻群体极具文化自信，既对传统文化感兴趣，也喜欢"萌"感十足的物品，宫猫守卫、乾隆萌物等文创新品都是以他们为目标消费者进行产品设计和推广的。

(1) 团队分工协作广泛收集资料。

(2) 从产品整体、产品组合以及产品生命周期角度出发，分析故宫博物院现有的文创产品策略。

(3) 将在校大学生作为目标消费人群，分析该群体的需求特征和消费偏好。

(4) 基于前期分析，优化企业现有的产品策略，并形成文字报告。

项目 8 价格策略

学习目标

知识目标

1. 明确影响企业定价的主要因素；
2. 熟悉企业定价的程序；
3. 明确企业常见的几种定价目标；
4. 掌握企业的三大类定价方法；
5. 掌握企业常见的几种定价策略；
6. 掌握价格调整策略。

能力目标

1. 能够分辨企业定价目标；
2. 能够灵活运用常见的定价方法和定价策略；
3. 提升团队协作、沟通表达、思考分析、善恶研判、信息处理的能力。

素养目标

1. 培养遵纪守法、实事求是的职业素养；
2. 树立货真价实、诚信经营的意识，传承中华优秀传统商业文化讲仁爱、重民本、守诚信、崇正义的思想精髓；
3. 坚守营销道德，主动维护市场价格秩序，培养勇于担当社会责任的良好品质；
4. 树立正确的现代市场营销理念，构建科学系统的营销思维模式和整体运营的职业全局观。

思维导图

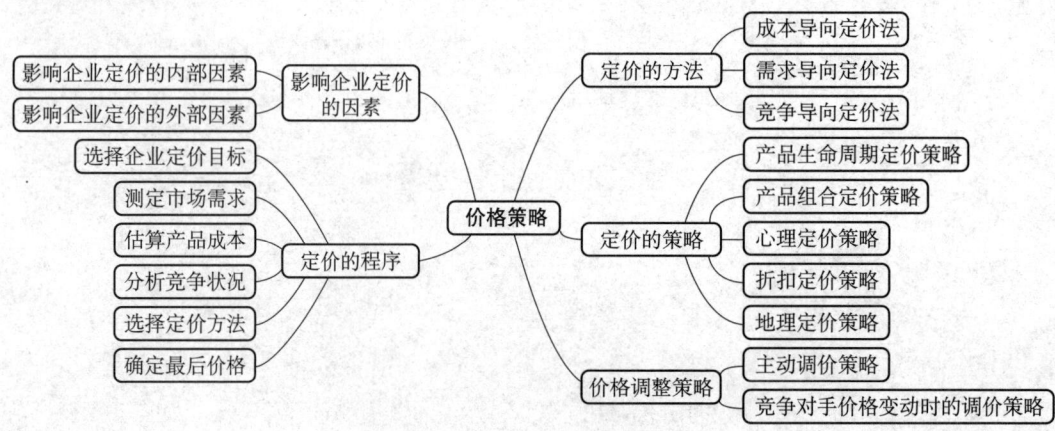

引入案例　黄山风景区差别定价策略

黄山风景区采用以下措施来对不同游客实施差别定价，吸引不同消费层次的旅游者，使黄山风景区的旅游收入和旅游者利益达到最优。

第一，针对不同的客源市场制定不同的门票价格。2018年黄山景区游客接待量达338万人次。随着交通的不断发展，安徽省内和长江三角洲地区的游客比例呈现增长趋势。因此，黄山风景区根据长江三角洲、珠江三角洲、安徽省本地及其他的客源地市场细分，对不同客源市场的旅行社采用不同的报价。对省内及长江三角洲地区的游客实施一定的优惠策略，这样既可以稳定客源的主体部分，还可以吸引这些区域的潜在游客前来游览。

动画：黄山风景区的差别定价策略

第二，在不同的时段收取不同的价格。黄山风景区根据本景区的旅游需求特点，在不同时段收取不同的价格，以此来缓解景区资源在旺季时期的压力。如在夏季，下午四点以后来景区的游客数量较少，景区在这一时段降低门票价格。再进一步细化景区淡旺季，如在旺季时段划分的基础上再划分出旺季中的旺季（如黄金周），对不同程度的"旺季"制定不同的价格调整客流量。对一天中的不同时段进行细化，就此结合景区承载力状况和景区以往的游客数量来制定不同时段的门票价格，以实现景区和游客的双赢。

第三，针对不同年龄段的旅游者采用不同的价格。周一至周五适当降低门票价格，周末适当提高门票价格，并针对成人、学生、儿童三类人群制定不同的门票价格，来减缓景区的供求矛盾。

资料来源：吴勇，燕艳.市场营销[M].6版.北京：高等教育出版社，2020：195.

价格是价值的货币表现，是市场机制的核心，是经济发展状况的"晴雨表"。对企业来说，价格是营销组合诸因素中唯一能产生收入的因素，制定什么价格策略，对具体产品如何定价，直接影响着市场需求量的大小，影响着企业的市场销售额和利润额。因而，价格策略是企业管理中最重要的决策之一。

8.1　影响企业定价的因素

价格作为市场营销组合中最灵活、最难以确定的因素，它可以对市场做出灵敏的反应，又是市场营销组合中唯一能产生收入，为企业提高利润的因素。你思考过吗？为什么景区门票淡季和旺季票价不同？为什么超市里很多商品定价9.9元而不是10元？为什么飞机票定价要分为头等舱、商务舱和经济舱？从某种意义上来说，定价就是定位！价格不只是产品价值的衡量，优秀的品牌战略能够充分发挥价格的战略价值，让定价成为战略的艺术。正确的定价策略对于企业成败至关重要。企业要制定出正确的定价决策，首先应该正确分析影响企业定价的内部及外部因素。

微课：影响定价的因素

8.1.1　影响企业定价的内部因素

1. 企业的定价目标

定价目标是指企业要达到的定价目的，是企业制定价格策略的依据和出发点，是影响企

微课：定价目标

业定价的最基础的因素，直接影响着产品价格的确定。一个企业对他的定价目标越清楚，产品的价格就越容易确定。确立定价目标的基本作用有两个，即设立方向和评价业绩。定价目标不仅应该是客观的、可以衡量的，还应该是动态的。不同行业的企业，同一个行业的不同企业，以及同一企业在不同时期、不同市场条件下，都可能有不同的定价目标。企业的定价目标分为利润导向型目标、销售导向型目标、竞争导向型目标和顾客导向型目标四种类型。

（1）利润导向型目标。利润导向型目标一般包括利润最大化、利润满意化和收益目标化三种类型。

① 利润最大化是指确定的价格使边际收入尽可能地大于边际成本。由于企业利润总额受单位产品利润和产品销量两个因素的制约，当期利润额最大化取决于在准确估计成本和需求上的合理价格所推动的销售规模，因此，追求利润最大化的目标并不意味着企业要制定最高单价。当然并不排除在某种特定时期及情况下，企业对其产品制定高价以获取短期最大利润。以利润最大化为目标，具体表现在三个方面。

第一，当企业的生产技术和产品质量在同行业竞争中居领先地位，消费者对该产品需求量大，处于供不应求状态时，可以制定高价追求短期利润最大化目标。

第二，追求长期利润最大化目标。这是大多数有远见的企业一般都追求的目标。为了追求长期最大利润，可以在短期内采取低价策略甚至亏本的方法，先占领市场，提高市场占有率，再逐步提高价格，从而获取最大利润。

第三，追求企业整体经济效益最大化目标。当企业生产和销售多种产品时，为了招徕顾客，把某些产品价格定得较低，以此带动其他产品的销售，从而使企业整体利益最大。例如，吉列剃刀公司曾以低价销售其刀架，目的是吸引更多的顾客购买其配套产品——剃须刀片，从大量销售刀片中获得更多的利润。

② 利润满意化是指股东和经营层均满意的利润，换句话说，它是与企业面对的风险水平相一致的利润水平。风险越大，利润越大。

③ 收益目标化是指确定一定的投资收益率或资产收益率，并以此作为利润导向。投资收益率越高，企业的盈利能力越强。

（2）销售导向型目标。销售导向型目标一般包括市场占有率最大化和销售最大化两种类型。

① 市场占有率最大化就是要在与同行业的产品竞争中保持一个尽可能大的市场份额。市场占有率的高低反映了这个企业的经营状况和产品的竞争能力，甚至关系到企业在市场上的地位和兴衰。企业为了获得较高的市场占有率，往往制定对潜在顾客有吸引力的低价策略，实行薄利多销。但在实现这一定价目标时，还应量力而行。当具备下述条件之一时，才可考虑通过低价来提高市场占有率：一是市场对价格高度敏感，因此低价能刺激需求的迅速增长；二是生产与分销的单位成本会随着生产经验的积累而下降；三是低价能吓退现有和潜在的竞争者。

而应用这种低价策略可以有两种形式：一是定价由低到高，即在保证产品质量和降低成本的前提下，企业以低价争取消费者，打开产品销路，提高企业产品的市场占有率。待占领市场后，再通过为产品增加某些功能，或提高产品的质量等措施逐步提高产品的价格；二是定价由高到低，即企业对一些竞争尚不激烈的产品，入市时定价可高于竞争者的价格，利用消费者的求新心理,在短期内获取较高利润。待竞争激烈时,企业再适当调低价格,扩大销量,提高市场占有率。

② 销售最大化是指不考虑利润、竞争以及营销环境,只注重销售量或销售额的增加。如果企业资金短缺或面临不确定的前景(如竞争激烈、顾客需求偏好突然发生变化等),就可能在短期内需要大量的现金,这时,最有效的方法就是通过制定低价临时性处理过多的库存积压。另外,在推出新产品之前,企业也可以采用销售最大化目标进行销售,以清除旧产品的存货。但是,销售最大化只是企业的短期定价目标,是权宜之计。企业要想长远发展,还应制定更合理的长期目标。

(3) 竞争导向型目标。竞争导向型目标是指保持现行价格或根据竞争者价格进行定价的目标。在开放的市场环境下,市场竞争的重要表现之一就是价格竞争。企业对竞争者的行为都十分敏感,尤其是价格的变动状况。在市场竞争日趋激烈的形势下,企业在实际定价前,都要广泛收集资料,仔细研究竞争对手的产品价格情况,通过自己的定价目标去对付竞争对手。基于这一定价目标,企业可根据不同条件采取以下三种具体形式。

① 稳定价格目标,即以保持价格相对稳定,避免正面价格竞争为目标的定价,在中小企业中比较常见。

② 追随定价目标,即以对市场价格有影响的竞争者的价格为依据,根据具体产品的情况稍高或稍低于竞争者。

③ 挑战定价目标,即采用低价入市,迫使弱小企业无利可图而退出市场或阻止竞争对手进入市场,比较适合竞争实力强大的企业。

(4) 顾客导向型目标。顾客导向型目标是指以顾客的需求心理作为先决条件,并按此进行定价的目标。顾客导向型目标是企业的推动性目标,因为企业所有目标的实现最终都要落到消费者对本企业产品的消费态度和消费行为上。同时,顾客导向型目标也反映了企业对用户态度和用户行为的具体看法,指出了企业希望在顾客行为和顾客态度方面实现的结果。

除以上所讲的四种类型外,还有一种较常见的定价目标,即产品质量领先。

质量与价格相吻合是定价的一般原则,产品质量领先目标在于树立企业在市场上的产品质量领先地位。要在市场上树立一个产品质量最优的形象,企业往往需在成本及产品研发等方面做较大投入,而为补偿投入,往往要给产品或服务制定较高价格。反过来,这种较高的价格会提高产品的优质形象,高质高价也符合消费者的求名心理,吸引较高收入的消费者。同时,高质高价使企业在同行业中的报酬率较高,更能使企业有足够的资金来保持产品质量的领先地位,帮助企业树立在市场上的产品质量领袖形象。

此外,当企业由于经营管理不善或市场竞争激烈,顾客需求、偏好突然变化等原因,造成产品积压、资金短缺甚至濒临破产时,企业为渡过困难,维持生存而为积压品制定较低价格,这是以维持企业生存为定价目标,也称为渡过困难目标。此定价目标是临时性短期目标,是权宜之计。

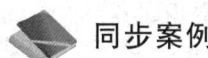 同步案例

格兰仕的定价目标

中国知名品牌微波炉龙头格兰仕,在我国微波炉市场迅速发展的 1996—2000 年,连

续对竞争对手发动了七次价格战争,不断采用降价策略掠夺市场,把微波炉行业的利润降到低点,提高了行业进入门槛,使许多欲进入该行业的企业丧失了兴趣,避免了强大潜在竞争对手的出现。格兰仕不仅在技术上,而且在价格上给竞争对手设置了很高的壁垒,既驱逐了市场上的中小竞争者,还树立了自己的品牌地位。表 8-1 为格兰仕七次降价的时间和幅度。

表 8-1 格兰仕的七次降价

次数	时 间	降 价 幅 度
第 1 次	1996 年 8 月	微波炉价格平均下调 24.6%
第 2 次	1997 年 7 月	最小型号产品 17 升微波炉降价 40.6%
第 3 次	1997 年 10 月	5 大型号价格下调,13 个产品品种全面降价,平均降幅 32.3%
第 4 次	1998 年 7 月	两个 17 升型号降价,平均降幅 24.3%
第 5 次	2000 年 5 月	"新世纪"系列产品价格大幅度下调并实施疯狂的赠送活动
第 6 次	2000 年 6 月	中档改良型 750"五朵金花"系列降幅达 40%,高档"黑金刚"系列让利回赠,效果显著
第 7 次	2000 年 10 月	所有产品全部锁定在 1000 元以内,市场降价平均幅度达到 40%

格兰仕的这种进攻型价格策略,运用的是"降价—增加销量、扩大规模—成本下降—进一步降价"的思路,不断拉高了竞争壁垒,驱逐竞争对手,规模每上一个台阶,价格就大幅下调。当生产规模达到 125 万台时,就把出厂价定在规模为 80 万台的企业成本价以下;当规模达到 300 万台时,又把出厂价调到 200 万台规模的企业成本以下。此时,格兰仕还有利润,而规模低于这个限度的企业,多生产一台就多亏损一台。格兰仕每次降价的幅度都相当大,规模小、实力弱的微波炉生产商很难抵御这样的价格攻击。

纵观格兰仕七次降价的过程,可以发现,格兰仕的定价目标非常清楚:利用规模经济带来的成本优势,通过低价策略,赶走竞争对手并阻止潜在竞争对手的进入,确立自己在微波炉领域的领导地位,保证自己的经营安全。

资料来源:吴勇,燕艳.市场营销[M].6 版.北京:高等教育出版社,2020:210.

2. 产品因素

产品因素包括产品成本、价值、产品特性、产品生命周期阶段等。

产品成本是决定产品价格最基础的、最重要的因素,也是商品价格的最低经济界限。一般来说,商品价格必须能补偿产品生产及市场营销活动中的所有支出,并补偿企业为经营该产品所承担的风险支出。产品成本包括生产成本、销售成本、储运成本和机会成本等。

此外,企业产品的质量、特性、功能、种类、标准化程度,产品是否易腐、易毁和季节性、时尚性、生命周期阶段、附加服务和品牌形象的状况对价格有直接的制约作用。企业的定价策略必须考虑产品生命周期不同阶段的特点,也要与市场营销组合的其他因素相配套。

8.1.2 影响企业定价的外部因素

1. 市场因素

市场因素主要考虑市场需求和市场竞争。

（1）市场需求。供求关系、需求价格弹性、国家市场价格、消费者支付能力、消费者认知价值、消费者行为与心理等都是影响定价的主要因素。

市场需求与价格之间是相互影响、相互作用的。在一般情况下，如果市场对某产品的需求量大于供应量，则产品的定价可适当提高，反之则应适当降低。实际上，产品价格水平的上升或降低，又反过来会影响市场需求。

下面从需求价格弹性分析和揭示两者的关系。

需求价格弹性是指价格变动而引起的需求量相应变化的程度。其公式为

$$E = \frac{\Delta Q}{Q} \div \frac{\Delta P}{P}$$

式中，E 为需求价格弹性系数；Q 为原需求量；ΔQ 为需求变动量；P 为原价格；ΔP 为价格变动量。

定价时考虑其弹性的大小来决定企业的价格决策：①$E>1$，称为需求富有弹性，采用降价策略可以增加销售收入；②$E<1$，称为需求缺乏弹性，采用提价策略可以增加销售收入；③$E=1$，称为需求单一弹性，降低价格或提高价格对企业销售收入都没有影响，可采用通行市场价格。

在以下条件下，需求可能缺乏弹性：①市场上没有替代品或没有竞争对手或者商品是生活必需品；②购买者对价格不在意或商品价格占生活支出的比重很小；③购买者对产品有较强的购买习惯且不易改变等。

（2）市场竞争。市场营销理论认为，产品的最低价格取决于该产品的成本，最高价格取决于产品的市场需求。而在最高价格和最低价格的幅度内，企业把这种产品价格定多高，则取决于竞争者同种产品价格水平。在市场经济中，处于竞争优势的企业往往拥有较大的定价自由，而处于竞争劣势的企业则更多地采用追随性价格政策。市场竞争一般有以下四种状态：完全竞争市场、垄断竞争市场、寡头垄断及完全垄断市场。

在完全竞争市场上，任何一个卖主或买主都不能单独左右该种商品价格，价格在多次市场交换中自然形成，买卖双方均是价格的接受者；在垄断竞争市场上，市场竞争激烈，企业都会认真分析竞争对手的价格策略，密切注视其价格变动动向并及时做出反应；寡头垄断市场中任一企业的价格决策都取决于其他企业的价格决策，几个寡头企业的竞争十分激烈；在完全垄断市场上，企业没有竞争对手，定价基本上可以不考虑竞争因素。

2. 国家政策因素

在市场经济社会，政府力量渗透到企业市场行为的每一个角落。世界各国政府对价格的干预和控制普遍存在，只是程度不同。我国企业定价行为要受各种经济政策及法律、法规的影响和制约，同时它们也是企业定价时的重要依据，企业在制定价格时不可违背。例如，《中华人民共和国价格法》中明确规定，市场调节价、政府指导价和政府定价是我国市场经济条件下价格形成的方式，而其中市场调节价是我国现行价格形成的主要方式；在特殊时期，政府会利用行政手段对某些特殊产品实行最高限价和最低保护价政策；为刺激或抑制需求、扩大或减少投资而采取的提高或降低利率或税率的经济政策，都会对企业定价带来影响。

此外，宏观经济状况对定价也有很大影响，包括经济形势、通货膨胀程度、货币价值、利率和汇率的变动等。

思政园地

价格违法行为

元旦期间,某商场门口招牌显示:节日期间本店皮衣"不惜血本大甩卖,全部以五折优惠大酬宾!"但知情者说,其实所有皮衣的标价已经比原标价提高了60%。实际上,这种采取先提高标价再声称大折扣优惠酬宾的促销方式是有违营销职业道德的,并且涉嫌价格欺诈行为。它反映了个别企业利用价格信息的不对称和消费者的求廉心理,采用虚假广告促销,欺骗顾客。

动画:[思政园地]
价格违法行为

随着网络营销活动的日益增多,有的商家在线上大促期间(如"双十一")使用"先涨后降"的套路,有的商家设置各种花式"买赠",实际到手价格与平时并无差别,甚至可能更贵。2021年国家市场监督管理总局下发《关于规范"双十一"网络促销经营活动的工作提示》,切实维护"双十一"期间网络交易市场秩序,保护消费者合法权益。其中就包括严格规范促销行为,禁止采取"先提价后打折"、虚构原价、不履行价格承诺等违法方式开展促销。防止虚假交易、刷单炒信、虚假评价等不正当竞争违法行为发生。严格防范经营假冒伪劣商品行为。

资料来源:杨群祥.市场营销概论——理论、实务、案例、实训[M].3版.北京:高等教育出版社,2019:25.

8.2 定价的程序

企业定价是一种有计划、有步骤的活动,其流程一般可以分为六大步骤。

1. 选择企业定价目标

要使定价符合企业营销目标的要求,并与其他营销组合因素配套,在制定产品价格时,首先必须确定其定价目标。企业在确定定价目标时,一定要具体情况具体分析,当企业的技术力量和水平不强时,就不宜以"产品质量领先"为定价目标,产品的价格不宜定高;如果企业的总体营销实力不强,产品以低价上市又不能对付竞争者的价格战,就不要以"扩大市场占有率"为定价目标。

动画:定价的程序

2. 测定市场需求

测定市场需求主要是分析目标市场对产品的需求数量并预测需求的价格弹性。如果目标市场对产品的需求数量大,则企业产品的定价空间较大,对企业定价较为有利。此外,需求价格弹性大的产品,消费者对价格比较敏感,像车厘子、汽车、黄金,定价不应过高,与竞争者的同质产品价格相当即可。而对于需求价格弹性小的产品,如宽带费用等,企业可将产品价格定得高于竞争者同质产品的价格,以获取较大利润。

3. 估算产品成本

市场需求的测定是对产品最高价格限度的预测,而产品成本的估算则是对企业产品最低价格的确定提供参考。产品成本不仅包括产品在生产过程中所消耗的成本,还应包括分销和促销过程中所产生的所有成本。这是企业产品的定价底线。

4. 分析竞争状况

对市场竞争状况的分析主要是指对竞争对手实力的分析,即对竞争者的成本、价格和可能的价格反应进行分析,从而帮助企业在市场需求和成本的价格范围内制定价格。一般情况下,竞争对手实力较弱时,企业定价的主动性较大,可将价格定得高于竞争者的同质产品以获取较高当期利润,也可以将价格定得较低,以获取市场份额;如果竞争对手实力与本企业相当或更强大时,企业在制定价格时,应特别慎重,要避免价格对峙而形成的被动局面。有一点需要注意,顾客在意的往往是相对低价,而不是绝对低价。

5. 选择定价方法

企业在选择定价方法时,要综合考虑影响定价因素中最基本的三个因素,也就是3C定价模型,即顾客需求(customers demand)、产品成本(cost)和竞争者价格(competitors prices)。由于在实际定价时可能会侧重于其中一个因素,因而形成三种类型的定价方法,即成本导向定价法、需求导向定价法、竞争导向定价法。

6. 确定最后价格

企业通过不同的定价方法制定了初步价格,实际上还只是产品的基础价格或价格范围,还不能立即交付使用,还需要考虑其他一些因素进行全面调整,灵活运用适当的定价策略,才能确定最终的价格,以达到扩大销售、增加利润的目标。这些因素包括:国家有关价格的方针、政策、法律及法规,市场环境、产品供求状况、企业目标、市场营销组合的其他因素,目标市场消费者的心理需求等。

最后再补充强调两点,企业制定出正确的定价决策的前提是全面地收集定价信息,无论是测定市场需求、估算产品成本还是分析竞争状况,都需要通过适当的方法去收集这些相关的信息内容,来为定价活动提供依据。此外,企业价格管理工作,包括根据内外部环境的变化适时地进行价格调整以及监督检查等,对企业做出科学合理的定价决策也具有重要意义。

学习活动:查阅资料,举例说明某产品价格制定的程序。

8.3 定价的方法

企业定价是一项十分复杂又难以准确掌握的工作。价格定得太低不能产生利润,定得太高又不能产生需求,而且拟定的价格必须同企业的定价政策相一致。任何企业都不能凭借直觉随意定价,而必须借助于科学而又行之有效的定价方法。企业在定价过程中应主要考虑的三个因素是:产品成本决定了企业的最低价格,竞争者价格和代用品价格提供了企业在制定其价格时必须考虑的标定点,企业产品的独特性是其制定较高价格的依据和限度。企业在选择定价方法时,就要全面掌握和了解成本、需求和竞争者等因素情况,从而选择适合于本企业的定价方法。基于此,主要有三种基本的定价方法。

8.3.1 成本导向定价法

成本导向定价法就是以产品的总成本为中心的定价方法,具体形式有四种。

1. 成本加成定价法

成本加成定价法是以产品成本为基础,加上一定的利润来制定价格。

微课:成本导向定价法

计算公式为

$$产品价格 = 单位产品总成本 \times (1 + 加成率)$$

优点是将价格与成本结合起来考虑,简便易行。如果行业中所有企业都采用这种定价方法,则同类产品价格会趋于一致,同行业竞争会缓和;缺点是成本费用分摊和计算不够真实合理;忽视市场需求和竞争状况,使价格不利于产品销售。因此,成本加成定价法适用于卖方市场,或供求基本平衡,成本相对稳定的产品。

例如,某企业产品的固定成本为800000元,平均变动成本为15元,预计销售量为80000件,加成率为12%。

利用成本加成定价法,可以计算出单位产品总成本=15+800000÷80000=25(元)。

由此,单位产品价格=25×(1+12%)=28(元/件)。

2. 目标利润定价法

目标利润定价法是以预计销售量的总投资额为依据,再加上投资的目标利润率来制定价格的方法。计算公式为

$$产品价格 = \frac{总成本 + 目标利润}{预计销售量}$$

由于目标利润定价法全面地考虑了企业的投资收益,所以特别适合投资较大的大型企业的产品定价。但这种方法计算出来的价格是根据预计销售量(计划总产量)推算的,并没有考虑市场的需求弹性和竞争者的价格,从而有可能影响目标利润率的实现。所以,此方法适合在产品销售情况较稳定时使用。

3. 目标贡献定价法

目标贡献定价法又叫变动成本加成法,是以变动成本为基础制定价格的方法。采用这种定价方法的企业仅计算成本中的变动成本,而不计算固定成本,并以预期的目标贡献适当补偿固定成本。而目标贡献就是指预计的销售收入减去变动成本后的收益,即

$$单位产品贡献 = 产品价格 - 单位变动成本$$

由此得出:

$$产品价格 = 单位产品贡献 + 单位变动成本$$

该方法适用于竞争比较激烈,需求弹性较大的商品。因为此时如果定价太高,会影响销售,造成产品积压,所以只要售价不低于变动成本,即目标贡献大于零,就可弥补部分固定成本,维持生产的进行。但如果售价低于变动成本,则生产越多,亏本越多。

4. 盈亏平衡定价法

盈亏平衡定价法是企业按照生产某种产品的总成本和销售收入维持平衡的原则,制定产品保本价格的一种方法。计算公式为

$$产品单价 = 单位变动成本 + \frac{固定成本}{销售量}$$

例如,某公司产品的年销量为10万件,产品单位变动成本为25元,年固定成本为120万元,则利用盈亏平衡法定价为25+120÷10=37(元/件)。

利用盈亏平衡定价法,也可以制定出一种能获得一定利润的产品价格。

8.3.2 需求导向定价法

需求导向定价法是以消费者对产品的需求强度、对产品价值的理解和对价格的承受能力为基础制定价格的一种方法。具体形式有以下几种。

微课：需求导向定价法

1. 认知价值定价法

认知价值定价法是指根据消费者对产品的理解价值来定价的方法。这种定价方法的关键是正确估计买方对产品的价值认知，而不是卖方的成本。由于消费者对产品的评判往往会综合他们对产品性能、质量、服务、品牌的认知，结合购物经验和对市场行情的了解，并与同类产品进行比较。所以，企业在采用这种方法时，必须进行市场调研，以准确把握消费者所理解的价值。而要提高消费者的认知价值，可以利用市场营销组合中其他因素来影响消费者，如增加项目、提高质量等，并结合有效的沟通、传播，以配合定价。

2. 需求差异定价法

需求差异定价法是企业对同种产品依据不同的细分市场制定不同价格的方法。这种方法制定的同一产品的价格差异，主要体现的是消费者对这一产品需求强度的差异，而不是体现产品成本的差异。这些差异主要体现在产品的型号、式样、花色、不同季节、日期、时间段、不同地区、位置等。例如，同样的酒，商店里和饭店里的价格就不一样。体育馆的票价，因位置不同被分为甲级、乙级等不同档次；超市里的青菜价格，早上和晚上也不一样。但采用这种方法时必须考虑相关法律、法规。

采用需求差异定价法，应符合下列条件：一是市场能细分，而且这些细分市场显示不同的需求程度；二是付低价的细分市场经销者不得将产品转手或转销给付高价的细分市场；三是在付高价的细分市场中，竞争者无法以低于本企业的价格出售；四是细分和控制市场的费用不应超过差别定价所取得的额外收入；五是实践这种定价不应引起顾客的反感和敌意；六是差别定价的形式不应是非法的。

3. 价值定价法

价值定价法产生于零售商店，是指用相当低的价格出售高质量的供应品。它有两种重要的形式：一种是以沃尔玛为代表的"天天低价"（everyday low price，EDLP）；另一种则是"高—低"定价法。采用"天天低价"的零售商不会实行暂时的短期折扣行为，而是用这种经久不变的低价格防止了每周价格的不确定性，并能与竞争者的"高—低"定价法形成鲜明对比。但要注意，"天天低价"适用的条件是必须保持比"天天低价"还要低的费用率。而在"高—低"定价法中，零售商是在平时采用较高的售价，但经常临时用比"天天低价"还要低的售价来促销产品。

4. 反向或可销价定价法

反向或可销价定价法是指企业依据消费者能够接受的最终销售价格，考虑中间商的成本和利润后，逆向推算出中间商的批发价和生产企业的出厂价格的定价方法。这种定价方法不以实际成本为主要依据，而是以市场需求作为定价的出发点，在考虑中间商利益的基础上，力求使价格为消费者所接受。

采用反向或可销价定价法时，企业可以通过以下公式计算价格：

出厂价格＝市场上可接受的零售价格÷(1＋批零差率)÷(1＋进销差率)

例如,某种规格为 200 克/只的大闸蟹在市场上的零售价格为 128 元/500 克,批零差率为 20％,进销差率为 10％,则经过反向计算,可以得出批发价约为 107 元/500 克,出厂价约为 97 元/500 克。

利用反向或可销价定价法制定的价格能够反映市场需求状况,有利于企业建立与中间商的良好合作关系,在保证中间商正常利益的基础上,使产品迅速向市场渗透,并可根据市场供应情况及时调整,定价方式比较简单、灵活。该方法比较适合于需求价格弹性大、花色品种多、产品更新快、市场竞争激烈的产品。

8.3.3 竞争导向定价法

竞争导向定价法是一种以竞争者产品的特性与价格为定价的中心依据,以竞争状况的变化来确定和调整价格的方法。常见的有以下几种。

微课:竞争
导向定价法

1. 随行就市定价法

随行就市定价法是使本企业产品的价格与行业竞争者产品的平均价格保持一致。这种定价法制定的价格易为消费者接受并能与竞争者和平相处,可以为企业带来合理、适度的盈利。随行就市定价法是竞争导向定价法中最流行的一种方法,在测算成本有困难,或竞争者不确定时,随行就市定价法为企业指出了一个有效的解决办法。

该定价法主要适合以下情况:一是产品差异很小的行业,如钢铁、纸张等行业;二是高度竞争型市场,即完全竞争市场;三是少数实力雄厚的企业控制的市场,即寡头垄断市场。

但要注意的是,此方法要求企业的生产成本与行业平均成本大致接近。

2. 竞争价格定价法

竞争价格定价法,即根据本企业产品的实际情况及与竞争对手的产品的差异状况来确定价格。这是一种主动竞争的定价方法,一般为实力雄厚或产品独具特色的企业所采用。定价时,首先,企业将市场上竞争产品价格与企业估算价格进行比较,分为高于、等于、低于三种价格层次;其次,将本企业产品的性能、质量、成本、产量等与竞争产品进行比较,分析造成价格差异的原因;最后,根据以上综合指标确定本企业产品的特色、优势及市场地位,在此基础上,按定价所要达到的目标,确定产品价格,跟踪竞争产品的价格变化,及时分析原因,相应调整本企业产品的价格。

3. 拍卖定价法

拍卖定价法,即由卖方预先发表公告,展出拍卖物品,买方预先看货,在规定时间公开拍卖,由买方公开竞争叫价,不再有人竞争的价格即为成交价格,卖方按此价格拍板成交。这是一种古老的传统买卖方式。拍卖定价也有两种形式:一种是增价拍卖,即英式拍卖;另一种是减价拍卖,即荷兰式拍卖。我国自 19 世纪 70 年代开始在一些大城市采用这种定价方法,主要用于文物、旧货以及破产公司财务的处理,是一种由买方公开竞价的定价方法。

4. 密封投标定价法

密封投标定价法是买方引导卖方通过竞争成交的一种方法。一般是由买方公开招标,卖方根据对竞争者报价的估计来制定竞争报价的一种定价方式,最后按物美价廉的原则择优选取,中标者与卖方签约成交。这种方法主要用于建筑工程承包、大型设备制造、政府大宗采购等。

企业参加投标,能否中标在很大程度上取决于企业与竞争者投标报价水平的比较。因此,投标报价时,要尽可能准确地预测竞争者的价格,并且要正确估算完成招标任务所耗用的成本,这样才能确定最佳报价。一般来说,报价高、利润大,但中标机会小;反之,报价低,虽中标机会大,但利润低。密封投标定价法的关键在于掌握报价和中标概率之间的关系,报价应该选择中标概率大、报价又高于成本的区间,其选择的指标主要是期望利润。

 同步案例

某公司的不同定价对期望利润的影响见表8-2,该公司最理想的出价是多少?为什么?

表8-2　最低报价分析　　　　　　　　　　　　　　　　单位:元

报价	成本	目标利润	中标概率	期望利润
9500	9400	100	81%	81
10000	9400	600	36%	216
10500	9400	1100	9%	99
11000	9400	1600	1%	16

分析:假设出价为9500元,那么公司很有可能得到此合同,但只能产生低利润,所以这个投标的期望利润是81元。如果出价为11000元,公司的利润将是1600元,但它得到这个合同的机会会降低,所以期望利润将仅是16元。最佳的出价应该是能够获取最大期望利润的出价,即10000元,期望利润是216元。

学习活动:假设你要出租自己的住房,请运用所学的定价方法分析如何确定房屋的月租金。

8.4　定价的策略

企业通过不同的定价方法确定下来的产品价格还只是产品的基础价格。接下来,企业还需根据不同的市场环境、产品供求状况以及企业定价目标等,灵活运用适当的定价策略,制定最终销售价格,以达到扩大销售、增加利润的目的。定价策略是企业为了实现营销目标,根据企业的定价目标和定价方法,结合当时市场和产品的具体情况,灵活地制定价格的方针、艺术和技巧。

8.4.1　产品生命周期定价策略

产品生命周期定价策略就是企业根据产品所处生命周期的不同阶段,灵活制定相应价格。

1. 导入期的定价

产品导入期的定价实际就是新产品的定价。它是新产品营销中一个十分重要的问题。新产品定价既要考虑尽快收回投资获取利润,又要考虑消费者的接受程

微课:产品生命周期定价策略

度,还要考虑是否会引发众多竞争对手的加入等问题。

新产品定价策略具体有三种类型。

(1) 撇脂定价策略,又称高额定价策略,即在新产品刚投入市场时制定较高价格,争取在短期内获取高额利润、收回投资。具体策略是,先将产品的价格定得较高,尽可能在产品生命初期,在竞争者研制出相似产品前,收回投资,获取可观的利润。而一旦因高价影响到预期销量,或招来竞争者,即可削价竞销。

采用撇脂定价策略需符合下列条件。

① 新产品比市场上现有产品有显著的优点,能一下子打动消费者,让消费者一见倾心。

② 新产品初上市阶段,商品需求价格弹性较小,或早期购买者对价格反应不敏感。

③ 市场上短时期内仿制产品上市的可能性小,竞争对手少。

该策略的优点:由于价格高,不仅能在短期内取得较大利润,而且可以在竞争增加时采取降价策略,限制竞争者的加入,保持自己的市场份额。缺点:由于定价过高,当新产品尚未在消费者心目中建立声誉时,往往得不到消费者认可,不利于打开市场;同时,高价厚利会吸引众多生产经营者转向此产品的生产经营,加速市场竞争的白热化。

(2) 渗透定价策略,又称低额定价策略,即将产品的价格尽量定得低一些,采用薄利多销的方法,以达到尽快打进市场、扩大市场占有率、巩固市场地位的目的。格兰仕微波炉就是采用渗透定价策略赢得了市场。

采用渗透定价策略应具备以下条件。

① 商品的市场规模大,存在强大的竞争潜力。

② 商品的需求价格弹性大,即稍微降价,需求量会大幅增加。

③ 通过大批量生产能降低生产成本。

渗透定价策略的优点:一是低价容易为市场接受,吸引更多的顾客,迅速扩大市场;二是低价薄利能有效地阻止竞争者进入市场,从而较长时间占领市场;三是随着产品销售的增加、市场份额的扩大,成本会大幅度下降,从而获得大量利润。缺点:定价太低,不利于企业尽快回收投资成本,甚至产生亏损;另外也容易在消费者心目中造成低档产品的印象。

(3) 满意定价策略,又称中间定价策略,即将新产品价格定在高价与低价之间,使各方面都满意的定价策略。该定价水平适中,在产品成本的基础上加上适当利润,对买卖双方都有利。

该策略的优点:①产品价格容易被消费者认可,企业承担的风险较小,容易获得比较稳定的市场占有率;②从企业自身看,可有计划地在不太长的时间内收回企业的研制成本;③价格不高不低,让销售渠道成员觉得稳妥,能够保持经营的积极性。缺点:这种中间价格容易造成因没有特点而打不开销路的局面。

2. 成长期的定价

成长期初期市场价格的变动幅度较大,后期则变动幅度较小。企业如果在导入期新产品的定价采用的是撇脂定价,此阶段可分次陆续降低售价。如果在导入期新产品的定价采用的是渗透定价,成长期可继续运用该方法。对于在成长期新进入市场的企业来说,应该采用低于创新者价格的策略为宜。

3. 成熟期的定价

成熟期产品虽已被大多数潜在购买者所接受,但由于这一时期的竞争激烈,企业产品的销售量开始下降。因此,企业应主动降价,延长成熟期。但同时,也应该尽量避免价格竞争,利用营销组合的其他因素进行非价格竞争,如改进产品及服务质量,降低产品成本,提高销售人员素质,建立更密集广泛的分销渠道等。

4. 衰退期的定价

产品衰退时期,激烈的竞争已经迫使市场价格不断降低。这一时期,企业在价格策略方面可继续降价。同时,也要逐步淘汰无利分销网点,减少促销,以减少产品成本来配合削价策略,此外还要密切关注市场,注意及时将产品退出市场。

动画:[同步案例] 什么成就了顺丰快递

8.4.2 产品组合定价策略

产品组合定价是指处理本企业各种产品之间价格关系的策略。在产品组合中,各种产品之间存在需求和成本的相互联系。产品组合定价就是在充分考虑不同产品之间的关系,以及个别产品定价高低对企业整体利润的影响等因素的基础上,系统调整产品组合中相关产品的价格,使整个产品组合的利润最大化。

1. 产品线定价

产品线定价也叫产品大类定价,即企业生产出一系列产品(一大类),这些产品之间存在需求和成本的内在关联性,为了充分发挥这种内在关联性的积极效应,需要采用产品线定价策略。在制定价格时,可以给某些产品定价很低,以吸引消费者购买产品线中的其他产品;同时为某些产品制定高价,为企业获取利润;而产品线中的其他产品也要依据其在产品线中的角色不同而制定不同价格。这种价格策略的使用,关键在于合理确定产品的价格差距。

微课:产品组合定价策略

2. 互补品定价

有些产品需要相互配合使用才能发挥出其使用价值。例如,剃须刀的刀架和刀片,隐形眼镜与镜片护理液。给互补产品定价时,企业可采用给主产品定低价、附属产品定高价的策略。企业可通过消费者重复购买附属产品获取利益。

3. 系列产品定价

当企业给系列产品,如化妆品套装、洗漱套装等定价时,可以将一组系列产品的价格定得低于单独购买其中每一产品的价格总和。这种定价策略可以鼓励消费者成套购买企业产品,以扩大销售。当然,采用该策略应注意让顾客感觉到价格优惠,乐于购买,而不至于引起反感。

 **同步案例**

喜小茶的价格策略

2020年3月31日,喜茶在深圳开出首家子品牌"喜小茶"门店,并上线了同名微信公众号和小程序。喜小茶为喜茶旗下全新子品牌,其定位为"提供合适、刚好的产品,在合格的标准上尽可能实惠"。

目前喜小茶门店产品品类主要为鲜奶茶、果茶、咖啡、冰淇淋、纯茶五大类,产品价格主要在11~16元浮动,仅为喜茶定价的一半。与喜茶在一

动画:[同步案例] 喜小茶的价格策略

二线城市的高端定位形成鲜明的差异化。而在整体价格上,喜小茶的饮品最便宜的为一款名为"晨间翠玉"的纯茶和 2 款冰淇淋,价格仅为 6 元。其余产品中,10 元以内的有 4 款;11~13 元的产品有 10 款,占最大比例;15~16 元的产品仅有 5 款。仅从价格比较,与 COCO、一点点、书亦烧仙草等一众品牌几乎持平。在茶饮市场,10~15 元的饮品价格是目前行业中最为主力的消费价格,同时也是竞争最为激烈的价格带。首家喜小茶门店的位置选择了工业区而非核心商圈的深圳市福田区华强北路华强广场,并且在喜小茶门店 100 米内还设有"喜茶 GO"自提点。

众所周知,喜茶目前在全国 40 多个城市布局了 450 家门店,这些门店几乎都位于一二线城市。它主要的价格定位一般是在 30 元左右,走的是高端路线,消费主体多数以白领为主。喜小茶的产品价格与喜茶的价格区间差距较大,走亲民的路线。喜小茶依托价格定位,门店布局能够更灵活地探至更多低端市场,选址于街边、校园等非核心商圈以扩大消费人群和市场。

综合分析,喜小茶将与喜茶错位,进行低端市场的全覆盖,形成组合拳效应:喜茶继续布局核心城市的核心商圈,而喜茶 GO 负责铺设更密集的网点,喜小茶则在主攻更下沉市场的同时,实现差异化的产品策略,三者将最大程度覆盖更广泛的群体,占据更广阔的市场,提升市场渗透率。

资料来源:毕思勇.市场营销[M].5 版.北京:高等教育出版社,2020:215.

8.4.3 心理定价策略

心理定价是针对消费者的不同消费心理,制定相应的产品价格,以满足不同类型消费者的需求的策略。即根据消费者的需求心理制定价格。

微课:心理
定价策略

1. 声望与整数定价

声望定价即企业凭借企业或产品的声望,在制定价格时以高价来增进消费者购买欲望的一种策略。这种策略利用了消费者求名、求新的好胜心理。在购买一些名牌优质产品、时尚产品及奢侈品的过程中,其高昂的价格能使他们感到荣耀,得到精神享受。又由于消费者在购买这类产品时,追求的是优质、高价及方便,所以声望定价往往与整数定价结合使用,因为整数比尾数更能产生高质高价心理。如有些商品宁标 1000 元而不标 999 元。

2. 招徕与尾数定价

与声望定价相反,招徕定价是企业利用消费者的求廉、好奇心理,特意将某几种产品的价格定得低于竞争者的同类产品,以吸引顾客、带动其他产品的销售,从而提高企业整体经济效益。这种策略通常适用于一些基本生活用品以及需求价格弹性大的中低档商品。较整数而言,尾数会给消费者一种经过精确计算的、最低价格的、打了折扣的心理感觉。所以招徕定价法通常与尾数结合使用。如本应定价 100 元的商品,定价为 99.9 元。

3. 习惯定价

习惯定价是指企业将某些需要经常、重复购买的产品价格定在消费者已经熟悉并"定格"的一种习惯性的价格水平上,以稳定消费者购买情绪的一种定价策略。例如,火柴、肥皂、牙刷等家庭生活日常用品的定价,要遵循"习惯成自然"的规律,不宜轻易变动。降低价格会使消费者对产品质量产生怀疑；提高价格会使消费者产生不满情绪,导致购买转移。即便是在不得不需要提价时,也应采取改换包装或品牌等措施,以减少抵触心理,并引导消费者逐步形成新的习惯价格。

8.4.4 折扣定价策略

折扣定价是指对基本价格做出一定的让步,直接或间接降低价格,以争取顾客,扩大销量。通过定价方法而确定的价格,只是价目表上的价格,在实际销售中,为了争取顾客、鼓励顾客购买,企业常将价目表上的价格适当降低作为实际成交价。这种以折扣或让价方式优惠顾客的手段就是折扣定价策略。

微课:折扣定价策略

1. 现金折扣

现金折扣也称付款期限折扣,即对现金交易或按约定日期提前付款的顾客给予价格折扣的一种减价策略。企业使用这一策略的目的是鼓励买方提前付清货款,及时回收资金,扩大经营。其折扣率的高低,一般由买方提前付款期间利息率的多少、提前付款期限的长短和经营风险的大小来决定。

2. 数量折扣

数量折扣是指企业根据代理商、中间商或顾客购买货物的数量多少,分别给予不同折扣的一种定价策略。使用这种策略的目的是鼓励和吸引顾客长期、大量或集中购买本企业产品。一般来说,购买的数量或金额越大,给予的折扣也就越大。数量折扣可以以累计折扣和一次性折扣两种形式实现。

(1) 累计数量折扣。累计数量折扣是指在一定时期内,购买商品累计达到一定数量或金额时,按总量的大小给予不同的折扣。采用这一策略,可鼓励顾客经常在本企业购买,成为可依赖的长期顾客。另外,采用该策略还能更好地掌握其产品的销售规律,有利于销售人员更好地管理。

(2) 非累计数量折扣。非累计数量折扣,也就是一次性折扣,即规定每次购买达到一定数量或购买多种产品达到一定的金额所给予的折扣优惠。采用这一策略,既可鼓励顾客大量购买,又能节省销售费用。

3. 交易折扣

交易折扣也称功能性折扣,即企业根据各类中间商在市场营销中担负的不同功能所给予的不同折扣。该策略的目的是利用中间商努力推销产品,占领更广泛的市场,争取更多利润。一般而言,给予批发商的折扣要比零售商大。如果中间商能提供诸如运输、促销、资金融通等方面的功能,企业对其的折扣就更多。

4. 季节折扣

季节折扣是指企业对在销售淡季购买产品的顾客所给予的一种价格优惠措施。季节性折扣的目的是鼓励购买者提早进货或淡季采购,以减轻企业仓储压力,使企业生产保持相对稳定,也减少因存货所造成的资金占用负担和仓储费用。此策略既适用于生产季节性商品的企业,也适用于一些常年生产但按季节消费的产品。

5. 折让

折让也是一种让价形式,包括以旧换新折让和促销折让等。以旧换新折让是指在顾客购买新商品时,交上一个旧商品以此折抵一部分货款,主要用于进入成熟期的耐用品,在汽车销售中最流行。例如,一台电冰箱标价 4000 元,顾客以旧冰箱折价 500 元购买,只需付给销售商 3500 元即可。促销折让则是对中间商提供促销的一种报酬,即当中间商为产品提供各种促销活动时,如刊登广告、设置样品陈列等,生产者乐意给予津贴、酬金或采取减价措施。

8.4.5 地理定价策略

微课:地理定价策略

地理定价是企业根据目标消费群所处的不同地区来对产品进行定价。通常企业的产品会销售到不同地区,而产品在从产地运往不同销售地的过程中会产生不同的运输、装卸、仓储及保险费用。企业是否根据不同地区对相同产品制定不同价格?如何合理分摊这些费用?这些就是地理定价策略需要解决的问题。通常,当运杂费用较大时,企业要考虑地理差异定价,以提高买方进货的积极性。

1. 产地定价

产地定价是指以产地价格或出厂价为交货价,由买方负担全部运杂费用。这种策略对卖方来说较为便利,费用最省,风险最小,适用于销路好、市场紧俏的商品。但不利于吸引路途较远、运输费用大的买主。

2. 销售地定价

销售地定价是以产品到达销售目的地时的价格为交货价格,由卖方承担从产地到目的地的运费及保险费的价格。这一策略运用于价高利大且运杂费在成本中所占比重较小的产品,卖主把送货上门作为一项服务,以求扩大和巩固产品销售。

3. 基点定价

基点定价是指卖方选定一些城市为定价基点,按基点到客户所在地的距离收取运费,而不管货物实际是从哪里起运的。这一策略适用于笨重、运费成本比例较高、生产分布较广、需求弹性较小的产品。

4. 统一交货定价

统一交货定价是指卖方对不同地区的顾客按出厂价加平均运费实行统一交货价格。这种策略简单易行,比较受远方顾客的欢迎,适用于体积小、重量轻、运费低或运费占成本比例较小的产品。

5. 分区定价

分区定价是指卖方根据顾客所在地区距离的远近,将产品覆盖的整个市场分成若干个区域,在每个区域内实行统一价格。这种策略对卖方来讲,可以比较简便地协调不同地理位置顾客的费用负担问题,但对处于两个价格区域交界处的顾客来说会产生矛盾。

6. 免收运费定价

免收运费定价是指为弥补产地交货价格策略的不足,减轻买方的运杂费、保险费等负担,由卖方负担其部分或全部运费。该策略有利于减轻边远地区顾客的运费负担,适用于市场竞争激烈时,企业开拓新市场,保持和提高市场占有率。这样可通过增加销售额,使平均成本降低而足以补偿运费开支,从而达到在市场竞争中取胜的目的。

学习活动：查阅资料，举例说明××购物平台的某个产品的价格运用了哪些定价策略。

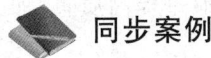

同步案例

7-11便利店的定价策略

作为全球最大的便利店企业，7-11在全世界已开了约6万家连锁店，净利润率高达20.5%，远超过全球所有零售企业3%的平均水平。是什么原因使7-11便利店取得如此骄人的成绩呢？原因有很多：极致的单品管理、高效的物流配送、精准的定价法则等。下面一起来看7-11的定价策略。

（1）统一定价策略。7-11在大型量贩店和众多便利店的双面夹击之中，零食销售量呈现出持续衰退的趋势。为了巩固零食市场，在淘汰了六七十种同质化和毫无竞争能力的商品后，7-11瞄准了市场上迅速刮起的怀旧风，把开发触角延伸到了传统市场中，将一系列传统零食经过重新包装后推向市场。在商品命名策略上，7-11将"原味觉醒"作为系列点心的名称，强调"原味原料"；在价格上，以每包"均一价"的统一商品定价方式来强化消费者的价格印象。

（2）"中间价格"更受欢迎。7-11在打造热销品时，会很巧妙地运用到价格心理学。所谓价格心理学，是指在价格设定方面，要从解读消费者心理入手。7-11创始人铃木敏文认为，较之"极端价格"，"中间价格"更受欢迎。例如，同一个品牌的脱毛膏，如果店铺中陈列38元和88元两种价位，理所当然，38元的脱毛膏比88元脱毛膏销售得好，但当加入108元的脱毛膏时，88元的脱毛膏则成了三种商品里最畅销的。因为，当脱毛膏只有两种的时候，顾客并不能真正意识到88元脱毛膏质量上的优势，当顾客难以对品质进行比较的时候，自然会将价格作为衡量标准，认为38元脱毛膏价格便宜，品质看起来也不会太差。但当三种脱毛膏陈列在一起，顾客就可以通过价格、品质两方面来评估商品的价值了。

资料来源：毕思勇．市场营销[M]．5版．北京：高等教育出版社，2020：229.

8.5 价格调整策略

纵观现在复杂的市场环境，企业的竞争与发展总是处于不断地变化中，为了应对市场形势和营销环境的不断变化，企业常常面临着价格变更的问题，其主要包括两方面的内容：一是主动调价策略；二是竞争对手价格变动时的调价策略。

微课：价格调整

8.5.1 主动调价策略

为应对市场供求环境所发生的变化，企业可主动采取降价或提价的方式对产品进行价格调整。

1. 降低价格

当企业面临以下情况时可考虑降价。

（1）产品供过于求，生产能力过剩，产品积压，需扩大销售，但运用改进产品、促销等营销手段仍不能打开销路时。

(2) 市场竞争激烈,占有率下降,为击败竞争对手、扩大市场份额而必须降价。例如,2015 年的手机降价大战,小米率先大幅度降价,华为起初试图保持原价,通过提高质量、加大宣传来与其抗衡,但最终没能坚持住,只得被迫降价。

(3) 企业的成本比竞争者低但销路不好,需通过降价来提高市场占有率。

(4) 企业急需回笼大量现金。

(5) 企业转产,在新产品上市之前,及时对老产品进行清仓处理。

(6) 政治、法律及经济环境变化,迫使企业降价。

企业在作降价调整时需要特别慎重,尤其是大幅度降价,既可能引发价格战,也可能导致消费者对产品质量产生疑虑,从而抑制购买。所以,企业的产品价格在一定时期内应保持相对稳定,特别是日常生活必需品的价格不宜变化太多,变化太频繁。所以,即使要做降价处理,也应将多种策略和技巧结合使用。例如,直接降价,增加免费服务项目,增加产品性能,赠送优惠券或礼品,提高折扣等。

以小米手机的降价策略为例,作为知名手机品牌,如果选择直接降价促销,也许销量会暂时上升,但将面临一个问题,那就是消费者可能会认为降价的产品质量有问题,损害产品在消费者心目中的品牌形象。所以,小米手机在进行降价促销决策时,配合使用正面引导的宣传广告,如"献爱心,小米手机感恩大回赠"。这样一来,既可以树立和巩固良好的品牌形象,也能达到降价促销的目的。

2. 提高价格

尽管提高价格可能会引起消费者、经销商和推销人员的不满,但在某些情况下,企业不得不提价,只要使用的方法得当,成功的提价一样能带来可观的利润。

当企业面临以下情况时应考虑提价。

(1) 由于通货膨胀,原材料价格上涨,导致企业成本费用增加。

(2) 企业的产品供不应求,无法满足市场需求。

(3) 竞争者同质产品提价。

(4) 利用价高质优心理,提高企业产品声望。

为减少由于提价引起的不满,企业提价时应说明原因并帮助顾客寻找节约途径,尽量采取间接提价方式,把提价的不利因素减少到最低程度。具体做法包括以下几点。

(1) 推迟报价,等到产品制成或交货时才规定最后价格,这一般适用于工业建筑和重型设备制造等行业。

(2) 预先在合同上规定自动调整款项,即企业在合同上规定一定时期内可按某种价格指数自动调整价格。

(3) 减少免费服务项目,即产品价格保持不变,调整所提供服务的价格。

(4) 降低或取消价格折扣,即企业削减或取消正常的现金和数量折扣。

(5) 取消产品组合中低利产品。

(6) 不直接提价,而是采用其他方法来弥补成本和需求的增加,如使用较便宜的原材料或包装材料等。

(7) 降低产品质量,减少产品功能或分量。这种方法负面影响较大,会影响企业的形象和声誉,失去忠诚顾客,一般不宜采用。

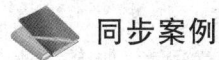
同步案例

榨菜涨价

2021年11月,涪陵榨菜发布公告称要对部分产品的出厂价格进行调整,各品类上调幅度为3%~19%。涪陵榨菜提价公告显示,基于主要原料、包材、辅材、能源等成本持续上涨,及公司优化升级产品带来的成本上升,为更好地向消费者提供优质产品和服务,促进市场的可持续发展,经公司研究并审慎考虑后决定,对部分产品出厂价格进行调整。在业内人士看来,此次提价短期内或能给涪陵榨菜带来一定的利润,但在技术门槛低、竞争越发激烈的榨菜市场中,涪陵榨菜的提价策略能坚持多久还有不确定性。

对消费者来说,涪陵榨菜涨价也没有那么惊讶,毕竟这些年涪陵榨菜涨价已经是"常态"。根据中信建投的数据,2008—2018年,涪陵榨菜产品直接或间接提价累计已达12次。旗下70克包装的乌江榨菜出厂价由2008年前的0.5元上涨至2018年的2元。如今,该产品在网上旗舰店的零售价已涨至约3元一袋。

对于优质品牌来讲,提价显然是应对原材料上涨最直接的方式。但由于榨菜行业整体技术难度不高,提价未必能使消费者买账。零售端价格过高,可能会反过来抑制市场需求。因此,身处榨菜这类增长天花板受限的赛道,涪陵榨菜的提价策略能否帮助公司打开市场增量还有待观察。而除调整价格外,企业还需要不断挖掘产品新卖点,提高产品质量和品牌美誉度,这样才能保持市场竞争力。

资料来源:王鑫,饶君华.市场营销基础[M].北京:高等教育出版社,2023:177.

8.5.2 竞争对手价格变动时的调价策略

现代市场经济条件下,企业除根据自身情况主动调整价格外,也会经常在面临竞争者变价的挑战时进行被动调价。企业必须始终关注市场价格的变动,建立自己的价格反应机制,确定对付竞争者变价的程序,随时应对来自竞争者的价格挑战。

1. 对竞争者价格变动的评估

当企业面对竞争者的价格进攻时,首先应研究并分析以下问题,及时做出正确反应包括:竞争者调价的原因和目的是什么?调价是暂时的还是长期的?如果不及时采取应对措施,后果会如何?同行业其他企业对于价格变化会有什么反应?竞争者和其他企业对本企业的反应又会有什么举措?

2. 针对竞争者价格变动的可选策略

(1) 市场领导者的策略。作为市场领导者,在遭到其他企业的调价进攻时,可选择以下几种策略。

① 维持价格不变,通过改进产品质量、提高服务水平、加强促销沟通等非价格手段来反击竞争者。

② 通过降价、扩大销售、降低成本、保持市场占有率,但同时尽力保持产品质量和服务水平。

③ 提价的同时提高产品质量并推出新品牌,围攻竞争者品牌,与竞争对手争夺市场。

(2) 非市场领导者的策略。作为非市场领导者,企业可选择以下策略。

① 对于同质产品,如果竞争者降价,企业必须随之降价,否则企业会失去顾客。如果竞争者提价,且提价对整个行业有利,企业可随之提价,提价幅度一般应低于竞争者;如有企业不提价可让最先提价的企业不得不取消提价时,企业可采取维持原价策略。

② 对于异质产品,企业对竞争者价格调整的反应有较多余地。通常的做法是在不变动原来产品价格的情况下,通过提高产品及服务质量、增加服务项目、扩大产品差异等间接调价或通过非价格手段与竞争者争夺市场。

要注意,不要轻易发起价格战,尽量避免价格战,面对竞争者的价格"挑衅"时,一定要三思而后行,因为那虽然可能让你短暂地获取了市场份额,但从长远来讲会摧毁整个行业的利润空间,也可能因此会损害消费者的合法权益。

文本:[同步案例]
滴滴打车与快的打车的价格战

学习活动:查阅资料,谈一谈某些产品之间的价格战。

同 步 训 练

自我检测

一、选择题

1. 按照单位成本加上一定百分比的加成来制定产品销售价格的方法为(   )。
   A. 目标利润定价法   B. 目标贡献定价法
   C. 成本加成定价法   D. 收支平衡定价法

2. 体育馆对于不同座位制定不同的票价,采用的是需求差异定价法中的(   )差别定价。
   A. 产品式样   B. 顾客   C. 时间   D. 销售地点或位置

3. 以高于价值的价格将新产品推入市场,然后再降价,这种新产品定价策略属于(   )。
   A. 撇脂定价   B. 渗透定价   C. 满意定价   D. 获利定价

4. 在商业企业,很多商品的定价都不进位成整数,而保留零头,这种心理定价策略称为(   )策略。
   A. 尾数定价   B. 招徕定价   C. 声望定价   D. 习惯定价

5. (   )是指企业把销售市场划分多个区域,不同的区域实行不同的价格,同一区域内实行统一价格。
   A. 产地定价   B. 统一交货定价   C. 区域定价   D. 基点定价

6. 某服装店售货员把相同的服装以 800 元卖给顾客甲,以 600 元卖给顾客乙,该服装店的定价属于(   )。
   A. 顾客差别定价   B. 产品式样差别定价
   C. 销售时间差别定价   D. 销售地点差别定价

7. 企业的产品供不应求,不能满足所有顾客需要的情况下,企业可以考虑(   )。
   A. 降价   B. 提价
   C. 维持价格不变   D. 降低产品质量

8. 我国现行价格形成的主要方式是(   )。
   A. 国家指导性定价   B. 市场调节定价

  C. 政府定价   D. 政府与企业共同定价

9. 企业的定价目标包括（ ）。

  A. 维持生存   B. 应付竞争对手

  C. 当期利润最大化   D. 产品质量最优化

  E. 市场占有率最大化

二、简述题

1. 影响企业定价的因素有哪些？
2. 企业常见的定价目标有哪些类型？
3. 简述企业定价的程序。
4. 企业的定价方法分为哪几类？
5. 举例说明企业的各种定价策略。
6. 企业主动降价的原因有哪些？可采用哪些降价策略？
7. 如何应对竞争对手的价格调整？

▶ 案例分析

小文具里的大市值

  几乎所有"80后""90后""00后"的记忆里，都离不开晨光文具的身影。晨光文具通常会把门店开设在学校周边，进行蜘蛛网式的布局，围绕学生群体设置较低的价格，进行产品推广。虽然一支笔的售价不过几元钱，但高使用频率足以催生出巨大的文具市场。自2015年上市以来，晨光文具的股价以惊人的速度增长，累计涨幅超过844%。仅2019年，晨光文具的笔类产品就卖出了23亿支，平均到1.8亿在校生，相当于每人一年买13支晨光笔。2021年，其总营业收入为176.07亿元，拥有8.5万家零售终端、380家零售大店。

  1999年，晨光文具在上海奉贤区创立。一开始，它采用了超低价战略，平均价格大约仅为同行的三分之一。有网友算过一笔账，高中三年，如果买进口品牌的笔差不多要用10支笔，另加74支笔芯，按笔每支10元，笔芯每支6元计算，一共要花544元。如果用国产的晨光笔，就算质量不够好，要用30支笔，另加120支笔芯，但笔每支3元，笔芯每支0.6元，一共只用花162元。

  晨光文具开创性地提出了学生文具的概念，并打出响亮的口号："每周一，晨光新品到"，坚持每年发布1000余件新品，接连拿下米菲兔、史努比等热门IP授权，加上实惠的价格，对学生们而言非常有吸引力。在价格方面，晨光文具努力做到常销品基本不涨价，其价格变化主要体现在新产品和文创类精品上。公司会定期评估主要原材料价格走势的影响，结合原材料价格变化相应调整产品价格。

  资料来源：王鑫，饶君华. 市场营销基础[M]. 北京：高等教育出版社，2023：159.

思考与分析：

1. 晨光文具在经营发展过程中采用了怎样的定价策略？
2. 面对激烈的市场竞争，晨光文具的定价策略能在未来的发展中起作用吗？

▶ 德技并修

低价招徕顾客高价结算

  上海市家乐福南翔店销售弓箭球形茶壶，价签标示每个36.80元，实际结算价每个

49.00元。武汉市汉福超市洪山广场店销售意邦多功能清洁巾,价签标示每件16.9元,实际结算价格为每件18.8元。家乐福韶山路店销售男式手套,价签标示每双6.9元,实际结算价为每双21.9元。

问题:
1. 案例中提到的低价招徕顾客高价结算存在哪些道德伦理问题?
2. 从产品定价与道德研判的角度对"低价招徕顾客高价结算"做出评价。

团队实战

1. 训练目标:能够针对不同的市场需求设计与之相匹配的定价策略。
2. 训练要求:购物节前夕,小张在逛网上商城时看到甲旗舰店在出售一款手提包,颜色、款式、大小都很合适,但1588元的售价超出了承受范围,小张犹豫着要不要下单。小张看到该旗舰店的促销宣传说,购物节时会有5.5折的全年最低折扣,便先将手提包放入了购物车中。没想到购物节前后,小张连着几天加班工作,错过了折扣活动期。1个月后,甲旗舰店针对该手提包又推出了7折优惠的促销活动,商家客服说虽然不如购物节折扣力度大,但已是其今年最大的折扣,以后不会再有这么好的价格了。然而,小张在另一家旗舰店看到一款颜色、款式、大小相近的手提包,标价1666元,6折优惠后仅售999元,这次小张立即就下单购买了。甲旗舰店应采取怎样的价格策略才能留住小张这样的顾客?

(1) 各团队讨论分析以下问题:
① 小张没有在甲旗舰店下单的原因是什么?
② 甲旗舰店可否继续推出5.5折的价格折扣活动?为什么?

(2) 各团队分工协作,为甲旗舰店合理设定在购物节后的产品定价目标并制定应采取的价格策略。

(3) 形成文字材料并制作PPT进行分享。

项目 9 分销策略

学习目标

知识目标

1. 明确分销渠道的含义;
2. 掌握分销渠道在不同的分类标准下的具体类型和包含的形式;
3. 熟悉中间商的各种形式;
4. 掌握分销渠道设计的影响因素和步骤;
5. 掌握分销渠道管理和窜货管理的内容;
6. 明确营销渠道发展的趋势。

能力目标

1. 能够辨析企业采用的分销渠道类型;
2. 能够根据企业产品及市场状况设计合理的分销渠道路线;
3. 能够量化选择中间商;
4. 能够根据企业市场变化合理调整分销渠道;
5. 提升团队协作、沟通表达、思考分析、善恶研判、信息处理的能力。

素养目标

1. 理解国家在商业领域中的新发展理念,增进对制造强国、质量强国、网络强国、数字中国的认知;
2. 遵纪守法,坚守营销道德,培养勤、毅、诚、朴的商人精神,开拓创新、砥砺奋进的商企精神,提高社会责任感;
3. 构建科学系统的营销思维模式和整体运营的职业全局观;
4. 理解分销渠道建设中合作共赢理念的重要性,培养契约精神。

思维导图

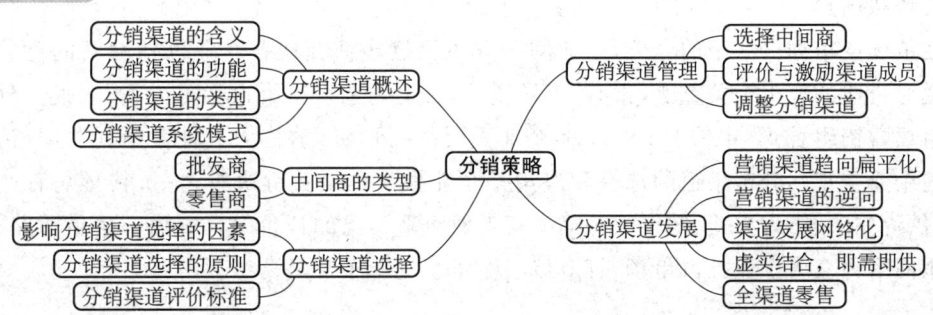

▲ 引入案例　手机的分销渠道 ▲

手机的销售渠道分为运营商定制渠道和非运营商定制渠道（或称开放渠道），前者通过与中国移动、中国联通、中国电信等电信运营商合作，通过各运营商将产品（所谓合约机）销售给消费者，而对于开放渠道，各手机厂家的策略则各有不同。

动画：手机的分销渠道

苹果手机主要有两种渠道方式：一是在全国选择独立分销商，即中国总代理，代理在中国的销售业务，其在各省设有分公司，分公司负责发展各地市代理商，各地普通零售商（全国目前共有3850家左右）从上级代理商进货进行销售；二是通过"直供商"进行手机终端销售，"直供商"主要包括国美电器、苏宁电器及全国其他各省最大的电器零售商或手机零售商，这些"直供商"和苹果公司签有直供协议，根据协议不通过中国总代理直接从苹果公司进货，比普通零售商享有更大的价格优势和市场支持，但同时苹果公司对其的要求和管理强度都很高。

小米手机则将互联网思维运用到渠道策略上，除运营商的定制机外，通过小米官网、小米商城App及京东、天猫等电子商务平台进行直销，最大限度地省去中间环节，节约了运营成本，降低了终端销售价格，最终使小米手机以较高的性价比，在市场上赢得一席之地。

OPPO则承继了其步步高时代的渠道优势，在众多智能手机厂商忙着做电商时，OPPO却花了很大的精力与经销商合作，其把全国划分为30多个一级代理区域，代理商层层向下，发展下线代理和终端零售商，构建覆盖到县城乡镇的极密线下销售网络，2015年年底，OPPO拥有近20万家销售门店。凭借广告轰炸和密集的渠道布局，OPPO成为2016年业界黑马，以16.8%的市场占有率超越华为成为当年国内智能手机市场的新霸主。

通过这个案例要知道，分销是营销中的一个重要问题，渠道策略的设计必须与公司整体营销策略相适应。

资料来源：吴勇，燕艳. 市场营销[M]. 6版. 北京：高等教育出版社，2020：223.

当代经济中，绝大部分生产企业并不是直接把生产出来的商品输送到最终消费者手中，而是需要一系列中间环节的配合协调活动，这些中间环节即构成了企业的分销渠道。它们从生产者角度来研究如何把企业的产品在适当的地点、适当的时间，以适当的方式销售给广大消费者和用户。

在市场竞争如火如荼的今天，企业间的竞争已逐步演变成各企业分销网络的竞争。分销渠道对企业的作用至关重要，素有"市场竞争，渠道为王""得渠道者得天下"之说。分销渠道即市场营销组合4P中的PLACE，是企业重要的无形资产，作为一种营销利器，分销渠道向来被企业重视。分销渠道的选择和决策是企业做出的最关键决策之一，它影响着产品的定价、供货方式、销售方式、销售额乃至消费者对企业形象的评价等。顺畅的渠道通路、有效的分销网络为众多企业抢占市场、打造核心竞争力立下了汗马功劳。

9.1 分销渠道概述

9.1.1 分销渠道的含义

分销渠道也叫销售渠道或销售通路,是指产品由生产者转移给消费者所经过的途径,是促使产品顺利地被使用或消费的一整套相互依存的组织结构。分销渠道的起点是生产者,终点是消费者和用户,中间环节包括批发商和零售商等中间商,包括经纪人和代理商,也包括物流公司、银行等辅助机构。虽然有些中间商一般不拥有交易商品的所有权,但他们帮助达成商品的交易和实现商品所有权的转移,因此,也被看成是分销渠道的一个中间环节。

微课:分销
渠道概述

企业有了符合市场需要的商品,如果没有恰当的分销渠道,就不能及时、有效地把商品输送到潜在顾客需要购买的地方。因此,分销渠道在企业市场营销活动中的作用十分重要。

学习活动:查阅资料,分析伊利产品是怎样从生产者手中"转移"到消费者手中的?

9.1.2 分销渠道的功能

分销渠道是市场营销活动的基本环节,是实现产品价值的重要通道,主要具有以下几项功能。

1. 联结产销

分销渠道好像一座桥梁,把生产者和消费者联结在一起,使产品供应与消费之间在时间、地点和所有权等方面的差异得以消除。

2. 沟通信息,调研市场

企业可以通过分销渠道收集、传播和反馈各类信息;也可以通过中间商调研市场,了解产品的销售情况、现实及潜在客户的需求变化,掌握行业竞争的各种动态信息,从而保证产品的适销对路和有效流动。

3. 促进销售

企业可以通过分销渠道将企业与产品的有关信息通过各种促销方式传递给消费者;中间商也会努力通过各种促销方式传播企业与产品信息、反馈市场需求动态;渠道成员还可以承担开拓市场的任务。

4. 承担财务费用,分担经营风险

分销渠道中的中间商可以为生产企业承担部分渠道建立与开拓的成本以及产品销售费用,也需要承担市场需求变化、市场价格波动对产品销售带来的风险。

5. 实体分配

渠道成员可以承担商品的运输、储存、加工、分包、包装、信息处理等工作,以使商品可以高效、适时地到达消费者手中。

6. 协商谈判

分销渠道中的中间商为了扩大销售量、获得最大化利益,会积极寻找客户并与客户就产品价格、订货数量、付款方式、交货条件等进行磋商,促使交易达成。

9.1.3 分销渠道的类型

分销渠道可以从不同的角度,按不同的标准来分类。

1. 按分销渠道有无中间环节划分为直接渠道和间接渠道

动画:分销渠道的类型

直接渠道是指生产者将产品直接销售给最终消费者和用户的渠道,中间不经过任何形式的中间商,是一种产销结合的经营方式。主要包括网络直播推销、推销员上门推销、邮购、电视直销、产品订货会或展示会、开设自销商店、电子商务订购等方式。例如,雅芳公司依靠自己的推销员上门推销化妆品;李宁公司通过自己的专卖店销售体育运动类产品。采取直接渠道,意味着生产者不仅要承担生产职能,而且要承担商品的储存、运输、包装、资金周转等各种职能。

2020年,商务部引导电商企业开通滞销农产品线上销售绿色通道,提供账号、流量等支持,直播销售特色农产品、贫困地区特色产品、滞销农畜牧产品。以县长群体为代表的许多政府官员,纷纷为农副产品"代言",成为老百姓眼中的"带货员"。这种网络直播推销方式也属于直接渠道。

直接渠道是工业品分销的主要类型,例如,大型设备、专用工具及技术复杂需要提供专门服务的产品,都采用直接分销,消费品中有部分也采用直接分销,如鲜活商品等。

间接渠道是指商品从生产领域向最终消费者或用户转移时,要经过若干中间商的分销渠道。间接分销渠道是消费品分销的主要类型,工业品中有许多产品也采用间接分销。间接渠道通常有以下三种情况。

(1) 一级渠道。生产者和消费者之间包括一个中间环节,这在消费者市场通常是零售商,在生产者市场通常是代理商或经纪人。

(2) 二级渠道。生产者和消费者之间经过两个中间环节,这在消费者市场一般是一个批发商和一个零售商,在生产者市场则可能是销售代理商与批发商或销售代理商与零售商。

(3) 三级渠道。生产者和消费者之间经过三个环节,一般是制造商—代理商—批发商—零售商—消费者。例如,某品牌服装,是经过生产厂家—省级代理商—市级代理商—零售商—消费者,也属于三级渠道。

2. 按分销渠道中间环节的多少划分为长渠道和短渠道

长渠道是指生产者经过两道以上的中间环节,把商品销售给最终消费者或用户。短渠道是指直接渠道或只经过一个中间环节的渠道。

企业在选择应用时应权衡利弊,选择适合自身特点的渠道,提高经营效益。例如,IBM和Dell都是IT业的成功企业,IBM是通过庞大的市场营销网络拓展市场的,而Dell的经营指导思想却是绕过分销商等中间环节,按单定制并将产品直接销售到客户手中,通过直销的形式直接与最终消费者或客户打交道。

3. 按分销渠道同一层次中间商的多少划分为宽渠道和窄渠道

宽渠道是指在分销渠道的某个环节或层次中,使用同种类型的中间商数目比较多的渠道。例如,一般的日用消费品,如毛巾、牙刷等,由多家批发商经销,又转卖给更多的零售商,能大量接触消费者,大批量地销售产品。窄渠道是指在分销渠道的某个环节或层次中,使用同种类型的中间商数目比较少的渠道。窄渠道一般适用于专业性强的产品或贵重耐用消费品。它使生产企业容易控制分销,但市场分销面受到限制。

一般来说，企业分销渠道宽窄的选择策略主要有以下三种。

（1）广泛性分销策略。广泛性分销渠道策略是指生产者尽可能通过许多适当的中间商来推销其产品。一般情况下，日用消费品和工业生产中的易损易耗品适合采用此种策略。因为这些产品适用范围广，消费者产生需要时希望能迅速方便地买到，而不计较是不是名牌，也不需要到大商店去购买。

这种策略的特点是生产者同时选择较多的批发商和零售商推销商品，但这些批发商和零售商一般不愿意分担任何广告费用。所以，生产者必须单独负担全部的广告宣传费用。如果在零售环节采取广泛性分销渠道策略，那么在批发环节上也应采取广泛性分销渠道策略与之配合。

（2）选择性分销策略。选择性分销渠道策略是指生产者在某一地区仅通过少数几个经过精心挑选的、比较合适的中间商来推销其产品。消费品中的选购品、工业生产用的零配件，由于消费者或用户常对某种品牌的产品发生偏好，尤其适用选择性分销渠道策略。

这种策略的特点是生产者和中间商之间的配合较为密切协调。企业采用这种策略时，要有选择地淘汰掉一些没有效率、不得力的中间商。从生产者的角度看，产品可以占有一定的市场，提高控制量，且能降低成本；从中间商的角度看，可以维持一定的产销关系，增加销售额，并能获得一定的利润。

有些生产者在新产品上市时，先采用广泛性分销渠道策略，使新产品能迅速进入市场。一段时间以后，则改用选择性分销渠道策略，逐步淘汰不理想的中间商，以减少费用，保持产品声誉。

（3）独家经营分销策略。独家经营分销渠道策略是指生产者在一定地区、一定时期内，只选择一家中间商推销其产品。企业和中间商双方通过协商签订独家经营合同，规定中间商不得再销售其他竞争者的同类产品，生产者也不得再委托其他中间商经销该种产品。销售品中的特殊品或需要进行售后服务的电器产品，以及需要进行现场操作演示并需介绍使用方法的产品，工业品中的部分产品（如机械产品），多采用这种策略。

采用这种策略，可以使企业易于控制其产品的销售价格，在广告与其他促销活动方面，易于和中间商取得合作，由于发货、运送、结算等手续简便，有利于降低成本、节约费用。同时，可以提高中间商的推销与经营积极性，加强对消费者的服务，在竞争中可以防止竞争者的介入。这种策略的不足之处是理想的中间商很难物色，要想更换中间商，则有可能会失去该市场，对于距离较远的消费者，购买不方便，广告宣传就会形成浪费。

4. 按渠道类型的多少划分为单渠道和多渠道

单渠道是指企业全部产品都通过单一的分销渠道类型来销售，如企业生产的产品可能完全由自己直接设立的门市部销售或全部交给批发商经销。多渠道则是指企业的不同产品或同类产品在不同地区采用不同的分销渠道类型来销售。例如，企业可能在本地区采用直接渠道，在外地则采用间接渠道；在有些地区独家经营，在另一些地区选择性分销；对某些产品采用长渠道，对其他产品则采用短渠道。多渠道在实践中被广泛应用。以可口可乐公司为例，作为一个大型跨国快速消费品公司，其销售渠道结构是一个非常复杂的结合体。概括地说，它是以间接渠道和宽渠道为主要形式，多级渠道并存的多渠道组合。

思政园地

传销的危害

在部分国家,直销分单层次直销与多层次直销。单层次直销是没有中间环节的销售模式,例如,戴尔有实际产品,由直销企业招募的直销员在固定营业场所之外直接向最终消费者推销产品,多销多得。多层次直销又叫传销,通过直销人员发展下线形成金字塔式的直销人员结构,直销人员的报酬一般是在没有提供实质性业务或服务的情况下与发展下线的人数挂钩。

动画:[思政园地] 传销的危害

我国于2005年颁布的《禁止传销条例》中规定,多层次直销是传销,属违法行为。2018年12月,权健集团涉嫌传销犯罪,再次提醒社会大众要远离传销,警惕传销的各色"马甲"。

传销主要有以下危害:①混淆了消费者与经营者的界限;②扰乱市场经济秩序;③给参与者及其家庭造成经济损失与伤害;④引发刑事犯罪,给社会稳定带来危害;⑤对社会道德、诚信体系造成巨大破坏。

资料来源:杨群祥. 市场营销概论——理论、实务、案例、实训[M].3版. 北京:高等教育出版社,2019:171.

9.1.4 分销渠道系统模式

分销渠道系统模式(distribution channel system)是指分销渠道成员之间相互联系的紧密程度以及成员相互合作的组织形式。现代分销渠道系统的模式主要有以下四种类型。

1. 松散型系统

松散型系统(loose system)是一种传统的市场营销模式,它在市场经济不甚发达、大量生产体制尚未形成规模时极为盛行。在当今较为发达的市场经济国家,这样的模式仍然存在。主要特点:渠道成员在产权和管理上相互独立;渠道缺乏统一目标,每个成员都是以自我为中心进行决策;成员之间并没有形成明确的分工结构;成员间靠谈判和讨价还价建立联系,彼此间关系不稳定。

2. 垂直渠道型系统

垂直渠道型系统(vertical system)是由生产企业、批发商和零售商组成的统一系统。主要特点是专业化管理、集中计划,销售系统中的各成员为了共同的利益目标,都采用不同程度的一体化经营或联合经营。它主要有三种形式。

(1) 公司式垂直系统。一家公司拥有和统一管理若干工厂、批发机构和零售机构,控制分销渠道的若干层次,甚至整个分销渠道,综合经营生产、批发、零售业务。

(2) 管理式垂直系统。制造商和零售商共同协商销售管理业务,其业务涉及销售促进、库存管理、定价、商品陈列、购销活动等,如宝洁公司与其零售商共同商定商品陈列、货架位置、促销、定价等事宜。

(3) 契约式垂直系统。不同层次的独立制造商和经销商为了获得单独经营达不到的经济利益,以契约为基础实行的联合体。它主要有特许经营组织、批发商倡办的连锁店、零售商合作社等形式。

3. 水平式渠道系统

水平式渠道系统（horizontal system）是由两家以上的公司联合起来的渠道系统。它们可实行暂时或永久的合作。这种系统可发挥群体作用，共担风险，获取最佳效益。

4. 多渠道营销系统

多渠道营销系统（multichannel system）是指对同一或不同的分市场采用多条渠道进行分销的系统。这种系统一般分为两种形式：一种是生产企业通过多种渠道销售同一商标的产品，这种形式易引起不同渠道间激烈的竞争；另一种是生产企业通过多渠道销售不同商标的产品。

 同步案例

格力的分销渠道系统

格力分销渠道系统是按照厂商股份合作制的模式构建的，其具体做法：格力作为生产企业，负责产品生产及实施全国范围内的广告和促销活动，对品牌建设提出建议。产品的销售交给由格力与各地经销商合资成立的股份公司负责。这些合资销售公司负责当地的广告、促销活动以及店面装修这样一类工作，有关的费用可以折算成价格在货款中扣除，有时也上报格力总部核定后再予以报销。合资销售公司还负责制定批发价格和零售价格，承担并管理售后服务。

格力的分销渠道系统属于管理式渠道系统模式，这种渠道系统的优点：与自建渠道网络相比，节省了大量资金；消除了多个批发商之间的价格大战；解决了经销商在品牌经营上的短期行为。这种渠道系统的缺点：股份制销售公司缺乏规范的管理；股份制公司股东利益的冲突容易对销售造成冲击；渠道内的利益分配容易产生不公；以单纯利益所维系的渠道具有先天的脆弱性。

资料来源：杨群祥．市场营销概论——理论、实务、案例、实训[M]．3版．北京：高等教育出版社，2019：173．

9.2 中间商的类型

严格地说，分销渠道成员包括产品的生产者、中间商和消费者。但从生产企业的角度来看，分销渠道成员主要是指中间商。中间商是指处于生产者和消费者之间，参与产品交易活动，促进买卖行为发生和实现的具有法人资格的经济组织或个人。中间商一头连着生产，一头连着消费，承担着商品流通的主要职能。中间商作为分销渠道的重要成员，其基本形式有两种：批发商和零售商。这是根据他们在商品流通过程中地位和作用的不同而划分的。

微课：中间商的类型

9.2.1 批发商

批发（wholesale）是指供转售、进一步加工或变化商业用途而销售商品的各种交易活动。批发销售的对象是生产企业或零售商而不是最终消费者或用户。批发商是从事批发业务的商业机构或个人。批发商处于商品流通的起点和中间阶段，一方面它向生产企业收购商品，另一方面它又向零售商批销商品，并且是按批发价格经营大宗商品。批发商是商品流通的大动脉，是关键性的环节，批发商一般可分为以下四大类。

1. 商人批发商

商人批发商也称商业批发商、经销批发商、分销商或配售商，是指独立从事批发业务、对其所经营的商品拥有所有权的中间商。商人批发商还可以进一步细分为完全服务批发商和有限服务批发商。完全服务批发商执行批发商的全部职能，提供的服务主要有保持存货、提供信贷、运送货物和协助管理等。有限服务批发商如现金交易批发商、承销批发商、邮购批发商等，只执行批发商的部分职能。

2. 经纪人和代理商

经纪人是指利用所掌握的市场信息，为买卖双方牵线搭桥，促成交易达成，从而向委托人收取交易佣金的商业机构或个人。经纪人（agent）不拥有货物的所有权，不存货、不涉及财务、不承担风险。

代理商是指代表买方或卖方在市场上从事营销、交易、代购、代销、代储、代运等业务，从而收取代理费或佣金的商业机构或个人。代理商一般不拥有商品所有权，按所代理的对象及关系的紧密程度可分为生产者代理商、销售代理商、采购代理商、寄售代理商等不同类别。

3. 生产者的分销机构

生产者的分销机构属于生产者分销渠道的内部成员，一般有销售分部和销售办事处等形式。销售分部备有存货，执行产品存储、销售、送货、销售服务等职能。销售办事处主要从事产品销售业务，一般没有仓储设施和产品库存。生产者设置销售分部和销售办事处，主要目的是促进产品销售、改进存货控制、加强渠道管理。

4. 其他批发商

其他批发商包括农产品集货商、散装石油厂和油站、拍卖公司等。

9.2.2 零售商

零售（retail）是指将商品直接销售给最终消费者以满足其生活消费需要的商品销售活动。从事零售业务的商业机构或个人称为零售商。零售商处于商品流通的最终阶段，其基本任务是直接为最终消费者服务。它的职能包括购、销、调、存、加工、拆零、分包、传递信息、提供销售服务等。零售商一头连着生产或批发企业，一头连着消费者，是分销渠道的"出口"，在渠道中具有举足轻重的作用。零售商可分为商店零售商和无店铺零售商两大类，而每一类之下又包含了很多不同的业态。

1. 商店零售商

（1）百货商店（department store）。百货商店的经营特色是经营的产品组合广而深，不仅商品类别多样，而且每一类别的商品品种齐全，经营部门按商品的大类进行设立，因而其规模一般较大。百货商店一般设立在城市商业中心，主要面向中产及中产以上阶层的目标顾客群，因而经营的产品多为优质、高档、时髦和名牌货，店内装饰、橱窗陈列都比较讲究，其价格也较高。百货商店通常采取传统的售货方式，营业员会为顾客提供介绍商品、解答问题、取拿商品、包装商品等服务。作为零售业中最早出现的一种形式，不断受到新的零售形式的冲击。

(2) 专业商店(specialty store/category store)。专业商店专门经营一类或某几类专业性商品,其产品线比较窄但品种、规格、式样齐全。专业商店一般以经营的主要商品类别为店名,如服装商店、五金商店、饮食店、体育用品店、书店、家具店等。专业商店可以满足消费者的个性化需求,随着市场细分的进一步发展而发挥越来越重要的作用。

(3) 超级市场(supermarket)。简称超市,指以顾客自选方式经营食品、家庭日用品为主的大型综合性零售商店。超级市场最早产生于1930年,最初经营的主要是各种食品,之后经营范围日益广泛,逐渐扩展到销售服装、家庭日用杂品、家用电器、玩具、家具以及医药用品等种类。主要特点是品种齐全、规模庞大、明码标价、价格低廉、薄利多销、顾客实行自我服务、一次结算等。

(4) 便利店(convenience store)。便利店是指位于居民区附近,以经营即时性商品为主、以满足便利性需求为第一宗旨,采取自选式购物方式的小型零售店。该业态最早起源于美国,继而衍生出两个分支,即传统型便利店与加油站型便利店。前者在亚洲地区(如日本、中国台湾等)得以发展成熟,后者则在欧美地区较为盛行。

(5) 仓储商店(warehouse store)。仓储商店是一种以大批量、低成本、低售价和微利多销方式经营的连锁式零售商店。主要特点是:满足一般居民的日常性消费和机关、企业的办公性或福利性消费需要;一般设立在居民住宅区、城市郊区等次商业区,仓储式货架陈设产品,以大包装形式供货和销售,不做一般性商业广告,仓店合一,经营成本低;从厂家直接进货,从所有产品门类中挑选最畅销的产品大类,再从中精选畅销的品牌,并在经营中不断筛选,根据销售季节等随时调整;以会员制为基本的销售和服务形式。

(6) 折扣商店(discount store)。折扣商店是一种介于超市与百货商店之间的小型零售商店。其经营方式与超市类似,经营商品品种与百货商店类似但种类较少且价格较低。折扣商店趋向于面向中低收入的消费群体,出售全国性品牌的商品,但这些品牌与百货商店的品牌相比一般不具时尚导向性。

(7) 购物中心(shopping center/shopping mall)。购物中心是指多种零售店铺、服务设施集中在一个建筑物内或一个区域内,向消费者提供综合性服务的商业集合体。这种商业集合体内通常包含数十个甚至数百个服务场所,业态涵盖大型综合超市、专业店、专卖店、饮食店、杂品店以及娱乐健身休闲等。购物中心又可以根据其地理位置和规模划分为社区购物中心(community shopping center)、市区购物中心(regional shopping center)和城郊购物中心(super-regional shopping center)。

(8) 连锁店(chain store)。连锁店是指众多小规模的、分散的、经营同类商品和服务的同一品牌的零售店。连锁店在总部的组织领导下,采取共同的经营方针、一致的营销行动,实行集中采购和分散销售的有机结合,通过规范化经营实现规模经济效益。连锁店可分为直营连锁(由公司总部直接投资和经营管理)和特许加盟连锁(通过特许经营方式组成的连锁体系)。连锁店的形式可以包括饮食、服务等众多行业,也可以涉及批发环节。

学习活动:查阅资料并结合实际,分析伊利产品从生产者手中"转移"到消费者手中都经过了哪些形式的中间商?

2. 无店铺零售商

无店铺零售商(non-store retailing)是指不通过固定的店铺完成的零售。无店铺零售目前正处在高速发展的时期,其销售额的增长速度远高于店铺零售。无店铺零售商主要有直复营销商、直销员、自动售货机和网店等形式。

(1) 直复营销商(direct marketing)。直复营销商是指通过直复营销的方式向顾客零售商品的经销商。直复营销是指通过一种或多种媒体向顾客介绍商品,以求顾客产生积极反应,从而达到交易目的的商品销售方式。其具体做法:零售商通过互联网、电视、报纸、杂志等媒体介绍其经营的商品,顾客通过媒体了解商品并用电话、电子邮件或邮购等方式购买商品。直复营销根据其所利用媒介的不同可以分为直接邮购、电话营销、电视营销、网络营销等方式。

(2) 直销员。直销员是指从直销企业购进产品,而后再将产品出售给顾客的销售人员。直销员并不受雇于直销企业,他们几乎都是独立的代理商。直销员销售商品的特点:他们通过与顾客接触,向顾客介绍、推销产品而达到完成交易的目的,约 3/4 的直销零售额是在顾客家中实现的。在大多数情况下,直销员可以将商品卖给任何人。但是,有些直销企业为直销员限定了销售区域,正常情况下销售人员应与其所处区域内的顾客进行联系。

(3) 自动售货机(vending machines)。自动售货机是指那些顾客用现金或信用卡等进行支付之后能从中得到所需商品的机器。自动售货机目前被广泛地应用于销售越来越多种类的商品。自动售货机销售的特点:营业时间长,可 24 小时营业;自动服务,不需要售货人员;售货机成本较高,商品价格偏高。

(4) 网店。网店顾名思义就是网上开的店铺。它作为电子商务的一种形式,是一种能够让人们在浏览商品的同时进行实际购买,并且通过各种支付手段进行支付完成交易全过程的网站。目前网店大多数都是使用淘宝、京东等第三方平台开设,因为自己制作电子商务站点技术量较大,且前期投入巨大。网店的特点如下:方便快捷,交易迅速,不会造成大批量压货,打理方便,形式多样,信任最重要。

文本:[营销资料]
新零售的挑战

 同步案例

阿里和腾讯的"新零售"

腾讯和阿里在新型零售方向的布局思维有显著的不同——阿里更希望用自己的资源来引领改造,而腾讯则是做链接,提升效率。

阿里巴巴新零售的投资布局主要有三类:物流、销售端(即销售、支付和消费环节)、零售科技(大数据、人工智能、云计算等应用支撑)。阿里巴巴投资大润发、华联超市等线下商超巨头,收购饿了么并将其与口碑整合,其总体的布局思路为:线下由点及面再到空间一体化进行布局,获取线下流量,向线上导流。同时利用线上优势资源反哺线下,形成互补和融合——其本质在于以客户为中心,打造平台,提升用户体验。

腾讯在"新零售"的布局核心是通过链接提升效率。通过微信公众平台、微信支付、小程序等产品使生产—销售—消费者之间信息透明程度更高。从 2017 年开始,腾讯集团通过投资参与"新零售"产业。目前,在物流端腾讯投资了汇通达和京东快递,电商领域投资了京东、拼多多、唯品会等;传统商超方面,腾讯和永辉超市建立了合作,其中大部分的投资给了电商。

资料来源：杨勇，陈建萍．市场营销：理论、案例与实训[M]．5版．北京：中国人民大学出版社，2023：258．

9.3 分销渠道选择

企业的产品能否快速有效地分配到用户或消费者手中,取决于企业分销渠道的设计是够合理。分销渠道设计是指企业根据消费者或用户的服务需求,通过分析影响渠道设计的各种因素,确定分销渠道的目标,设计可供选择的渠道方案并进行评估与选择的过程。

9.3.1 影响分销渠道选择的因素

影响分销渠道选择的因素很多,主要有产品因素、市场因素、企业自身因素、经济效益因素、中间商因素和环境因素等。生产企业在选择分销渠道时,必须对各方面的因素进行系统的分析和判断,才能做出合理的选择。

微课：影响分销渠道选择的因素

1. 产品因素

产品价格、产品特性、产品生产技术及生命周期阶段等都会影响产品分销渠道的选择。

一般来说,产品单价越高,越应注意减少流通环节,否则会造成销售价格的提高,从而影响销路,这对生产企业和消费者都不利。而单价较低、市场较广的产品,则通常采用多环节的间接分销渠道。

产品的体积大小和轻重,直接影响运输和储存等销售费用,过重的或体积大的产品,应尽可能选择最短的分销渠道。对于那些超过运输部门规定,如超高、超宽、超长的限定产品,尤其应该组织直达供应。对于小而轻且数量大的产品,则可考虑采取间接分销渠道。

产品有效期短,储存条件要求高或不易多次搬运者,应采取较短的分销途径,尽快送到消费者手中,如鲜活品、玻璃等。

有些产品具有很高的技术性,或需要经常的技术服务与维修,最好采取生产企业直接销售给用户的方式,这样可以保证向用户提供及时良好的销售技术服务。定制品一般由产需双方直接商讨规格、质量、式样等技术条件,不宜经由中间商销售。标准品具有明确的质量标准、规格和式样,分销渠道可长可短：有的用户分散,宜由中间商间接销售；有的则可按样本或产品目录直接销售。

为尽快地把新产品投入市场,扩大销路,生产企业一般重视组织自己的推销队伍,直接与消费者见面,推介新产品和收集用户意见。如能取得中间商的良好合作,也可考虑采用间接销售形式。

2. 市场因素

潜在顾客的数量、消费者的分布状况、消费者的购买习惯与购买批量、市场竞争状况等都会影响分销渠道的选择。

若消费者的潜在需求多,市场范围大,需要中间商提供服务来满足消费者的需求,则宜选择间接分销渠道。若潜在需求少,市场范围小,生产企业可直接销售。

某些商品消费地区分布比较集中,适合直接销售；反之,适合间接销售。在工业品销售中，用户产需联系方便的，适合直接销售。外地用户较为分散的，采取间接销售较为合适。

有的消费者喜欢到企业买商品，有的消费者喜欢到商店买商品。所以，生产企业应既直接销售，也间接销售，满足不同消费者需求的同时，也增加产品的销售量。购买批量大、次数少，多采用直接销售；购买批量小、次数多，除通过自设门市部出售外，多采用间接销售。

当市场竞争不激烈时，可采用与竞争者类似的分销渠道，反之，则采用与竞争者不同的分销渠道。

3. 企业自身因素

企业的营销目标、资金实力、销售能力、服务水平、发货限额等都会影响分销渠道的选择。

如果企业的营销目标是高的市场份额，那么分销渠道必然要密度大且类型多样；如果企业追求高附加值和高利润率，分销渠道就不能追求高密度。所以，营销目标会影响渠道设计。

企业本身资金雄厚，则可自由选择分销渠道，建立自己的销售网点，采用产销合一的经营方式，也可以选择间接分销渠道。企业资金薄弱则必须依赖中间商进行销售和提供服务，只能选择间接分销渠道。

生产企业在销售力量、储存能力和销售经验等方面具备较好的条件，则应选择直接分销渠道。反之，则必须借助中间商，选择间接分销渠道。另外，企业如能和中间商进行良好的合作，或对中间商能进行有效的控制，则可选择间接分销渠道。若中间商不能很好地合作或不可靠，影响产品的市场开拓和经济效益，则不如进行直接销售。

中间商通常希望生产企业能尽可能多地提供广告、展览、修理、培训等服务项目，为销售产品创造条件。若生产企业无意或无力满足这方面的要求，就难以达成协议，迫使生产企业自行销售。反之，提供的服务水平高，中间商便乐于销售其产品，生产企业则可选择间接分销渠道。

生产企业为了合理安排生产，会对某些产品规定发货限额。发货限额高，有利于直接销售；发货限额低，则有利于间接销售。

4. 经济效益因素

不同分销途径经济效益的大小也是影响选择分销渠道的一个重要因素。对于经济效益的分析，主要考虑的是销售费用、利润和销售量三个方面的因素。

销售费用是指产品在销售过程中发生的费用，包括包装费、运输费、广告宣传费、陈列展览费、销售机构经费、代销网点和代销人员手续费、产品销售后的服务支出等。一般情况下，减少流通环节可降低销售费用，但减少流通环节的程度要综合考虑，做到既节约销售费用，又有利于生产发展和体现经济合理的要求。

目前，许多生产企业都以同一价格将产品销售给中间商和最终消费者。在直接销售量等于或小于间接销售量时，由于生产企业直接销售时要多占用资金，增加销售费用，所以间接销售的经济效益高，对企业有利；若直接销售量大于间接销售量，而且所增加的销售利润大于所增加的销售费用，则选择直接销售有利。

在生产企业以不同价格将产品销售给中间商和最终消费者时，需综合考虑销售价格、销售费用、销售量的变化情况，进行经济效益比较。直接销售多采用零售价格，价格高，但支付的销售费用也多。间接销售采用出厂价,价格低,但支付的销售费用也少。在销售量相等时,可以通过计算两种分销渠道的盈亏临界点作为选择的依据。当销售量大于盈亏临界点的数量时,选择直接分销渠道;反之,则选择间接分销渠道。在销售量不同时,则要分别计算直接分销渠道和间接分销渠道的利润并进行比较,一般应选择获利大的分销渠道。

5. 中间商因素

首先,可供选择的中间商资源状况影响企业分销渠道的设计。在企业找不到合适分销商的地区,尽管那里有大量需求,企业也只能采取一层的渠道长度。其次,不同中间商在广告、运输、储存、信用、训练人员、送货频率方面都具有不同的实力与特点,这些也会影响生产企业对分销渠道的选择。

6. 环境因素

社会环境的变化,包括人口、政治、经济、法律、技术、文化环境的变化都会影响企业分销渠道的设计。例如,政策禁止传销、专卖制度、互联网技术发展带来的渠道扁平化、消费者购买力的增长等,都可能影响分销渠道结构的设计。企业在选择分销渠道时,必须遵守国家方针政策、法令法规,使用合法的中间商,采用合法的营销手段,而不能为了牟取暴利,坑害国家和消费者,违反国家的方针政策、法令法规。

学习活动:试分析影响伊利分销渠道选择的因素都有哪些?

9.3.2 分销渠道选择的原则

分销渠道管理人员在选择具体的分销渠道模式时,无论出于何种考虑,从何处着手,一般都要遵循以下原则。

1. 畅通高效的原则

这是渠道选择的首要原则。商品的流通时间、速度、费用是衡量分销效率的重要标志。畅通高效的分销渠道模式,不仅要让消费者在适当的地点、时间以合理的价格买到满意的商品,而且应努力提高企业的分销效率,争取降低分销费用,以尽可能低的分销成本获得最大的经济效益,赢得竞争的时间和价格优势。

2. 覆盖适度的原则

企业在选择分销渠道模式时,仅考虑加快速度、降低费用是不够的,还应考虑及时准确地送达的商品能不能销售出去,是否有足以覆盖目标市场的较高市场占有率。在分销渠道模式的选择中,也应避免扩张过度、分布范围过宽或过广,以免造成沟通和服务的困难,导致无法控制和管理目标市场。

3. 稳定可控的原则

企业一般轻易不会更换渠道成员,更不会随意转换渠道模式。只有保持渠道的相对稳定,才能进一步提高渠道的效益。畅通有序、覆盖适度是分销渠道稳固的基础。

由于影响分销渠道的各个因素总是在不断变化,一些原来固有的分销渠道难免会出现某些不合理的问题,这时,就需要分销渠道具有一定的调整功能,以适应市场的新情况、新变化,保持渠道的适应力和生命力。调整时应综合考虑各个因素的协调,使渠道始终都在可控制的范围内保持基本的稳定状态。

4. 协调平衡的原则

企业在选择、管理分销渠道时,不能只追求自身的效益最大化而忽略其他渠道成员的局部利益,应合理分配各个成员间的利益。

渠道成员之间存在合作、冲突、竞争的关系,要求渠道领导者对此有一定的控制能力,统一、协调渠道成员的行为,有效地引导渠道成员充分合作,鼓励渠道成员之间有益的竞争,减少冲突发生的可能性,解决矛盾,确保实现总体目标。

5. 发挥优势的原则

企业在选择分销渠道模式时,为了争取在竞争中处于优势地位,要注意发挥自己各个方面的优势,将分销渠道模式的设计与企业的产品策略、价格策略、促销策略结合起来,增强营销组合的整体优势。

9.3.3 分销渠道评价标准

评估分销渠道的标准有三个,即经济性、可控性和适应性,其中最重要的是经济性。

1. 经济性标准评估

经济性标准评估主要是比较每个分销渠道方案可能达到的销售额及费用水平。具体做法:比较由本企业推销人员直接推销与使用销售代理商哪种方式销售额更高;比较由本企业设立销售网点直接销售所花费用与使用销售代理商所花费用中哪种方式支出费用大;企业对上述情况进行权衡,从中选择最佳分销方式。

2. 可控性标准评估

一般来说,采用中间商的可控性小些,企业直接销售的可控性大;分销渠道长,控制难度大,渠道短较容易控制。企业必须进行全面比较、权衡,选择最优方案。

3. 适应性标准评估

如果生产企业同所选择的中间商的合约时间长,而在此期间,其他销售方法如直接邮购更有效,但生产企业不能随便解除合同,这样企业选择分销渠道便缺乏灵活性。因此,生产企业必须考虑选择策略的灵活性,不签订时间过长的合约,除非在经济或控制方面具有十分优越的条件。

 技能加油站

分销渠道设计

分销渠道作为市场营销活动的基本环节,是实现产品价值的重要通道。企业的产品能否快速有效地分配到用户或消费者手中,取决于企业分销渠道的设计是否合理。企业要遵循分销渠道设计的原则,按照有效的分销渠道设计步骤来确定达到目标市场的最佳途径,这样才能以顺畅的渠道通路、有效的分销网络来抢占市场、打造核心竞争力。有效的渠道系统设计通常包括以下四个步骤。下面结合可口可乐这种产品来进行分销渠道设计步骤的学习。

微课:分销渠道设计的步骤

1. 分析顾客需要的服务水平

设计有效的渠道,首先要了解目标顾客在购买商品和服务时所期望的服务水平。顾客的服务要求通常包括供货批量的大小、收货等待时间、提供的空间便利、产品齐全程度、销售服务水平等方面的内容。

可口可乐属于大众消费品，产品市场区域范围大，顾客分散，消费者购买频繁，但每次购买的数量少，大多数情况属于即时消费，需要快速且便利的获得产品；根据消费者需求的不同，购买时会对可口可乐的规格和样式等有不同的要求，但对技术服务要求低。

2. 确定渠道目标，分析影响渠道选择的因素

首先，要进行渠道目标的确定。所谓渠道目标，是指企业预期达到的顾客服务水平。企业的渠道系统可提供的服务包括以下五个方面的内容。

(1) 批量大小，即渠道允许典型顾客一次购买的单位数量。

(2) 等候时间，即渠道顾客收到货物的平均时间。

(3) 空间便利，即渠道为顾客购买商品所提供的方便程度。例如，有的渠道为顾客提供商品储存、运输等全套服务，而有的渠道则需要顾客自行完成储存、运输等工作。

(4) 商品品种齐全程度，即渠道所提供的商品花色品种的多少。

(5) 服务支持水平，即渠道所提供的附加服务的水平，如信贷、安装、维修、培训等。

其次，要分析影响分销渠道选择的因素。影响分销渠道选择的因素很多，生产企业在选择分销渠道时，必须对产品、市场、企业自身、经济效益、中间商、环境等几方面的因素进行系统的分析和判断，才能做出合理的选择。

可口可乐单价低，体积小，体重轻，自然生命周期和市场生命周期都很长；而市场容量、发展潜力、市场区域范围都大，顾客分散；面对百事可乐等企业的激烈竞争，也需要扩大销售范围，增加市场份额；虽然可口可乐公司本身在资金、能力、经营等方面都具备较好的条件，但结合产品和市场因素，也可以考虑利用分销商的分销渠道和营销经验，尽快取得良好的经济效益，减少企业承担的市场风险。

3. 设计各种备选渠道方案

每个备选渠道方案都需要考虑三个基本问题：渠道类型、中间商的数量、渠道成员的权利和责任。

首先是确定渠道类型。

企业进行渠道设计，首先必须明确可以完成渠道任务的各种渠道类型，包括直接渠道、间接渠道、长渠道、短渠道、宽渠道、窄渠道、单一渠道、多渠道等。

例如，可口可乐公司在决定以何种方式将可口可乐送至最终消费者手中时，就有三种主要渠道类型可供选择：一是利用自己的销售资源即人员、场地等直接销售商品，现在常见的是利用第三方平台进行线上直销；二是派出销售人员与一些大型超市等中间商接洽，利用超市渠道销售；三是通过建立经销关系，利用各层级的经销商销售商品。由此可见，企业在确定渠道类型时，常常会遇到若干个可行的方案，要根据实际情况综合考虑。

其次是决定中间商的数量和类型。

企业在确定了自身可利用的渠道类型后，接下来要确定在每个渠道层次使用多少中间商的问题，实际上是确定到底是采取密集分销、选择分销还是独家分销的问题。然后，需要考虑的是如何对渠道内的中间商进行具体的选择，应弄清楚能够承担其渠道工作的中间商的类型。

对于可口可乐，应该采取密集分销，而对于其零售商的选择，则可以考虑超级市场、便利

店、自动售货机、快餐店、加油站等多个种类。

最后是明确渠道成员的权利和责任。

对渠道成员权利和责任的界定，实际上是在确保企业盈利的前提下，与渠道成员就价格策略、销售条件、分销商的地区权利以及每一方应提供的具体服务等内容进行约定。价格策略要求生产商制定价目表和折扣明细单，使中间商确信这些是公平而且充分的。销售条件是指付款条件和生产商的担保。大多数生产商对于付款较早的分销商给予现金折扣。生产者也可以向分销商提供有关价格下跌等方面的担保，以吸引分销商购买较大数量的商品。分销商也需要明确生产商给予自己的地区权利，以及打算在哪些地区给予其他分销商的特许权。而在采用特许经营和独家代理等渠道形式时，对于双方的服务和责任，更要谨慎对待。

4. 评估渠道方案

每个渠道方案都是商品送达最后顾客的可能路线，而评估渠道方案就是要对所有可能的渠道方案进行比较、评价，从中找出最优方案。评估分销渠道的标准有经济性、可控性和适应性，其中最重要的是经济性，即比较每个分销渠道方案可能达到的销售额及费用水平。在选择具体的分销渠道模式时，无论出于何种考虑，从何处着手，一般遵循五个原则：畅通高效、覆盖适度、稳定可控、协调平衡和发挥优势。

学习活动：查阅资料，任选一种便利品和选购品，分析它们分销渠道的设计，并比较各自分销渠道设计的差异。

9.4 分销渠道管理

从某种意义上说，对分销渠道的管理就是对中间商的管理。也就是说，企业在选择渠道方案后，必须对中间商加以选择、评估与激励，积极协调产销之间的矛盾，调动中间商的积极性，并根据主客观环境的变化对渠道进行调整。

微课：分销渠道管理

思政园地

分销渠道管理中的道德问题

分销渠道中的成员根据各自的利益和条件相互选择，以合约形式规定双方的权利和义务。如果渠道中的某一成员违背合约的有关规定，损害其他成员的利益，便会产生道德问题。窜货就是分销渠道管理中的一个典型道德问题。此外，如果合约规定，零售商只能销售某一企业的产品，而不能销售其他产品，但零售商为了获取更多利润，不管是哪家企业的产品，只要是好销的产品都销售，这也显然是不道德的。再有，如果中间商不讲信誉、不按合约规定按时付款给生产者；某些零售商回避合法经营的生产者及批发商，另从非法渠道进货，损害生产者、批发商的利益；生产者凭借自己的经营优势，采用威逼手段对中间商减少或停止供货；生产者凭借自己的经营性垄断地位，迫使中间商屈服自己的指挥，限制中间商的经营活动等，也都会引起营销道德问题。

资料来源：杨群祥. 市场营销概论——理论、实务、案例、实训[M]. 3版. 北京：高等教育出版社，2019：183.

9.4.1 选择中间商

中间商素质的好坏,直接关系到产品在市场上的销路、信誉。因此,选择中间商要科学确定评价标准,慎重考察和选用。

1. 中间商的评价标准

一般来讲,中间商的评价标准主要有以下几个方面。

（1）中间商经营的范围与市场。首先,企业必须对中间商的各种必备合法证件认真审核、登记、备案,看其经营范围与企业产品是否相符。如果中间商对企业的产品非常熟悉,那么中间商在经营这种产品时,就会得心应手。其次,中间商所经营的市场范围应与企业的目标市场一致。

（2）中间商的区位优势。中间商应处于距消费者较近、购买较方便的地理位置,便于企业产品及时、有效地辐射到企业的目标市场。

（3）中间商的管理与服务水平。生产者应尽可能选择管理水平较高的中间商来销售自己的产品,并且其要有一支训练有素的销售队伍,要有懂企业产品技术的专门人才。此外,也要考察中间商对客户提供各种服务的能力水平,如送货上门、技术指导、维修保养、换零配件等。

（4）中间商有较强的合作意愿,并且对产品高度认可。只有忠诚敬业,才会对产品、市场、品牌负责,使消费者满意,主动积极地开拓产品市场。这是中间商完成销售任务、不断提高产品市场占有率和知名度的保障。

（5）中间商具有较雄厚的财务实力,能在必要时为企业提供预付货款、分担销售费用、提供担保等财务帮助。

（6）中间商的储运条件。中间商应具备足够的仓库、运输工具以及必要的冷藏、保温、保鲜设备,以能保证产品的保存和销售。

（7）中间商要具有良好的信誉。这样既利于企业与中间商开展合作,又利于树立企业产品在消费者心目中的形象。

2. 选择中间商的步骤

中间商的选择具体可以采取综合评分法来实施,如表 9-1 所示。具体包括五个步骤:

（1）确定候选中间商;
（2）根据企业营销目标,确定中间商评分项目及权重;
（3）根据候选中间商的实际情况给出每一个项目的得分,计算出加权分;
（4）计算出每一个候选中间商的加权总分;
（5）根据企业分销渠道策略,选择得分较高的中间商。

文本:[同步案例]
九阳公司的经销商选择

表 9-1 中间商综合评分表

评价因素	权重	中间商 1		中间商 2		中间商 3	
		分数	加权分	分数	加权分	分数	加权分
1. 经营范围与市场	20	80	16	70	14	90	18
2. 区位优势	15	80	12	85	12.75	90	13.5

续表

评价因素	权重	中间商1		中间商2		中间商3	
		分数	加权分	分数	加权分	分数	加权分
3. 管理与服务水平	20	85	17	80	16	80	16
4. 合作意愿	10	80	8	90	9	85	8.5
5. 财务状况	10	85	8.5	90	9	85	8.5
6. 储运条件	10	70	7	80	8	80	8
7. 信誉	15	80	12	75	11.25	80	12
总分	100	560	80.5	570	80	590	84.5

9.4.2 评价与激励渠道成员

1. 评价渠道成员

企业应对中间商的工作绩效进行定期评估。评估标准一般包括销售指标完成情况、平均存货水平、向顾客交货的速度、产品市场覆盖程度、对损坏和遗失商品的处理、促销和培训计划的合作情况、货款回收情况及信息的反馈程度等。

评价中间商的目的在于及时了解情况，掌握销售动态，及时发现问题、解决问题，保证经营活动顺利而有效地进行。同时，对绩效好的中间商给予一定的奖励，或对一部分绩效不好的中间商实行淘汰，还可对企业现有的分销渠道进行必要的调整，使其更加合理。

2. 激励渠道成员

企业在确定了中间商之后，为了更好地实现企业的营销目标，促使中间商与自己合作，还需采取各种措施不断对中间商给予激励，以此来调动中间商经销企业产品的积极性，并通过这种方式与中间商建立一种良好关系。激励职能包括的主要内容：研究分销过程中不同中间商的需要、动机与行为；采取措施调动中间商的积极性；解决中间商之间的各种矛盾等。

微课：[营销资料]
窜货管理

激励中间商的方法很多。不同企业所用方法不同，同一企业在不同地区或销售不同产品时所采取的激励方法也可能不同。比较常见的激励措施如下。

（1）向中间商提供物美价廉、适销对路的产品。生产企业应根据市场需求不断开发新产品，提高产品适销率，从根本上为中间商创造良好的销售基础，扩大产品的销售面。

（2）扶持中间商。一是向中间商提供必要的资金支持或使用优惠的付款方式；二是向中间商提供信息情报及有关的销售服务；三是协助中间商开展经营活动，如帮助中间商提供专业的培训、策划商品陈列、提供技术或全程服务支持等。

（3）协助中间商开展各种促销活动。为了引起消费者的购买欲望及中间商参与分销的欲望和兴趣，企业应协助中间商开展各种促销活动，如广告宣传、派人进行营业推广、提供足够的宣传品和礼品等。

（4）与中间商结成长期的合作伙伴关系。在长期的合作中，考虑彼此的基本需要及利益，合理分配利润，建立互利互惠、共同发展的合作关系。

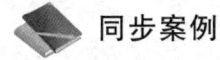

同步案例

方太电器的渠道共赢策略

2022年8月24日,由宁波方太营销有限公司呼伦贝尔分公司主办,中国建设银行股份有限公司呼伦贝尔分行、呼伦贝尔日报社、呼伦贝尔广播电视台、内蒙古呼伦贝尔市信方有限公司协办的"合作发展,服务社会"方太电器家装渠道战略合作发布会在海拉尔举行。中国建设银行呼伦贝尔分行、呼伦贝尔日报社、方太电器东北大区、方太电器呼伦贝尔分公司、呼伦贝尔市信方有限公司相关负责人以及海拉尔区家装建材、家居家电渠道的100家方太战略合作伙伴企业负责人参加发布会。此次活动,方太与家装渠道合作伙伴搭建起合作桥梁,双方将充分发挥自身优势,带动产品销售,以创新的消费服务模式融合互通,打破传统分散隔绝的定位,共同做强产业、做大市场、做响品牌。在实现长久合作、互惠共赢的同时最大化让利于民、惠民、利民,为市民带来丰富的产品和优质的服务。此次活动还将促进消费,扩大内需,保证实体经济良好发展,稳定相关行业就业,助推呼伦贝尔经济的繁荣发展。孤举者难起,众行者易趋。此次方太电器家装渠道战略合作企业的强强联合,将推动产品品质提升,开创互利共赢、共同发展的良好局面,为呼伦贝尔经济发展贡献力量。

资料来源:陶晓波,吕一林.市场营销学[M].7版.北京:中国人民大学出版社,2022:202.

从总体上说,激励措施的选择要具有针对性。任何一家企业在选用激励方式之前都要分析激励对象(即中间商)和其他分支机构的需求,然后设法满足。企业还要确定合理的激励水平,因为激励可能带来销售量增加,但也需要花费生产企业的人力、财力。此外,在进行激励时,要注意采用多元手段,因为中间商与生产企业如果仅有利益关系,在市场不稳定,出现利润下降甚至没有利润时,中间商就可能流失。而如果相互之间的纽带多元化,就可以化解很多危机。

9.4.3 调整分销渠道

随着消费者或用户购买方式的变化、市场的扩大或缩小、产品进入生命周期的更替、新竞争者的出现等,原先的分销渠道经过一段时间后,可能已经不适应市场变化的要求,必须进行相应调整。一般来说,对分销渠道的调整有三个不同层次。

文本:[同步案例]
娃哈哈公司的
窜货管理

1. 增减分销渠道中的某些中间商

由于个别中间商的经营不善而造成市场占有率下降,或因为某些中间商缺乏合作精神给企业造成困难,当这些因素影响整个渠道效益时,可以考虑对这些中间商进行削减,或物色其他中间商。为了开拓某一新市场,或为了应对竞争,企业有时需要增加中间商的数量。经过调查分析和洽谈协商,在符合企业对中间商的要求及中间商愿意的基础上,企业可以增加某个或某些中间商作为企业经销商或代理商。

2. 增减某些分销渠道

在某种分销渠道的销售额一直不够理想时,企业可以考虑在全部目标市场或某个区域内撤销这种渠道类型,而另外增设一种其他的渠道类型。企业为满足消费者的需求变化而开发新产品,若利用原有渠道难以迅速打开销路和提高竞争能力,则可增加新的分销渠道,以实现企业营销目标。

3. 调整整个分销渠道

这是渠道调整中最复杂、难度最大的一类。因为它要改变企业的整个渠道销售策略，而不只是在原有基础上的修补。如放弃原先的直销模式，而采取代理商进行销售；或建立自己的分销机构以取代原先的间接渠道。这种调整不仅是渠道策略的彻底改变，而且产品策略、价格策略、促销策略也必须做相应调整，以期和新的分销系统相适应。

总之，分销渠道是否需要调整，如何调整，取决于其整体分销效率。因此，不论进行哪个层次的调整，都必须做经济效益分析，看销售量能否增加，销售效率能否提高，以此鉴定调整的必要性和效果。

9.5 分销渠道发展

随着时代的发展和市场的日新月异，分销渠道也随之发生改变。为了获取更多的利润、在行业内站稳脚跟，企业不得不重新审视自己原有的分销渠道及营销策略。而网络技术的发展，也给分销渠道带来了深刻的变化和巨大的挑战。

1. 营销渠道趋向扁平化

传统的营销渠道中，企业和消费者之间通常还有不同类别的中间商，这就使企业难以及时把握顾客的需求，致使生产经营决策不能完全与市场需求相吻合，造成脱节和浪费。扁平化是对原有的渠道进行优化，通过缩减分销渠道中不增值的环节或增值很少的环节，实现生产商与最终消费者的近距离接触，简化交易过程，加快商流、物流、信息流的速度，降低渠道成本，提高渠道运营效率，实现企业利润最大化目标，并有效地回避渠道风险，从而实现企业经营的良性发展。传统的分销是一种长窄式—塔形分销模式，现代市场分销趋向于短宽式—圆形分销模式。

微课：分销渠道发展

2. 营销渠道的逆向

企业绕过经销商，先直接对传统上不受重视的最终消费者和零售商销售，当产品达到一定销量时，二级批发商就会闻风而动，要求经销该产品；当二级批发商的销量达到一定规模时，一级批发商就会争相要求经销该产品。于是，该企业开始在一级经销商之间进行招标，条件优惠者可获得经销权。这种逆向思维就是"倒做渠道"，已经成为新企业、新产品进入市场的重要手段。因为他们进入市场之初，由于知名度和信用较低，与经销商谈判的地位也很低，如果按传统的营销渠道从高级别的经销商做起，可能不得不接受高级别经销商苛刻的"市场准入"条件，如赊销、大规模的宣传促销、降价、退货等。

"倒做渠道"的目的是引起级别较高经销商的注意，取得与经销商的谈判地位，获得较低的"市场准入"条件，增强经销商对新产品的信心，这对于依靠大批发商经销网络的经营产品覆盖面广、消费频率高的企业尤为重要。

3. 渠道发展网络化

网络技术给人类社会生活带来了巨大的变化，对营销模式包括营销渠道产生了革命性的影响。网络渠道具有以下优点：

（1）直达终端，降低成本；

(2) 满足顾客快速多变的个性化需求；
(3) 实现与顾客双向互动的即时交流；
(4) 网络信息传播速度快，实现对产品的追溯。

4. 虚实结合，即需即供

"虚"指的是互联网，"实"指的是企业的营销网、物流网和服务网。虚实结合就是通过互联网迅速准确地了解顾客的需求，然后按照顾客需求组织生产安排运输送货，服务周到入户。

 同步案例

京东的无界营销

京东是中国最大的线上+线下零售商之一，作为连接品牌商与用户的主要渠道，拥有中国最活跃的用户交易行为大数据，这让京东相比品牌企业更加了解用户的认知场景和行为需求变化。为了更加精准连接品牌—场景—用户，京东联合各合作方，共同拓展品牌营销与商业的新边界。大家所熟悉的"6·18"就是源自京东的店庆日，京东希望将"6·18"打造成为聚合各行业的优秀企业，为用户提供福利的标志性符号，这是对京东"无界营销"实践的完美诠释。

京东与全球顶级的超级IP达成了相互开放和联合营销合作，并在此基础上建立了"超级品牌日"。如果把IP看作一个吸引粉丝的平台，京东作为零售商则是一个聚合商家与消费者的平台。这两个平台的结合，再对其他品牌商开放，IP影响力会更大，又可以大幅提升品牌商的"品牌社交力"。

尝试在全球市场打破传统营销和地理边界，将更多的用户和品牌合作伙伴连接在一起，聚合更多的变革效应，这突显了京东在营销创新上的产品思维，同时也使其"无界营销"模式真正落地。

资料来源：毕思勇. 市场营销[M]. 5版. 北京：高等教育出版社，2020：259.

5. 全渠道零售

由于信息技术进入社交网络和移动网络时代，依托于客流、商店流、信息流、资金流和物流等发生的内容变化，企业需要根据目标顾客和营销定位，进行多渠道组合和整合策略的决策。全渠道零售因此应运而生。

全渠道零售就是企业为了满足消费者任何时间、任何地点、任何方式购买的需求，采取实体渠道、电子商务渠道和移动电子商务渠道整合的方式销售商品或服务，提供给顾客无差别的购买体验。

全渠道零售是指企业采取尽可能多的零售渠道类型进行组合和整合（跨渠道）销售的行为，以满足顾客购物、娱乐和社交的综合体验需求，这些渠道类型包括有形店铺、无形店铺和信息媒体（如网站、呼叫中心、社交媒体、电子邮件、微博、微信等）。

 同步案例

三只松鼠的全渠道营销

三只松鼠作为通过互联网成长起来的食品品牌，在新零售的浪潮下，通过在网购不是特别发达的三四线城市建立线下投食店,迈出全渠道营销的关键一步。三只松鼠投食店强调体验和互动,让用户"在消费中娱乐,在娱乐中消费"。通过在中心商圈开设门店,促进线上销售增长,增强品牌渗透,降低营运成本,培养用户网购黏性,为消费者提供线上线下渠道同款同价的无差别体验,让线下与线上形成"服务+体验"的互补式关系。线下门店展示,通过体验增加转化率,从而吸引消费者回到线上完成购买。同时,以"三只松鼠"为主体的80多款IP,也在投食店大行其道,充分发挥品牌跨界价值,使品牌不再只是单一符号,而是借助IP化塑造,变为能承载一切流量、渠道、产品、管理的具有互联网人格的企业核心资产与消费升级之下的文化升级产生更多关联,使三只松鼠成为一个娱乐化的综合性消费品牌。在全渠道营销时代,借助更多技术手段和大数据分析,用户在线下的购买将会像线上一样便捷。

资料来源:吴勇,燕艳.市场营销[M].6版.北京:高等教育出版社,2020:235.

(1) 全渠道零售的主要类型如下。

① 实体渠道的类型包括实体自营店、实体加盟店、电子货架、异业联盟等。

② 电子商务渠道的类型包括自建官方 B2C 商城、进驻电子商务平台(如淘宝店、天猫店、京东店、苏宁店)等。

③ 移动商务渠道的类型包括自建官方手机商城、自建 App 商城、微商城、进驻移动商务平台(如微淘店)等。

学习活动:查阅资料,举例分析某个企业的全渠道零售及影响。

(2) 全渠道零售的主要特征如下。

① 全程。全程是指一个消费者从接触一个品牌到最后购买的过程中,全程会有五个关键环节:搜寻、比较、下单、体验、分享。企业需在这些关键节点保持与消费者的全程、零距离接触。

② 全面。全面是指企业可以跟踪和积累消费者购物全过程的数据,及时与消费者互动,掌握消费者购买决策变化,给消费者提供个性化建议,提升其购物体验。

③ 全线。渠道的发展经历了单渠道时代、多渠道时代,到达了线上线下全渠道覆盖阶段,即包括实体渠道、电子商务渠道、移动商务渠道的线上与线下的融合。

 **同步案例**

小米打通全渠道

小米成立之初主要是电子渠道,但随着企业的发展和市场环境的变化,企业的营销渠道必须遵循与环境相适应的原则进行调整,这也是企业分销渠道发展过程中不可或缺的环节。

小米现在的零售全渠道从上到下分为三层,分别是米家有品、小米商城和小米之家。米家有品和小米商城是线上电商,拥有更多的商品。米家有品有大约 20000 种商品,是众筹和筛选爆品的平台;小米商城有大约 2000 种商品,主要是小米自己和小米生态链的产品;线下的小米之家有大约 200 种商品。在这个梯度的全渠道中,小米之家还有一个重要的工作,就是从线下往线上引流,向用户介绍更丰富的小米产品系列。用户在小米之家购买商品时,店员会引导用户在手机上安装小

动画:[同步案例]
小米打通全渠道

米商城的 App，如果用户喜欢小米的产品，下次购买就可以通过手机完成，而且在小米商城，可以在更全的品类中选择，并且没有线下的租金成本。通过打通线上线下，爆品在店内立刻就能拿到，使顾客享受了体验性和即得性；如果是店内没有的商品，顾客可以扫码在网上购买。这样，一个到店一次的顾客就会成为小米的会员，有机会成为小米真正的粉丝，产生惊人的复购率。

资料来源：http://news.sohu.com/a/607336302_121606957.

（3）全渠道零售给企业带来的影响主要体现在三个方面。

① 全渠道零售是消费领域的革命，具体表现为全渠道消费者的崛起，他们的消费主张是"我的消费我做主"。

② 全渠道正在掀起企业和商家的革命，理念上从以前的"终端为王"转变为"消费为王"，企业定位、渠道建立、终端建设、服务流程、商品规划、物流配送、生产采购、组织结构全部以消费者的需求和习惯为核心。

③ 全渠道给商家拓展了除实体商圈之外的线上虚拟商圈，让企业或商家的商品、服务可以跨地域延伸，甚至开拓国际市场，也可以不受时间的限制 24 小时进行交易；实体渠道、电商渠道、移动商务渠道的整合不仅给企业打开了千万条全新的销路，同时也能将企业的资源进行深度优化，让原有的渠道资源无须再投入成本就能承担新的功能，如在实体店增加配送点。

▲ 同步训练 ▲

文本：[同步案例]
盒马鲜生

📖 自我检测

一、选择题

1. 向最终消费者直接销售产品和服务，用于个人及非商业性用途的活动属于（　　）。

　　A. 零售　　　　　B. 批发　　　　　C. 代理　　　　　D. 经销

2. 生产便利品的企业通常采取的分销渠道策略是（　　）。

　　A. 密集分销　　　B. 独家分销　　　C. 选择分销　　　D. 直销

3. 根据制造商在某一区域目标市场中选择同一层次中间商数目的多少来划分，分销渠道可以分为（　　）。

　　A. 直接渠道和间接渠道　　　　　B. 长渠道和短渠道
　　C. 直接渠道和短渠道　　　　　　D. 宽渠道和窄渠道

4. 代理人和经纪人与独立批发商的本质区别在于他们对商品没有（　　）。

　　A. 定价权　　　B. 生产技术　　　C. 所有权　　　D. 广告宣传

5. 激励中间商的方式有（　　）。

　　A. 奖励　　　　B. 陈列津贴　　　C. 晋升
　　D. 提供促销费用　E. 年终返利

6. 分销渠道的功能包括（　　）。

　　A. 设计商品　　B. 沟通信息　　　C. 促进销售
　　D. 融通资金　　E. 风险承担

7. 下列商品中,适宜选择短渠道分销的有( )。
   A. 鲜活商品　　　B. 建筑材料　　　C. 机器设备　　　D. 日用百货

二、简述题

1. 分销渠道的类型有哪几种?
2. 零售商与批发商的主要区别是什么?
3. 无店铺零售商有哪些形式?
4. 影响分销渠道选择的因素有哪些?
5. 分销渠道设计的步骤是什么?
6. 新零售是什么?
7. 如何选择中间商?
8. 什么是窜货?有何危害?如何应对?
9. 简述全渠道零售。

案例分析

华为的渠道策略:从直销、分销到生态营销

在华为创立之初,国内通信市场中的县级和乡镇级市场尚属空白,华为采取直销渠道模式,划分区域,密集拜访与培育客户,采用关系营销策略和服务营销策略,帮助乡镇与县域客户解决通信运营与技术上的各类难题,持续积累了宝贵的渠道与产品经验,为之后的发展打下了坚实的基础。

1998年10月,华为渠道拓展部成立,标志着华为渠道战略开始升级,从直销模式转向"直销+分销"模式。华为认识到,通过部分利益的让渡可以建立起强大的分销渠道,培育和发展合作伙伴,促进共同发展,形成利益共同体。华为将分销确定为新的渠道战略,大力推进建设规模化的营销体系。

如今,在5G技术结合鸿蒙操作系统提供的全面连接基础上,华为的生态营销应运而生。"高端引领,整体演进"是这一战略的精髓,高端渠道是整体渠道的驱动器,高端技术又是高端渠道的发动机。华为不断挺进高端,将非高端的大量利益让渡给渠道伙伴、产业链伙伴,华为敢于冲击部分技术尖端,将另外的尖端让渡给"友商",与合作者长期共同分享整体渠道的利益、整条产业链的利益。

华为30多年的发展在渠道维度上演绎了三个阶段:前期是以直销模式为主,纵向深耕;中期是以分销模式为主,横向拓展;后期采用了生态营销的战略,纵横捭阖。生态营销是回应移动互联网的时代呼唤,也是基于华为全球战略的高屋建瓴的选择。

资料来源:王鑫,饶君华. 市场营销基础[M]. 北京:高等教育出版社,2023:197.

思考与分析:
1. 华为的渠道策略都有哪些?
2. 华为的渠道模式对中小企业有什么启示?

德技并修

空调机的窜货问题

广东某品牌空调机实行地区差异定价,同一型号空调机面向不同地区经销商的供货价

不同。

A 贸易公司是该品牌空调机在湖南长沙地区的经销商。公司经理张某发现,广州市场上该品牌空调机销售火爆且售价比在长沙市场上要高出 200 元/台。于是,张某授意公司业务员,将厂家供给自己原本销往长沙市场的一批空调机留在了广州,并通过关系将空调机以较低的价格在广州市场秘密销售。

广州经销商发现自己空调机的销量无故急剧下降,调查后发现有人窜货,遂向厂家进行了投诉。厂家经过调查核实后,对 A 公司处以相应的罚金重罚。

问题:

1. 本案例中的窜货问题属于道德问题还是法律问题?
2. 对上述问题做出道德研判。
3. 生产厂家就窜货问题还可以做些什么?

团队实战

1. 训练目标:能够应用分销渠道知识,针对不同企业类型,提出与之相匹配的分销渠道设计方案。

2. 训练要求:当前消费场景加速向线上渠道转移,门店到家业务、数字化零售迎来新发展机遇。线下实体店必须紧跟市场需求变化,开拓线上销售模式,发挥多渠道、全场景优势,加快实现数字化转型升级。例如,为了满足人们多场景的消费需求,通过入驻第三方电商平台、直播带货、开展微信群营销、上线小程序商城,实体零售商加快布局线上业务和到家业务。

W 百货作为全国连锁百货商场,近年来实体门店客流量、营业收入很不乐观。假设你们是市场部的成员,请就"如何在保证公司利润的前提下,为顾客提供优质便捷的渠道"建言献策。

(1) 团队分工协作,广泛收集相关资料。

(2) 先找出本行业标杆企业,总结标杆企业全渠道营销成功的路径或模式。

(3) 为 W 百货设计并制定全渠道零售策略,助力其为消费者提供优质便捷的服务。

(4) 形成文字材料并制作 PPT 进行团队分享。

项目 10 促销策略

学习目标

知识目标

1. 了解促销、促销组合、促销策略等概念;
2. 熟悉广告、人员推销、营业推广和公共关系四种促销组合方式的特点。

能力目标

1. 能够根据产品和市场特点选择推式或拉式促销组合策略;
2. 能够策划简单的广告、人员推销、营业推广和公共关系活动并进行效果评价;
3. 能够针对市场策划并开展某种产品的促销组合活动;
4. 提升团队协作、沟通表达、思考分析、善恶研判、信息处理的能力。

素养目标

1. 践行社会主义核心价值观,弘扬时代精神,厚植爱国情怀,讲好中国故事;
2. 培养爱岗敬业的职业素养,弘扬吃苦耐劳的劳模精神、精益求精的工匠精神,培养社会责任感和担当精神;
3. 传承中华优秀传统商业文化讲仁爱、重民本、守诚信、崇正义的思想精髓;
4. 理解国家在商业领域中的新发展理念,构建科学系统的营销思维模式和整体运营的职业全局观;
5. 通过对不良促销方法的鉴别与抵制,加强对促销活动相关法律、法规的认知,形成遵纪守法的正确意识。

思维导图

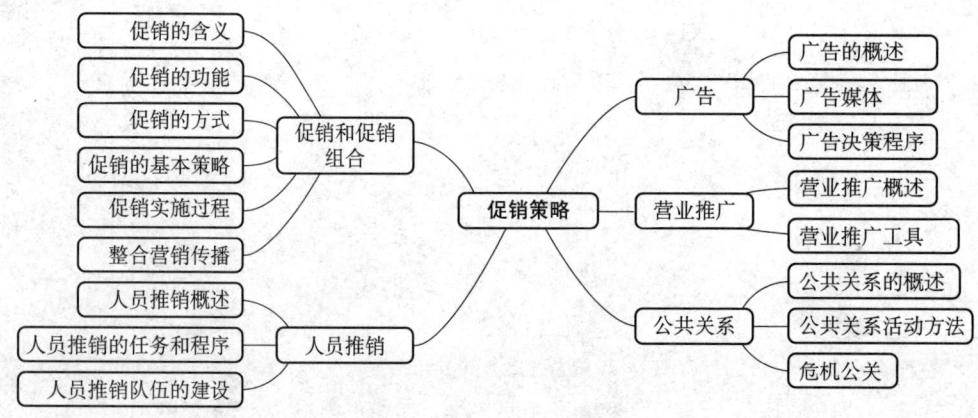

▶ 引入案例　伊利的冬奥会促销策略 ◀

清晰的顶层设计，系统的促销策略组合，让伊利在2022年北京冬奥会上大放异彩，最终在所有冬奥会赞助品牌及相关品牌中，实现了冬奥会消费者认知度第一的营销目标。

在此次伊利的冬奥会营销策略中，广告策略首当其冲，伊利在媒介渠道、媒体内容、产品协同与线下渠道协同等方面采取体系化的广告策略。伊利基于对当下媒体环境的系统理解，全面覆盖了电视端、字节跳动系、腾讯系、微博与户外广告五个最高效的媒介传播阵地。

在电视端，伊利主要凭借央视春晚、冬奥会开幕式这两个高收视率节目，实现了46亿次曝光；冠名赞助字节跳动"温暖中国年"红包项目，实现总曝光1259亿次；占位微博冬奥主话题及奖牌榜，实现508亿次曝光；占位腾讯冠军强关联资源"金牌时刻"及"微信喝彩"朋友圈，实现290亿次曝光；利用机场、高铁站与公交车等户外广告，强势布局北京市场，实现52亿次曝光。

与此同时，在地面推广与销售促进策略的组织中，伊利开展冬奥会快闪巡展活动，吸引消费者深度参与和体验，让人们在互动中感受伊利牛奶的口感和奶香。

在公关方面，伊利则坚持积极履行企业的社会责任，重视公共关系营建，通过整合多方资源，创办了"活力冬奥学院"等一系列冰雪运动推广项目，有力提升了大众滑冰滑雪的体验感和趣味性，成为推动"三亿人参与冰雪运动"的一支活跃力量，极大地促进了冬奥会在中国从升温迈向生根。

由此可见，促销的本质是为了成功地把企业及产品的有关信息传递给目标受众，让其产生兴趣并最终购买产品，以满足其需求。企业应充分掌握市场信息，在此基础上制定整合营销方案，做好各种促销活动。

资料来源：王鑫，饶君华. 市场营销基础[M]. 北京：高等教育出版社，2023：219.

公司营销的成功，很大程度上取决于对影响市场环境因素的了解，以及在设计营销策略上的熟练技巧，包括人员推销、广告、营业推广、公共关系等促销方式的灵活使用，使营销组合各要素产生了较大效能。现代企业不仅要开发好的产品、制定有吸引力的价格，还必须加强促销策略运用，加强整合营销传播，适时与现有或潜在的利益相关者以及一般公众进行沟通。

10.1　促销和促销组合

促销是科学也是艺术，谁能够把握促销策略，灵活运用促销策略和方法，谁就能获得成功。IBM公司创始人沃森说过：科技为企业提供动力，促销则为企业安上翅膀。那么什么是促销呢？

动画：[同步案例] 加多宝集团如何进入中国高档瓶装水市场

10.1.1　促销的含义

很多人理解的促销可能是指商场打折、超市大促、线上优惠券等，而实际上促销的含义和作用要更广泛，它包含了很多的方式和要素。促销是指企业通过人员推销或非人员推销的方式，向目标顾客传递商品或劳务的存在及其性能、特征等信息，帮助消费者认识商品或劳务带给购买者的利益，从而引起消费者的兴趣，激发消费者的购买欲望及购买行为的活动。促销的本质是传递和沟通信息。

10.1.2 促销的功能

在现代营销中,对一个企业来说,促销的作用是极其重要和广泛的,可以归纳为四大功能。

微课:促销和促销组合

1. 传播信息

企业把进入市场或即将进入市场的产品的有关信息、情报传递到目标市场的消费者或用户以及中间商,引起他们注意,使他们明确企业及其品牌代表的是什么,在何时、何地、在何种价格水平上能够买到多大数量的何种产品,购买或使用该产品将得到何种激励,从而使市场上的老顾客增加需求量或潜在顾客变为现实顾客。

2. 创造需求

有效的促销活动通过介绍产品的性能、用途、特点等,能够诱导和激发需求,并在一定条件下创造需求。由于消费者需求动机的多样性和复杂性,加之经常受到各种外界因素的影响而发生变化。因此,企业只有针对潜在消费者的心理动机,通过采取一定的促销活动,诱导或激发其需求。这样,一方面可以增加老顾客的需求,扩大产品销售量;另一方面还可以创造新客户,开拓新市场。

3. 突出特点

促销突出本企业产品不同于竞争对手产品的特点以及它给消费者或用户带来的特殊利益。这就有助于加深顾客和公众对本企业产品的了解,建立起本企业产品的形象。事实上,在现代生产门类众多,新技术、新工艺、新产品不断涌现的情况下,人们购买商品往往很难根据自己的需要进行正确的判断和选择,很难察觉同类产品的细微差别。有效的促销活动则可以帮助需求者从游离不定的状态中解脱出来,进行正确的购买决策,并实施采取购买行为。

4. 稳定销售

强有力的促销活动,不仅能使老顾客(老用户)产生怀旧、偏爱心理,而且能消除由于宣传失误、服务不周等造成的心理障碍,使商品销售回归,甚至超过原有的水平,从而维持和扩大企业的市场份额,巩固和提高本企业的市场地位。

10.1.3 促销的方式

促销的途径主要包括广告、人员推销、营业推广及公共关系四种方式。这四种促销方式的组合就叫促销组合,指履行营销沟通过程中各个要素的选择、搭配及运用。

 同步案例

瑞幸咖啡的促销组合策略

瑞幸咖啡(Luckin Coffee),2018年1月在北京开设第一家门店,短短几年时间,就从一个初创品牌发展壮大。其品牌定位和促销组合策略值得借鉴。

动画:[同步案例]瑞幸咖啡的促销组合策略

一是打造品牌知名度。邀请当红明星为品牌代言,在分众电梯媒体、分众影院等广告渠道上,吸引消费者注意,同时,快速扩张的店铺,投放分众广告和朋友圈,抓住目标用户群体追求雅致生活的心理,迅速打响了品牌知名度。

二是优惠促销。瑞幸采用"新人首单免费、分享好友赠杯、每周5折、下单送券、充值赠券"等促销手段,快速地吸引消费者对产品尝试和品牌自发推广,引发了用户的裂变,用户数量呈几何级数增加,品牌认知度大幅提高。

三是公关推广。联合网易云音乐、故宫、腾讯QQ、小米、华为等热门企业和大IP,开展公关活动,不断为品牌制造各种社交话题,吸引了消费者的注意力,以提升瑞幸的品牌形象。此外,通过微信公众号、小程序、微博等新媒体打造品牌社区,与客户形成良好的互动关系,积累流量导入自身平台,通过社区的互动和产品服务形成较高的用户黏性。

通过多层次组合的促销策略,瑞幸咖啡实现了企业的快速扩张。

资料来源:吴勇,燕艳.市场营销[M].6版.北京:高等教育出版社,2020:249.

1. 四种促销方式比较

(1) 广告的优势在于传播面广,传播信息及时,信息艺术化,可重复多次宣传,可根据产品特点及消费者的分布状况灵活选择广告媒体。缺点是费用较高,单向传播,购买反馈滞后,效果难以确定,可信度受到限制。广告可用于建立产品的长期形象,也可用于增加短期的销售,由于它可以有效到达地理分布较分散的购买者,所以往往适用于消费品的促销。现在,很多广告不仅是在促销产品,而是传播概念。例如,金龙鱼1:1:1,使调和油的概念受到了消费者认可;农夫山泉有点甜,果真喝起来是甜的吗?其实很大程度上是一种营销概念。

(2) 人员推销的优势在于面对面双向交流,有利于沟通、建立长期关系、便于及时了解回答顾客对产品的各种疑问,促进及时成交。劣势在于辐射面小,费用高,受队伍规模及人员素质的限制。人员推销在树立购买者偏好、信念和促进行动方面最为直接有效,比较适用于产业用品的促销。现在超市里经常还能看见人员推销,也就是俗称的超市里的促销员。水井坊公司非常注重对于促销员的培训。除了形象气质,更注重语言表达方面的培训,例如,水井坊要求每一个促销员必须深刻理解品牌内涵,促销员的作用不仅是推销产品,更重要的是传播品牌,它是品牌建设中的重要组成部分。

(3) 营业推广是指能够迅速刺激需求,鼓励购买的各种短期促销方式,也就是大家所熟悉的诸如赠送样品或礼品、折扣、优惠券、有奖销售等。优势是刺激强烈,见效快,吸引力大,能改变消费者的购买决策。缺点是作用时间短,长期使用对品牌有削弱作用。去超市的时候,经常看见奶制品促销,买三送一、买牛奶送玻璃杯等。但是这个作用时间比较短,今天你的产品促销,我就买你的,明天别的产品赠品更多,我就买别人的。那能否尽量克服这一弊端呢?还是刚才提到的水井坊的案例,他们的赠品是非常独特的,甚至专门成立了一个部门负责这项工作,每一个赠品都是精心设计的。无论赠品大小,上面都有品牌标识。其中小样酒非常受欢迎,因为小巧精致,许多人甚至把它当作收藏品。

(4) 公共关系,例如,可以通过举办公益活动、新闻报道、公开出版物等工具来塑造企业及产品形象。优点是可信度高,费用低,有利于赢得公众信任,树立企业良好的公共形象。但缺点是见效慢,企业有时无主动权。在抗震救灾中,人们看到越来越多的中国企业的担当,他们第一时间主动进行大批量的捐款捐物,以多种方式送温暖、献爱心。这些企业不仅赢得了尊重,在社会公众心中树立了良好的形象,也获得了市场的回馈。

2. 促销方式组合

企业在实际制定促销方案时,都是综合考虑、组合运用这四种促销方式,以期达到最佳促销效果。一般来说,影响促销组合的因素主要包括促销目标、产品因素、市场条件和促销组合成本等。

从促销目标来说,如要提高企业知名度,可采用广告和公共关系相结合;如要促进顾客对企业及产品的了解,可采用广告和人员推销相结合;如要促进订货,可以人员推销为主。

从产品因素来说,消费品如洗发水、食品、服装、冰箱等产品,生产企业通常首先在广告上投入大笔资金,其次是营业推广、人员推销及公共关系;工业品如冶金工业、电力工业等相关领域,生产企业通常在人员推销上投入大部分资金,接着是营业推广、广告及公共关系。虽然在工业品市场中,广告所起的作用没有人员推销重要,但它还是扮演着重要的角色。而从产品生命周期来看,促销目标在产品生命周期的不同阶段是不同的,这决定了在产品生命周期各阶段要相应选配不同的促销组合,采用不同的促销策略,如表10-1所示。

表10-1 产品生命周期不同阶段促销目标重点与促销组合

产品生命周期	促销目标重点	促销组合
导入期	建立产品知名度	以各种介绍性广告、人员推销为主
成长期	提高产品知名度,树立品牌形象,增进顾客对本企业产品的购买兴趣	改变广告形式,注重宣传企业产品特色,以公共关系为辅助
成熟期	增加产品的美誉度,增进购买兴趣与偏爱	广告作用在于强调本产品与其他产品的细微差别,配合运用销售促进等方式
衰退期	维持信任、偏爱	以销售促进为主,配合运用提示性广告
整个周期	消除顾客的不满意感	发挥公共关系的作用

从市场条件来说,如果目标市场集中,产品满足的是顾客的选择性需要且购买频率低,则以人员推销为主,其他促销方式为辅;如果目标市场大而分散,产品满足的是顾客的基本需要且购买频率高,则以广告为主,其他促销方式为辅。

学习活动:以团队为单位,搜寻生活中所接触的手机产品,选定某个品牌,就其促销组合中的广告、人员推销、营业推广、公共关系策略进行分析,并完成表10-2。

表10-2 手机促销

手机品牌:		
促销方式	促销策略	营销亮点
广告	例如,充电5分钟通话2小时	另辟蹊径,找准痛点
人员推销		
营业推广		
公共关系		

10.1.4 促销的基本策略

不同的促销组合形成不同的促销策略,从促销活动运作的方向来分,有推式策略和拉式策略两种。

1. 推式策略

推式策略,即从上而下式策略。以人员推销为主,辅之以中间商销售促进,兼顾消费者的销售促进,把商品推向市场,其目的是说服中间商与消费者购买企业产品,并层层渗透,最后到达消费者手中。推式策略适用的情形如下：

（1）传播对象比较集中，目标市场的区域范围较小；
（2）市场趋于饱和的产品；
（3）品牌知名度较低的产品；
（4）投放市场已有较长时间的品牌；
（5）需求有较强选择性，如化妆品；
（6）顾客购买容易疲软的产品；
（7）购买动机偏于理性的产品；
（8）需要较多介绍消费、使用知识的产品。

2. 拉式策略

拉式策略，即从下而上式策略，以广告促销为主要手段，通过创意新、高投入、大规模的广告轰炸，直接诱发消费者的购买欲望，由消费者向零售商、零售商向批发商、批发商向制造商求购，自下而上，层层拉动购买。拉式策略适用的情形如下：

（1）目标市场的区域范围较大，销售区域广泛的产品；
（2）销量正在迅速上升和初步打开销路的品牌；
（3）品牌知名度较高，感情色彩较浓的产品；
（4）容易掌握使用方法的产品，选择性的产品；
（5）经常需要的产品。

像宝洁、卡夫这样的大型消费品公司主要使用拉式策略，它们通过大量的电视广告形成差异化产品，获得市场份额，并且建立品牌价值和顾客忠诚。然而对于消费者来说，也许坐在电视机旁欣赏经典广告的时刻会越来越少，对于消费品公司来讲，推式策略似乎更能影响消费者的决策。目前越来越多的公司从以拉式策略为主转向了推式策略，而其中人员推销的场所也从线下转移到了线上＋线下双管齐下，也就是近几年火热的直播销售。

在实际的营销实践中，单纯的推式策略和拉式策略是较少见的，一般是两种策略同时配合使用，逐步发展成了整合营销传播这个新理论，指利用企业和品牌能接触到的一切信息源去吸引消费者。也就是对各种促销方式和策略的有机整合，目的是实现与顾客的全方位、无缝隙的沟通。

 **思政园地**

促销活动中的道德问题

某房地产公司在国庆长假期间推出一新楼盘。公司一边在楼盘销售示意图上标出未出售的房号，另一边则提醒顾客"节后楼盘价必升15%"。使顾客产生该楼盘"俏销"，而且价格"看涨"，继而产生欲购必须从速的"紧张感"。但据内情人透露，事实并非如此。

该房地产公司的促销手法是否正确？

如果楼盘实际销售进度的确是如图标示，而且节后楼盘价也一定调升，那么该房地产公司传递给顾客的信息是没有问题。但如果这种方法仅

动画：[思政园地]
促销活动中的道德问题

是为了给顾客施加压力,剥夺顾客依靠自身主观判断进行决策,就是不道德的。

此外,有些广告也涉及不道德甚至违法的行为,例如,一则"过年了不吃××,新的一年不会旺"的广告曾被工商行政管理部门叫停;一则有关婚房的广告"结婚不买房,就是耍流氓"也引起消费者的不满。那这又是为什么呢?这两则广告之所以引来众怒,是因为这句广告词让人读出这样的意味,即为了最大限度地热卖自己产品,恶意诅咒诋毁消费者,"逼"消费者就范。尽管做广告的企业也许本意不是这样,但广告词却有此意,这不仅违背了广告的基本原则,而且有悖营销伦理。

资料来源:杨群祥.市场营销概论——理论、实务、案例、实训[M].3版.北京:高等教育出版社,2019:199.

10.1.5 促销实施过程

促销活动(也就是有效沟通)的基本步骤主要包括下面六步。

1. 识别目标受众

开展有效沟通,首先必须清楚地界定目标受众:产品的潜在顾客、现有使用者、决策者或影响者;个体、团体、特殊公众或一般公众。因为目标受众的不同将影响企业的下列沟通决策:准备说什么、如何说、什么时候说、在什么地方说、向谁说等。

2. 确定传播目标

根据营销专家研究,沟通有四种可能的传播目标,而最有效的沟通往往能够实现多重目标。这四种传播目标是:①类别需求;②品牌认知度;③品牌态度;④品牌购买意向等。

3. 设计沟通信息

确定目标受众和传播目标后,就应当设计一个有效的信息。有效的信息设计必须引起目标受众注意,唤起其兴趣,激发其欲望,促使其行动。所以,设计沟通信息要注意把握3个关键:说什么(信息策略)、如何说(创造性策略)、由谁来说(信息源)。

4. 选择沟通渠道

信息沟通渠道可以分为两大类,即人员信息渠道和非人员信息渠道。人员信息渠道是指两个或两个以上的人相互之间直接进行信息沟通。他们可能是面对面,也可能是通过电话、互联网或个人信函等进行信息沟通;非人员信息渠道是指无须人与人的直接接触来传递信息或影响的媒介。它通过大众媒体、展示媒体和营造氛围、公关活动等向大众传播信息。

5. 编制整体预算

不同的行业和不同的企业在促销预算上差别很大。促销费用在化妆品行业可能达到销售额的30%~50%,而在工业设备制造业仅5%~10%。同一行业中的不同企业也可能出现这种情况。决定企业促销预算的方法一般有以下四种。

(1)量入为出法,即企业根据自己的实际承受能力确定促销预算。

(2)销售百分比法,即企业提取销售额(现在的或预测的)或销售价格的一定百分比作为促销费用。

(3)竞争对等法,即企业以期望得到的相对于竞争对手的市场地位作为基础,建立促销预算。

(4)目标任务法,即根据目标设定及其需要完成的任务测算成本,从而确定促销预算。

6. 建立反馈系统

促销活动实施后,必须跟踪调查沟通信息对目标受众的影响,评价其效果,了解他们能否识别和回忆所传播的信息,看到信息的次数,记住的内容,对信息的感觉,以及对企业与产品过去和现在的态度。同时,收集目标受众反应的行为数据,如多少人购买了产品,多少人喜欢它,以及多少人同别人谈过它。营销人员根据反馈信息,决定是否需要调整营销战略或具体促销计划等。

学习活动:S企业为了掌握两个月的促销活动的实际效果,对目标受众进行了效果测评。经调查发现,85%的目标顾客知道该品牌,其中60%的人试用了该产品,但是试用的人中仅有20%对该产品感到满意。S企业的促销活动效果说明了什么?该企业接下来应该怎么办?

10.1.6 整合营销传播

整合营销传播(integrated marketing communications)简称IMC,是1993年美国西北大学教授唐·舒尔茨(Don E. Schultz)首先提出的,其认为在产品同质化的背景下,唯有"渠道"和"传播"能产生差异化的竞争优势。所谓整合营销传播,是指利用企业和品牌能接触到的一切信息源去吸引消费者。它是在促销组合基础上发展起来的新理论,其实质是对各种促销方式的有机整合,目的是实现与顾客的全方位、无缝隙的沟通。

1. 整合营销传播的特征

整合营销传播作为一个整体化的传播计划概念,要求在充分把握人员推销、广告、营业推广和公共关系等各种促销方式的个性、成本与效能的基础上,进行有机组合,提供明确、清晰、一致和连贯的信息,使传播影响力最大化。其特征是整体性、目标性和动态性,具体体现就是整合信息资源,整合使用目的以及整合沟通策略。

2. 整合营销传播的技巧

由于各种促销方式都有它的优点和适用性,所以企业应该结合目标顾客、企业资源、产品特性选择最适当的促销组合方式,以达到成本低、效率高的目的。又由于整合营销传播并不是一时的、短时间的行为,而是长久的坚持。它要求在营销传播的每个阶段都应当推行整合营销传播的基本策略,从一而终地整合各种促销传播要素,传达一致的促销传播信息。所以,企业进行整合营销传播时,要注意横向整合和纵向整合的技巧。

文本:[思政园地]
有效传播中国品牌

(1)横向整合技巧。横向整合可称为水平整合或空间发展上的整合,包括媒体信息的整合和各类目标受众的信息传达整合。

① 媒体信息的整合。营销传播的信息,不管是来自什么媒体,它都只是媒体信息,消费者并不加以区分。语言、文字、象征、图片、声光等媒体决定的传播形式,都在向消费者传达某种符号意义。所以,必须对各种媒体传播的信息进行横向整合。

② 各类目标受众的信息传达整合。菲利普·科特勒认为,整合营销传播是一种以接受者的观点来观察整个营销过程的方法。由于不同的目标受众,接触不同的媒体,也就需要采用不同传播工具。一个企业或品牌的目标受众,有其目标市场的主要群体与次要群体;有扮演不同购买角色的人们;也包括批发商、中间商、零售商;还有其他对产品营销有影响的团体、组织、公众等。每一类目标受众都有各自的购买诱因,所以企业要对他们使用不同的策

略,提供不同的利益点。

(2) 纵向整合技巧。纵向整合也可称为垂直整合或时间发展上的整合。它是在营销传播的不同阶段,运用各种形式的传播手段,产生协调一致、渐进加强的信息,完成所设定的传播目标。

成功的品牌实际上是从选择原材料,到为顾客提供最后服务的一个商业体系。消费者乐于购买的是这样一个完整的体系,而不仅是零售商货架上陈列的东西。因此,从营销传播的连续进程来看,除各种媒体与促销方式外,营销组合中的产品设计、包装、分销渠道、定价、品牌识别等都在显现符号意义,均是和消费者沟通的要素。整合营销传播理论认为,传播手段可以无限宽广,只要能协助达成营销及传播目标,店头促销、商品展示、顾客服务等都是传播利器,关键在于哪些工具、哪种组合最能够协助达成传播目标。这就需要整合,以保持相同的概念、外表与调性。

从营销传播目标的层级反应模式来看,营销传播需要提供消费者在不同阶段所需的适当信息,才能使消费者在品牌忠诚阶梯上不断前进,最终成为品牌的忠诚拥护者。

同步案例

北京 2008 年奥运会的整合营销传播

北京 2008 年奥运会通过合理设计、应用多种整合传播元素,并以多种传播媒介,有效地向全世界人民宣传北京 2008 年奥运会要举办一届有特色、高水平的奥运会目标以及将北京奥运会办成"绿色奥运、科技奥运、人文奥运"的三大理念。同时,向世界展示了中国的文化传统、北京的城市形象和人文精神。奥林匹克五环和北京奥运会形象元素是奥林匹克精神和本届奥运会举办理念的象征,是营造北京 2008 年奥运会形象与景观的基础。它们是载体,是北京 2008 年奥运会的重要财富。

1. 北京 2008 年奥运会的传播目标

举办一届有特色、高水平的奥运会。这也是北京 2008 年奥运会的目标。

2. 北京 2008 年奥运会的传播理念

绿色奥运、科技奥运、人文奥运。这也是北京 2008 年奥运会的三大理念。

3. 北京 2008 年奥运会的整合传播元素

北京 2008 年奥运会主要利用奥运会形象元素进行传播。这些元素包括奥林匹克五环、北京奥运会会徽(中国印·舞动的北京)、色彩系统、主题口号(同一个世界,同一个梦想)、二级标志、吉祥物(福娃)、体育图标、核心图形及一组图片形象、奖牌和火炬(祥云火炬)。

4. 北京 2008 年奥运会的传播媒介

北京 2008 年奥运会主要通过四类传播媒介进行传播。

(1) 特许纪念品:服饰、玩具、纪念邮品等。

(2) 各类媒体:大众媒体、出版物、网站等。

(3) 事件和体验:全球奥运火炬传递、奥林匹克文化节、志愿者活动等。

(4) 公共关系与宣传:新闻发布会、赞助商关系、公益广告、教育等。

资料来源:杨勇,陈建萍. 市场营销:理论、案例与实训[M]. 5 版. 北京:中国人民大学出版社,2023:274.

10.2 人员推销

人员推销是一种最原始、最古老又非常重要的促销方式,被誉为"支撑企业发展的精兵"。现代大多数产业用品企业,在很大程度上主要依赖于人员推销来发现潜在顾客并将其发展成为顾客,从而提高业务量,其所投入的成本也远高于其他促销方式的花费。

10.2.1 人员推销概述

1. 人员推销的定义

人员推销是指企业派专人对目标顾客进行面对面的互动、展示产品及消除疑虑的一种促销方式。

人员推销主要包括三种组织形式:第一种是建立自己的销售队伍,即使用本企业的推销人员来推销产品,如销售经理、销售代表等;第二种是使用合同销售人员,如代理商、经销商等;第三种是雇佣兼职的售点销售员,即在各种零售营业场合用产品操作演示、咨询介绍等多种方式进行促销。

不同的产品,人员推销的方法也不相同。常用的人员推销有上门推销、柜台推销和会议推销三种方法。

营销资料

直播带货助丰收

2021年9月23日,河南省三门峡市在卢氏县官道口镇果岭村举行了以"庆丰收、感党恩,开新局、促振兴"为主题的"农民丰收节"启动仪式。

在丰收节期间,主办方举办了"金秋消费季"农特产品展销活动。卢氏县19个乡镇分别设置了自己的特色农产品展销区,集合优质农产品,展示丰收成果,共享丰收喜悦。"我为卢氏代言"是新增的直播带货活动,为卢氏县特色农产品销售打开了一条新路子。

在直播带货区,21个直播团队展开了激烈角逐。一盏盏明亮的补光灯、琳琅满目的商品、此起彼伏的推介声,奏响了一曲新时代助力农民增收的动人乐章。直播带货打通了卢氏县特色农业产业链终端销售环节的"最后一公里"。据统计,展销期间,21家直播团队共收获2000多个网络订单,销售额达30余万元。

直播带货相对于传统的人员推销而言,为农产品销售拓展了新路径,以诚信为本则是直播带货行稳致远的根本保证。

资料来源:王鑫,饶君华. 市场营销基础[M]. 北京:高等教育出版社,2023:235.

2. 人员推销的功能

人员推销是企业实现产品价值、获取利润的重要保证,其功能主要如下。

(1) 能有效地发现并接近顾客。人员推销具有人与人直接接触的特点,因而能将目标顾客从消费者中分离出来,把推销的努力集中在目标顾客身上,可避免许多无效的工作。

(2) 针对性强,灵活机动。由于目标顾客是明确的,推销人员可根据顾客的动机和特点,灵活采用通报方式和解说,提供能满足顾客需要的信息,帮助顾客辨明问题,提出建议,并能及时解答问题。

（3）能培养感情,建立长期业务关系。推销人员可以帮助顾客解决问题,充当购买的顾问,人与人的直接交往,有利于买卖双方的沟通、理解和信任,建立起良好的关系,促成交易。

（4）能双向沟通,信息反馈快。推销人员不仅能将企业信息准确地传递给顾客,还能经常了解顾客的意见和要求并及时反馈给企业,为改进提高企业营销活动提供依据。

3. 人员推销的决策因素

人员推销是必要的,但企业促销什么时候应以人员推销方式为主也是必须加以衡量的。一般来说,以下情况采用人员推销比较适合。

（1）客户数不多时。假若一项产品的潜在顾客,其人数很少时,那么企业以人员推销作为其促销活动的主要方式,则较为有利。

（2）市场集中或客户集中程度明显时。假若产品的潜在顾客高度集中在某一地区,则运用人员推销较为经济有效,反之潜在顾客散布比较广时,则无妨利用其他促销方式。例如,客户集中在某一条街道,此时运用人员沿街推销,逐一推进,成功概率往往较高。

（3）客户的订单金额很大时。所谓"订单金额"大小,涵盖"订单单价"与"订单数量"两个因素。推销人员所获得的订单多少、金额大小,也是企业运用人员推销时所必须考虑的因素之一。

（4）产品的销售必须透过人员来解说示范时。由于产品属于新工艺等,加入产品的销售示范介绍才能使目标顾客确信其产品的特点时,则运用人员推销较为经济有效;反之,若目标顾客无须经过示范就确信其产品的特点,则无妨运用广告或其他的促销方式。

（5）产品的销售必须经过充分讨论时。当产品的销售,必须与目标顾客作充分的沟通时,如技术性产品或产业用品的销售等需要多次磋商详谈,讨论有关产品的设计、成本的计算,或其他技术上的问题,然后才能决定是否成交。这时,企业应该选择人员推销方式。

（6）客户的需求有明显的差异性时。当每一个潜在顾客的需要有明显的个别差异,因而产品不能一成不变,必须适合个别客户的需要,才能解决每位顾客的个别问题。这时必须以人员推销作为主要促销方式。

10.2.2 人员推销的任务和程序

1. 人员推销的任务

各行业的人员推销都有不同的任务,但归纳起来,大致有以下几个方面。

（1）探寻市场。推销人员应该寻求机会,发现潜在顾客,创造需求,开拓新的市场。

（2）传递信息。推销人员要及时向消费者传递产品和劳务信息,为消费者提供购买决策的参考资料。

（3）推销产品。推销产品包括接近顾客、介绍产品、回答顾客问题以及达成交易。

（4）收集情报。推销人员在推销过程中还要进行市场调研、收集情报、反馈信息。

（5）提供服务。提供服务是指为消费者开展售前、售中、售后服务。

（6）分配产品。分配产品即当企业的某些产品短缺不能满足全部顾客的需要时,分析和评估各类顾客,然后向企业提出如何分配短缺产品、安排发货顺序的建议。

2. 人员推销的程序

（1）准确寻找顾客。推销工作的第一步就是找出潜在顾客，即"准顾客"。准顾客是指可以获益于推销的产品，又有能力购买产品的组织和个人。寻找顾客的方法有很多，如地毯式访问法、连锁介绍法、中心开花法、个人观察法、广告开拓法、市场咨询法、资料查询法等。例如，保险公司的销售人员可查阅企事业单位名录、传媒资料、电话号码簿、工商会员名单、产业研讨会等寻找潜在顾客。

微课：人员推销的程序

（2）充分的事前准备。推销之前，推销人员必须具备三个方面的基本知识。

① 产品知识。关于本企业基本情况、企业产品特点及带给消费者的利益。推销人员必须对产品的情况了如指掌，才能够使顾客对自己及推销的产品产生信任。如对有机食品来说，消费者有很多疑虑：什么是有机食品，如何辨别，如何保证品质，种植生产过程是怎样的，对人体健康有什么好处，应该选择什么样的有机食品来保持身体健康等。这些都需要推销人员在事前做好充分的准备，才能与消费者产生良好的沟通；否则，顾客一问三不知，很难实现理想的推销目标。

② 顾客知识。包括潜在顾客的个人经历、家庭情况、子女情况、单位、职务、兴趣爱好等。针对企业顾客，要尽可能了解顾客公司需要什么，谁参与购买决定，以及它的采购人员的个性、购买方式等。

③ 竞争者知识。包括竞争对手的产品特点、优势劣势、竞争策略、竞争能力和竞争地位等。真正做到知彼知己，才能百战百胜。

此外，还要确定最佳的接近方式，是亲自拜访、电话联络还是信函。由于许多潜在顾客在某些时间会特别忙，所以销售人员也应小心考虑最佳访问时间。销售人员要考虑对这个潜在顾客的总体销售策略。

（3）约见顾客。约见顾客是推销人员事先征得顾客同意接见的行动过程。尤其是对于大客户和企业客户，约见环节尤为重要。

（4）接近顾客。接近顾客是指与潜在顾客开始面对面交谈。此时，推销人员不要急于推销，头脑里要有三个主要目标：一是给对方一个好印象；二是验证在准备阶段所得到的全部情况；三是为后面进一步的交谈做好准备。推销员接近顾客时，一定要信心十足，面带微笑，展现良好的仪表仪态。开场白要积极，例如，"张经理，您好，我是来自A公司的销售人员刘丽。我的公司和我都非常感谢您在百忙之中抽空与我见面，我将尽最大的努力使您和贵公司能从这次交谈中获益。"在开场白以后，就可以接着洽谈一些关键性的问题，以更多地了解顾客的需求，或展示货样以引起买主的注意及好奇心。接近的方法很多，包括产品接近法、利益接近法、问题接近法、馈赠接近法等。

（5）产品介绍。介绍产品要抓住关键，可按照 FABE 的模式揭示：突出产品的特征（feature），和竞争对手相比的优势（advantages）、带给消费者的利益（benefits）、相关的佐证（evidence）。最终满足 AIDA 模式中所描述的消费者不同层次的要求。

任何产品都可用某种方法介绍，甚至那些无形产品，也可用一些图表、小册子等形式加以说明。产品介绍要充分利用先进的演示技术，可通过顾客的多种感官进行介绍，其中视觉是最重要的一种。一般来说，产品货样或演示可以使销售介绍的效果更好，可视的辅助设施可以展示产品的性能并提供其他相关信息，宣传册可留给顾客日后参考之用。

(6) 灵敏地应付异议。这是人员推销工作的关键性一环。在销售过程中,客户对你的任何一个举动或在展示过程中的说法提出的不赞同、反对、质疑等称为客户异议。从接近客户、调查、产品介绍、示范操作、提出购买建议到签订合同的每一个环节,客户都有可能提出异议。所以,处理异议是销售人员必备的一项技巧。在推销中有一条黄金法则:不与顾客争吵。异议是顾客走向成交的第一信号。若顾客提出异议,实际上是给推销员一些宝贵的提示。它表明:顾客对产品有了反应,产生兴趣,需要推销员采取进一步的措施,一个有经验的推销员应当具备与持不同意见的顾客进行洽谈的技巧,善于倾听反对意见,同时应注意语言技巧。事前要准备好回应反对意见的适当措辞和论据,做到随机应变,恰当解答。

客户产生异议的原因有三个方面:①销售员的原因,如无法赢得客户好感、做夸大不实的陈述、使用过多的专门术语、引用不正确的调查资料、说的太多听的太少等;②客户的原因,如拒绝改变、情绪处于低潮、没有意愿、预算不足等;③与产品有关的原因,如价格因素、产品本身因素、服务因素、货源因素、时间因素。处理异议的常见技巧有忽视法、比较法、太极法、反问法、间接反驳法等。以太极法举例,一个经销店老板说:"你们这个企业把太多的钱花在了广告上,为什么不把钱省下来,作为进货的折扣,让我们多赚一点钱,那该多好呀。"销售人员说:"就是因为我们投了大量的广告费用,客户才被吸引来购买我们的产品。这不但能节省您的销售时间,您的总利润也增加了啊。"

(7) 成交。在解决了潜在顾客的反对意见后,销售人员就试着达成交易。有些销售人员无法进入这一成交阶段,或不能把它处理好,原因可能是对自己缺乏信心,或是对向顾客要求订单有疑虑,或是没有掌握适当的成交时机。销售人员应该知道如何识别购买者发出的特定成交信号,包括身体的动作、言辞或意见。例如,顾客主动往前坐、不断点头赞许、询问价钱或付款条件时,销售人员就可以使用各种达成交易的技巧,向潜在顾客要求订单,重申双方协议的要点,提议帮助顾客填写订单,询问顾客想要这一类型产品还是另外一种类型的产品,或告诉购买者,如果现在不买,可能就买不到了。销售人员也可以提供一些最后保留的优惠条件,以促成交易,如特价优惠或额外赠送,同时注意不要疏漏各种交易所必需的程序,应当使双方利益得到保护。

有人说成交是推销过程中最困难的阶段,而成交的关键是六个字:主动、自信、坚持。推销员应先假设生意已有希望,主动请求顾客成交。据调查,有71%的推销员未能适时地开口对顾客提出成交请求。首先,推销员要充满自信地向顾客提出成交要求。推销员有信心,会使客户自己也觉得有信心,客户有了信心,自然能迅速做出购买决策。如果推销员没有信心,会使客户产生许多疑虑,客户会怀疑自己做出的购买决策是否正确。其次,要坚持多次向顾客提出成交要求。一些推销员在向顾客提出成交要求但遭到顾客拒绝后,就认为成交失败,便放弃了努力。事实上,一次成交即能成功的可能性很低,一次成交失败,并不意味着整个成交工作的失败。推销员可以通过反复的成交努力来促成最后的交易。

(8) 事后追踪。如果推销人员希望确保顾客满意并重复购买,那么"追踪"就必不可少。推销人员应认真对待订单中所保证的条件,诸如交货期和安装、维修等,同时建立顾客档案。跟踪访问的直接目的在于了解买主是否对自己的选择感到满意,发现可能产生的各种问题,表示推销员的诚意和关心,以促使顾客产生对企业有利的购后行为,培养顾客对企业和产品的忠诚度。对一些重要的客户,推销人员要特别注意与之建立长期合作关系,帮助顾客解决问题,提供各种必要的售前售后服务,发展个人之间的友谊,实行关系营销。

学习活动:回顾一次购物经历,分析推销人员是否按照人员推销的程序开展活动,推销过程中有哪些特点和不足?

10.2.3 人员推销队伍的建设

都说销售人才是企业的"金山",有人用"三分天下有其二"来形容销售队伍的重要性。曾任中国人寿董事长杨超用三句话表达了自己对销售队伍的认识和理解:是抢占市场和积累资源的重要开拓者;是品牌形象和社会地位的重要塑造者;是行业责任和社会责任的重要践行者。虽然销售队伍是公司获取利润的直接工作者,但这支队伍流动性最大,如何使自己的销售团队拥有旺盛的战斗力,是企业一直想解决的问题。

微课:推销
队伍建设

1. 推销队伍的组织结构

推销人员如何组织起来才能最有效率,这是人员推销决策的一个重要问题。企业在设计推销队伍的组织结构时,可在下述三种类型中选择。

(1) 地区型结构。地区型结构是一种最简单的组织结构。即每一个推销员分管一个地区,负责在该地区推销企业所有商品。该结构适用于产品和市场较单纯的企业,优点如下:①推销员的责任明确,可对所管地区销售额的增减负责;②可鼓励推销员与当地的企业和个人建立固定联系,从而有利于提高推销效率;③差旅费用较少。

(2) 产品型结构。产品型结构是每个推销员负责一类或几类产品在各地的推销。当产品种类繁多,而且产品的技术性较强时,可采用该结构。因为推销员只有熟悉他所推销的产品,才能提高推销效率。

(3) 顾客型结构。按顾客类别组织推销队伍,如按不同行业的顾客、新老客户、大小客户,分别安排不同的推销员。该结构的优点:推销员可以更加熟悉和了解自己的顾客,更能掌握其特点及决策过程。

2. 推销人员的选择和培训

推销员是企业形象的象征。推销人员的素质优劣对实现推销目标、扩大销售、开拓市场具有举足轻重的作用。一名合格的推销人员至少应具备下列特定的素质和条件。

(1) 有较高的职业道德。具备过硬的政治素质和高度的社会责任感,遵纪守法、廉洁奉公、诚实守信、爱岗敬业。

(2) 有较强的事业心、良好的服务精神和协作精神。为了保证企业与顾客之间的联系并不断开发新的顾客,推销人员应具有热爱本职工作、吃苦耐劳、坚忍不拔,以及团队合作精神等。

(3) 有丰富的专业知识与熟练的专业技能。掌握营销、金融、法规等知识与技能,了解企业知识、产品知识、用户知识,熟悉企业的发展历史、宗旨、方针、策略和服务项目,有一定的销售技巧等。

(4) 有较好的洞察力与判断力、创造力和说服力、自我管理与社会活动的能力。需要强调的是,由于推销人员常年在外面独立活动,更多时候靠个人的自我管理,所以企业要注意培养推销人员以下十个方面的自我管理能力:①时间管理;②达成商谈的计划;③目标预定与管理;④访问计划;⑤顾客管理和市场管理;⑥编制预定实绩表;⑦未达成的销售记录与反省;⑧顾客资料的整理与记录;⑨自我进修;⑩健康管理。

此外,推销人员要拥有健康的身体、庄重的仪表、悦耳的声音、外向的性格等条件。尽管一些条件不容易达成,但推销人员要努力提升自己。

一些大公司招聘推销人员的条件非常苛刻,在仪表、年龄、智商、文化、口才等方面都有严格要求,并且不惜重资给予专门培训。培训计划有以下几项目标。

(1) 要了解企业并明白企业各方面的情况。大多数企业把训练计划的第一部分安排为介绍企业历史和经营目标,组织机构设置和权限情况,主要的负责人员,企业财务状况,以及主要的产品与销售量。

(2) 要通晓本企业的产品情况。训练人员应向被训练人员介绍产品制造过程以及各种用途。

(3) 要了解本企业中各类顾客和竞争对手的特点。销售代表要了解各种类型的顾客和他们的购买动机、购买习惯,要了解本企业和竞争对手的战略和政策。

(4) 要知道如何做有效的推销展示。销售代表要接受推销术的基本原理培训。此外,企业还专为每种产品概括出推销要点,提供推销说明。

(5) 要懂得怎样在现有客户和潜在客户之间合理分配时间,如何撰写报告拟订有效推销路线。

3. 营销团队管理

为了提高推销人员的素质和业绩,企业还要加强对推销人员的管理。对推销人员的管理一般包括以下内容:明确推销人员的任务;加强推销人员的培训;确定推销人员的规模;确定推销人员业务定额和报酬;对推销人员进行考核、激励、监督和奖惩等。这些内容可以通过扫描相应二维码进行详细学习。

文本:[同步案例]
丰田汽车的
营销培训

文本:[营销资料]
营销团队构建

文本:[营销资料]
营销人员
业务定额

文本:[同步案例]
华为公司销售
人员绩效薪酬
设计方案

微课:营销
团队管理

微课:营销
绩效管理(一)

微课:营销
绩效管理(二)

10.3 广告

广告是促销组合中十分重要的组成部分,是企业运用最为广泛和最为有效的促销手段,对企业的市场营销活动有着巨大的影响。

10.3.1 广告概述

1. 广告的定义

广告是商品经济的产物,随着商品经济的出现而出现,随着市场经济的发展而发展,其内涵也随着人类文明社会发展和科技进步而不断深化和丰富。广告一词从汉语字面意义看,是"广而告之",即将某件事情广泛地告诉公众,使公众能够知晓所进行的信息传播活动。它的范围十分广泛,如政府发布的公文、布告,单位或个人发布的通知、启事等,均属于广义广告的范畴。狭义的广告,又称商业广告或经济广告,是指广告主以付费的方式利用媒体传递商品或服务信息,从而影响公众行为的信息传播活动。

1948年,美国市场营销协会(AMA)定义委员会为广告做了定义,在1963年等年份又做过几次修改,形成迄今为止影响较大的广告的定义:"广告是由可确认广告主,对其观念、商品或服务所做的任何方式付款的非人员性的陈述与推广。"

2. 广告的功能

广告不仅是一种非人员销售推广活动,而且是一种带有说服性质的信息传播活动,将某种信息通过一定的媒介,主要是大众传播媒介,传递给一定范围的公众,不仅要引起公众的注意,使其知晓和了解某种事物,而且还要让公众能够接受广告者的产品和观念,从而使公众购买本企业的产品,达到扩大销售的目的。归纳起来,广告的功能主要包括:①指导消费,创造需求;②加速流通,扩大销售;③有利竞争,促进进步;④降低成本,增加消费;⑤沟通商情,活跃经济。此外,广告的功能还表现在促进社会教育进步、为国家创造外汇收入、推动社会公益事业发展、增加就业机会、美化城市、促进艺术繁荣等方面。

3. 广告的构成要素

广告有五个基本的构成要素:广告主、广告信息、广告媒体、广告费和广告对象,它们相互结合,缺一不可,构成了一个完整的广告。

文本:[同步案例]
好客山东

(1) 广告主,或叫广告者。它是指为了推销商品或服务,自行或委托他人设计、制作、发布广告的经济组织或个人,是广告行为的主体。广告主既希望借助广告的效能带来经济效益,同时也对所发布的广告负责。正因为如此而区别于新闻等其他传播活动的宣传者。

(2) 广告信息。这是广告的主要内容,包括商品、服务、概念等信息,甚至是企业形象和企业文化的信息。商品信息包括商品的性能、质量、价格、用途、使用、保养、销售时间与地点等有关信息;服务信息包括文娱、旅游、饮食等;此外还有概念信息,它是指通过广告倡导某种意识,使消费者树立一种有利于广告主推销商品或服务的消费观念。例如,旅游公司印发宣传手册,不是着重谈经营项目,而是着重介绍祖国的大好河山、名胜古迹、风土人情,使读者增强意识,产生对祖国风光的审美情感,从而激发他们要参加旅游的欲望。这也是一种公共关系活动。

(3) 广告媒体。它是指传播商品或服务信息等所运用的物质与技术手段,是广告信息的载体。广告是广泛地告知公众某种事物的宣传活动,而要使被介绍、推广的商品或服务信息为广大消费者人人知晓,就必须借助一定的媒体进行公开而广泛的传播,在互联网+条件下,广告媒体分为线下的传统的媒体,如电视、广播、报纸、杂志、广告牌等;线上的数字化媒体,即互联网。

(4) 广告费。广告费是广告主支付给广告经营者的费用,包括广告调研费、广告设计费、广告制作费、广告媒体费等。投入广告费,目的是要增加商品或服务销售收入,获得更多的利润。广告主只有事先支付一定的费用才能够在大众媒介上传递商品和服务的信息,作为有偿的商业广告,这是与新闻、公告等一般宣传的又一重要区别。

(5) 广告对象。广告对象是指广告信息指向的目标市场,即广告内容的接收者、目标受众。

学习活动:从广告的五个构成要素分析说明商业广告和公益广告的区别。

10.3.2 广告媒体

一切用于传播商品或服务信息等所运用的物质与技术手段都是广告媒体。随着科学技术的发展,现代广告媒体越来越丰富多样,而且各有各的优缺点,各有各的适用范围。

1. 广告媒体的类型

广告媒体很多,如广播、电视、报刊、互联网、路牌、灯箱、包装装潢、交通工具,甚至一张名片、一支笔、一件工服,凡能起传播作用的物体,都可成为广告媒体。目前,企业经常使用的媒体大致有五大类:印刷媒体(包括报纸、杂志、包装纸、信函、宣传册);广播媒体(包括广播、电视、幻灯片、电影);电子媒体(包括互联网、分众传媒、光盘);通信媒体(包括电话、电报);展示媒体(包括广告牌、霓虹灯、交通广告、海报、商品陈列)等。其中,报纸、杂志、广播、电视和互联网是最常用的五种主要媒体。

(1) 报纸。世界上最早的报纸是中国汉代的"邸报",距今已有1800多年的历史,自出现至今仍然是重要的广告媒体。其优点包括:新闻性、可读性、知识性、指导性和记录性"五性"显著;可信度高,尤其是中央与各级地方党报、行业专业报;灵活性大而及时,甚至可以即时排版当天见报;区域覆盖面广,读者稳定,可以有效针对区域市场,深入机关团体及千家万户;报纸版面文字信息量大,且便于保存,可以多次传播信息,无阅读时间的限制;制作成本低廉等。不足主要是形象表达手段欠佳,印刷精致度不高,广告有效时间短。

(2) 杂志。杂志广告是指利用杂志的封面、封底、内页、插页为媒体刊登广告。杂志可以按其内容分为综合性杂志、专业性杂志和生活杂志;按其出版周期则可分为周刊、半月刊、月刊、双月刊、季刊及年度刊物等;而按其发行范围又可分为国际性杂志、全国性杂志、地区性杂志等。杂志作为印刷广告媒体,在现代媒体中具有显著的竞争优势:对象明确、针对性与专业性较强;印刷精美、图文并茂;可用篇幅多、发行量大;使用期较长,便于长期保存等。当然,杂志也存在一些缺陷:出版周期较长,灵活性差,不利于快读传播,传播面较窄等。

(3) 广播。广播广告是指利用无线电或有线广播为媒体播送传导的广告。广播是以声响、语言、音乐来诉诸人们听觉的信息传递过程。其优点如下:传播迅速、时效性强;受众面广、便于接受;传播方便、声情并茂;制作简便、费用低廉等。其局限性是有声无形,内容稍纵即逝,盲目性大,选择性差等。

(4) 电视。电视是视听两用媒体,通过语言、音响、文字、形象、动作和表情等方式,通过刺激人的视觉和听觉器官来激发其感知过程,完成信息传递的工具,具有综合性的传播功能。电视广告曾经是所有广告媒体中的"大哥大",在广告收入中占比最高,而近年来,随着网络的迅猛发展,网络广告正逐步取代电视广告的地位。但迄今为止,传统电视仍然是全球展示广告支出的主要媒介,关键在于它能接触全球96%的人口。其优点如下:集形、声、色和文字于一体,富有极强的感染力;覆盖面广、公众接触率高;娱乐性强、易于为受众所接受。另外,电视广告具有一定的强制性,这是其他媒体都难以做到的。电视媒体的最大不足是广告制作成本高、周期长,媒体费用昂贵,小型企业无力问津。

(5) 互联网。互联网广告是指在互联网刊登或发布广告,通过网络传递到互联网用户的一种高科技广告运作方式。伴随互联网技术的飞速发展,互联网媒体广告已被企业广为使用,互联网广告市场以惊人的速度迅猛增长。同时,由于互联网技术能够使广告信息24小时不间断地传播到世界各地,任何组织或个人只要具备上网条件,都可以随时随地阅读,使互联网媒体广告有以下优势:传播范围最广;感官性、交互性和针对性强;受众数量可准确统计;实时、灵活、成本低。缺点是尚缺乏全面、系统、客观的媒介监测、广告投放等数据。

受网民人数增长、数字媒体使用时长增长、网络视听业务快速增长等因素推动,未来几年报纸、杂志、电视广告将继续下滑,而互联网广告市场还将保持较快速度增长。广告类型随着原生广告的发展而不断进化,广告与内容之间的界限愈加模糊。同时,随着网络环境不断改善,视频成为人们接受信息更习惯的内容形式,视频类广告也得到较快发展。同时,人工智能的快速迭代也将在网络营销领域快速得到落地,智能营销成为当前最火热的名词,也为广告注入新的机会点。

学习活动:某公司研发出一款新型牙膏,能预防和修补蛀牙洞。为了推向市场需进行促销宣传,请帮助其进行广告媒体策划。

2. 广告媒体的选择

由于选择广告媒体在于寻找最具成本效益的媒体来传递信息,所以,企业进行广告媒体选择时,必须考虑以下五个要素:一是到达率和影响力;二是经费预算;三是媒体类型;四是传播时间与频次;五是地理分布。

现代企业要十分重视选择广告媒体,即根据各种广告媒体的特点、产品特点、目标接触媒体的习惯与频率、产品销售地域、广告内容、媒体费用等进行综合比较选择使用,花小钱办大事。

微课:广告媒体的选择

10.3.3 广告决策程序

要做到广告的"强有力",需要做好广告的每一项决策。营销管理者在制定广告促销方案时,在确定目标市场并了解购买者动机的基础上,需要做好以下五个方面的决策,即广告的5Ms:任务(mission),广告的目标是什么?资金(money),要花多少钱?信息(message),要传送什么信息?媒体(media),使用什么媒体?衡量(measurement),如何评价结果?

文本:[营销资料]新媒体广告

1. 确立广告目标

广告目标是指在一个特定时期对特定观众所要完成的特定的传播任务。一般来说,广告目标可分为以下三种类型。

(1) 通知型广告,目的在于树立品牌,推出新产品,主要用于一种新产品的入市阶段。例如,野狼摩托车进入中国台湾市场时第一天的广告内容是"今天不要买摩托车,请您稍候6天。买摩托车您必须慎重地考虑。有一部意想不到的好车就要来了。"第二日继续刊出这则广告,内容只换了一个字:"请您稍候5天。"直到第7天,刊出全页面积的大广告,造成了大轰动,广告主发送各地的第一批货立即全部卖完。

微课:广告决策程序

(2) 说服型广告,目的是培养消费者对某种品牌的需求,从而在同类商品中选择它。达克宁药膏通过"不但治标,还能治本"来暗示其同类产品只能治标,不能治本,从而劝说消费者进行选择。

（3）提醒型广告,目的是保护消费者对该种产品的记忆和连续购买,在产品进入旺销后十分重要,如娃哈哈饮料的广告词就是"今天你喝了没有?"

2. 广告费用预算

广告费用预算是企业从事广告活动而投入的预算。由于广告预算收益只能在市场占有率的增长或利润的提高上最终反映出来,因此一般意义上的广告预算,是企业从事广告活动而支出的费用。影响广告预算的主要因素如下。

（1）目标市场大小及潜力。

（2）潜在市场规模与地域分散程度。

（3）目标市场的市场占有率、商品理解度和品牌忠诚度。

（4）预期的销售额与利润额。

（5）企业财务承受能力。

（6）广告频次。

（7）竞争者的动向及广告策略、广告费用支出额。

（8）产品生命周期。新产品一般需要大量的预算以建立品牌知名度,争取消费者的试用。而已有品牌的广告预算占销售额的比例通常都比较低。

（9）产品替代性。日用品的品牌需要做更多的广告,以建立差异化的形象。而当一个品牌具有独特的利益或特性时,进行广告宣传也非常重要。

广告费用预算方法主要有四种。

（1）销售百分比法。销售百分比法是指根据过去经验,按计划销售额的一定百分比确定广告费用。优点是简便易行;缺点是实际操作中过于呆板,不能适应市场变化。

（2）目标任务法。目标任务法是指明确广告目标后,选定广告媒体,再计算出为实现这一广告目标应支出的广告费用。这种方法在实际操作中难度较大,因为广告目标很难以数字来精确计算。

（3）竞争对抗法。竞争对抗法是根据竞争对手的广告宣传情况,来决定自己的广告费用支出的一种方法。

（4）倾力投掷法。倾力投掷法是企业在不能测定广告目标和广告效果的情况下,有多少费用就做多少广告的办法,它的风险比较大。

3. 广告信息选择

广告信息选择的核心是怎样设计有效的广告信息。信息应能引起顾客注意,使其产生兴趣并采取行动。广告信息选择一般包括三个步骤。

（1）广告信息的产生。广告信息可通过多种途径获得,例如,许多创作人员从顾客、中间商、专家和竞争对手的交谈中寻找灵感。创作者通常要设计多个可供选择的信息,然后从中选择最好的。

（2）广告信息的评价和选择。应由广告主评价各种可能的广告信息。信息首先要突出目标顾客对产品感兴趣的地方,表明该产品有别于其他同类产品的独到之处。广告信息必须是可信的,真实性是选择广告信息的一条极其重要的标准。

 **思政园地**

新《广告法》

新修订的《中华人民共和国广告法》(简称"新《广告法》")于 2015 年 9 月 1 日起实施。新《广告法》明确规定,广告不得含有虚假或者引人误解的内容,不得欺骗、误导消费者。禁止在大众传播媒介或公共场所等发布烟草广告;禁止利用其他商品或服务的广告、公益广告,宣传烟草制品名称、商标等内容。

新《广告法》实施后,极限用语的处罚由原来的退一赔三变更为罚款 20 万元起。例如,国家级、世界级、最高级、最佳、最大、第一、唯一、首个、首选、最好、最大、精确、顶级、最高、最低、最、最具、最便宜、最新、最先进、最大程度、最新技术、最先进科学、国家级产品、填补国内空白、绝对、独家、首家、最新、最先进、第一品牌、金牌、名牌、优秀、最先、顶级、独家、全网销量第一、全球首发、全国首家、全网首发、世界领先、顶级工艺、最新科学、最新技术、最先进加工工艺、最时尚、极品、顶级、顶尖、终极、最受欢迎、王牌、销量冠军、第一(NO.1/Top1)、极致、永久、王牌、掌门人、领袖品牌、独一无二、独家、绝无仅有、前无古人、史无前例、万能等均属于极限用语。

资料来源:毕思勇. 市场营销[M]. 5 版. 北京:高等教育出版社,2020:273.

(3) 广告信息的设计与表达。在广告设计中,广告主题和广告创意是最重要的两个因素。广告主题最重要的是突出产品能够给消费者带来的利益。不同的顾客强调的利益可能有所不同,这正是市场细分的基础。一种产品不可能满足所有顾客的需求,因此一则广告最好只突出一种顾客利益,强调一个主题,即使产品涵盖不止一种利益,广告也必须分清主次。

一个广告有了明确的主题后,如果缺少表现主题的创意,仍不会引人注目,自然也就很难取得广泛的宣传与促销效果。广告的效果不仅取决于说什么,还取决于怎么说。不同种类的产品,其表达方式是有区别的。例如,巧克力的广告往往与情感相联系,着重情感定位;洗衣粉的广告更侧重于理性定位。特别是对那些差异性不大的产品,广告信息的表达方式尤为重要,在很大程度上决定广告效果。

广告制作中要特别强调创造性的作用。研究表明,在广告活动中,创意比资金投入更重要,只有给人深刻印象的广告才能引起目标顾客注意,进而增加产品销量。在表达广告信息时,应注意运用适当的文字、语言和声调,广告标题尤其要醒目易记、新颖独特,以尽可能少的语言表达尽可能多的信息。此外,还应注意画面的大小和色彩、插图的运用,对效果与成本加以权衡,然后做出适当抉择。

学习活动:选择一个产品的广告,分析该广告目标的类型及广告信息的选择是否符合广告原则。

4. 广告媒体决策

一切用于传播商品或服务信息等所运用的物质与技术手段都是广告媒体。广告传播媒体能增强消费者的认同感。随着科学技术的发展,现代广告媒体越来越丰富多样,而且各有各的优缺点和适用范围。企业既可以选择传统的大众传媒,如报纸、杂志、广播、电视、户外广告牌、宣传单等,也可选择高速发展

文本:[营销资料]
广告的基本原则

的新媒体,如户外视频、移动电视、手机、互联网等。目标顾客对媒体的习惯将会影响媒体的选择,企业应综合考虑各方面的因素,选择合适的广告媒体。

5. 广告效果评估

广告刊播前后,每一个广告主都会十分关心广告的传播效果,评估其是否达到了预期目标,能否引起消费者的注意,是否有助于提高广告品牌的知名度,引起消费者对广告品牌的好感,最终达到推销广告产品的作用。而广告效果评估正是帮助广告主评价广告效果、判断其广告投资是否值得的一个主要途径。

广告效果是广告活动对消费者产生的所有直接和间接的影响总和。根据对广告效果的不同要求,广告效果评估的分类有多种标准。

(1) 按照广告效果的内容可划分为传播效果、经济效果、心理效果和社会效果。

① 传播效果,即社会公众接受广告的层次和深度。它是广告作品本身的效果,如广告主题是否准确,广告创意是否新颖,广告语言是否形象生动,广告媒体是否选择得当等。

② 经济效果,即企业在广告活动中所获得的经济利益,如商品销售量的增加、市场占有率的提高、利润的增长、品牌知名度的提高等。它是测定广告效果的最重要内容。

③ 心理效果,即广告对受众的认知、情感和意志等各种心理活动的影响程度。它反映了广告活动对消费者内心世界的影响,体现在消费者对广告的兴趣、注意力、记忆度及购买行为等方面。心理效果主要测定消费者对广告的态度变化。

④ 社会效果,是广告对社会道德、文化教育、艺术、伦理、环境等方面的影响。良好的社会效果也能给企业带来良好的综合效应。

广告效果的评估一般是指广告经济效果的评估,通常需聘请专业研究人员或专门的调查研究公司来进行。

(2) 按照广告效果的显现时间可划分为即时效果、近期效果和远期效果。

① 即时效果,指广告发布后即刻就产生了效果,如商店的店头陈设,消费者一看到就可能采取询问或购买行动。

② 近期效果,指广告发布后在短期内产生的效果,通常指一个月内,一个季度内,最长不能超过一年。绝大多数广告的效果都体现在这种近期性上,它是广告主评价广告成功与否的重要标准。

③ 远期效果,指广告发布后在相当长的时间内对消费者的影响,体现广告活动对企业和消费者产生的较为长期和深远的影响。

(3) 按照广告效果的评估时间可划分为广告前测、广告中测及广告后测。

① 广告前测是指对广告作品及媒介组合进行评价,预测广告活动的实施效果。主要目的有两个:一是诊断广告方案中的问题,避免推出无效甚至有害的广告;二是比较评估候选方案,以便找出最有效的广告方案,确立广告诉求重点,唤起购买欲望。通常用的评估方法是实验法或现场访问法。

② 广告中测是指在广告过程中及时了解消费者在实际环境中对广告活动的反应。主要目的是评估广告前测中未能发现或确定的问题,以便尽早发现问题,及时调整广告策略,对市场变化尽早做出反应。通常运用市场实验方法、回函测定法、分割测定法。

③ 广告后测是指在整个广告活动结束后对广告效果加以评估。通常根据既定的广告目标评估广告结果,因而评估内容视广告目标而定,包括广告传播效果、销售效果、心理效果

等。其目的主要包括:第一,评价广告活动是否达到了预定的目标;第二,为今后的广告活动提供借鉴;第三,如果采用了几种广告方案,可对不同广告方案的效果进行比较。通常运用统计分析、实验方法等进行评估。

学习活动:以小组为单位,从下列选项中选出一种产品,结合促销目标,为产品拟订一个广告计划并向全班同学分享展示:体育器材;化妆品;新型智能手机;酸奶。

10.4 营业推广

10.4.1 营业推广概述

1. 营业推广的定义

营业推广又称销售促进,是一种适宜于短期推销的促销方法,是企业为鼓励购买、销售商品和劳务而采取的除广告、公关和人员推销之外的企业营销活动的总称。营业推广具有短暂性、激励性和非经常性,其目的是迅速刺激需求,鼓励消费者购买。

2. 营业推广的特点

(1) 直观的表现形式。许多营业推广工具具有吸引注意力的性质,可以打破顾客购买某一特殊产品的惰性。它们告诉顾客说这是永不再来的一次机会,这对于那些精打细算的顾客尤其有很强的吸引力。

(2) 灵活多样,适应性强。企业可根据营业推广的目标、顾客心理和市场营销环境等因素采取针对性强的营业推广方法,向消费者提供多种多样的购买机会,具有强烈的吸引力和诱惑力,能够唤起顾客的高度注意,迅速促成购买行为,在较大范围内收到立竿见影的效果。

(3) 有一定的局限性。有些营业推广的方式显现出销售者急于出售的意图,容易造成顾客逆反心理。如果使用太多,或使用不当,顾客会怀疑产品的品质及品牌,或其产品价格是否合理,对建立顾客品牌忠诚度有一定的副作用。并且作为一种辅助性促销方式,一般不单独使用,常常配合广告等其他促销方式使用。

10.4.2 营业推广工具

营业推广作为一种短暂性、激励性和非经常性的促销方式,促销效果往往比较显著,而营业推广工具的选择是成功取得促销效果的关键因素。

营业推广的目标对象主要有三类,即最终消费者、中间商及企业销售人员。针对不同类型的目标对象应采取不同的营业推广工具。

动画:营业推广工具

1. 面向消费者的营业推广工具

(1) 折价或降价。折价或降价是指厂商通过降低产品或服务的售价或在原价基础上给予顾客一定比例的折扣以吸引消费者。折价是企业最经常使用的营业推广方式之一,是对消费者最有效的促销武器,对短期销量的提升具有立竿见影的效果。但折价会减少企业利润,频繁使用会削弱企业的品牌价值。

(2) 优惠券。优惠券是一种凭证,证明持有者在购买某种特定的产品时可凭优惠券享受价格优惠。这种方式会吸引对品牌有一定好感或已试用过产品且感到满意的消费者,如果公司对老顾客长期采用优惠券促销,可培养消费者的品牌忠诚度。随着信息技术的发展,在传统纸质优惠券的基础上,电子优惠券被广泛应用,大幅降低了企业的制作和发放成本。

(3) 赠送样品。赠送样品是向消费者免费赠送产品、供其使用的一种促销方法。由于不需消费者付出任何代价,因此是诱导消费者尝试的有效途径,但却也是最昂贵的一种营业推广工具。通过试用,消费者对该产品产生直接的感性认识,并对产品或公司产生好感和信任,使其成为企业的忠实顾客。赠送样品的方式包括主动上门、邮寄、借助商品销售、其他商品附夹以及通过广告进行赠送等。新产品导入市场时,采用赠送样品是非常有效的方式,宝洁公司经常采用。

(4) 现金退款。现金退款是指厂商在消费者购买产品后给予的一定金额的退款,该退款可以是售价的百分之几,也可以是全额退还甚至超额退还。它被认为是厂商对消费者的一种回赠。这种促销方式对品牌形象影响较小,投资费用并不算高。同时,厂商还可以从消费者寄回的申请卡上收集到有关客户的资料。现金退款对吸引消费者试用效果较好,并且可以刺激消费者多次重复购买。

(5) 联合促销。联合促销是指两个或两个以上的品牌或公司在优惠券、现金退款和竞赛中进行合作,以扩大其影响力。联合促销中涉及的各种费用按比例分摊,从而大幅降低了各自的促销投资。

(6) 售点陈列示范。售点陈列示范常常在购买现场或销售现场进行。通过精心设计商品的陈列模式和橱窗模式,在销售现场用示范表演的方式介绍产品的用途、性能等,可直接激发消费者的购买欲望和购买行为。

(7) 产品保证。产品保证就是通常所说的实行"三包",对商品在一定时间内实行包退、包换、包修,以保证消费者的利益。

(8) 买物赠物和有奖购买。买物赠物是指消费者在购买一件商品时得到一件免费或降价商品。一般有两种形式:一是免费奖励,最常见的是"买一送一"或随送一件相关商品;二是广告特制品,作为给消费者的礼品,上面通常印有厂商的名字,典型的广告特制品包括签字笔、日历、钥匙扣、茶杯等。而有奖购买则是指消费者在购买某种产品后,向他们提供现金、旅游或物品的各种获奖机会。

(9) 会员营销和"金卡制"。会员营销又称俱乐部营销,是指公司以某项利益或服务为主题将人们组成一个俱乐部形式的团体,开展宣传、促销等营销活动。加入俱乐部的条件是缴纳一笔会费,或购买一定量的产品等,成为会员后便可在一定时期内享受会员专属的权利。"金卡制"是指通过发放有一定时间期限的"金卡"或"银卡",从而享受价格折扣的促销方式。这两种方式都要求顾客先付出一定代价,然后才能享受优惠。在很多大型超市、专卖店,都运用了会员营销的方式,吸引老顾客,巩固顾客群。

2. 面向中间商的营业推广工具

(1) 价格折扣。在指定的时间内,每次购货都给予一定比例的直接折扣。这一优待鼓励了经销商去购买一般情况下不愿购买的产品数量或新产品。中间商可将购货折扣用作直接利润、广告费用或零售价减价。

(2) 折让。生产企业提供折让,以此作为零售商同意以某种方式突出宣传厂商商品的报偿,如广告折让和陈列折让。

(3) 免费品。生产企业还可以提供免费产品给购买某种新产品或购买达到一定数量的中间商。这些免费产品包括现金或礼品,也可以是附有公司名字的特别广告赠品,如年历、备忘录等。

此外，生产企业也可以为中间商提供各种服务支持来调动中间商的积极性，包括在销售地区举办展销会、培训销售人员、退货保证、奖励优胜等。

3. 面向企业销售人员的营业推广工具

面向企业销售人员的营业推广工具主要包括提供礼品广告、开展销售竞赛、提高比例分成、举办免费培训会等，以鼓励企业销售人员积极推销产品或处理老产品，或促使他们积极开拓新市场。

 技能加油站

营业推广实施过程

企业在运用营业推广时，必须确定目标，选择促销工具，制定、实施和控制方案，并对结果进行评估。下面以 A 企业生产的某款家用汽车为例，对其应如何开展营业推广活动进行学习。

微课：营业推广实施过程

第一步，确定目标。

从生产企业的角度看，营业推广的目标可以划分为面向消费者、中间商及销售人员三类。就消费者而言，目标包括鼓励消费者更多地使用商品和促进大批量购买；争取未使用者试用，吸引竞争品牌的使用者。就零售商而言，目标包括吸引零售商们经营新的商品品种和维持较高水平的存货，鼓励他们购买滞销商品，储存相关商品，抵消各种竞争性的促销影响，建立零售商的品牌忠诚和获得进入新的零售网点的机会。就销售队伍而言，目标包括鼓励他们支持一种新产品或新型号，激励他们寻找更多的潜在顾客和推销滞销商品。

那么，针对 A 企业生产的某款家用汽车，其营业推广的目标既可以面向消费者，也可以面向中间商或销售人员。当然，在不同时期，这个目标可以是单一的，也可以是相互结合的。

第二步，选择促销工具。

促销工具有很多，如果使用不当，则适得其反，因此，选择合适的促销工具是取得营业推广效果的关键因素。企业一般要根据营业推广目标对象的接受习惯和产品特点、目标市场状况等来综合分析选择促销工具。

面向消费者可选择的促销工具包括赠送样品、优惠券、现金返还、折扣让利、买物赠物、有奖购买、免费试用、联合促销、产品担保、售点陈列和商品示范等。

面向中间商可选择的促销工具包括在销售地区举办展销会、批量折扣、广告赞助、陈列资助、协助经营、附送礼品、奖励优胜等。

面向销售人员及其团队可选择的促销工具包括提供礼品广告、开展销售竞赛、举办研讨会和培训会等，这也是企业管理激励机制中的一个重要组成部分。

那么，针对 A 企业生产的某款家用汽车，当其营业推广的目标是消费者，可以选择的促销工具包括免费试用、现金返还、折扣让利、买物赠物、产品担保等。当其营业推广的目标是经销商，可以选择举办汽车展销会、批量折扣、广告赞助、附送礼品、奖励优胜等促销工具。而当其营业推广的目标是销售人员，可以选择的促销工具包括提供礼品广告（如雨伞、车载净化器）、开展销售竞赛、举办培训会等。

第三步,制订营业推广方案。

在制订营业推广方案时,根据营业推广的目标和选择的促销工具,必须对以下六方面内容做出决策。

1. 必须确定所提供刺激的大小

要获得营业推广活动的成功,最低限度的刺激物是必不可少的,并且,最佳刺激大小要依据费用最低、效率最高的原则来确定。

2. 指定参与的条件,即限定营业推广的对象

营业推广是面向每一个人还是有选择的部分人,这都会直接影响营业推广的最终效果。通常,某种赠品可能只提供给那些能证明购买的消费者等,而抽奖可能会不允许企业员工的家属或一定年龄以下的人参加。

3. 确定促销所持续的时间

时间过短,许多客户可能来不及再次购买,感觉不到促销带来的好处;时间过长,会失去其应有的效力。具体的活动期限应综合考虑产品的特点、消费者购买习惯、促销目标、竞争者策略及其他因素,按照实际需求而定。调查显示,对于快消品,最佳的频率是每季有三周的促销活动,最佳持续时间是产品平均购买周期的长度。

4. 选择好分发的方式和途径

营销人员必须确定怎样去促销和分发促销品,确保促销品及时足量到达顾客手中而不是中途被截留,这是促销的重点和难点。每一种途径的送达率和费用都不相同,各有其优点。例如,赠送纸质优惠券有四种送达方式:附在包装内、邮寄、零售店分发和附在报纸、杂志等广告媒体上。

5. 准确把握促销时机

一般应根据消费需求时间的特点并结合总的市场营销战略来定,日程的安排应注意与生产、分销、促销的时机和日程协调一致,并与战略相匹配。一般节假日或某种产品销售旺季到来前以及热销过程中都是不错的时机,例如,"双十一"和"6·18"是现在线上促销常选择的时机。

6. 拟订促销预算

拟订促销预算有两种方法可供选择:一种是从基层做起,营销人员根据所选用的各种促销工具来估计它们的总费用。促销成本由管理成本(印刷费、邮费等)和刺激成本(奖品或减价成本)构成。另一种是按照习惯比例来确定各项销售促进预算的比例。

那么,针对A企业生产的某款家用汽车,当其营业推广的目标是消费者,选择现金返还、折扣让利、买物赠物等促销工具时,可以在销售旺季到来之前或其更新换代版车型上市之前进行促销,促销所持续的时间可以设置为一周至两周。

第四步,实施和控制营业推广方案。

对于每一项营业推广工作都应该确定实施和控制计划。实施计划中要高度重视两个重要的时间概念,一个是前置时间,另一个是销售延续时间。前置时间就是准备时间,是指开始实施这种方案前所必须准备的时间。所有的准备工作必须到位,包括最初的计划工作、设计工作,以及包装材料的分发,配合广告的准备工作和销售点材料,通知现场的销售人员,为个别的区域指定配额,购买或印制特别赠品,生产预期存货,存放到分销中心准备在特定的日期发放。最后,还包括给零售商的分销工作。销售延续时间是从营业推广活动开始到结束的时间。相关时间的有效把握,对营业推广活动的实际运作和管理,确保推广方案的顺利

进行起着重要作用。在实施计划制度的制定及执行过程中,应有相应的监控机制作保障,应用专人负责控制事态进展,一旦出现偏差或意外情况,及时予以纠正和解决。

针对A企业生产的某款家用汽车,在营业推广方案实施的过程中要准确把握准备时间和延续时间,准备工作要到位,并由相关营销主管负责监控活动的开展。

第五步,评估营业推广结果。

促销结果的评估是极其重要的。每一次营销推广的结果都应该进行细致科学的评价,为后来的活动提供参考。制造商可用三种方法对促销的效果进行衡量:销售数据、消费者调查和经验。公司可以通过促销前后销售数据的对比或通过增加的消费者数量来衡量促销的效果。一般而言,如果促销活动能将竞争对手的客户转换成自己的固定客户,那么这项促销就是十分有效的。如果本公司的产品并不比竞争者好多少,那么产品的市场份额可能会回到促销前的水平。如果需要更多的信息,可通过市场调研去了解有多少人记得这次促销,他们的看法如何,多少人从中得到好处,以及这次促销对于他们以后选择品牌的影响程度。

例如,一种产品在营业推广之前市场份额为6%,营业推广期间为10%,营业推广一结束立刻下降为5%,过段时间又回升到7%。这些数据表明,企业的营销推广方案在实施期间吸引了一批新的顾客,并促使原有的顾客增加了购买量。营业推广结束后立刻下降为5%,说明顾客尚未用完前一段多购的产品。回升到7%,说明营业推广方案终于使一批新顾客成为老顾客。如果过一段时间市场份额不是7%而仍旧是6%,那就说明这项营业推广方案只是改变了需求的时间,并未增加该产品的销售量。那么针对A企业生产的某款家用汽车,就可以依据销售数据对促销的结果进行评估。

随着互联网的发展,面向消费者在线上开展营业推广活动变得很普遍,企业可以更灵活地依据不同平台特点选择多种多样的工具,同时线上信息数据的采集也使促销结果评估更加高效,但要注意的是,线上开展营业推广活动也同样需要遵循程序。

此外,弄虚作假是营业推广中的最大禁忌。先抬价再打折、虚构原价等虚假促销打折,属于欺诈行为,不仅侵害消费者的权益,还违反相关法律、法规,也是极其不道德的行为。企业在开展营业推广的全过程中,要坚决杜绝弄虚作假的短视行为,始终坚持诚信这个基本的营销道德要求。

学习活动:结合"6·18"或"双十一"线上大促,分析说明某购物平台运用了哪些营业推广的促销工具?

10.5 公共关系

公共关系一词译自英语"public relations",简称公关或PR。公共关系又可称为公众关系。20世纪80年代,在市场营销的第二次革命(由战术营销转入战略营销)中,公共关系和权力、调研、细分、优先、定位并列,成为企业战略营销的组成部分。这表现出公共关系在市场营销活动中处于越来越重要的地位。

思政园地

公 共 外 交

"公共外交"是指一国政府通过文化交流、信息项目等形式,了解、获悉情况和影响国外公务,以提高本国国家形象和国际影响力,进而增进本国家利益的外交方式。公共外交的目的是提升本国形象,影响外国公众对本国的态度,进而影响外国政府对本国的政策。目前,"公共外交"已成为各国外交的新着力点。中国要以"公共外交"建设为契机,创造良好的国际舆论环境,创新对外传播方法,增强国际话语权。

2011年,中国国家形象宣传片的人物篇亮相纽约时代广场,在纽约时代广场的大屏幕上持续滚动播放,向世界展示多元和丰富的中国形象。中国各领域杰出代表和普通百姓在宣传片中逐一亮相,让世界观众看到一个更直接、更立体的中国国家新形象。首部中国国家形象宣传片包括一部30秒长度的电视宣传片和一部15分钟长度的短纪录片。中国国家形象宣传片是为塑造和提升中国繁荣发展、民主进步、文明开放、和平和谐的国家形象而设立的重点项目,是在新时期探索对外传播新形式的一次有益尝试。

资料来源:毕思勇. 市场营销[M]. 5版. 北京:高等教育出版社,2020:295.

10.5.1 公共关系概述

1. 公共关系的含义

公共关系是指传递关于个人、公司、政府机构或其他组织的信息,以改善公众对他们的态度的政策和活动。从市场营销的角度来讨论公共关系,主要是指企业为了使社会公众对企业及其产品由了解和认知发展到认同,树立企业及其产品在社会公众心目中的良好形象,促进产品销售所进行的信息沟通活动。

现代企业的公众主要有顾客、一般消费者公众、外部企业公众、政府、媒介公众、内部公众六类,这些不同的公众就是一个企业公关活动的对象。

2. 公共关系的作用

公共关系是一种"放长线钓大鱼"的促销方式,其在企业营销中的重要作用表现在多个方面。

(1) 有利于树立企业的良好形象和提高企业声誉。企业的形象,就是公众对企业的看法和认识。当企业的形象较佳时,企业内部凝聚力就强,其产品就能赢得消费者,企业也较容易争取到各种短缺资源;反之,则寸步难行。

(2) 有利于稳定企业的营销环境。企业的营销环境虽是不可控的、多变的,但运用公共关系活动可以对其施加影响,使营销环境变得相对稳定,相对有利于企业。

(3) 有利于提高企业的预知力。开展公共关系活动,通过交往和沟通的增加,通过疏通信息传送渠道,使企业能及时了解公众的要求,了解消费需求的变化情况,了解政府意图等,从而有效地提高了企业预测市场的能力。并在新闻媒介的配合引导下,使外界公众尽快知道企业的未来意图和打算。这样通过双方的"知彼"便于协调,便于就共同关心的问题达成共识。

(4) 有利于企业被公众看作是"社会的事业"。总结现代成功企业的经验,其中重要的一条就是企业使命社会化。如果企业的事业被看作是"社会的事业",社会就会主动关心和帮助这个企业。而企业是不是被社会认可和接受,除企业对社会的贡献外,还要看企业被社会理解的程度与企业理解社会公众的程度。通过公共关系活动,可以使企业与社会相互理解成为自觉的行为。企业也就有可能取得最大成功。

(5) 公共关系较广告等促销方式具有更大的威力。公共关系是通过长期努力建立起来的,又是由第三方(即新闻媒体)做出的报道和评价,所以作用期长、可信度高、影响范围广、效果好。

此外，通过公共关系活动，有利于在社会公众中普及同本企业产品有关的正确的消费方式、生活方式等，即使本企业产品的推销有一个良好的环境，也为全社会形成健康的消费习惯作出贡献。

当然，公共关系也并非十全十美，其最大的缺点是难以控制。因为公共关系依赖于第三方的传播。企业形象或产品质量的好坏是媒体说了算，而不是企业营销人员。媒体对企业或产品的报道可能覆盖面无限扩大，但营销人员不可能预测或控制此类报道。如果新闻媒体对企业或产品发表了负面的评价，有时会给企业带来毁灭性的打击。

3. 公共关系活动的时机

（1）企业采用新技术、新设备、新工艺开发以及研制出的新产品和取得的新成就，或产品质量的改进、花色品种与功能增加时，开展公共关系活动，让公众或消费者了解企业给他们带来的益处。

（2）企业举办重要的专项活动时，包括高层领导人变动、新闻发布会、展销会、项目奠基、开业、重大纪念日和各种庆典活动等时，开展公共关系活动，让更多的公众（包括经销商、消费者）了解本企业的历史、信誉、产品和服务，巩固企业形象，提高知名度。

（3）企业产品在市场上的反应、产值、销售额和纳税等方面的重大突破，以及企业或产品获得某项荣誉时，开展公共关系活动，以提高投资者对企业的信心和兴趣，以便吸引更多的投资者和支持者，推动企业成长、壮大。

（4）企业参与社会公益事业时，包括赞助运动会、捐助希望工程、老人院和抗灾救险等。开展公共关系活动，让公众了解企业关心社会、造福社会的行动和贡献，以赢得社会公众对企业的好感与支持。

（5）企业处于经营困难或营销意图被误解时，通过公共关系活动，让公众了解企业的性质和存在的意义，以联络感情来争取公众的同情与支持，帮助企业渡过难关，增强企业抗风险的能力。

（6）企业出现严重事故或产品造成不良后果时，开展"危机公关"活动，立即向新闻界、有关家属、政府有关部门解释事故原因和处理方法，让他们了解到企业正在做出的努力和承担责任的诚意，让坏事变好事，重塑良好的企业形象。

10.5.2 公共关系活动方法

企业开展公共关系活动的常用方法主要有以下六种。

1. 新闻报道

公共关系活动主要通过新闻媒体宣传报道达到传播、沟通的目的，所以企业开展公共关系的第一要务是充分利用公众媒体进行新闻宣传。企业通过新闻报道、人物专访、记事特写等形式，利用各种新闻媒体对企业进行宣传。新闻宣传不用支付费用，而且具有客观性，是企业与一般公众进行沟通最经济和最有效的渠道，能取得比广告更为有效的宣传效果。

公共关系活动目的是让公众认识和了解企业。因此，成功的方法首先应充分利用新闻媒体进行有效的宣传：一是与新闻界保持良好的关系，使新闻公众愿意接触本企业，了解本企业，报道本企业；二是积极开展有效的宣传活动，企业不论进行何种公关活动，都不能坐等记者、编辑采访，而应

微课：[营销资料]
公共关系的
工作程序

微课：公共关
系活动方法

主动、积极地提供新闻;三是进行有效宣传关键还要抓住企业和新闻界、政界共同关心的问题,以提高"命中率"。此外,所有公共关系活动要坚持尊重事实的原则,尊重新闻道德。

2. 自我宣传

企业利用各种自我控制的方式进行企业形象宣传,也是一种积极的公共关系活动,如公开场合演讲;参与学术论坛报告;派出公关人员对公众游说;建立互联网的域名和网页;印刷和散发各种宣传资料,包括台历、纪念册、企业简介、自办企业刊物等,多方位、持续不断地对企业形象进行宣传,扩大企业的影响。

3. 资助公益

企业通过向某些公益事业捐赠以达到提高其在公众心目中的信誉的目的,形式包括资助希望小学、贫困大学生、抗震救灾,以及支持环保活动等。

4. 营造事件

企业有意识地安排一些事件,包括记者招待会、论坛、恳谈会和周年庆祝活动等,以此来吸引公众注意企业的新产品,树立企业形象。

5. 社会交往

企业必须通过一些日常的沟通、社会交往方式,尽可能地让政府有关部门、社会团体和有关人士了解企业的性质、存在的意义、发展的前景,协调同政府部门的关系,以改善企业的营销环境。这种社会交往活动不是一般的纯业务活动,而应当突出感情性,以联络感情、增进友谊为目的。具体方式包括:对有关方面的礼节性、策略性的访问;重要节日的礼仪电函、贺卡;进行经常性的情况通报和资料交换;举办联谊性的酒会、舞会、文艺晚会;组建或参与一些社会团体,同社会各有关方面发展长期和稳定的关系。

6. 内部沟通

现代企业的公共关系活动对象除社会公众外,还包括企业内部公众。所以,企业要建立健全企业内部公共关系制度,不断创新活动形式,包括对话、文体活动等,协调企业内部各部门、各方面及各职工个体的关系,尤其是注意保持企业领导同职工的沟通和交流,增强职工的向心力和归属感,充分调动职工的积极性。

此外,企业对供应商和经销商发展公共关系可采用的具体方法主要有以下几种:年度报告,如年度总结和企业经营的报告会,请供应商、经销商双方都参加,以增强企业的透明度;大型集会,如举办招待会、联欢会等,与供应商、经销商交流和培养感情,开展友好往来;产品展销会,使供应商、经销商了解企业的产品类型和质量等情况;日常业务的交谈、洽谈、接待来访和互访;为供应商和经销商提供业务咨询、广告服务,提高他们的知名度;安排供应商、经销商参观企业,以便让他们亲眼看到企业的工作情况。

学习活动: 查阅资料,谈一谈你所关注的某个企业的公关活动开展情况,并说明其公关活动的方法和作用。

10.5.3 危机公关

企业在生产经营过程中从来都不是一帆风顺的,危机常常"出其不意,攻其不备",尤其是进入信息时代后,人人都是自媒体,危机信息的传播比危机本身发展要快得多。而且危机一旦爆发,其破坏性的能量就会被迅速

动画:危机公关

释放,如果不能及时控制,危机会急剧恶化,使企业遭受更大损失。

危机公关就是指企业或产品因某些事故、意外或灾难而使企业形象受到损害时,企业及时采取对策,尽快向公众澄清事实,调动公关范围内的一切手段,恢复和巩固公众信任的公关方法。

危机的出现是任何一个公司无法避免的,面对危机,积极成熟的公司总是能够防止可以预防的,延迟不可避免的,减轻已经发生的,化"危"为"机",这也是企业的一种积极的公共关系活动。

危机管理学中著名的海恩法则表明,每起严重事故的背后,通常有30次左右的轻微事故、300次左右的未遂事故先兆和1000起左右的事故隐患。因而企业平时就要建立起危机隐患的监控机制,在危机苗头出现时及早处理,防微杜渐。

危机一旦爆发,则具有意外性、聚焦性、破坏性和紧迫性四大特点。下面介绍危机公关的5S原则。

1. 承担责任原则

在危机公关的处理中,公众注意力的焦点,一是谁来承担责任,二是公众情感是否获得补偿。即使事故中的另一方可能也存在过错,企业也应主动承担大部分责任,而不是首先对另一方进行责任追求。同时,企业应更多地和公众进行情感上的交流和沟通,而不是一味在谁是谁非上过多纠缠;应当通过感性的、心理层面的交流来获得公众的理解和支持,即承担责任原则(shoulder the matter)。

2. 真诚沟通原则

在企业危机公关中,公众并不关心企业怎么说,而关心企业怎么做、如何做。这其实是一个态度的问题。企业应当诚实地面对公众,并拿出最大的诚意与公众进行沟通,消除疑虑与不安,即真诚沟通原则(sincerity)。

3. 速度第一原则

危机爆发后的12~24小时是最关键的时间段,消息会像病毒一样高速传播。因此公司必须当机立断,快速反应,与媒体和公众进行沟通,从而迅速控制事态,否则会扩大危机范围,甚至可能失去对全局的控制,即速度第一原则(speed)。

4. 系统运行原则

危机公关是一项系统工程。在进行危机管理时,企业必须注重系统运作,组建专门的团队来进行统筹安排,处理危机公关各项事宜,即系统运行原则(system)。在逃避一种危险时,不要忽视另一种危险,绝不可顾此失彼。

5. 权威证实原则

由于公众的防备心理,危机发生后,企业应当请有公信力的权威第三方为自己作证,消除公众的戒备心态,重新赢得公众信任,即权威证实原则(standard)。危机公关做的成功,不仅可以化解危机,还可以危中取机、化危为机。

威廉·班尼特曾提出过五种危机传播战略:否认、推诿责任、减少敌意、道歉和亡羊补牢。肯德基针对苏丹红事件的危机公关就体现了五种危机传播战略的运用。2005年肯德基被曝出烤翅调料中含有致癌物质苏丹红,引起舆论哗然。肯德基先是发声明进行了简单否认,再运用转移视线的战略,将根源指向上游供应商,并表示将积极配合调查。同时,为了减少敌意,肯德基马上停止了问题产品的销售,主动配合各种正面采访,以消除消费者的顾虑和敌意。事件发生后,肯德基总裁第一时间公开诚恳道歉,承担相应责任,后期又采取了一系列的亡羊补牢的措施来保障整体供应链的安全,包括严格的供应商准入机制、设立食品安全官等。苏丹红事件的顺利解决体现了肯德基危机公关有充足的忧患意识和快速的反应速度。

真正的"危机公关"就是事前的防范和完善的预警机制。企业必须建立整套危机公关的体系,包括风险预估、危机信息监测、沙盘推演危机演化、高效完备的产品召回制度等,必要时还应聘请专业顾问或机构对企业公关体系进行检测。危机隐患的监控机制能使企业做到在危机苗头出现时及早处理,防微杜渐。对于危机状态,企业事先就要有紧急预案,一旦出现意外,就启动预案,以便有条不紊地化解危机。此外,也要坚持企业形象高于成本的思想,做好内部和外部公关,切实做好与媒体的沟通工作。

学习活动:查阅资料,列举一个成功的危机公关案例和一个失败的危机公关案例。

▲▲ 同 步 训 练 ▲▲

自我检测

一、选择题

1. 不同广告媒体所需成本是有差别的,其中最昂贵的是（   ）。
   A. 报纸　　　　　B. 电视　　　　　C. 广播　　　　　D. 杂志
2. 为建立良好的企业形象,企业应大力采用的促销方式是（   ）。
   A. 广告宣传　　　B. 营业推广　　　C. 人员推销　　　D. 公共关系
3. 某省机械厂生产纺织机械,目标顾客是全国纺织企业。根据产品性质和销售范围,促销方式主要应为（   ）。
   A. 广告　　　　　B. 公共关系　　　C. 人员推销　　　D. 营业推广
4. 营业推广的主要特点是（   ）。
   A. 短期效果显著　B. 方式灵活　　　C. 双向沟通　　　D. 提供服务
5. 促销的本质是（   ）。
   A. 出售商品　　　B. 传递和沟通信息　C. 建立关系　　　D. 寻找顾客
6. 营业推广作为一种促销方式,具有（   ）特征。
   A. 常规性　　　　B. 辅助性　　　　C. 经常性　　　　D. 连续性
7. 推销过程的关键性环节是（   ）。
   A. 接近　　　　　B. 介绍　　　　　C. 应付异议　　　D. 成交
8. 儿童智力玩具一般宜选择（   ）作为广告媒介。
   A. 报纸　　　　　B. 广播　　　　　C. 电视　　　　　D. 杂志
9. 制定促销组合策略要考虑的因素主要有（   ）。
   A. 促销目标　　　B. 产品性质　　　C. 促销对象
   D. 促销预算　　　E. 市场特点

二、简述题

1. 简述各种促销方式的特点。

2. 什么是整合营销传播。
3. 简述人员推销的程序。
4. 广告的五个构成要素是什么?
5. 列举广告媒体选择的五个要素。
6. 简述广告决策程序。
7. 举例说明面向消费者的营业推广工具。
8. 简述营业推广实施过程。
9. 公共关系活动的方法有哪些?
10. 什么是危机公关?

案例分析

健力宝荣登"中国魔水"宝座的秘诀

健力宝是我国民族饮料中为数极少的世界知名品牌,被誉为"中国魔水",曾成功地进入美国超级市场销售网络系统,深受广大消费者青睐。其成功之一是实施了全方位多渠道立体式的整合营销传播,即"六个一"。

"一种脸"。从产品名称到企业名称都冠以健力宝,统一品牌和商标,采用相同的包装图案、标志和色彩,制作一样的广告宣传画册、广告词、广告歌。既减少设计制造费用,又扩大企业的声势,使广大消费者印象深刻,易于辨认。

"一支枪"。先后与中央电视台、广州电视台、珠江电影公司电视部等进行合作,形成从中央到地方三级电视宣传网,及时地传播健力宝有关信息,并在全国90多个电视台的《体育世界》《旅游航班》等专栏中建立自己的电视形象。

"一支笔"。分别在《人民日报》《南方日报》《广州日报》、中国香港《大公报》《文汇报》以及美国《中报》、新加坡《星洲日报》等中外百家报刊先后发表有关健力宝的文章1000多篇和大量图片,并自办《健力宝报》。

"一张嘴"。与各级电台建立友好关系,在国际电台开辟专栏,与电台联办各种竞赛活动、联欢活动宣传推广企业形象。

"一个队"。依托体育,赞助体育,包括无偿为国家队提供饮料、赞助全运会和亚运会、组建中国健力宝少年足球队等,从而引起人们的广泛关注。

"一大奖"。即连续四年搞有奖大酬宾,一方面是为了报答消费者的厚爱,另一方面是以此巩固和扩大自己的领地,形成轰动效应。

资料来源:杨群祥. 市场营销概论——理论、实务、案例、实训[M]. 3版. 北京:高等教育出版社, 2019:221.

思考与分析:
1. 分析健力宝在整合营销传播的主要策略。
2. 联系实际,谈谈现代企业应如何创新营销传播。

德技并修

"信息咨询费"

在产品销售过程中,某设备供应商代表通过与采购方资料员的"私人交往"索取到采购方公司的内部信息,结果设备供应商以高出市场价10%的价格获得合约。事后,设备供应商代表支付10万元给采购方资料员作为"信息咨询费"。

问题:
1. 本案例中存在哪些道德伦理问题?对这些问题做出道德研判。
2. 从促销策略与道德研判角度对"信息咨询费"做出评价。

团队实战

1. 训练目标:能够应用促销相关知识,基于广告、人员推销、营业推广、公共关系各自的促销特点进行组合,提出与产品特点和营销目标相匹配的促销方案。

2. 训练要求:2022年6月,东方甄选直播间里同时在线的观众首次突破40万人。成千上万的网友涌进东方甄选的直播间,看主播如何"双语带货"并下单支持。据专业直播数据分析平台统计,东方甄选直播间连续数天成交额都超过3000万元。

但随着东方甄选的出圈,争议也随之而至。有网友晒出了收到的已经发霉长毛的生鲜商品,也有媒体质疑其售价6元一根的玉米成本太低。与此同时,新东方在线的股价也好似坐过山车,从3港元冲到33港元后,又回落至17港元。市场也在争论:新东方在线转型直播助农的营销新道路,到底能不能走得通?

(1) 团队分工协作,广泛收集相关资料,找出东方甄选爆红的关键点。

(2) 从为消费者提供长期优质的购物和消费体验出发,灵活运用多种促销方式,设计促销组合方案。

(3) 形成文字材料并制作PPT进行呈现分享。

项目 11 营销组织与控制

学习目标

知识目标

1. 了解市场营销计划、组织与控制的基本概念以及三者之间的相互关系;
2. 明晰市场营销组织的多种形式;
3. 熟悉市场营销计划执行的过程、控制的方法。

能力目标

1. 能够编制年度、季度、月度等不同期限的市场营销计划;
2. 能够根据市场营销计划较好地进行执行和控制;
3. 提升团队协作、沟通表达、思考分析、善恶研判、信息处理的能力。

素养目标

1. 践行社会主义核心价值观,培养勇于担当社会责任的良好品质;
2. 传承中华优秀传统商业文化讲仁爱、重民本、守诚信、崇正义的思想精髓;
3. 培养科学、理性、严谨的工作态度,以及团队协作意识;
4. 构建科学系统的营销思维模式和整体运营的职业全局观,树立以人为本,全面、协调、可持续的科学发展观。

思维导图

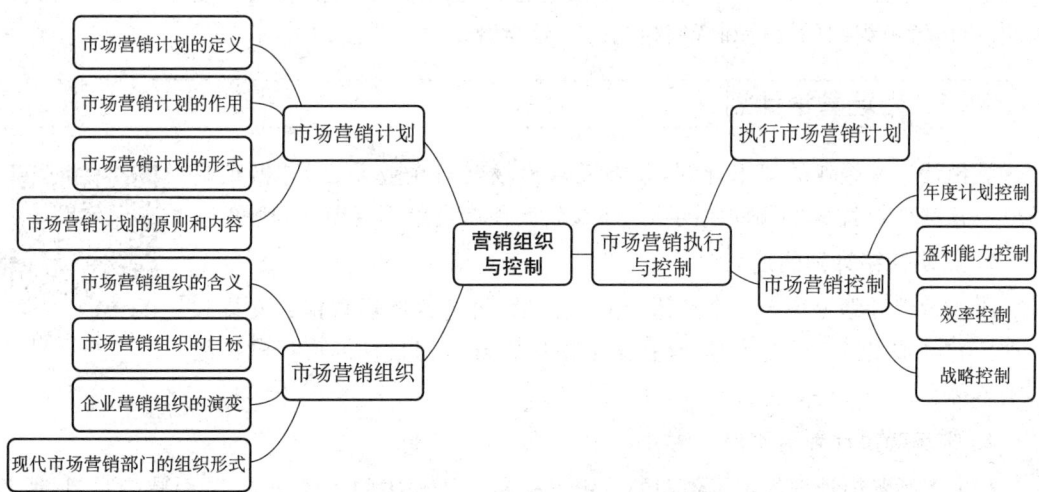

▲ 引入案例　IBM 的组织结构 ▲

IBM 几乎是全世界最为复杂的机构之一，一是规模大，地域分布范围广。二是几乎每一个机构甚至每个人都是 IBM 实际或潜在的客户。三是 IT 业基础技术发展的比率和速度非常快。四是 IBM 的员工众多。

1993 年，郭士纳刚刚接手 IBM 时，这家超大型企业因为机构臃肿和孤立封闭的企业文化已经亏损高达 160 亿美元，正面临被拆分的危险。郭士纳入主 IBM 后，力主把 IBM 从制造商转型为服务商，从技术导向转为顾客导向。为此，他对 IBM 的组织机构、品牌、薪酬进行了大刀阔斧的改革。

组织机构方面，他改变了 IBM 内部的基本权力结构，打破地域分割各自为政的局面，组建拥有全球性行业团队的全球公司。以客户为基础，将公司划分成了 12 个集团：11 个行业集团和 1 个涵盖中小企业的行业集团。对非核心资产和不盈利单位，坚决实施"关停并转"，推进新型有效的绩效考核机制，简化组织结构。

品牌方面，郭士纳选择奥美广告公司全权代理 IBM 的所有广告业务。1994 年奥美广告代理公司以"四海一家的解决之道"为题发动了第一次战役，富有创新精神的电视插播广告节目受到了热烈的欢迎。

工资待遇方面，郭士纳对公司的工资待遇制度进行了股权、福利等四个主要方面的改革，建立了完全的绩效工资制。IBM 所有的支出都将建立在市场基础之上，员工个人收入会因市场的变化及各自不同的工作绩效而不同，奖金也建立在业务绩效以及个人贡献的基础上。

在郭士纳为 IBM 掌舵的九年间，IBM 持续赢利，股价上涨了 10 倍，成为全球最赚钱的公司之一。

资料来源：毕思勇. 市场营销[M]. 5 版. 北京：高等教育出版社，2020：311.

通过案例可知，在信息化时代，巨型企业也需要战略，才能面对市场变化及时反应，掌握主动权。而企业制定的市场营销战略与策略能否得以顺利实施，很大程度上取决于营销计划的制订、营销组织的设计和营销控制的有效与否。

11.1　市场营销计划

营销计划是企业的战术计划，如果说营销战略对企业而言是"做正确的事"，营销计划就是"正确地做事"。那么到底什么是市场营销计划呢？

1. 市场营销计划的定义

市场营销计划是关于某个具体产品、品牌如何进行市场营销的安排和要求。它的重点是产品与市场，是在某个市场实现营销目标的市场营销战略的具体化。

微课：市场营销计划

2. 市场营销计划的作用

(1) 市场营销计划规定了预期的营销目标和需要解决的主要问题，从而减少盲目性，提高预见性，增强应变能力。

（2）市场营销计划可使企业进一步明确市场营销环境的影响,最大限度地减少风险。

（3）市场营销计划明确了为达到营销目标而采取的营销策略和行动方案,便于营销人员进行任务分工,明确各自的职责,从而积极主动地去完成具体任务。

（4）市场营销计划使企业的营销活动变得经济合理。

（5）市场营销计划是营销组织实施、控制、监督的依据,保证营销任务和目标的实现。

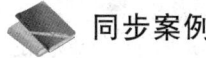

同步案例

京东的"刀锋利润"

2022年央视春晚期间,京东一共发出了15亿元的红包,是历年春晚红包的最大手笔。春晚期间的累计互动次数达到691亿次,不仅带来了大量新增用户,也使京东在整个春节期间的成交额同比增长50%以上。在这些亮眼的数据背后,京东经历了一次严苛的大考。

（1）时间紧。从京东拿到春晚红包赞助权(1月3日)到春晚(1月31日)只有27天,与往年的赞助商相比,留给京东的时间是最短的。

（2）任务重。春晚期间最高可能有6亿人抢红包。6亿人是什么概念呢?京东一年的活跃用户数是5.7亿,相当于比一年活跃用户总数还多的人会在春晚4小时内全部涌进App。这个流量也相当于京东"6·18购物节"当天流量的6倍。

（3）强度大。据京东云团队估算,他们至少需要在原有2.5万台服务器的基础上,再新增1.5万台服务器,才能应对春晚流量高峰。但是春节期间服务器供应商面临"芯片荒",根本没有办法解决这个难题。

面对春节流量大潮与数据处理难题,京东团队采取创新策略方案:"七借七还、极限腾挪"。具体做法是:春晚发7次红包,在每次抢红包洪峰的几分钟内先借算力,然后马上还回去,下次发红包时再借。这就要求京东1.5万台服务器共计100万颗的CPU(中央处理器)要借助京东云之前研发的"云舰"系统,在两分钟之内切换工作内容,而且每颗CPU上的计算要平稳顺滑,不能抖动;同时还要"提前预埋",即通过遍布全国各地的小机房提前做好红包静态数据。

努力得到回报,京东并没有在服务器上花费巨额的投入,而是通过精准计划编制、优质标准服务和聚焦效能增高,以"抠门"的方式圆满完成了春晚红包营销的重要任务。而"抠门"的背后是京东一直强调的"刀锋利润":用低廉的成本,提供稳定的服务。所以,只有缜密的方案、有效的实施与监控,才能保证营销活动取得预期效果。

资料来源:王鑫,饶君华.市场营销基础[M].北京:高等教育出版社,2023:249.

3. 市场营销计划的形式

不同企业由于经营的产品、组织机构形式以及对营销工作重视程度不同,因而市场营销计划的具体表现形式多种多样。按计划时期的长短可分为长期计划、中期计划和短期计划三大类。长期计划一般是五年以上,短期计划通常为一年的年度计划。按计划涉及的范围可分为总体营销计划和专项营销计划,总体营销计划是制订各种专项营销计划的依据。按计划的作用可分为进入计划、撤退计划和应急计划。其中,撤退计划是企业根据市场营销环境和内部条件的变化,准备从原来营销项目中撤出的计划。

4. 市场营销计划的原则和内容

制订市场营销计划,应遵循五个原则,即整体性、可行性、经济型、灵活性和连续性。一般来说,市场营销计划包括八项内容。

(1)内容提要。市场营销计划首先要有一个内容提要,即对主要营销目标、营销对象、时间跨度、措施等做一个简单概括的说明。

(2)当前营销状况分析。这部分在计划中比较重要,能不能把当前市场的营销状况分析清楚是做这个计划的基础,具体包括市场、产品、竞争、分销渠道和宏观环境等背景数据。

(3)风险与机会。在营销现状分析的基础上,围绕企业及相关产品找出主要的市场营销机会和威胁、优势与劣势,以及面临的问题。每一个企业只有分析了市场机会与问题,找出优势与劣势,才能扬长避短。

(4)营销目标。营销目标是市场营销计划的核心内容,营销目标包括市场占有率、销售额、利润率、投资回报率等。目标要用数量化指标表达出来,要注意目标的实际、合理,并应有一定的开拓性。

(5)营销策略。营销策略是指达到上述营销目标的途径和手段,包括目标市场的选择和市场定位策略、竞争策略、营销组合策略、营销费用预算等。

(6)营销活动程序。营销策略还要转化成具体的活动程序,内容包括要做哪些活动,何时开始,何时完成,由谁负责,需要多少成本。按上述内容为每项活动编制出详细的程序,以便于执行和检查。

(7)营销预算。营销预算是指营销计划中编制的各项收支的预算,收支的差额为预计的利润。简单地说就是从财务方面对整个计划进行预测。

(8)营销控制。营销控制是市场营销计划中的最后一部分,是对计划执行过程的控制,典型情况是将计划规定的目标和预算按月分解,以便于企业高层管理者进行有效的监督与检查,督促未完成计划任务的部门改进工作,确保市场营销计划的完成。

学习活动:每个团队任选一种熟悉的生活用品,从市场营销计划的八项内容思考分析,为其制定年度、季度和月度工作计划,以PPT的形式进行汇报。

11.2 市场营销组织

11.2.1 市场营销组织的含义

市场营销组织是指企业内部涉及营销活动的各个职位及其结构,是企业为了实现预定的营销目的,而使全体营销人员通力协作的科学系统。

11.2.2 市场营销组织的目标

1. 激励营销人员实现营销目标

企业营销活动是由营销人员来实施的,所以在市场营销组织中,对营销人员的激励与管理是重要的目标。营销高级管理人员需要通过设计合理的组织结构和科学有序的行为规范,营造和谐的人际关系及合作性竞争的良好氛围,以激发营销人员为实现组织目标而努力。

微课:市场营销组织

2. 对市场变化做出快速反应

市场营销组织应不断适应外部环境，并对市场变化做出积极反应。企业可以通过多种途径把握市场变化。在了解市场变化后，企业的反应涉及整个营销活动，从新产品研发、定价直至包装等都要做出相应调整。

3. 使市场营销效率最大化

企业内部存在生产、销售、财务、人事等多个专业化分工的部门，为避免这些部门间的矛盾和冲突，市场营销组织要充分发挥其协调和控制功能，确定各自的权利和责任。

4. 代表并维护消费者利益

企业若奉行现代市场营销观念，就必然要将消费者利益放在第一位，而这个职责主要由市场营销组织来承担。虽然有的企业利用营销研究人员的市场调查等来反映消费者的呼声，但仅此是不够的，企业必须在管理的最高层面上设置营销组织，以确保消费者的利益不受到损害。

建立市场营销组织本身并不是企业的最终目的，而是使企业获得最佳营销效果的有效手段。因此，企业市场营销组织的目标归根结底是帮助企业又好又快地完成营销任务，实现企业的经营目标。

11.2.3　企业营销组织的演变

企业的营销部门是指为实现营销目标、实施营销计划而面向市场和顾客的职能部门，是企业内部联系其他职能部门从而使整个企业形成营销一体化的核心。营销组织的设置要受到三个方面因素的制约：一是国家的经济体制和宏观环境；二是企业的市场营销观念；三是企业所处的发展阶段、经营范围、业务特点等。市场营销组织的设置必须适应市场环境的变化而不断地做出调整。

现代企业营销部门的组织形式大体经历了以下几个发展阶段。

1. 简单的销售部门

一切公司在创办时都有三个简单职能：筹措和管理资金以及记录账簿（财务会计）；生产产品或提供服务（运作）；推销产品或服务（销售）。这时简单的销售部门反映企业是以生产经营观念为指导思想的。

2. 带有附属职能的销售部门

企业经过初创阶段之后步入正轨，进一步发展壮大，对于市场调研、新产品开发、广告宣传和售后服务等职能提出了更高的要求。这时的销售部门带有附属职能，以推销观念为企业经营指导思想。

3. 独立的营销部门

独立的营销部门是随着经济的发展和企业规模的扩大而产生的。企业销售量的不断增长，使市场竞争日益加剧，原有销售机构已不能适应市场环境变化需要。公司开始单独设立营销部门，营销经理直接向总经理或执行副总经理汇报工作。

4. 现代营销机构

现代营销机构是随着市场营销观念成为企业的生产经营指导思想而产生的。市场营销观念的确立，使企业的一切营销活动都以消费者为中心，"顾客就是上帝""让顾客满意"的消费导向开始确立,并成为贯穿于企业运营始终的企业哲学,这时企业才能称得上是完全意义上的现代营销企业。

同步案例

阿里调整大淘宝架构

2022年1月6日,阿里集团中国宣布原淘宝天猫业务的新组织架构。新架构将"全面聚焦用户体验、客户价值,消除惯性思维,鼓励机制创新",设立产业运营及发展中心、平台策略中心、用户运营及发展中心。

有专家认为,淘宝、天猫的融合还是希望能够降低组织成本,提高组织效率。同时,应对用户的消费升级。首先,阿里本身在天猫和淘宝内部的组织效率低、成本高,内耗比较厉害,协同效应也没有达到预期;其次,就是消费者端和商家的变化。阿里没有过多的投入和心力去经营那么多平台,尤其是在一个体系里。融合后,对于用户来说,可以在一个平台或者是在一个体系里更好地满足需求,获得更好的用户体验和更多的选择;对于品牌来说,不管是人员上还是资金上,有一些投入可以减少。而在阿里的相应部门组织的沟通和协调上,也会更加有效率,缩短沟通时间。

如何更好地利用一个平台或者是融合后的一体化这种思路,去更好地服务用户不同层次的不同层面的需求,阿里之前没有这样的组织来支撑。组织上的调整是要支撑业务的发展。所以目前来看,这三个中心就是为了应对更激烈的竞争,以及商家和消费者的变化做出的调整。

资料来源:杨勇,陈建萍. 市场营销:理论、案例与实训[M]. 5版. 北京:中国人民大学出版社,2023:312.

11.2.4 现代市场营销部门的组织形式

现代营销部门的组织表现为多种形式,但所有的市场营销组织都必须与营销活动的各个领域——职能、地域、产品和消费者市场相适应。通常有以下六种组织模式可供选择和参考。

1. 职能型组织

职能型组织是最常见的市场营销组织形式(图11-1)。这种形式强调市场营销的各种职能,管理简单方便。不过,随着产品种类的增多、市场的扩大,这种形式会失去其有效性,因为一是制定的规划与具体的产品及市场可能不相适应,因为没有人对某种产品或某个市场负完全责任,不受职能型专业人员欢迎的产品常常被漏掉;二是每个职能群体都争取要获得更多的预算和更高的地位,营销经理不得不经常仔细地审查职能型专业人员有竞争力的主张,并解决难于协调的问题。

微课:[营销资料]
市场营销岗位分类

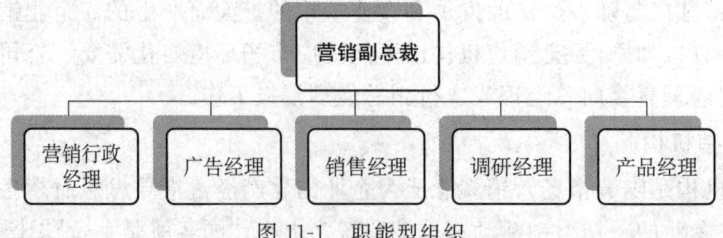

图11-1 职能型组织

2. 地区型组织

规模较大并在全国范围内销售产品的企业,为了适应不同区域市场的特点,通常按地理区域设置营销机构,安排销售队伍(图11-2)。例如,在某组织机构中,一个全国销售经理负责四个大区销售经理,每个大区销售经理又负责六个区域销售经理,每个区域销售经理又负责八个小区销售经理,后者每人又负责十个销售人员。

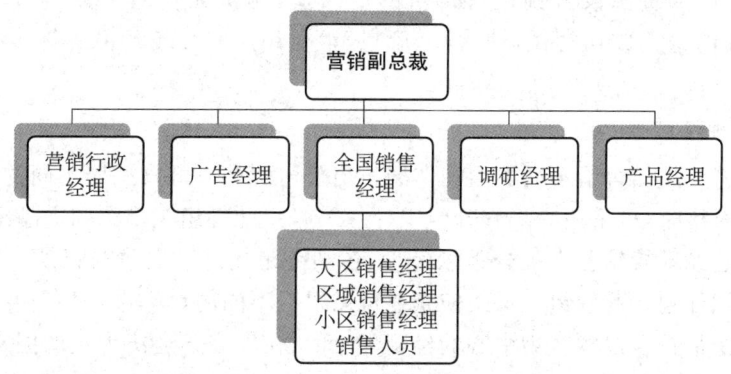

图11-2 地区型组织

例如,跨国性的企业欧莱雅集团将自己的全球市场划分为欧美、亚太、拉美、东欧、非洲和中东六个大区,在此基础上再向下延伸。加多宝把中国划分成为华东、华中、华北、华南、西北、西南六大区域销售市场,每一个区域市场都有一个总的经销商,在总经销商的协调指挥下发展分销商。

有些公司现已增设地方市场专家来支持大销量市场中的销售工作,这有助于帮助公司总部营销经理调整他们的营销组合,以求得最大限度地利用市场机会。同时,地方市场专家还将制订年度和长期发展计划,并在总公司营销人员和地区销售人员之间起到联系沟通的作用。

3. 产品和品牌管理组织

生产多种产品和品牌的公司往往要设立产品或品牌管理组织,即总产品经理下设若干产品大类经理,产品大类经理下设若干产品经理,每个产品经理负责若干具体产品(图11-3)。

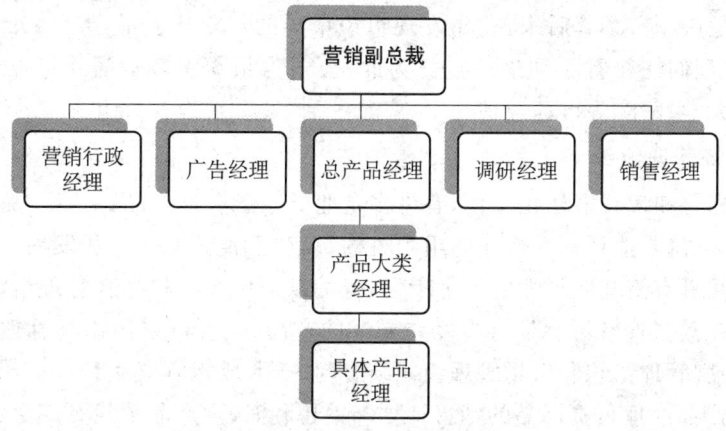

图11-3 产品和品牌管理组织

但需注意的是,产品或品牌组织并不能代替职能型管理组织,只是作为一个管理层次存在,而且并非所有企业都需要产品或品牌管理组织,只有那些产品差异很大,或产品太多,致使职能型组织无力管理时,设置产品或品牌组织才有必要。

产品和品牌管理组织由宝洁公司首创,其选拔产品(品牌)经理专门负责某个产品的主要工作,并且对这个产品的成败担负根本职责。通过企业产品内部竞争,使企业资源得到足够利用,把有限的资源投入到最有价值的产品上,淘汰无价值产品,使产品活力更强。例如,宝洁公司的这一成功尝试,使食品、肥皂、卫生用品和化工用品等许多行业的企业纷纷效仿。

4. 市场管理组织

许多公司将产品出售给不同类型的市场。当公司的客户可以按照不同的偏好和购买习惯细分而区别对待时,可采用市场管理组织(图 11-4)。此种组织形式和产品组织形式类似,即由一个市场总经理管辖若干细分市场经理,各细分市场经理负责自己所管辖市场发展的年度计划及长期计划。此种组织形式使企业可以根据不同的目标市场的需要开展一体化服务。此种方法是最符合以顾客为中心的经营理念的,在以市场经济为主的国家中,此种组织形式被越来越多地采用,尤其是在产品的种类不是很多的情况下。

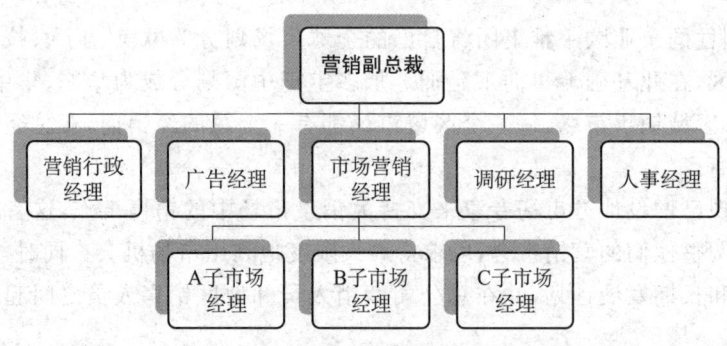

图 11-4　市场管理组织

例如,著名的食品制造商亨氏公司原来采用以产品为中心的组织形式,设有调味品、布丁等产品经理。但由于亨氏公司的客户既有食品杂货商,又有各类组织团体,如医院、餐馆、学校,因此每位产品经理要同时负责这两类市场的销售——前者最终面对的是消费者市场,而后者面对的是产业市场。后来,公司发现组织市场的需求比食品杂货商市场的需求发展得快,而产品经理们往往看不到这一点。为此,公司为组织市场设置了一个独立的营销组织,下设中学、大学、医院等市场经理。

5. 产品市场管理组织

在产品多样化和市场多样化年代,有许多企业既生产多种产品,又将产品向多个市场投放。这时,它们就需要选择一种恰当的组织机构,以利于企业的生存和发展。如果它们的产品经理能够熟知具有高度差异性的各个市场,就可以采用产品和品牌管理组织;如果它们的市场经理了解在其主管市场上具有高度差异性的产品,也可以采用市场管理组织。企业还可以把产品、品牌管理组织和市场管理组织结合起来,形成矩阵式组织——产品市场管理组织(图 11-5)。产品经理负责产品的销售计划和销售利润,为产品寻找更广泛的用途;市场经理开发现有和潜在的市场,着眼于市场的长期需要,而不只是推销眼前的某种产品。

这种组织模式适用于经营范围广、客户分散、规模大的多元化企业。好处是分工很细，各司其职；不足之处是容易因权力和责任界限不清而产生矛盾，且管理费用相对较高。

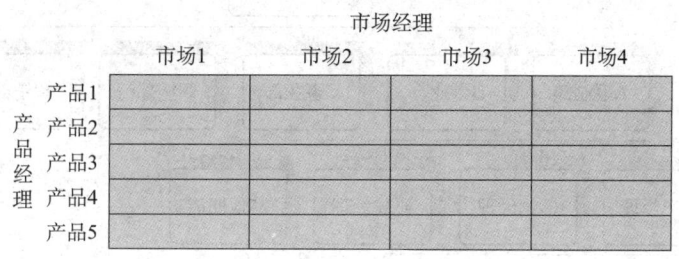

图 11-5　产品市场管理组织

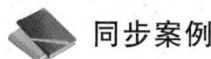

新华文轩的营销组织变革

脱胎于新华书店系统的新华文轩，其传统业务主要由三部分构成：教材教辅发行、图书与音像零售、出版支持与服务。其中，教材教辅发行的收入占比在80%左右，而一般图书零售的比重约15%。面对大众图书领域异常激烈的竞争，如何建立富有活力、连锁经营的大众图书零售体系，成为新华文轩面临的重要挑战。

新华文轩通过营销组织再造构建了新的商业模式：通过强化连锁书店、物流配送体系和信息平台，提升渠道规模优势；通过打造全国性中盘物流网络、探索与出版社的协同创新，向产业链上下游延伸。新华文轩对营销组织的重新设计，建立在规模效应、协同效应、互补效应之上，并将其与整合效应融合在一起，形成了新的稳定的盈利模式。较高的优势资源集中度带给公司的发展空间与发展速度，将使公司逐步摆脱依赖教材教辅的单一盈利模式。企业的主业盈利结构将调整为教材占20%，教辅占30%，零售占20%，中盘（即上接出版社、下达小型批发零售单位的分销业务）占20%，还有10%来自自有产品。

作为新华书店系统与图书发行业改制的试点，新华文轩营销组织自我改造与行业整合无疑具有积极与示范意义。经过组织变革，新华文轩在行业中的排名从2015年的第26位提升到2019年的第7位，连续四年保持增速第一，2021年营业收入首次突破100亿元。

因此，企业要具备与时俱进的创新发展理念，结合信息化、网络化发展趋势，整合内在综合优势，实现资源共享，打造高效的营销组织结构，强化营销活动创新，使生产成果能快速切入市场，为企业提供更大的生存空间和发展机遇。

资料来源：王鑫，饶君华. 市场营销基础[M]. 北京：高等教育出版社，2023：263.

6. 事业部组织

当多种产品经营企业的规模发展到一定程度时，企业就会将其较大的产品群组建成一个独立的事业部。事业部是在企业总部下设立的按产品或地区独立核算的组织机构（图11-6）。采用这种组织形式时，企业总部只负责对大政方针、战略计划的决策。事业部独立经营，对总部负利润责任，是企业下属的一级分权单位。各事业部下面往往设立有齐全职能的机构组织。这样的组织形式有利于调动各事业部的积极性，经营活动较稳定，特别有利于跨国公司的发展和国际竞争的需要。

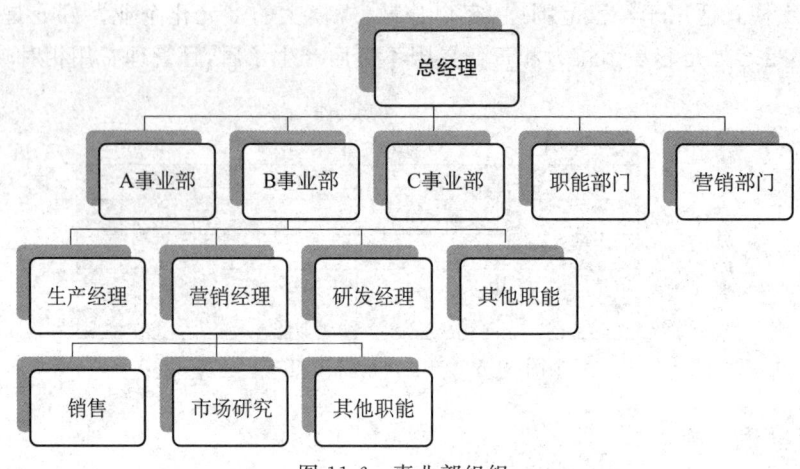

图 11-6 事业部组织

例如，海尔集团流程化后的组织结构，就采用了事业部组织形式。再有，2019年1月，联想中国区进行组织架构调整，以用户为中心，在渠道、营销、客户关系、服务等方面推动了诸多变革，成立相应的大客户事业部、中小企业事业部和消费者事业部，聚焦"大客户、中小企业客户、消费者"三大客户群，通过"谁更贴近客户、更快速洞察需求变化、快速顺应客户旅程变迁"寻求制胜的关键。

 同步案例

苏宁的组织架构转型

众所周知，苏宁最早以家电连锁闻名，触网后的苏宁开始打造线上线下混合体，并将业务扩展到地产及银行，并更名为苏宁云商。为了与业务变革相配套，苏宁全面启动了架构的转型，在整个集团方面，重点构建总部管理层、总部经营层、地区执行层；成立了连锁开发管理总部、服务物流管理总部、市场营销管理总部、财务信息管理总部、行政人员管理总部、连锁平台经营总部、电子商务经营总部和商品经营总部，将负责各项业务的管理；组定了60大区，各项业务在当地进行本地化的经营。此次架构调整，线上线下两大开放平台、三大经营事业群、28个事业部、60个大区组成了苏宁的联合舰队。

文本：[同步案例] 华为的"铁三角" 营销团队

从苏宁的架构转型可以看出，营销环境的变化推动着营销组织的变革，因为再好的营销策略也要靠具体的企业组织去实施，才能获得效果。

资料来源：岳俊芳，吕一林. 市场营销学[M]. 5版. 北京：中国人民大学出版社，2019：147.

学习活动：通过查找资料，选择某一企业分析其所采取的市场营销组织形式及其优缺点。

11.3 市场营销执行与控制

计划的执行和控制是营销部门所从事的两项具有连续性和相关性的主要工作。即使是最优秀的市场营销计划，不执行也等于零。所以，有了市场营销计划后，就要积极执行，合理

控制,努力实现计划目标。执行和控制市场营销计划是市场营销管理过程的一个极其重要的步骤。

11.3.1 执行市场营销计划

执行市场营销计划是指将营销计划转变为具体营销行动的过程,即把经济资源有效地投入到企业营销活动中,完成计划规定的任务,实现既定目标的过程。企业要有效地执行市场营销计划,就必须建立起专门的市场营销组织。

微课:市场营销执行与控制

企业的各个职能部门由于其所承担的具体任务不同、考虑问题的角度不同,彼此之间不可避免地会出现一些矛盾。例如,产品的开发部门可能更注重产品的内在品质和功能特点,而营销部门可能更重视产品的市场推广价值和顾客反应;工程部门可能更注重较少型号扩大批量以减少成本,而营销部门可能更注重较多型号以满足不同的消费者需要;供应部门可能更重视原料价格,而营销部门可能更注意材料质量;营销部门希望增加促销预算,而财务部门有可能怀疑这种促销开支是否值得。企业的市场营销组织通常由一位营销副总经理负责,其任务有两方面:一是合理安排营销资源,协调企业营销人员的工作,提高营销工作的有效性;二是积极与生产、财务、研究、开发、采购和人事等部门的管理人员配合,促使公司的全部职能部门和所有员工同心协力,千方百计满足顾客的需求,保质保量地完成市场营销计划。

实际上,营销部门在开展营销工作时的有效性,不仅依赖于营销组织结构的合理性,而且取决于营销部门对营销人员的选择、培训、指挥、激励和评价等活动。只有选择合适的营销管理人员,充分调动他们的工作积极性和创造性,增强其责任感和奉献精神,把计划任务落实到具体部门和具体人员,才能保证在规定的时间内完成计划任务。可见,高效合理的营销组织和德才兼备的营销人员是执行计划的必备条件。

11.3.2 市场营销控制

市场营销控制是指对营销战略和计划的效果进行评估和衡量并采取修正措施以确保营销目标的实现的整个过程。市场营销控制的目的是能够使企业各项运作活动具有高效率和高收益性。因此,在执行营销计划时,必须进行严格的监督和控制,才能有效地避免和纠正在营销活动中可能出现的各种偏差。市场营销控制主要包括以下四个方面。

1. 年度计划控制

开展年度计划控制,是为了保证企业达到年度计划中所规定的销售额、利润额和其他指标。年度计划控制的核心是目标管理,一般包括四个步骤,即建立目标、衡量业绩、诊断绩效和纠正措施。首先,由管理部门确定年度计划目标和季度目标;其次,管理部门对营销计划的执行情况进行监督和控制;再次,如果营销计划的执行产生较大偏差,则管理部门应该找出产生偏差的原因;最后,管理部门必须采取必要的行动以缩小营销目标和营销业绩之间的差距,必要时需改变行动方案,甚至改变营销目标,以便和变化的实际情况相适应,如图11-7所示。

文本:[营销资料] 市场营销控制的原则

一般而言,企业年度计划控制包括销售分析、市场占有率分析、营销费用分析、财务分析和顾客态度追踪。

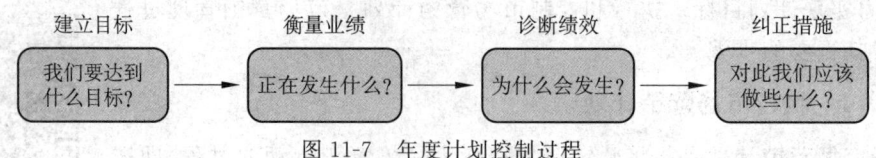

图 11-7 年度计划控制过程

(1) 销售分析。销售分析就是要衡量并评估企业的实际销售额与计划销售额之间的差异情况,并采取相应措施。具体方法有销售差额分析和地区销量分析。

① 销售差额分析。主要用来测量不同的因素对出现销售差额的影响程度。

例如,某企业年度计划要求第一季度销售商品 5000 件,单价 10 元,即销售额 50000 元。实际上,第一季度实际销售商品 4000 件,且单价降为 9 元,实际销售收入 36000 元,差距为 14000 元。其原因包括价格降低和销售减少两种因素,但这两种因素对差额的影响程度是不一样的。

因降价引起的差额:$4000 \times (10-9) = 4000$(元),占总差额的 28.57%。

因销量减少引起的差额:$(5000-4000) \times 10 = 10000$(元),占总差额的 71.43%。

从以上分析可知,销售收入减少的主要原因是销量减少。那么,公司就应调查销量减少的原因并采取相应的措施。

学习活动:假设年度计划要求第一季度销售 4000 件产品,每件 1 元,即销售额为 4000 元。但在该季度结束时,只销售了 3000 件,每件 0.8 元,即实际销售额为 2400 元。那么,这个销售绩效差异为 −1600 元。绩效的降低有多少归因于价格下降? 有多少归因于销售数量的下降?

② 地区销量分析。主要用于审核导致销售差距的具体产品和地区。

例如,某企业在四个地区(用 A、B、C、D 表示)销售产品,其预期的销售额分别为 A(4000 件)、B(2500 件)、C(2300 件)、D(1500 件)。但实际销量分别是 A(3600 件)、B(2150 件)、C(1050 件)、D(1600 件)。

与预期销售额的差距分别为 A 少 400 件(少 10%)、B 少 350 件(少 14%)、C 少 1250 件(少 54.35%)、D 多 100 件(多 6.67%)。

由此可见,导致销售差距的主要原因在 C 地区。管理部门应主要督查 C 地区,查明销售额没有达到预期的原因并采取有针对性的措施。

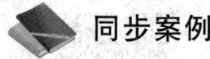

同步案例

年度计划控制——销售分析

某公司在上海、北京、广州三个地区的计划销售量分别是 2000 件、1500 件、1000 件,总计 4500 件,而实际总销量是 3800 件,三个地区分别是 1200 件、1400 件、1200 件,与计划的差距分别为 −40%、−6.7%、+20%。通过分析可知,上海销售是造成困境的主要原因,应进一步查明上海地区销量减少的原因。造成这个地区不良绩效的原因有以下可能:一是该地区的销售代表工作不努力或有个人问题;二是有主要竞争者进入该地区;三是该地区居民收入下降。

(2) 市场占有率分析。销售分析只能反映公司销售目标的完成情况,而并不能反映企业的市场竞争地位,只有市场占有率才能反映企业实际竞争力的变化。例如,企业的销售额提高可能是由于企业的竞争力增强,但也可能是外界环境对本行业有利,从而导致本行业所有公司的销售额都上升,但本公司和同行业其他公司的竞争地位并无变化或反而下降了。如果公司的市场份额提高,则表明企业在与竞争对手的较量中占据了优势;反之,如果企业的市场份额减少,就说明企业在与竞争对手的较量中处于不利地位。

市场占有率分析通常有以下三种测量指标。

① 整体市场占有率,指企业销售额占整个行业的百分比。它反映的是企业在本行业中的实力地位。

② 目标市场占有率,即企业的销售额在其目标市场上所占的比例,这是企业首先要达到的目标。在此基础上,再增加新的产品品种以扩大市场范围。

③ 相对市场占有率,指企业销售额占企业最大竞争者销售额的比例。它反映的是企业与其主要竞争对手之间的力量对比关系。

公司市场占有率的变化,可以通过下列四个因素之间的关系计算:

$$总市场份额 = 顾客分布度 \times 顾客信任度 \times 顾客选择度 \times 价格选择度$$

式中,顾客分布度表示向本企业购买产品的顾客占总顾客的百分比;顾客信任度表示顾客从本企业购买产品数量与他们从提供同类产品的其他公司购买产品数量的百分比;顾客选择度表示本企业顾客的平均购买量与一般企业顾客的平均购买量的百分比;价格选择度表示企业的平均价格与所有企业的平均价格的百分比。

假如某企业的市场占有率下降,则可能是出于以下原因:

① 公司失去一部分顾客,即顾客分布度下降;

② 现有的顾客向本企业购买产品的数量占全部购买量的比例减少,即顾客信任度下降;

③ 公司保留的顾客规模较小,即顾客选择度下降;

④ 公司的价格竞争力下降,即价格选择度下降。

公司通过跟踪这些因素,可以判断出市场占有率变化的潜在原因,从而根据具体情况拟定相应的营销策略。

 同步案例

年度计划控制——市场占有率分析

某企业有30%的市场占有率,其最大的三个竞争者的市场占有率分别为20%、10%、10%,则该企业的相对市场占有率是30/40×100%=75%。一般情况下,相对市场占有率高于33%即被认为是强势的。

(3) 营销费用分析。年度计划控制不仅要保证销售和市场占有率达到计划目标,而且还要保证营销费用不会超支。这就需要检查营销费用率,即市场营销费用与销售额之比。

如果营销费用率处于控制范围之内,则不必采取措施。如果超过正常的波动幅度,则应加以注意,并采取适当措施。有时费用率仍在控制范围之内也应加以注意。

(4) 财务分析。主要是指通过一年的销售利润率、资产收益率、资本报酬率和资产周转率等指标了解企业的财务情况。

(5) 顾客态度追踪。企业通过设置顾客抱怨和建议系统,建立固定的顾客样本或通过

调查等方式,了解顾客对本企业及产品的态度变化情况。

学习活动:年度计划控制的核心是目标管理,一般包括四个步骤,即建立目标、衡量业绩、诊断绩效和纠正措施。请对年度计划控制过程进行描述说明。

2. 盈利能力控制

盈利能力控制是企业通过测定分析不同产品、销售地区、顾客群、分销渠道和订单规模等获利的实际情况,从而决定哪些营销活动应当扩大,哪些应当减少、甚至放弃,以提高企业的整体竞争能力。它包括各营销渠道的营销成本控制、各营销渠道的营销净损益和营销活动贡献毛收益(销售收入—变动性费用)的分析,以及反映企业盈利水平的指标考查等内容。

(1)盈利能力分析。那要如何进行盈利能力分析呢?其实就是通过对财务报表和数据的一系列处理,把所获利润分摊到产品、地区、分销渠道、顾客等方面,从而衡量出每个因素对企业最终获利的贡献大小。某公司一年的渠道损益情况如表11-1所示。

表11-1 某公司一年的渠道损益情况　　　　　　　　　　单位:万元

项　目	百货商店	杂货商店	专业商店	总额
销售收入	30000	10000	20000	60000
销售成本	19500	6500	13000	39000
毛利	10500	3500	7000	21000
费用总额	10050	3810	1940	15800
推销	4000	1300	200	5500
广告	1550	620	930	3100
包装运输	3000	1260	540	4800
处理票据	1500	630	270	2400
净利(损)	450	−310	5060	5200

从表11-1中可以看出,专业商店虽然销售额不及百货商店大,而获利能力却是最强的;百货商店所占销售额虽近一半,但所获利润却不大;杂货商店所占销售额约1/6,但从盈利角度看却是亏损的。因而,专业商店获利能力最大,应当保留,但百货商店和杂货商店是否保留,还要进一步分析,了解其获利较少或亏损的原因,制定相应调整措施。

(2)选择最佳调整措施。盈利能力分析的目的在于找出妨碍获利的因素,以便采取相应的措施排除或削弱这些不利因素的影响。可以选择的调整措施很多,企业必须在全面考虑之后做出最佳决策。仍同上例,专业商店获利能力最大,当然应该保留。但杂货商店和百货商店是否应该保留,则需进一步分析,了解其获利较少或亏损的原因,制定相应的调整措施,方能做出最佳决策。

3. 效率控制

假如盈利能力分析显示企业在某些产品、地区或市场方面利润不高,那么,就要在销售人员、广告宣传、分销渠道和营业推广的效率方面寻找更有效的方法。

(1)销售人员效率。衡量销售人员效率的指标主要包括以下九个:

① 每个销售人员每天平均的销售访问次数;

② 每次访问的平均时间;
③ 每次销售访问的平均成本;
④ 每次销售访问的招待成本;
⑤ 每次销售访问的平均收益;
⑥ 每百次销售访问获得订单的百分比;
⑦ 每期新增的顾客数;
⑧ 每期失去的顾客数;
⑨ 销售成本与总销售额的百分比。

企业可以从以上分析中发现一些非常重要的问题:销售代表每天的销售访问次数是否太少了?是否在招待上花费太多了?每百次访问是否签订了足够的订单?是否增加了足够的新顾客,并且保留住了原有的顾客?当企业着手调查销售人员的效率时,通常会发现需改进的方面。当企业开始正视销售人员效率的改善后,通常会取得很多实质性的改进。

(2) 广告宣传效率。许多人认为,很难判断他们的广告支出能带来多少收益。但对一个企业来说,至少应做好以下六个重要指标的统计工作:
① 每个媒体接触每千名目标顾客所需的广告成本;
② 顾客对企业广告的注意、联想和阅读的比例;
③ 目标顾客对广告内容和效果的评价;
④ 广告前后消费者对产品态度的差异;
⑤ 受广告刺激而引起的顾客咨询次数;
⑥ 每次咨询的成本。

企业的管理部门应更好地确定广告目标,做好市场和产品的定位,选择更好的媒体,检验广告效果,由此提高广告效率。

(3) 分销渠道效率。主要是对企业的存货水准、仓库位置及运输方式进行的分析和改进,以寻找最佳的运输方式和途径,达到最佳配置。

(4) 营业推广效率。为提高营业推广效率,企业管理者应该对每个营业推广的成本和对销售的影响做记录,尤其要注意下列统计数据:
① 优惠销售的百分比;
② 每一单位销售额的展示成本;
③ 赠券的回收比例;
④ 因示范而引起的咨询次数。

企业还应该观察不同营业推广手段的效果,并使用最有效果的营业推广组合。

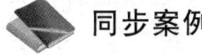 同步案例

精准、有效、全面:华为的销售效率控制

像华为这样机构庞大、人员众多的企业,如果没有有效的管理来保证各部门的办事效率,那么将会造成极大的资源浪费。因此,华为公司从高层开始,对效率的控制就极为严格,并且还在市场销售方面做了大量的工作,力求通过各方面效率的提升,实现企业的持续发展。

(1) 人员效率。任何时候,销售人员都是一线市场最核心的要素,只有销售人员在销售中的成功率提高,产品的市场占有力度才会加大。华为要求各地区销售经理要定期记录本地区内销售人员的几项关键数据,包括每百次访问而成交的百分比、销售成本对总销售额的百分比等,以此帮助销售人员找出制约其提高业务量的问题所在,并制定相应措施提高效率。

(2) 广告效率。华为统计在每一种媒体上接触每千名顾客所花费的广告成本,顾客对不同媒体工具注意、联想、阅读的百分比,顾客对产品广告内容和效果的意见,广告前后对产品态度的衡量,受广告刺激而引起的询问次数等,由此紧抓广告效率控制。

(3) 促销效率。对于华为这样生产大型通信设备的厂商而言,促销的手段会显得比较单一。为了改善销售促进的效率,华为的销售人员对每一项销售促进的成本和对销售的影响都要做一个详细记录,记录的主要内容包括:由于优惠而销售的百分比、单位销售额的陈列成本、因示范而引起询问的次数等。华为的销售人员还要观察不同销售促进手段的效果,并使用最有效果的促销手段。

效率是在给定投入和技术等条件下最有效地使用资源以满足设定的愿望和需要的评价方式,同时也是现代社会追求的最佳目标与标准。企业在销售效率控制的过程中,要全面、整体、系统地设计和实施效率控制制度和规范,并将效率意识融入企业的日常工作流程中。

资料来源:王鑫,饶君华.市场营销基础[M].北京:高等教育出版社,2023:275.

4. 战略控制

战略控制是指企业高层管理者通过采取一系列行动,使市场营销的实际工作与原战略规划尽可能保持一致,在控制中通过不断评价和信息反馈,连续地对战略进行修正。与年度计划控制和盈利能力控制相比,市场营销战略控制显得更重要,因为企业战略是总体性的和全局性的。而且,战略控制更关注未来,战略控制要不断地根据最新的情况重新评估计划和进展。因此,战略控制也更难把握。

在企业战略控制过程中主要采用营销审计这一重要工具。

营销审计是对一个企业或一个业务单位的营销环境、目标、战略和活动所做的全面、系统、独立的定期检查,其目的在于确定问题所在,发现机会,并提出行动计划,以便提高公司的市场营销效率。市场营销审计的四个特点如下。

(1) 全面性。市场营销审计覆盖所有重大的市场营销活动,而不单是针对少数问题的活动。一个全面的市场营销审计,通常在确定企业市场营销问题的真正原因时是非常有效的。

(2) 系统性。营销审计包括一系列有严格顺序的诊断步骤,覆盖该组织的营销环境、内部营销制度和具体的营销活动等各个方面。在进行诊断之后,还要制订一个包括短期和长期目标在内的、旨在提高组织整体营销效益的纠正措施计划。

(3) 独立性。营销审计有六种方法:自我审计;交叉审计;上级审计;公司审计部门审计;公司任务小组审计;外部审计。自我审计指的是经理们利用一个检查表,给自己的业务活动评级,大多数专家认为这种方法缺少客观性和独立性。所以,最好的审计应来自公司外部,他们具有必要的客观性,并能集中精力和时间进行审计工作,且具有丰富的经验。

(4) 定期性。公司的审计工作不是在公司发生问题时才进行的,市场营销审计应是一项常规性的工作。它不仅使经营遇到麻烦的公司受益,而且可以使经营情况良好的公司受益匪浅。

市场营销审计的内容如下。

(1) 市场营销环境审计。要求分析宏观环境的主要因素和企业微观环境的重要组成部分——市场、顾客、竞争对手、分销商、经销商、供应商及辅助机构的变动趋势。

(2) 市场营销战略审计。要求对企业的各种营销目标和营销战略进行检查,评价它们与当前的和预测的营销环境的适应程度如何。

(3) 市场营销组织审计。要求评价在对预测的环境所必需的战略执行方面营销组织的能力如何。

(4) 市场营销制度审计。这是对企业的分析、计划和控制制度的质量进行检查。

(5) 市场营销效率审计。要求检查不同营销实体的盈利率和不同营销支出的成本效益。

(6) 市场营销功能审计。深入评价营销组合的各主要组成部分:产品、价格、分销、推销队伍、广告、促销和公共关系。

▲▼ 同步训练 ▲▼

自我检测

一、选择题

1. (　　)是关于某个具体产品、品牌如何进行市场营销的安排和要求,它的重点是产品和市场,是在某个市场实现营销目标、营销战略的具体化。
　　A. 市场营销计划　　B. 市场营销控制　　C. 市场营销组合　　D. 市场营销整合

2. (　　)是对营销战略和计划的效果进行评估和衡量,并采取修正措施以确保营销目标的实现。
　　A. 年度计划控制　　B. 盈利能力控制　　C. 效率控制　　D. 市场营销控制

3. 市场营销控制不包括(　　)。
　　A. 年度计划控制　　B. 盈利能力控制　　C. 效率控制　　D. 新产品开发

4. (　　)是为了保证企业达到它的年度计划中所规定的销售额、利润额和其他目标。
　　A. 年度计划控制　　B. 盈利能力控制　　C. 效率控制　　D. 新产品开发

5. (　　)就是衡量并评估企业的实际销售额与计划销售额之间的差异情况并采取相应的措施,具体方法有销售差额分析、地区销量分析。
　　A. 销售分析　　B. 盈利能力分析　　C. 效率分析　　D. 净利润分析

6. (　　)是指企业高层管理者通过采取一系列行动,使市场营销的实际工作与原战略规划尽可能保持一致,在控制中不断进行评价和信息反馈,连续对战略进行修正。
　　A. 销售分析　　B. 组织管理　　C. 效率整改　　D. 战略控制

7. 营销目标通常包括(　　)。
　　A. 市场占有率　　B. 销售额　　C. 利润额　　D. 投资效益率

8. 为提高营业推广的效率,企业应注意统计(　　)。
　　A. 优惠销售的百分比　　B. 每一单位销售额的展示成本
　　C. 赠券的回收比例　　D. 因示范而引起的咨询次数

二、简述题

1. 市场营销计划的原则和内容是什么？
2. 现代市场营销部门的组织形式有哪几种？
3. 年度计划控制包括哪些内容？
4. 企业为什么要进行盈利能力控制？
5. 战略控制的主要目的是什么？
6. 什么是市场营销审计？企业为何要定期进行市场营销审计？

案例分析

中国车企的数字营销管理

汽车业从未像今天这样，处在各种新技术变革的交汇点，数字化"万里长征"已经起步。车企在用户数字化生存程度越来越高的拉力，及解决方案供应商技术日趋成熟的推力下，或主动革新，或被动突围，在这场数字化浪潮中逐浪而行。

2020年，吉利推出首个为全行业提供数字化转型服务的工业互联网平台——吉利工业互联网平台（Geega）。长城汽车建立了企业数字化中心和产品数字化中心，成立汽车业的第一个产品经理中心和第一个用户评估中心，以大胆使用创新人才并完善最终的用户体验。蔚来汽车以数字化为支撑，深谙用户运营之道，将服务做成企业的产品之一，把用户运营打造成为品牌最深的"护城河"，老用户的转介绍比例高达50%。理想汽车通过对OKR（目标与关键成果）系统的优化、升级，实现了工业组织数字化，最终实现销售的大幅增长。

资料来源：王鑫，饶君华．市场营销基础[M]．北京：高等教育出版社，2023：284．

思考与分析：

"互联网+数字经济"对企业的营销管理带来了哪些重要影响？

德技并修

银保合作客服外包带来的客户资料泄露风险

目前广州众多中小银行与保险公司纷纷开展电话推销保险业务合作。然而，由于中小银行本身后台电话客服能力有限，而采用了委托第三方客服中心支援销售方式，这种营销模式却暗藏个人信息外泄的巨大漏洞。

某小银行客户经理透露，相对于大型国有银行与股份制银行，小银行的客服中心人手有限，银行自身的电话银行后台难以完成大量保险推销任务。因此，这些任务被转移到与保险公司合作的电话营销后台。银行只需给该机构提供一份月均存款余额5万元以上的客户名单与相关电话信息，保险公司方面就根据客户存款与理财余额情况在电话后台推销不同的保险产品，再根据实际销售结果给银行与电话后台业绩分成。"由于保险公司已掌握客户基本资料，他们会根据客户偏好进行推销。一些手上有闲钱的大客户相信银行的理财信誉，他们会买，所以这种电话销售比柜台销售效果更好。"该客户经理坦言，但他们也担心盗用客户资料会遭投诉。

问题：

1. 本案例中的银行应该为可能造成客户资料泄露承担什么责任？
2. 对上述问题做出道德研判。

团队实战

1. 训练目标:掌握各类企业营销组织结构的特点与优缺点。

2. 训练要求:面对4G、5G交替之际风云变幻的手机市场,小米对企业内部管理进行调整,传递出深入部署营销策略的三大特点:①继续强化中国区业务,坚持最高的战略高度、最重的投入、最大的决心;②物联网生态链业务权重提升,为新爆发期做好战略准备;③小米国际化全面展开,持续加大投入,加速复制中国经验。总体而言,从一系列调整看,小米集团的系统能力逐步加强,组织结构更加均衡有力,战略推进节奏感也更加清晰精准。随着手机产品结构调整成果显现,渠道建设、物联网生态链业务权重持续提升、人工智能方面的能力领先优势逐步放大,互联网业务得到强化,海外市场持续快速增长,今后将拿出什么样的成绩,令人期待。

(1) 团队协作,广泛收集资料,总结小米近年来营销管理体系的发展脉络。

(2) 分析现阶段小米市场营销管理体系结构的特点与优势,形成文字材料。

(3) 结合之前的分析总结,选取一家本地企业,对其营销管理体系提出意见与建议。

参 考 文 献

[1] 杨群祥.市场营销概论——理论、实务、案例、实训[M].3版.北京:高等教育出版社,2019.
[2] 毕思勇.市场营销[M].5版.北京:高等教育出版社,2020.
[3] 王鑫,饶君华.市场营销基础[M].北京:高等教育出版社,2023.
[4] 林小兰.市场营销基础与实务[M].3版.北京:电子工业出版社,2020.
[5] 吴勇,燕艳.市场营销[M].6版.北京:高等教育出版社,2020.
[6] 赵轶.市场营销[M].3版.北京:清华大学出版社,2020.
[7] 屈冠银.市场营销理论与实训教程[M].3版.北京:机械工业出版社,2018.
[8] 杨勇,陈建萍.市场营销:理论、案例与实训[M].5版.北京:中国人民大学出版社,2023.
[9] 崔明.销售管理[M].北京:高等教育出版社,2016.
[10] 陶晓波,吕一林.市场营销学[M].7版.北京:中国人民大学出版社,2022.
[11] 章金萍.市场营销实务[M].5版.北京:中国人民大学出版社,2021.
[12] 潘金龙,任滨.市场营销学[M].北京:教育科学出版社,2013.
[13] 勾殿红,郑艳霞.市场营销[M].3版.北京:中国人民大学出版社,2019.
[14] 彭石普.市场营销原理与实训[M].4版.北京:高等教育出版社,2018.
[15] 居长志.市场营销[M].5版.北京:高等教育出版社,2018.
[16] 黄德华,张大亮.销售队伍管理[M].北京:清华大学出版社,2014.
[17] 翟建华,刘超.价格理论与实务[M].6版.大连:东北财经大学出版社,2019.